HS

Droemer
Knaur®

Robert Pool

Evas Rippe

Das Ende des Mythos vom starken und vom schwachen Geschlecht

Aus dem Amerikanischen von
Susanne Kuhlmann-Krieg

Droemer Knaur

Originaltitel: Eve's Rib. The Biological Roots of Sex Differences
Originalverlag: Crown Publishers, New York

Die Deutsche Bibliothek – CIP-Einheitsaufnahme

Pool, Robert:
Evas Rippe: Das Ende des Mythos vom starken und vom schwachen Ge-
schlecht / Robert Pool. Aus dem Amerikan. von Susanne Kuhlmann-Krieg. –
München: Droemer Knaur, 1995
Einheitssacht.: Eve's Rib <dt.>
ISBN 3-426-26681-4

Die Folie des Umschlags sowie die Einschweißfolie sind
PE-Folien und biologisch abbaubar.
Dieses Buch wurde auf chlor- und säurefreiem Papier gedruckt.

Umschlaggestaltung: Siegfried Schiller, München
Satz: Franzis-Druck, München
Druck und Bindung: Franz Spiegel Buch GmbH, Ulm
Printed in Germany
ISBN 3-426-26681-4

2 4 5 3 1

To the love of my life,
My sage and my wife,
Amy

Inhalt

Einleitung

Von Heldinnen und Hormonen

Durch die afrikanische Savanne streift eine der merkwürdigsten Kreaturen der Erde. Inmitten einer brutalen Natur, bevölkert von solch reizbaren Geschöpfen wie Löwen, Nashörnern und Kaffernbüffeln, übertrifft die Tüpfelhyäne[1] in ihrer Unerbittlichkeit alle. Nicht größer als ein stattlicher Hund, greift eine einzige Hyäne Raubtiere an, die fünfmal so groß sind wie sie selbst, und im Rudel erlegt sie Tiere von der Größe eines ausgewachsenen Zebras. Sobald die Beute am Boden ist, wird sie von den Hyänen in einem wahren Freßtaumel – ähnlich dem Blutrausch von Haien – verschlungen. Für ein Zebra samt Knochen benötigt ein Rudel etwa eine halbe Stunde, und nur ein paar blutige Reste künden von dem, was soeben hier geschah.

Doch nicht ihre Grausamkeit macht Hyänen so merkwürdig, ja nicht einmal das irre Kichern, mit dem sie sich untereinander verständigen und das ihnen den Namen »lachende Hyänen« eingebracht hat.

Diese knurrenden, schnappenden Kreaturen, die sich hier gerade mit Zebrafleisch vollstopfen, sehen im wesentlichen aus wie Hunde mit runden Ohren und buschigem Schwanz. Sie besitzen starke Kiefer, schmutziggelbe Pelze mit dunkelbraunen Flecken und irokesenhafte Nackenmähnen. Ihre Vorderbeine sind ein wenig länger als ihre Hinterbeine, so daß sie stets den Anschein erwecken, als seien sie etwas aus dem Gleichgewicht geraten. Und zwischen den Hinterbeinen jeder Hyäne befindet sich ein langes, röhrenförmiges Organ. Ja, wirklich – jedes Rudelmitglied, vom jungen Welpen bis zum alten Köter, Männchen wie Weibchen, trägt ein Organ, das man unmißverständlich als Penis identifizieren würde.

Ein merkwürdiger Anblick, der jahrhundertelang zu unzähligen Spekulationen und Legenden geführt hat. Manche Beobachter haben daraus geschlossen, daß die Art keine Weibchen besitzt, andere nahmen an, bei den Tieren handele es sich um Hermaphroditen – Geschöpfe mit männlichen und weiblichen Geschlechtsorganen. Noch in den späten sechziger Jahren unseres Jahrhunderts berichtete ein südafrikanischer Forscher[2] von der angeblichen Fähigkeit der Hyänen, das Geschlecht zu wechseln: zuerst würden sie als Männchen ihre Geschwister begatten und später als Weibchen gebären.

Die Wahrheit aber ist merkwürdiger als all diese Spekulationen. Ironischerweise demonstriert ausgerechnet die für eingeschlechtlich gehaltene Hyäne am besten, wodurch sich bei allen Arten, einschließlich des Menschen, Männchen und Weibchen unterscheiden.

Ein Rudel Tüpfelhyänen besteht in der Tat aus beiden Geschlechtern, wobei die größeren und aggressiveren Mitglieder die Weibchen sind. Und jedes Weibchen trägt, ebenso wie die Männchen, einen Penis zur Schau. Nur ist es kein Penis im *eigentlichen* Sinne – es handelt sich vielmehr um eine Klitoris, die so stark vergrößert ist, daß sie wie ein Penis aussieht und sich in ihrer Größe und Form kaum vom männlichen Geschlechtsorgan unterscheiden läßt. Hinzu kommt, daß die weiblichen Schamlippen zu einer Art »Hodensack« verwachsen sind, der Fett- und Bindegewebe enthält und den Eindruck tatsächlich vorhandener Hoden erweckt. Das führt dazu, daß sich die männlichen und die weiblichen Hyänen so ähnlich sehen, daß bis vor kurzem sogar erfahrene Beobachter die beiden Geschlechter kaum auseinanderhalten konnten.[3]

Eine weibliche Tüpfelhyäne hat sogar Erektionen. Beim Sozialkontakt nähern sich zwei Hyänen – Männchen oder Weibchen – jeweils mit einem erhobenen Hinterlauf und inspizieren den erigierten Penis des Partners.

Auch der Geschlechtsakt vollzieht sich bei den Hyänen auf eine außergewöhnliche Art und Weise. Stephen Glickman und Laurence Frank, zwei Wissenschaftler, die eine Kolonie Tüpfelhyänen in einem Wildreservat nahe der University of California in Berkeley aufzogen, haben ihn – stets aufs neue verblüfft –

viele Male beobachtet. Laut Franks Beschreibung zieht das Weibchen beim Geschlechtsverkehr sein Geschlechtsteil in den Bauch zurück, stülpt es also um – »genauso, wie man in einen Strumpf hineingreift, um dessen Inneres nach außen zu wenden«. Ermöglicht wird dies durch spezielle Retraktormuskeln. Der invertierte weibliche Penis bildet eine Art Pseudovagina, in die das Männchen seinen eigenen Penis hineinmanövrieren muß. Da die nach der Retraktion verbleibende Öffnung nur sehr klein ist, bedarf es dazu allerdings einiger Übung. Glickman und Frank berichten, daß sich junge Männchen beim ersten Versuch ausgesprochen tolpatschig anstellen.

Bei der Geburt kommen die Jungen durch den Penis zur Welt, der sich dabei weit dehnen muß. Nach Ansicht der beiden Forscher keine sehr effiziente Methode der Entbindung (für die meisten Männer, die diese Geschichte zu hören bekommen, klingt sie zudem äußerst schmerzhaft): Ein ungewöhnlich hoher Prozentsatz der Welpen wird tot geboren[4] oder stirbt – offenbar an den Folgen von Komplikationen – bald nach der Geburt.

Angesichts dieser grotesk erscheinenden Eigenarten stellten sich die Forscher aus Berkeley ebenso wie andere Wissenschaftler bis heute die Frage: Was ist mit der Tüpfelhyäne im Verlaufe der Evolution geschehen? Die Natur scheint im Falle dieser Raubtiere den »Maskulinitätsregler« bis zum Anschlag aufgedreht zu haben.

Bei allen Säugetieren, Menschen eingeschlossen, werden – je nach den während der Entwicklung vorhandenen Geschlechtshormonen – Männlichkeit und Weiblichkeit bereits im Mutterleib festgelegt. Große Mengen männlicher Hormone geben dem Embryo einen Schub in Richtung männliche Entwicklung, fehlen diese weitgehend, wird der Embryo weiblich. (Im späteren Leben hält der Einfluß der Geschlechtshormone auf Körper und Gehirn an, wenn auch mit verminderter Intensität.) Normalerweise produziert der Embryo selbst einen großen Teil der Hormone, mit denen er sein eigenes Geschlecht seinen Chromosomen entsprechend ausprägt. Im Falle der Tüpfelhyäne allerdings wird dies durch das Muttertier bestimmt. Das Blut einer weiblichen Hyäne enthält ungeheure Mengen des Hormons

Androstendion. Im Verlauf der Schwangerschaft wandelt die Gebärmutter diese chemische Verbindung in Testosteron um, so daß sowohl weibliche als auch männliche Embryonen in männlichen Hormonen »baden«.

Ein Resultat dieses Testosteronbades ist die oben beschriebene Tatsache, daß die äußeren Geschlechtsorgane der weiblichen Hyäne männliche Gestalt annehmen. Damit jedoch nicht genug: Nach der Entwicklung in dieser höchst maskulinen fetalen Umgebung verlassen Tüpfelhyänen den Mutterleib als die aggressivsten Jungsäuger, die der Wissenschaft bekannt sind.[5]

Ausgestattet mit einem kompletten Satz von Schneide- und Reißzähnen, liefern sich neugeborene Tüpfelhyänen noch vor dem ersten Saugen unter Umständen tödliche Kämpfe.[6] Die Jungen, meist zwei oder drei pro Wurf, werden jeweils im Abstand von ungefähr einer Stunde geboren; sobald das zweite da ist, wird das erste es angreifen, es im Genick packen und schütteln. Das zweite wehrt sich, und bereits im Verlauf der nächsten Stunden oder Tage etabliert der Stärkere seine Herrschaft. Sind die Zwillinge gleichgeschlechtlich, wird in der Regel das dominante Tier das schwächere am Saugen hindern, das dann an Mangelernährung und an den Kampfwunden stirbt. Sind die Zwillinge verschiedenen Geschlechts, läßt das dominante Tier das andere unter Umständen überleben, saugt jedoch mehr und wird größer – ein Vorteil, der ihm bis ins Erwachsenenalter erhalten bleibt. Das Muttertier kann sich dabei nicht einmischen, denn die Geburtshöhle – meist ein verlassener Erdferkeltunnel, in den die Neugeborenen sofort hineinkriechen – ist für es zu eng. Dort sind die Jungen zwar vor Angreifern geschützt, nicht aber voreinander.

Es ist schwer zu verstehen, weshalb ein Tier so aggressiv sein muß, daß es seine eigenen Geschwister tötet; doch Frank und Glickman warten mit einer möglichen Erklärung auf. Besonders garstig führt sich ein Rudel Hyänen bei den Mahlzeiten auf, die in der Regel in wilde Gemetzel ausarten. Die beiden Wissenschaftler haben die Hypothese aufgestellt, daß Weibchen vielleicht besonders aggressiv werden mußten, um beim Wettstreit um das Futter mithalten und ihre Jungen ausreichend versorgen zu können. Dazu mußten die Weibchen männlicher werden, und am Ende wurden sie sogar größer und bösartiger als die Männchen. In der Hierarchie eines Hyänenrudels dominiert jedes Weibchen über jedes Männchen, und das Leittier des Rudels ist unweigerlich ein Weibchen.

Die Geschlechtsausstattung der Hyäne ist einzigartig. Glickman und Frank erklären, daß ihnen nur eine weitere Tierart bekannt ist, bei der die Klitoris zur Größe eines Penis angeschwollen ist – es handelt sich dabei um eine Maulwurfart. Bei dieser besitzt das Weibchen allerdings für den Geschlechtsverkehr und die Geburt von Jungen eine separate Vagina. Einzigartig ist die Tüpfelhyäne aber auch in ihrer Aggressivität – kein anderes Säugetier schlüpft, bereit zu kämpfen und zu beißen, aus dem Mutterleib.[7]

Diese Einzigartigkeit macht die Hyäne zu einem spektakulären Beispiel für den ungeheuren Einfluß, den Geschlechtshormone auf die Entwicklung von Körper und Gehirn haben können – ein Einfluß, der sich aber keineswegs nur auf die Tüpfelhyäne beschränkt. Alle Säugetiere, vom Maulwurf bis zum Menschen, werden im Mutterleib von Geschlechtshormonen geformt. Was der Hyäne ihre Sonderstellung verleiht, ist lediglich die übertrieben große Menge an Hormonen und die Tatsache, daß beide Geschlechter – und nicht nur eines – im Mutterleib einen Testosteronstoß erhalten.

Bei anderen Säugetieren, bei denen lediglich die Männchen großen Mengen männlicher Hormone im Mutterleib ausgesetzt sind, entwickeln die beiden Geschlechter unterschiedliche Geschlechtsorgane. Hinzu kommt, daß die Gehirne beider Geschlechter unterschiedlich geschaltet sind, so daß sich unterschiedliche Verhaltensweisen für Männchen und Weibchen ergeben. Dafür gibt es zahlreiche Beispiele. Das Sexualleben einer Laborratte etwa ist völlig von Geschlechtshormonen bestimmt: Erhält sie männliche Hormone, benimmt sie sich wie ein Männchen und wird versuchen, weibliche Ratten zu dekken, andernfalls benimmt sie sich wie ein Weibchen und reagiert auf männliches Sexualverhalten. Setzt man die Ratte während der Gehirnentwicklung künstlich den falschen Geschlechtshormonen aus, bringt man sie für den Rest ihres

Lebens durcheinander. Geschlechtshormone beeinflussen das geschlechtsspezifische Rollenverhalten – zum Beispiel, daß ein Weibchen ihr Junges säugt oder daß zwei Männchen um die Dominanz kämpfen – und einige Verhaltensweisen, die keinen offensichtlichen Bezug zum Geschlecht haben – etwa, wie eine Ratte ihren Weg durch ein Labyrinth findet.

Wie aber steht es mit dem Menschen? Das ist hier die Frage. Wir wissen, daß es von den Geschlechtshormonen abhängt, ob jemand einen Penis oder eine Vagina, einen Busen oder einen Bart hat. Wie aber steht es mit dem Denken? Jungen und Mädchen, Männer und Frauen verhalten sich mit Sicherheit unterschiedlich – Männer vielleicht aggressiver, Frauen eher fürsorglich. Welche Rolle spielt dabei jene hormonelle Einwirkung, die die Tüpfelhyänen – und zwar sowohl die männlichen als auch die weiblichen – zu solchen Kämpfernaturen macht? Die Antwort gewinnt nur sehr langsam Konturen. Es ist keine einfache Frage, da zum einen das menschliche Gehirn weit komplexer ist als das Gehirn von Ratten oder Hyänen, und zum anderen, weil ein großer Teil menschlichen Verhaltens angelernt ist. Wenn sich eine Frau mütterlicher verhält als ein Mann – gehorcht sie dann ihren Hormonen oder reagiert sie damit auf das, was sie von frühester Kindheit an gelernt hat? Wenn ein Mann aggressiv ist – liegt das am Testosteron oder an zuviel Fußball im Fernsehen?

Was die Frage zusätzlich kompliziert, ist die Tatsache, daß das Thema hochgradig politisiert wird. Die veränderte Rolle der Frau – immer mehr Frauen erhalten qualifizierte Ausbildungen, machen Karriere und erkämpfen sich ihren Platz in vormals männlichen Bastionen – hat unsere Gesellschaft dazu gezwungen, die traditionellen Geschlechterrollen neu zu überdenken. Sind Frauen wirklich für jeden Job genauso geeignet wie Männer? Können Männer genausogut Kinder großziehen wie Frauen? Viele Feministinnen, deren Credo in der völligen Gleichheit beider Geschlechter besteht, haben immer darauf gepocht, daß es keine angeborenen geistigen oder psychologischen Unterschiede zwischen Männern und Frauen gibt, sondern nur von der Gesellschaft geschaffene. Jeder gegenteilige Hinweis wurde von ihnen als »sexistisch« verdammt. Manche gingen sogar so weit, zu fordern, daß es eines potentiellen Mißbrauchs wegen keine Forschung zum Thema biologische Unterschiede geben dürfe. Und auch jene, welche die Existenz biologischer Unterschiede zwischen den Geschlechtern nicht anzweifeln, fürchten, daß zuviel Publizität zur Diskriminierung von Frauen führen könne. Sollte sich beispielsweise herausstellen, daß Mädchen eine etwas geringere Begabung auf mathematischem Gebiet hätten als Jungen – würde die Gesellschaft dann aufhören, Mädchen eine wissenschaftliche Karriere zu ermöglichen, oder würde sie diesen Unterschied als Vorwand benutzen, Frauen schlechter zu bezahlen als Männer?

Es liegt zum Teil an diesen Befürchtungen, daß sich die Forschung zum Thema geschlechtsspezifische Unterschiede in den letzten 20 Jahren vorwiegend der Frage gewidmet hat, welchen Anteil die Gesellschaft an den Unterschieden zwischen Mann und Frau hat, wie Erziehung oder andere soziale Zwänge Männer und Frauen in verschiedene Richtungen drängen. Es konnte nachgewiesen werden, daß Jungen und Mädchen in der Tat vom Zeitpunkt der Geburt an unterschiedlich behandelt werden und daß diese unterschiedliche Behandlung die Kinder zu stereotypen, geschlechtsspezifischen Verhaltensweisen veranlaßt. Heute scheint dies vielleicht auf der Hand zu liegen, damals war es jedoch von entscheidender Bedeutung, sich überhaupt darüber klarzuwerden, wie sehr wir mit unseren Werten und Normen das Leben von Jungen und Mädchen beeinflussen. Vor einigen Jahrzehnten hat zum Beispiel niemand darüber nachgedacht, welchen Schaden Eltern und Lehrer ihren Töchtern und Schülerinnen mit der Bemerkung zufügten, daß Mädchen Mathematik ohnehin nicht begreifen würden. Dank eines gewachsenen Bewußtseins machen heutzutage weniger Leute solche Fehler.

Dennoch ist heute eine zunehmende Zahl von Wissenschaftlern der Überzeugung, daß das soziale Umfeld nicht alle geschlechtsspezifischen Unterschiede erklären kann und daß trotz aller Schwierigkeiten und Kontroversen, die die Forschung belasten, der Weg zum Verständnis der Unterschiede durch die Entwicklung im Mutterleib geht. »Heute ist das Gehirn in den Blickpunkt gerückt«, stellt Sheri Berenbaum, Psychologin an der

Chicago Medical School fest. »Als ich [in den frühen siebziger Jahren] mit meiner Doktorarbeit begann, glaubte ich wirklich an die Bedeutung des sozialen Umfelds.« Seither jedoch »haben mich meine Ergebnisse davon überzeugt, daß die Biologie eine große Rolle spielt«. Berenbaum hat in den vergangenen zehn Jahren untersucht, wie kindliches Verhalten von der Dosis an Geschlechtshormonen abhängt, denen das Kind im Mutterleib ausgesetzt gewesen ist.

Das Menschenbild, das Berenbaum und andere Forscher allmählich erhalten, berücksichtigt die Einflüsse der Gesellschaft, betont aber gleichzeitig ausdrücklich, daß geschlechtsspezifische Unterschiede ihren Ursprung weit vor dem Zeitpunkt haben, an dem ein Neugeborenes aus der Klinik in sein Kinderzimmer – mit dem Farbcode: Blau für Jungen, Rosa für Mädchen – kommt. Die Unterschiede bedeuten nicht, daß ein Geschlecht dem anderen überlegen ist. Die Forscher betrachten im Gegenteil Mann und Frau als prinzipiell gleiche, häufig komplementäre Versionen der menschlichen Natur. Aber viele Unterschiede werden sich nicht in dem Maß beseitigen lassen, wie wir das vielleicht wünschen. Die Veränderungen, welche die Geschlechtshormone im Mutterleib an uns bewirken, klingen unser ganzes Leben lang nach – leiser und im Laufe der Jahre leicht moduliert, aber niemals ganz verstummend.

Die Wissenschaftler, die diese Art von Forschung betreiben, gelten als ziemlich freigeistig und dickhäutig. Das müssen sie auch sein. Sie arbeiten auf einem äußerst delikaten Gebiet und sehen ihre Arbeit häufig von anderen Wissenschaftlern, von Feministinnen und von den Medien schärfstens unter die Lupe genommen. Kritik und Beschwerden können lautstark, beißend und nicht selten sehr persönlich sein, und mehr als ein Wissenschaftler hat dieses Forschungsgebiet wieder verlassen, um sich ein anderes, weniger brisantes zu suchen.

Wer sind diese Einzelgänger? Viele von ihnen sind noch jung; sie haben Ende der sechziger oder Anfang der siebziger Jahre das College besucht. Einige von ihnen arbeiten gute zehn Jahre als promovierte Wissenschaftler, manche weniger als fünf Jahre. Viele haben eine Art psychologische Ausbildung erhalten, obgleich es auch Spezialisten aus ganz anderen Gebieten gibt wie etwa der Endokrinologie, der Neuroanatomie oder der Verhaltensökologie, um nur drei zu nennen. Und wenn man ihre Forschungsberichte gelesen und mit den Wissenschaftlern selbst gesprochen hat, fällt einem ein wirklich verblüffendes Merkmal dieser »Brüderschaft für die geschlechtsspezifischen Unterschiede« ins Auge: Sie ist eigentlich eine »Schwesternschaft«! Die meisten Wissenschaftler, die sich auf dem Neuland dieser provokanten Forschung bewegen, sind Frauen.

Das überrascht viele Leute. Viele Feministinnen, unter anderem auch feministische Wissenschaftlerinnen, nehmen gegenüber dieser Forschung eine argwöhnische, ja sogar feindselige Haltung ein. Ihr Argument lautet: Wenn gezeigt werden kann, daß Frauen von Natur aus anders sind als Männer, dann wird diese Information unweigerlich als Begründung dafür herangezogen, Frauen wieder in die Küche zu verbannen. Der Schritt vom »Anders«sein zum »Unterlegen«sein sei nur ein kleiner, sagen sie. Die feministische Biologin Anne Fausto-Sterling behauptet in ihrem einflußreichen Buch *Myths of Gender*, daß viele Wissenschaftler, die geschlechtsspezifische Unterschiede feststellen, in Wirklichkeit Frauen unterdrücken wollen, auch wenn sie sich dessen nicht unbedingt bewußt sein mögen: »Oft genug haben ihre verborgenen, unbewußten und daher unausgesprochenen Anliegen sehr große Ähnlichkeit mit breit diskutierten gesellschaftlichen Interessen.«[8]

Die Realität sieht anders aus. Nicht genug, daß die meisten Forscher zum Thema geschlechtsspezifische Unterschiede Frauen sind – fast alle von ihnen bezeichnen sich selbst als Feministinnen oder sympathisieren zumindest mit vielen feministischen Zielen. Die meisten von ihnen erzählen, daß sie im Laufe ihrer Ausbildung und Karriere selbst aufgrund ihres Geschlechts diskriminiert worden sind, und jede von ihnen hat intensiv über die Möglichkeit nachgedacht, daß ihre Forschung als Rechtfertigung für die Diskriminierung anderer Frauen herangezogen werden könnte. Sie sind weder Narren oder Werkzeuge einer männlich dominierten Gesellschaft, noch haben sie irgendwelche verborgenen Anliegen und weisen solche Anschuldigungen einhellig von sich.

Weshalb also sind es hauptsächlich Frauen, die sich den Untersuchungen geschlechtsspezifischer Unterschiede heutzutage widmen? Die Wissenschaftler und Wissenschaftlerinnen selbst fragen sich das oft genug und spekulieren leidenschaftlich gern bei einer Tasse Kaffee darüber – niemand kann jedoch mit einer vernünftigen Antwort aufwarten. Bei meinen Recherchen für dieses Buch machte ich die Erfahrung, daß mir Wissenschaftlerinnen auf die Frage, weshalb sie sich mit diesem Thema beschäftigten, in der Regel ziemlich genau das gleiche antworteten wie ihre männlichen Kollegen. Sie sprachen von der intellektuellen Herausforderung oder der Befriedigung, etwas herauszufinden, was bisher noch niemand wußte. Nachdem ich jedoch auf genauere Antworten – »Warum haben Sie gerade das Thema Geschlechtsunterschied gewählt?« – gedrängt und mit vielen Frauen gesprochen hatte, zeichnete sich allmählich ein Muster ab.

Manche Wissenschaftlerinnen betrachten eigenen Aussagen zufolge die Existenz eines geschlechtsspezifischen Unterschieds – vor allem eines Unterschieds, der Männern Vorteile verschafft – als eine persönliche Herausforderung. Zu ihnen gehört Camilla Benbow von der Iowa State University. Ihre Karriere begann mit Untersuchungen an Siebt- und Achtkläßlern mit besonders guten Noten in bestimmten Tests, welche die mathematische Begabung ansprechen. Ihr Ziel war es zunächst gewesen, diesen »mathematisch frühreifen Jugendlichen« zu helfen, ihre Begabung in spätere Erfolge im Erwachsenenalter umzusetzen. Dabei geriet sie jedoch auf Abwege, und zwar durch eine Feststellung, die in gleichem Maße ihre Neugier und ihren Verdruß erregte: Unter den allerbesten Mathematikschülern befanden sich dreizehnmal so viele Jungen wie Mädchen. »Als Frau«, stellt sie fest, »ist es nur sehr schwer zu verstehen, weshalb die Männer soviel besser abschneiden.« Diese Frage hat sie in den vergangenen zwölf Jahren dazu angespornt, sich zur führenden Expertin für mathematisch begabte Kinder zu entwickeln – und gleichzeitig zur Expertin für die Frage, weshalb die Jungen und Mädchen trotz gleicher Begabung zu so verschiedenen Karrieren neigen.

Andere Wissenschaftlerinnen berichten, sie hätten mit der

Forschung zum Thema Geschlechtsunterschiede begonnen, weil die männlichen Kollegen die weibliche Seite der Psychologie vernachlässigten. So zum Beispiel Janice Juraska, die an der University of Illinois an diesem Thema arbeitet. Sie begann ihre Collegeausbildung Ende der sechziger Jahre mit dem Hauptfach Chemie, aber »das schien mir seinerzeit reichlich irrelevant«, erinnert sie sich. »Ich belegte Psychologie mehr oder weniger aus einer Laune heraus. Ich konnte mich nur schwer mit Leuten identifizieren, denen chemische Reaktionen wichtiger als menschliche Reaktionen waren.« Als Doktorandin untersuchte sie, wie die Umwelt die Hirnstruktur bei Ratten verändert. Es störte sie jedoch, daß die Versuche üblicherweise an männlichen Ratten durchgeführt wurden. »Es schien niemanden zu interessieren, ob für weibliche Gehirne dasselbe galt«, erklärte sie, und als sie sich erkundigte, warum das so sei, warteten ihre überwiegend männlichen Kollegen mit zwei Standardantworten auf: »Weibliche Ratten sind für eine Untersuchung nicht zuverlässig genug, weil ihr Hormonspiegel zu stark schwankt«, oder: »Natürlich ist es bei den Weibchen genauso wie bei den Männchen. Weshalb sollten wir uns damit herumschlagen?« Juraska schlug sich damit herum und entdeckte einige überraschende Unterschiede in der Art und Weise, wie die Umwelt die Gehirne männlicher und weiblicher Ratten beeinflußt.

Alles in allem scheinen geschlechtsspezifische Unterschiede für Frauen ein weit wichtigeres Thema zu sein als für Männer. Mehr als eine Wissenschaftlerin sah den Grund dafür, daß so wenige Männer auf dem Gebiet tätig sind, darin, daß sich »Männer eben nicht anders fühlen, die Frauen hingegen sehr wohl«.

Und dennoch ist das nur ein Teil der Geschichte. Viele Frauen, die geschlechtsspezifische Unterschiede untersuchen, werden sagen, daß ihr Hauptinteresse keineswegs dem Geschlecht gilt. Sie haben dieses Thema weniger aus Neugier darüber, weshalb Männer und Frauen sich unterscheiden, zu ihrem Forschungsgebiet erkoren, als vielmehr deshalb, weil dieser Unterschied ein ausgesprochen gutes Mittel ist, das Denken im allgemeinen zu untersuchen. Ein typisches Beispiel ist Christina Williams am Barnard College der Columbia University: Sie wies nach, daß

Geschlechtshormone Einfluß darauf haben, wie eine Ratte lernt, sich in einem Labyrinth zurechtzufinden. »Ich sehe mich nicht als jemand, der sich für geschlechtsspezifische Unterschiede interessiert«, erklärt sie. »Mich interessiert die Entwicklung [des Gehirns].« Die Arbeit unter dem Gesichtspunkt geschlechtsspezifischer Unterschiede bietet ihr eine Alternative zu den Standardtechniken, mit denen man sonst im Labor herauszufinden versucht, wie das Gehirn arbeitet: Letztere laufen im wesentlichen darauf hinaus, daß man bestimmte Hirnteile zerstört und dann beobachtet, was danach nicht mehr funktioniert. »Ich betrachte nicht gerne ein geschädigtes System«, stellt Williams fest. Indem sie sich darauf konzentriert, wie männliche und weibliche Gehirne dieselben Dinge ein bißchen unterschiedlich handhaben, kann sie statt des Kontrastes zwischen geschädigtem und gesundem Gehirn »zwei intakte Gehirne vergleichen«.

Wenn geschlechtsspezifische Unterschiede aber ein solch leistungsfähiges Mittel zur Untersuchung des Denkens sind, warum beschäftigen sich dann nicht mehr Männer damit? Das war die andere Frage, die sich im Gespräch mit den Wissenschaftlern und Wissenschaftlerinnen vor meinen Augen abzuzeichnen begann.

Einen Hinweis in die richtige Richtung bekam ich von Sheri Berenbaum, die mir erzählte, wie ihr Interesse an diesem Thema zum erstenmal geweckt wurde. In den siebziger Jahren war sie Doktorandin an der University of California in Berkeley und arbeitete als Assistentin bei einem Professor. Als dieser seinen Studenten eine Vorlesung über geschlechtsspezifische Unterschiede halten mußte, bat er sie darum, dies zu übernehmen – obwohl sie sich mit diesem Thema niemals eingehend beschäftigt hatte. Er war der Ansicht, es sei »in politischer Hinsicht weniger brisant«, wenn eine Frau den Studenten erklärte, wie Mann und Frau sich unterschieden.

Dieser Professor in Berkeley war kein Einzelfall. Die meisten Männer, mit denen ich sprach, sagten übereinstimmend, daß sie sehr vorsichtig seien, wenn sie in der Öffentlichkeit etwas über geschlechtsspezifische Unterschiede verlauten ließen. An einer Universität kramte ein Psychologe einen kürzlich erschienenen

Artikel über geschlechtsspezifische Unterschiede hervor und zeigte mir ein Zitat der kanadischen Psychologin Doreen Kimura, weltweit eine der führenden Forscherinnen auf diesem Gebiet. »Die These, daß Männer und Frauen in allen Berufen und Beschäftigungen gleichermaßen vertreten sein sollten, ist schlicht lächerlich, wenn man bedenkt, welche Erkenntnisse uns über die verschiedenen Begabungsmuster zur Verfügung stehen.« Der Wissenschaftler stimmte Kimura zu, gestand jedoch, daß er so etwas niemals zur Publikation freigegeben hätte – schon gar nicht in so barschen Worten wie Kimura. Ein Mann, der so etwas laut sagte, würde als Sexist gelten, glaubt er. (Der Fairneß halber sei hier erwähnt, daß auch die Frauen, die auf diesem Gebiet arbeiten, sehr genau abwägen, was sie in der Öffentlichkeit sagen – allerdings eher aus Sorge, mißverstanden zu werden, als aus Furcht davor, als Sexistinnen zu gelten. Männer müssen mit beidem rechnen.)

Wenn es um geschlechtsspezifische Unterschiede bei Tieren geht, bestehen bei weitem nicht dieselben Kontroversen wie beim Thema Mensch, und ein Großteil der Arbeiten an Ratten, Affen und anderen Labortieren wurde traditionellerweise von Wissenschaftlern durchgeführt; doch selbst auf diesem Gebiet passen Männer darauf auf, was sie sagen. Bruce McEwen von der Rockefeller University in New York City ist ein führender Experte für die Frage, wie Geschlechtshormone Aktivitäten im Rattenhirn beeinflussen, und er wird sehr häufig von der Presse um eine Stellungnahme zum Thema geschlechtsspezifische Unterschiede gebeten. »Es hat Gelegenheiten gegeben«, gesteht er, »da habe ich einfach gesagt: ›Auf diese Frage antworte ich nicht. Fragen Sie Doreen Kimura.‹«

An der University of California in Los Angeles gibt es eine weitere Autorität auf dem Gebiet der geschlechtsspezifischen Unterschiede beim Rattenhirn, Roger Gorski. Ende der siebziger Jahre entdeckte er einen Bestandteil des Rattenhirns, der bei Männchen fünfmal so groß ist wie bei Weibchen – ein Bestandteil, der bis heute als größter geschlechtsspezifischer Unterschied bei einem Säugerhirn gilt. Als jedoch Gorskis Doktorandin Laura Allen ihm mitteilte, daß es sie interessieren würde, nach ähnlichen Unterschieden im menschlichen Gehirn zu suchen, brachte er sie davon ab. Das Gebiet sei zu umstritten, erklärte er ihr, sie solle doch lieber beim Rattenhirn bleiben. »Ich hatte Angst vor dem Sensationsrummel«, erinnert er sich. Allen beharrte jedoch auf ihrem Standpunkt. Sie war überzeugt davon, daß geschlechtsspezifische Unterschiede in der Struktur des Gehirns Hinweise liefern würden auf solche Dinge wie die sexuelle Orientierung – warum die meisten Männer sich von Natur aus zu Frauen hingezogen fühlen und umgekehrt. Heute, wenige Jahre nach ihrer Promotion, hat sie bei mehr Hirnstrukturen Unterschiede zwischen Mann und Frau nachgewiesen als alle ihre Fachkolleginnen und -kollegen.

Die weibliche Vorherrschaft auf diesem Forschungsgebiet scheint in der Tat eine Folge der Frauenbewegung zu sein. Den Feministinnen ist es gelungen, dieses Thema zu einer solch umstrittenen Angelegenheit zu machen, daß sich die meisten männlichen Wissenschaftler heraushalten. Gleichzeitig brachten aber die Bestrebungen, Frauen immer stärker in traditionell männliche Tätigkeitsbereiche einzubinden, viele Frauen dazu, sich der Wissenschaft zu widmen. Diese Frauen sind es, die – häufig männlichen Ratschlägen zum Trotz – einen großen Teil der Arbeit beim Aufspüren geschlechtsspezifischer Unterschiede geleistet haben.

Es sind heroische Bemühungen, denn die Frauen, die auf diesem Gebiet arbeiten, geraten meist nicht nur in Konflikt mit anderen Frauen, sondern auch mit sich selbst. »Es gibt eine Menge feministisches Gedankengut, das dem, was ich tue, sehr feindselig gegenübersteht«, erklärt Juraska. »Ich habe versucht, das in kleineren Einflußbereichen zu ändern.« Sie hielt Vorträge vor Frauengruppen, um ihre Arbeit und deren Konsequenzen zu beschreiben und zu erklären, weshalb diese nicht als Bedrohung für die Frauen gesehen werden sollten. Sie glaubt, hier einige Fortschritte gemacht zu haben, auch wenn es noch immer Frauen gibt, »die es einfach nicht hören wollen«. Bevor Juraska allerdings an diesem Punkt angelangt war, mußte sie sich erst einmal selbst ihrer Gefühle gegenüber diesem Thema klarwerden. »Das alles war äußerst persönlich. Ich wuchs als gescheites Mädchen heran, und so waren die Botschaften, die mich hinsichtlich der Rolle einer Frau erreichten, ganz unterschiedlich.« Als sie begann, geschlechtsspezifische Unterschiede zu erforschen, war sie wiederum gezwungen, »mit der Frage zu ringen, zu welchem Schicksal mich meine Weiblichkeit bestimmte. Es gibt Leute, die sich aus diesem Gebiet lieber heraushalten, aber ich beschloß, dem nachzugehen.«

Die Suche, auf die sich Juraska und andere Forscherinnen und Forscher eingelassen haben, hat inzwischen einige provozierende Details hinsichtlich der Frage geliefert, wie und warum sich die Geschlechter unterscheiden. Zum Beispiel wissen wir heute, daß Hormone im Mutterleib das Verhalten im späteren Leben beeinflussen und daß Mädchen, die im Mutterleib großen Mengen männlicher Hormone ausgesetzt sind, eher wie Jungen handeln, spielen und denken werden. Wissenschaftler haben nachgewiesen, daß es strukturelle Unterschiede zwischen dem männlichen und dem weiblichen Gehirn gibt und daß beide Geschlechter zur Lösung bestimmter Probleme verschiedene Hirnbereiche einsetzen. Vielleicht sind diese Unterschiede für einen großen Teil der von Psychologen immer wieder beobachteten unterschiedlichen Haltung von Männern und Frauen gegenüber der Außenwelt verantwortlich. Frauen sind eher an Menschen interessiert, Männer fühlen sich eher zu Gegenständen hingezogen. Frauen bedienen sich des Worts, Männer stellen sehr viel öfter ein Problem sichtbar dar. Frauen achten auf das Geben und Nehmen bei Beziehungen, das Interesse von Männern gilt der Frage, wer wen dominiert.

Viel bedeutsamer aber als alle diese Einzelheiten ist das Gesamtbild von Mann und Frau, das sich aus dieser Forschung ergibt. Man kann nicht länger alle Unterschiede zwischen den Geschlechtern als eine Folge des Sozialisationsprozesses abtun, aber man kann auch nicht mehr an den alten Stereotypen männlicher Männer und weiblicher Frauen festhalten. Zwar hat die Forschung gezeigt, daß man bestimmte Merkmale in der Tat als »maskulin« und andere als »feminin« betrachten kann, dieselbe Forschung hat aber auch gezeigt, daß keines dieser Merkmale ausschließlich bei dem einen oder anderen Geschlecht zu finden ist. Die meisten Menschen verfügen über eine Mischung aus männlichen und weiblichen Charakterzügen, und es ist völlig normal und natürlich, wenn zum Beispiel ein Mann mütterlich oder eine Frau aggressiv ist. Das Wichtigste, was diese Forschung vermittelt, ist, daß keiner der Unterschiede bedeutet, daß das eine oder das andere Geschlecht überlegen ist. Mann und Frau sind gleichrangige Partner.

Das wachsende Verständnis von den Unterschieden zwischen den Geschlechtern konnte in vieler Hinsicht zu keinem besseren Zeitpunkt kommen. Im Laufe der vergangenen 30 Jahre sind die westlichen Ansichten über die richtige Rollenverteilung zwischen Mann und Frau allmählich zerbröckelt, ohne daß eine neue allgemeingültige Vorstellung in Sicht wäre. Müßten Männer und Frauen gleichermaßen willens sein, mit ihren Kindern zu Hause zu bleiben und ihre Karriere zu unterbrechen? Sollte es in jedem Beruf gleich viele Männer und Frauen geben? Traditionellerweise bieten Schulen Förderprogramme zum Lesenlernen an, in denen die meisten Teilnehmer Jungen sind. Sollte es solche Förderprogramme zu Beginn der weiterführenden Schulen auch in Mathematik geben, damit die Mädchen mit den Jungen mithalten können? Oder ganz bodenständig: Sollten Eltern kleine Jungen dazu anregen, mit Puppen, und kleine Mädchen dazu, mit Autos zu spielen?

Es wäre naiv zu glauben, die Antworten der Gesellschaft auf all diese Fragen basierten nur auf dem, was die Wissenschaft über geschlechtsspezifische Unterschiede zu sagen hat. Schließlich sind sich sogar Forscher, die über die wissenschaftlichen Tatsachen durchaus einer Meinung sind, uneins über deren Bedeutung für die Politik und die Gesellschaft. Auf einer Reise, die ich bei den Recherchen für dieses Buch unternahm, begegnete ich einer Wissenschaftlerin, die sich vehement gegen jede Form von Quotenregelung oder bevorzugter Einstellung von Frauen aussprach, die zum Ziel haben sollten, die Zahl der Frauen im mathematischen und technischen Bereich anzuheben. Sie führte aus, daß Männer anscheinend von Natur aus an dieser Arbeit interessiert und teilweise auf diesem Gebiet auch fähiger seien. Die beste Lösung wäre es, erklärte sie, wenn man garantieren könnte, daß jeder die gleiche Erfolgschance erhielte, es dabei beließe und einfach hinnähme, daß es vermutlich immer mehr Mathematiker als Mathematikerinnen geben wird.

Zwei Tage später traf ich mich mit einer anderen Wissenschaftlerin zum Mittagessen. Sie stimmte ihrer Kollegin insoweit zu, daß auch sie davon ausging, daß Männer offenbar einen biologischen Vorteil auf mathematischem und mathematiknahem Gebiet zu haben scheinen, aber sie war der Ansicht, daß die Gesellschaft deshalb intervenieren sollte, damit die Gleichheit der Geschlechter in diesen Berufen sichergestellt würde.

Nichtsdestoweniger zeigt die Geschichte der Wissenschaft, daß Ideen Folgen haben und daß eine einhellige wissenschaftliche Überzeugung irgendwann zum Allgemeingut wird. Die Wissenschaft mag zwar den Volksglauben nicht beherrschen – täte sie das, läse niemand Horoskope –, aber sie hat eine gewisse, beschränkte Macht über ihn. Kaum jemand glaubt heute noch, daß sich die Sonne um die Erde dreht.

In diesem Sinne zählt die Erforschung geschlechtsspezifischer Unterschiede zu den bedeutsamsten wissenschaftlichen Bereichen unserer Tage. Sie hat nicht nur Konsequenzen für so weitreichende soziale Belange wie Bildungspolitik oder die praktische Gestaltung des Babyjahres, sondern sie kann unter Umständen die Sichtweise der Menschen von sich selbst und anderen verändern. Die Frage »Was ist ein Mann?« beziehungsweise »Was ist eine Frau?« ist von zentraler Bedeutung für die Identität einer Person und dafür, wie jede Person ihren Platz in der Familie, im Arbeitsverhältnis, im sozialen Umfeld und innerhalb der Menschheit definiert. Es ist genau diese Frage, die der in diesem Buch geschilderten Forschung am Herzen liegt.

Kapitel 1

Verschieden, aber gleichwertig

Es war noch dunkel, als Camilla Benbow (im siebten Monat schwanger) die Treppe hinunterging, um ihren Ältesten zu wecken und für die Schule fertig zu machen. Sie ging an den Türen vorbei, hinter denen die dreijährige Bronwen und der einjährige Trefor schliefen, und trat in Wystans Zimmer. Wystan war fünf Jahre alt und stand nur sehr ungern so früh auf, aber Mama hatte wenig Mitleid. Als 24 Jahre alte Doktorandin mit Ehemann, dreieinhalb Kindern und einer halbfertigen Doktorarbeit wußte sie genau, was es hieß, fünf Minuten länger im Bett bleiben zu dürfen – aber dafür schien nie Zeit zu sein. Sachte zog sie ihren Sohn unter der Bettdecke hervor und half ihm, ein paar warme Sachen zum Anziehen herauszusuchen. Es war der fünfte Dezember 1980, und in Baltimore wurde es kalt. Im Schlafzimmer im oberen Stockwerk zog sich indessen ihr Ehemann Robert an und hörte dabei die Rundfunknachrichten von NBC. Plötzlich rief er Camilla etwas zu und drehte das Radio so laut, daß sie es bis in Wystans Zimmer hören konnte. Es hatte ganz den Anschein, als handelte die Nachricht des Tages von ihr.

»Ich erinnere mich, wie ich es hörte und einfach nicht glauben konnte«, erzählt Benbow. Ihr war zwar bewußt gewesen, daß ihre Forschungsergebnisse, mit denen sie zeigen konnte, daß Jungen zu Beginn der weiterführenden Schulen größere mathematische Fähigkeiten besitzen als gleichaltrige Mädchen, innerhalb der wissenschaftlichen Welt einige Auseinandersetzungen auslösen würden. Wieviel Beachtung sie jedoch in der allgemeinen Presse erfahren würde, hätte sie sich niemals träumen lassen. Begonnen hatte es am Abend zuvor, als Reporter von der *Times* und von *Newsweek* anriefen, welche von ihrer Arbeit gehört hatten, welche in der folgenden Woche publiziert werden sollte. Sie wollten auf das Gespräch mit ihr nicht bis zum nächsten Tag warten. Von der Küche aus hatte sie ihre Fragen beantwortet, nicht ahnend, daß dies erst der Anfang eines gewaltigen Medienrummels war.

Es dämmerte ihr schließlich am anderen Morgen, als sie Wystan zur Schule geschickt, rasch gefrühstückt hatte und auf dem Weg ins Büro war. Es war ungefähr Viertel nach acht, als sie dort ankam und eine verständnislos dreinblickende Sekretärin ihr mit großen Augen einen Stapel Mitteilungen überreichte. »An ihre Miene kann ich mich heute noch erinnern.« Verschiedene Zeitungen und Radiostationen hatten innerhalb der letzten Viertelstunde angerufen, und das Telefon klingelte schon wieder. Es hörte überhaupt nicht mehr auf. »Ich habe den ganzen Tag damit zugebracht, mit Reportern zu sprechen. Kaum hatte ich aufgelegt, kam ein neuer Anruf.« Als im Verlauf des Vormittags die lokalen Fernsehsender anriefen, um ihr mitzuteilen, daß sie Kamerateams zu ihr schicken würden, die sie interviewen sollten, betrachtete sie das einfache Umstandskleid, das sie trug, und wünschte, sie hätte das Ganze besser geplant. »Ich hatte mich ganz normal fürs Büro angezogen.« Als Doktorandin und werdende Mutter hatte sie nicht allzu viele Kleider zur Auswahl, »aber ich hätte schon ein paar hübschere Sachen zum Anziehen gehabt. Ich hatte einfach nicht damit gerechnet.« Als sie darüber nachdachte, wie ihre Kleider sich im Nachrichtenprogramm ausnehmen würden, »erwog ich heimzugehen und mich umzuziehen, aber dafür war keine Zeit mehr«.

Um halb sechs entkam sie schließlich dem Büro, gerade rechtzeitig zu den lokalen Abendnachrichten. Sie und Robert versammelten die Kinder vor dem kleinen Schwarzweißfernseher im Wohnzimmer, um Mamas Fernsehdebüt anzuschauen. »Die Kinder fanden es recht nett«, erzählt sie. Keines von ihnen hatte bemängelt, daß sie sich nicht fein gemacht hatte.

Das Projekt, das landesweit das Interesse der Reporter auf sich gezogen hatte, war eine provokante und Unruhe stiftende Studie[1], die Benbow unter der Leitung von Julian Stanley an der

Johns-Hopkins-Universität durchgeführt hatte. Acht Jahre lang hatte Stanley, ein anerkannter Pädagoge, Daten über eine Gruppe hochintelligenter Siebt- und Achtkläßler (Mädchen und Jungen) gesammelt, die entsprechend ihrem Abschneiden in einem standardisierten Mathematiktest für amerikanische Schulkinder zu den oberen zwei bis fünf Prozent der Leistungsskala gehörten. Im Laufe der Jahre hatte Stanley ungefähr 10 000 dieser mathematischen Superkinder finden können (davon 5700 Jungen und fast 4300 Mädchen) und ihnen den sogenannten SAT (Scholastic Aptitude Test) vorgelegt, jenen gefürchteten Schuleignungstest, mit dem viele Colleges und Universitäten ihre Bewerber sieben. Obgleich sie nie einen Highschool-Kurs belegt hatten, schnitten diese »mathematisch frühreifen Jugendlichen«, wie Stanley sie nannte, in diesem Test genauso gut ab wie ein durchschnittlicher Schüler der Highschool-Oberstufe.

Stanley hatte mit diesem Programm ursprünglich begonnen, um mathematisch begabte Kinder frühzeitig zu entdecken und ihr Talent zu fördern. Benbow aber sah noch eine ganz andere Verwendung: Sie konnte damit eine der ewig bestehenden Geschlechtsstereotypen testen, nämlich die, daß Jungen mathematikbegabter seien als Mädchen.

Als Benbow die SAT-Ergebnisse der mathematisch frühreifen Jugendlichen unter dem Gesichtspunkt der Geschlechtszugehörigkeit auswertete, ergab sich ein überraschendes Schema. Zwar zeigten im verbalen Abschnitt des Tests Jungen und Mädchen im Durchschnitt nahezu identische Ergebnisse, im mathematischen Abschnitt jedoch lagen die Jungen im Schnitt 30 bis 35 Punkte höher. Ein drastischer Unterschied. Als Benbow jedoch nur noch die besten dieser hochbegabten Kinder berücksichtigte, fand sie eine noch außergewöhnlichere Diskrepanz. Bei den Schülern, die im mathematischen Abschnitt des Tests mehr als 500 Punkte erreichten (ein Durchschnittsergebnis für einen Oberstufenschüler, der das College besuchen wollte, für Siebt- oder Achtkläßler aber ein sehr gutes Resultat), fand Benbow doppelt so viele Jungen wie Mädchen. Oberhalb 600 Punkten gab es viermal so viele Jungen wie Mädchen, und bei den Kindern, die mit mehr als 700 Punkten abgeschlossen hatten, der absoluten Spitzengruppe, bei denen man von einem angeborenen Talent zum Mathematiker oder zum theoretischen Wissenschaftler ausgehen kann, waren es dreizehnmal mehr Jungen als Mädchen.

Diese Zahlen erregten die Aufmerksamkeit der Medien und der Öffentlichkeit. Die Wissenschaft aber geriet über einen anderen Teil von Benbows Arbeit in Aufruhr. Die Tatsachen waren unbestreitbar – Benbow war beim Zusammentragen und bei der Analyse ihrer Daten mit äußerster Sorgfalt vorgegangen –, und wenngleich einige ihrer Altersgenossen es vielleicht für schlechten Stil hielten, männliche Überlegenheit auf mathematischem Gebiet publik zu machen, in Frage stellen konnten sie die Studie nicht. Doch Benbow hatte sich über die Zahlen hinaus auf ein wahres Minenfeld gewagt, was ihre Aussagen über die möglichen Ursachen dieses Ergebnisses anbelangte.

Tatsächlich bestand das Hauptanliegen von Benbows Arbeit darin, nach möglichen Gründen für die männliche Überlegenheit bei standardisierten Mathematiktests zu suchen, ein Phänomen, das bereits bekannt war; allerdings war sie eine der ersten, die es bei Unterstufenschülern untersuchte. Seit den späten sechziger Jahren schnitten Oberstufenschüler der Highschool im mathematischen Teil des SAT-Tests regelmäßig 40 bis 50 Punkte besser ab als ihre Mitschülerinnen. Das entspricht rund 8 Prozent der möglichen Gesamtpunktzahl in diesem Test, die von minimalen 200 Punkten bis zu optimalen 800 Punkten betragen kann. Viele Forscher nahmen jedoch an, daß es für diesen Unterschied eine einfache Erklärung gebe, die mit Biologie nicht das geringste zu tun hat: Jungen belegen auf der Highschool mehr Mathematikkurse als Mädchen. Kein Grund also, Gene oder Hormone zu bemühen – das Ganze kam nach herkömmlicher Ansicht lediglich dadurch zustande, daß Jungen mehr mathematische Konzepte kennenlernten und mehr Übung im Lösen mathematischer Fragestellungen hatten.[2]

Benbows Studien erschütterten diese Theorie. Ihre Zahlen bewiesen, daß ein großer Teil des geschlechtsspezifischen Unterschieds in den mathematischen Abschnitten des SAT bereits in der siebten Klasse bestand, in der Jungen und Mädchen denselben Mathematikunterricht erhielten. Sie beobachtete die mathematisch frühreifen Kinder während der High-school-Jahre und stellte fest, daß die Jungen ihren Vorsprung gegenüber den Mädchen auf durchschnittlich 50 Punkte ausbauten, konnte aber keinen Hinweis darauf finden, daß diese Änderung mit dem Belegen verschiedener Kurse in der Schule zusammenhing. Die mathematisch begabten Mädchen und Jungen belegten bis zur zwölften Klasse dieselbe Anzahl an Mathematikkursen, und die Mädchen hatten eher die etwas besseren Noten.

Benbow ging noch einen Schritt weiter und überprüfte zwei andere soziologische Hypothesen für das schlechtere Abschneiden der Mädchen in standardisierten Mathematiktests. Manche Wissenschaftler sind der Ansicht, Mädchen würden von Eltern und Altersgenossen zu einer Abneigung gegen Mathematik erzogen, indem man ihnen ständig erzählt, dies sei eine rein männliche Domäne. Andere glauben, Mädchen verlören häufig das Interesse an Mathematik, weil sie weder Wissenschaftlerinnen noch Ingenieurinnen werden wollten und Mathematik deshalb für sich selbst als nutzlos erachteten. Benbow fragte die Jungen und Mädchen aus ihrer Studie, ob sie Mathematik schätzten und für wie wichtig sie dieses Fach für ihre berufliche Zukunft hielten. Sie konnte bei den Antworten keinen Bezug zum Abschneiden im SAT feststellen.

Benbow und Stanley waren darüber hinaus der Ansicht, daß sie ein genaueres Maß für die mathematischen Fähigkeiten bekämen, wenn sie den SAT Siebt- und Achtkläßlern vorlegten, welche die notwendigen Kurse zum Lösen dieser Probleme noch nicht belegt hatten. Die Noten der jüngeren Schüler würden weniger stark davon abhängen, wie gut sie ihren Stoff gelernt hatten, sondern eher davon, wie rasch sie in der Lage waren, eine Lösung für ein fremdes, neues Problem auszutüfteln.

Alle diese Parameter deuteten Benbow und Stanley zufolge darauf hin, daß »geschlechtsspezifische Unterschiede bei den Leistungen in Mathematik und bei der Haltung gegenüber diesem Fach auf größere mathematische Fähigkeiten des männlichen Geschlechts zurückzuführen sind«. Sie räumten ein, nicht jede einzelne mögliche soziologische Erklärung für das

Vorhandensein geschlechtsspezifischer Unterschiede ausgeschlossen zu haben, beharrten jedoch darauf, daß zumindest für einen Teil der männlichen Überlegenheit die Biologie verantwortlich sei.

Dieser Artikel, der im Dezember 1980 erschien und über den noch Monate später in Zeitungen und Zeitschriften geschrieben werden sollte, markiert einen Wendepunkt in den Untersuchungen über geschlechtsspezifische Unterschiede. Die ganzen siebziger Jahre hindurch basierte ein großer Teil der Studien zu diesem Thema auf der Annahme, daß die Unterschiede in erster Linie darauf zurückzuführen seien, daß Jungen und Mädchen unterschiedlich erzogen und von der Gesellschaft verschieden behandelt würden. Eine solche unterschiedliche Behandlung ist in der Tat leicht festzustellen: Jungen werden von den Eltern eher dazu angeregt, sich mit Bausteinen und anderen Spielsachen zu beschäftigen, die dazu beitragen, räumliches Vorstellungsvermögen zu entwickeln – für die Mathematik eine wichtige Voraussetzung. Mädchen wird im Unterricht weniger Aufmerksamkeit und weniger Ermutigung zuteil etc. Es ist allerdings nicht leicht zu untersuchen, welche Folgen eine solche unterschiedliche Behandlung im einzelnen hat. Wenn Eltern kleine Mädchen genausosehr dazu anhielten, mit Bauklötzen zu spielen, wie sie es bei kleinen Jungen tun, wären die Mathematiknoten der Mädchen 15 Jahre später dann besser? Das ist schwer zu sagen.

Benbows Vorgehensweise – weithin anerkannte soziologische Erklärungen für die geschlechtsspezifischen Unterschiede auf mathematischem Gebiet zu überprüfen, ferner nachzuweisen, daß diese nicht anwendbar sind, und daraus den Schluß zu ziehen, es müsse eine biologische Ursache dafür geben – bedeutete einen neuen Ansatz bei der Erforschung geschlechtsspezifischer Unterschiede, der in den vergangenen zehn Jahren allmählich in den Vordergrund gerückt ist. Immer mehr Wissenschaftler beginnen, die Möglichkeit in Betracht zu ziehen, daß Unterschiede im Verhalten und in den Fähigkeiten von Männern und Frauen zumindest teilweise auf physische Unterschiede der Hirnstruktur zurückzuführen sein könnten. Benbows Artikel war für diesen Wechsel zwar nicht verantwortlich, trat jedoch eine Lawine provokanter und in der Öffentlichkeit stark beachteter Studien von jungen, phantasievollen, meist weiblichen Wissenschaftlern los, die wieder biologische Aspekte in die Diskussion um geschlechtsspezifische Unterschiede brachten.

Dem weithin anerkannten Dogma vom Umwelteinfluß wurde gleichsam der Fehdehandschuh hingeworfen, und das von einer Frau, der man auf den ersten Blick eine solche Kriegserklärung nie und nimmer zutrauen würde. Mit ihrem leisen, immer noch ein wenig singenden Tonfall, der ihr geblieben ist, seit sie mit neun Jahren Schweden verließ, erinnert Camilla Persson Benbow an ein scheues skandinavisches Bauernmädchen mit lockigem braunem Haar, leuchtenden Augen, starken Händen und heller Haut. Lernt man sie jedoch etwas näher kennen, so offenbart sich einem schon bald ihr unglaublich starker, unbeugsamer Charakter, der einen unweigerlich an die kriegerischen Wikinger vor 1000 Jahren erinnert.

Es ist nicht ohne Ironie, daß ausgerechnet Camilla Persson Benbow, die die soziologischen Theorien der Feministinnen über geschlechtsspezifische Unterschiede so in Frage stellt, die Inkarnation jener »Superfrau« zu sein scheint, die der Feminismus der siebziger Jahre als Idealbild propagiert hatte: eine Frau, die eine äußerst erfolgreiche Karriere mit der Mutterschaft verbindet. Mit 18 Jahren heiratete sie Robert Benbow, einen zwölf Jahre älteren Molekularbiologen, den sie kennengelernt hatte, als ihr Vater für Caltech arbeitete. Zu Beginn ihrer Ehe arbeitete Robert an der Cambridge University in England, später an der Johns Hopkins University. Camilla selbst studierte indessen Psychologie. Mit 20 Jahren erhielt sie ihren Bachelor; im Jahr zuvor hatte sie sich anläßlich der Geburt Wystans (Wystan ist ein alter walisischer Name) eine kurze Unterbrechung gestattet. In Abständen von jeweils ungefähr zwei Jahren sollten sechs weitere Kinder folgen; zur gleichen Zeit promovierte sie, publizierte eine Menge origineller und sehr beachteter wissenschaftlicher Artikel und wurde Mitte Dreißig Institutsdirektorin.

Vor ihrer Promotion wollte Benbow eigentlich klinische Psychologin werden, doch nach einem Kurs bei Julian Stanley war sie so fasziniert von den mathematisch frühreifen Kindern, daß sie sich für ihre Doktorandenausbildung seinem psychologischen Forschungsteam anschloß. Schon bevor Benbow auf der Bildfläche erschien, war es in Stanleys Arbeitsgruppe längst kein Geheimnis mehr, daß Jungen in Mathematik wesentlich besser abschnitten als Mädchen. Bereits 1972 erreichten in der allerersten von Stanley getesteten Gruppe von Siebt- und Achtkläßlern beinahe 20 Prozent der Jungen mehr als 600 Punkte im mathematischen Teil des SAT, Mädchen hingegen nie; das wiederholte sich Jahr für Jahr. Dennoch hatten vor Benbow nur wenige Studenten in Stanleys Gruppe geschlechtsspezifische Unterschiede für wichtig genug erachtet, um sie gesondert weiterzuverfolgen. Benbow teilte Stanley mit, daß sie untersuchen wolle, ob der geschlechtsspezifische Unterschied auf bestimmte Faktoren zurückgeführt werden könne, zum Beispiel darauf, daß Jungen mehr Mathematikkurse belegten als Mädchen oder daß sie Mathematik mehr schätzten als Mädchen. Darüber wollte sie einen Artikel schreiben. Stanley stimmte auf der Stelle zu, erinnert sie sich. Er war bereits seit geraumer Zeit der Ansicht gewesen, daß die Daten publiziert werden sollten, hatte dem Thema aber keine so hohe Priorität beigemessen. »Wissenschaftlerinnen sind vielleicht stärker an diesem Projekt interessiert«, gibt Benbow zu bedenken, »schließlich stehen sie auf der falschen Seite des Abgrunds zwischen den Geschlechtern.«

Als ihr Artikel in der renommierten Wissenschaftszeitung *Science* publiziert wurde, fand sich Benbow weit stärker im Rampenlicht, als sie es erwartet hatte. In nahezu jeder Zeitung des Landes konnte sie etwas über ihre Untersuchungen lesen, aber in vielen Artikeln wurden auch stets zwei oder drei Gegenstimmen zitiert, die ihre Schlußfolgerungen kritisierten. »Angenommen, Ihre Mutter haßt Mathematik und Ihr Vater legt Ihnen nahe, sich Ihren hübschen kleinen Kopf nicht über so etwas zu zerbrechen – glauben Sie allen Ernstes, ein Mathematiktest wäre dann ein adäquates Maß für Ihre Fähigkeiten?« hieß es an einer Stelle.[3] »Ich glaube, die befinden sich auf verdammt dünnem Eis, wenn sie Schlußfolgerungen über genetische Unterschiede wagen«, meinte eine andere Wissenschaftlerin.[4]

Wieder andere wurden in ihrer Kritik ziemlich persönlich: »Ich glaube, wir haben es hier mit Leuten zu tun, die nach einer Rechtfertigung für ihre politischen Überzeugungen suchen«, sagte eine Biologin gegenüber einer kanadischen Zeitung.[5] Die schärfsten Attacken kamen von jenen, die befürchteten, daß Benbows Daten die Chancen der Frauen auf mathematischem Gebiet und in anderen Wissenschaften schmälern würden und daß manche Leute Benbows Untersuchungen als Begründung für eine frauenfeindliche Politik heranziehen könnten. »Es ist eine politische Angelegenheit«, meint Sheila Tobias,[6] Feministin und Autorin des Buches *Overcoming Math Anxiety*, ein Buch über Mädchen und mathematische Fähigkeiten. »Sie wird das pädagogische Verhalten beeinflussen. ... Ich beschäftige mich mit dieser Forschung [über Mädchen und Mathematik], um der Wahrheit auf die Spur zu kommen – aber auch aus politischen Gründen. Ich möchte, daß man landauf und landab die Voraussetzung akzeptiert, daß Mädchen und Jungen gleich gut abschneiden können.« Und einen Monat nach dem Erscheinen von Benbows Artikel in *Science* räumte das Magazin den beiden Mathematikerinnen Alice T. Schafer vom Wellesley College und Mary W. Gray von der American University den gleichen Raum für ihre Ansichten ein. In ihrer Erwiderung argumentierten die beiden Frauen, daß »umweltbedingte und kulturelle Faktoren nicht ausgeschlossen wurden«, und warnten davor, daß Presseberichte über Benbows Arbeiten die Bemühungen, mehr Frauen in die mathematische Forschung einzubinden, unterminieren könnten. »Es ist nahezu unmöglich, den Schaden wiedergutzumachen, den die sensationsgierigen Enthüllungen bereits angerichtet haben«, schrieben sie.[7]

»Es war hart, der aufkommenden beißenden Kritik gegenüberzustehen, von der ein Großteil ungenau oder unfair war«, erklärte Benbow. »Aber ich wurde bockig. Meine Reaktion war: ›Ich werde es Euch zeigen.‹« Ermutigt wurde sie dadurch, daß niemand die Zuverlässigkeit ihrer Daten angezweifelt hatte und man stillschweigend das Argument hatte fallenlassen, die Ursache für die männliche Überlegenheit stünde in Zusammenhang mit der Anzahl der belegten Mathematikkurse. Statt dessen griff die Kritik auf »unterschwellige Umwelteinflüsse« zurück, die laut Benbow sehr viel schlechter nachweisbar sind.

Die vergangenen zehn Jahre hat Benbow also damit verbracht, jeden denkbaren unterschwelligen Umwelteinfluß zu untersuchen, der den männlichen Vorsprung bei mathematisch frühreifen Kindern vielleicht hätte erklären können.[8] Erst in der Zusammenarbeit mit Stanley, später in eigener Regie, sammelte sie die SAT-Ergebnisse von mehr als einer Million Siebt- und Achtkläßlern und fragte viele Schüler nach ihrem familiären Hintergrund, ihrer medizinischen Vorgeschichte, nach persönlichen Vorlieben und Abneigungen, Karriereplänen etc. Das Ergebnis war gleich Null. Mathematisch frühreife Mädchen haben nicht mehr Angst vor Mathematik als ihre männlichen Altersgenossen. Diese Mädchen mögen Mathematik. Sie sind der Ansicht, Mathematik wäre ihnen für eine zukünftige Karriere von Nutzen. Ihnen wird von ihren Eltern in gleichem Maße Hilfe und Anregung zuteil wie den Jungen. Und wenn es überhaupt etwas festzustellen gibt, dann sind ihre Noten in Mathematik eher besser als die der Jungen (vielleicht, so glauben manche Forscher, weil Mädchen sich mehr um gute Zensuren und die Erfüllung der Erwartungen von Eltern und Lehrern bemühen als Jungen). Benbow ging sogar so weit, daß sie überprüfte, mit welchen Spielsachen die Schüler als Kleinkinder gespielt hatten, um festzustellen, ob Jungen vielleicht dadurch einen Vorteil bekommen hatten, daß sie mit Bauklötzen und anderen das räumliche Vorstellungsvermögen fördernden Spielsachen umgegangen waren. Es gab nur sehr wenige Unterschiede hinsichtlich des Spielzeugtyps, mit dem diese intelligenten Kinder früher gespielt hatten, stellt Benbow fest, und diese Vorlieben standen in keinem Bezug zu den unterschiedlichen Ergebnissen in späteren Mathematiktests.

»Nachdem ich 15 Jahre lang nach einer umweltbedingten Erklärung gesucht und absolut nichts herausgefunden hatte, gab ich auf«, sagte sie Reportern gegenüber.[9] Wenn es einen Unterschied in der Erziehung von Mädchen und Jungen gäbe, der stark genug sei, um einen solch gleichbleibenden Vorsprung der Jungen in Mathematik zu verursachen, argumentierte sie, dann hätte dieser sich irgendwie in deren Haltung gegenüber

der Mathematik oder in ihren Leistungen in den Mathematikkursen niederschlagen müssen. Das tut er nicht, und so war sie
wieder da, wo sie begonnen hatte: bei der Hypothese, daß bei der
männlichen Dominanz am oberen Ende der Leistungsskala
bezüglich mathematischer Fähigkeiten die Biologie eine Rolle
spielen muß.

Benbow, heute Institutsdirektorin des Psychologischen Insti-
tuts an der Iowa State University, legt Wert darauf zu betonen,
daß ihre Ergebnisse nur für Studenten gelten, die zu den oberen
paar Prozent gehören, denn nur diese hat sie untersucht. Ihre
Ergebnisse mögen für die Auswahl und Ausbildung von Mathe-
matikern, Wissenschaftlern und Ingenieuren von Bedeutung
sein, denn für diese Berufe müssen die Bewerber besondere
mathematische Fähigkeiten besitzen, für Durchschnittskinder
müssen sie allerdings nicht notwendigerweise gelten.

Bei Kindern im Leistungsmittelfeld liegen die Jungen ebenfalls
im Durchschnitt 50 Punkte vor den Mädchen, aber es ist viel
schwerer zu sagen, woran das liegt. Zum Beispiel ist es möglich,
daß die Mädchen in Mathematik eigentlich gegenüber den
Jungen aufgeholt haben, daß dieses Aufholen aber durch eine
Änderung der Auswahl an Studenten, die den SAT absolvieren,
verhüllt wird. Ende der sechziger Jahre lag das Durchschnittsergebnis im sprachlichen Teil des SAT bei Oberstufenschülerin-
nen um einige Punkte über dem männlichen Durchschnitt.
Seither haben die Jungen aufgeholt, die Mädchen überholt und
liegen nun mit ungefähr zehn Punkten vorn. Weshalb? Eine
plausible Erklärung ist nach Diane Halpern, Psychologin an der
California State University in San Bernadino, daß sich die
Zusammensetzung der Studenten, die den SAT machen wollen,
dramatisch geändert hat.[10] Dadurch, daß sich seit den sechziger
Jahren mehr und mehr Mädchen dazu entschlossen haben, das
College zu besuchen, absolvieren nicht mehr nur die allerbesten
Studentinnen diesen Test. Das ist möglicherweise der Grund
dafür, daß das weibliche Durchschnittsergebnis des SAT
schlechter geworden ist. Wenn dem so ist, kann der geschlechtsspezifische Unterschied in Mathematik geringer geworden sein,
obgleich man das den Durchschnittsergebnissen im mathematischen Teil des SAT nicht ansieht. (Benbows Daten haben nicht

mit demselben Problem zu kämpfen, da sie sich durchgehend nur mit den wenigen Prozenten am oberen Ende der Leistungsskala beschäftigt hat.)

Eine Studie von Janet Hyde, Elizabeth Fennema und Susan Lamon liefert Hinweise darauf, daß diese Annahme zutreffen könnte. Sie verglichen alle Studien zum geschlechtsspezifischen Unterschied auf mathematischem Gebiet, derer sie habhaft werden konnten, und kamen zu dem Schluß, daß die Größe des Unterschiedes mit den Jahren abgenommen hat.[11] Wenn dem so ist, dann könnte ein Teil des männlichen Vorsprungs vor 25 Jahren durchaus mit einer Entmutigung der Mädchen zu tun gehabt haben, und in gleichem Maße, wie die Gesellschaft akzeptiert hat, daß Mädchen zu mathematischen Leistungen in der Lage sind, haben diese die Lücke gegenüber den Jungen geschlossen.

Bestehen bleibt diese Lücke allerdings dennoch. Hyde, Fennema und Lamon stellten fest, daß, obgleich die Mädchen besser rechnen können als die Jungen – addieren, subtrahieren, multiplizieren und dividieren – und letzteren im Erfassen mathematischer Konzepte in nichts nachstehen, die Jungen auf der Highschool in dem Augenblick den Vorsprung entwickeln, in dem die Fertigkeiten zur Lösung von Problemen wichtig werden. Ein solches Verteilungsmuster der Unterschiede[12] erschwert den Versuch, die Diskrepanz rein soziologischen Faktoren zuzuschreiben, erklärt Halpern. Wären die Mädchen tatsächlich dazu erzogen worden, Mathematik zu fürchten, weshalb schneiden sie dann in einigen Bereichen sogar besser ab als die Jungen?

Es wird wohl noch eine Generation dauern, bis wir wissen, wieviel von dem männlichen Vorsprung auf mathematischem Gebiet tatsächlich angeboren ist, denn es dauert lange, bis stereotype Vorurteile beseitigt sind und Kinder in einer relativ geschlechtsneutralen Umgebung aufwachsen. Doch wenn der Fall der sprechenden Barbiepuppe[13] ein Fingerzeig sein sollte, dann sind wir bereits auf dem Weg zu einer Gesellschaft, die nicht einmal mehr einen Hauch von Sexismus auf mathematischem Gebiet zulassen wird. Im zweiten Halbjahr 1992 brachte der Spielwarengigant Mattel eine sprechende Barbiepuppe auf den Markt, der zusätzlich zu ihren blonden Haaren und ihren Idealmaßen eine Stimme verliehen worden war. Mattel hatte recherchiert, wie Kinder heutzutage reden, und wartete mit 270 Phrasen auf, die Teenagern zugeschrieben wurden. Jede Barbiepuppe wurde mit einer zufälligen Auswahl von vier dieser Phrasen bedacht – zum einen, damit Mattel Geld sparte, zum anderen, damit Franziskas Barbiepuppe und Julias Barbiepuppe nicht dauernd dasselbe sagten. Eine dieser 270 Phrasen – gesprochen von schätzungsweise jeder 67. Barbiepuppe – war: »Der Mathekurs ist haarig!«

Falls sich Kinder seit meiner eigenen Jugendzeit nicht geändert haben, so kann man durchaus glauben, daß normale Teenager – sowohl Mädchen als auch Jungen – so etwas sagen. Als die Puppe aber in die Läden kam, stellte Mattel fest, was »haarig« wirklich bedeutet. Zeitungskolumnisten schimpften, die Firma würde negative Klischees über Mädchen verbreiten, Mütter erwogen einen Barbiepuppen-Boykott, und aufgebrachte Bürger schrieben Leserbriefe, in denen sie forderten, Mattel solle entweder die sprechende Barbiepuppe vom Markt nehmen oder aber einen sprechenden Ken herausbringen, der sagen sollte: »Barbie, hilfst Du mir bitte bei den Mathe-Hausaufgaben?« Mattel riecht eine Werbepleite von weitem, und so ließ man die Anstoß erregende Barbiepuppe umgehend verstummen. Es kursiert das Gerücht, daß Mattel nun an einer neuen Puppe arbeitet: Blackboard Barbie, angetan mit Doktorhut und Gewand, im Angebot mit einem Rechner, einem Stück Kreide und einer Tafel voller geometrischer Konstruktionen und algebraischer Gleichungen. Sobald man an der Quaste des Doktorhuts zieht, sagt sie: »Mathe macht Spaß!«

* * *

Die männliche Überlegenheit in Mathematik bekommt zwar die beste Presse und erfährt viel wissenschaftliche Aufmerksamkeit, aber Frauen haben eigene Stärken. Tatsächlich lagen für einen kurzen Augenblick am Beginn des Zeitalters der Intelligenztests Mädchen bei den Tests vorne, aber die Regeln wurden rasch geändert, damit man sicher sein konnte, daß so etwas nie wieder geschieht.

Vor gut 90 Jahren startete der französische Psychologe Alfred Binet den Versuch, eine einfache Methode zur Bestimmung des Intelligenzgrades zu entwickeln. Sein eigentliches Ziel war es, geistig zurückgebliebene Kinder zu identifizieren, die eine gesonderte schulische Betreuung benötigten, doch der Test erlaubte auch eine grobe Einschätzung der Intelligenz normaler Kinder. Bis zum Jahre 1905 hatte er eine Reihe von Aufgaben und Fragen etabliert, die leicht begannen und zunehmend schwerer wurden. Dazu gehörten Aufforderungen wie das Befolgen einer einfachen Anweisung (»Setz Dich«), die Benennung von Gegenständen auf einem Bild, die Definition einfacher Wörter, das Betrachten einer Reihe von Objekten, die dann aus dem Gedächtnis aufgelistet werden mußten, das Suchen von Reimen zu gegebenen Wörtern und die Fähigkeit, sich vorzustellen, wie ein Stück Papier aussehen müßte, das gefaltet, geschnitten und wieder entfaltet würde. Die Zahl der bewältigten Aufgaben war ein Maß für das »geistige Alter« des Kindes, und der Vergleich mit dem tatsächlichen Alter des Kindes bot Binet objektive Kriterien dafür, ob das Kind geistig zurückgeblieben war oder nicht.

Dies war der erste praktische Intelligenztest, und er hat seither Modell gestanden für viele andere. Sein Nachfolger, der Stanford-Binet-Test, ist noch heute in Gebrauch. Soviel ist über Binets Arbeit bekannt[14], weniger bekannt ist der Rest der Geschichte.

Als Binet eine frühe Version dieses Intelligenzmaßstabs testete, stellte er fest, daß Jungen viel häufiger schlecht abschnitten als Mädchen. Da viele Wissenschaftler seinerzeit der Ansicht waren, daß Frauen von Natur aus weniger intelligent seien als Männer – nur die allerprogressivsten zogen die Möglichkeit in Betracht, daß die Geschlechter eventuell gleichwertig sein könnten –, wußte Binet, daß er irgend etwas falsch gemacht haben mußte. Es dauerte auch nicht lange, bis er herausgefunden hatte, was das war. Viele der Punkte in dem Test waren offenbar »parteiisch« zugunsten des weiblichen Geschlechts, denn die Mädchen lösten sie in einem jüngeren Alter als die Jungen. Ein paar andere waren entgegengesetzt vorbelastet. Hier antworteten die Jungen früher richtig als die Mädchen; von diesen gab es aber nicht genug, um die anderen, die für den weiblichen Vorsprung verantwortlich waren, auszugleichen. Die Lösung lag auf der Hand: Raus mit den Punkten, die am stärksten den Mädchen zugute kamen, und dafür hinein mit anderen, die für die Jungen günstig waren. (Hätte Binet alle Punkte für oder gegen eines der beiden Geschlechter herausgenommen, hätte er zu viel von seinem Test verloren.) Von da an balancierte er die beiden Fragentypen stets sorgfältig aus, damit Mädchen und Jungen gleich gut abschnitten; diese Tradition hat sich bis heute in den meisten modernen IQ-Tests erhalten.

Diese Geschichte von Binet erzählt die Psychologin Diane McGuinness in ihrem Buch *When Children Don't Learn*.[15] Die Standardbegründung für den Seiltanz bei IQ-Tests ist, daß dadurch garantiert sei, daß beide Geschlechter gleich und fair behandelt werden; McGuinness warnt allerdings davor, dies allzu bereitwillig zu akzeptieren. »Hätten in den ersten Tests die Mädchen schlechter abgeschnitten als die Jungen, wäre aller Wahrscheinlichkeit nach der Test nicht revidiert worden, weil er ja bestätigte, was jedermann glaubte.«

Die Geschichte erzählt uns nicht, welche Punkte Binet aus dem Test herausnahm, damit die Mädchen die Jungen nicht blamierten. Von dem, was wir heute wissen, können wir dies allerdings recht gut raten: Mit einiger Sicherheit hatten sie mit den sprachlichen Fähigkeiten zu tun. Im allgemeinen haben Mädchen nahezu von dem Augenblick an, in dem sie zu sprechen beginnen, bessere sprachliche Fertigkeiten als Jungen. Zwar gibt es einander widersprechende Befunde im Hinblick auf das alte Vorurteil, daß Mädchen früher sprechen lernen als Jungen, doch ist wissenschaftlich erwiesen, daß die Mädchen den Jungen in verschiedener Hinsicht überlegen sind, wenn sie einmal damit begonnen haben.

Ein Beispiel dafür liefert eine Studie zur Sprachentwicklung bei Jungen und Mädchen im Alter von zweieinhalb bis vier Jahren, durchgeführt von Dianne Horgan,[16] seinerzeit Doktorandin an der University of Michigan in Ann Arbor. Um die Spracherfassung zu messen, bestimmte sie die »mittlere Länge einer Äußerung«: die durchschnittliche Wortzahl, die ein Kind zu Sätzen oder anderen Ausdrücken zusammenfügt. Sie stellte fest, daß Mädchen früher längere Äußerungen von sich gaben als Jungen und dabei gleichzeitig weniger Fehler machten. Außerdem benötigten die Jungen länger, um so komplexe Konstruktionen wie Passivsätze – »Das Fenster wurde eingeworfen« anstelle von »Ich habe das Fenster eingeworfen« – zu bilden. Andere Wissenschaftler[17] stellten fest, daß weibliche Säuglinge mehr brabbeln als männliche, daß Mädchen früher Zwei-Wort-Sätze bilden als Jungen und daß sie dabei einen größeren Wortschatz besitzen.

Bis zum Grundschul- beziehungsweise Unterstufenalter setzen die Mädchen ihren frühen Sprachvorteil in schulische Überlegenheit um und schlagen die Jungen in Fertigkeiten wie Buchstabieren, Groß- und Kleinschreibung, Zeichensetzung und im Erfassen von gelesenen Texten.[18] Eine vor kurzem durchgeführte kulturübergreifende Untersuchung an Schülern weiterführender Schulen in den USA und Japan[19] ergab, daß Mädchen sich weit genauer an Einzelheiten einer vorgelesenen Geschichte erinnern können als Jungen. Kurz, es ist kein Wunder, daß bei Binets ersten Tests die Mädchen vorne lagen, denn sprachliche Fertigkeiten sind die Fähigkeiten, die sich bei kleinen Kindern am leichtesten untersuchen lassen, und bei diesen haben die Mädchen einen gleichbleibenden Vorsprung. Merkwürdigerweise zeigen sie diesen nicht im sprachlichen Teil des SAT,[20] bei dem Oberstufenschüler im Durchschnitt um zehn Punkte über den Schülerinnen liegen. Es gibt auch keinen weiblichen Vorsprung bei »sprachlich frühreifen Jugendlichen«, welcher der von Camilla Benbow nachgewiesenen männlichen Überlegenheit auf mathematischem Gebiet vergleichbar wäre. Seit 1980 untersucht Benbow Siebtkläßler, die in standardisierten Sprachtests zu den drei Prozent der besten Schüler gehören, und konnte keinen signifikanten Unterschied feststellen.

Ein Grund, weshalb die Jungen im sprachlichen Teil des SAT mit den Mädchen mithalten können, scheint zu sein, daß der Test ebenso wie die IQ-Tests bewußt so entworfen wurde, daß geschlechtsspezifische Unterschiede minimiert werden.[21] Beinahe ein Viertel des sprachlichen Anteils im SAT[22] besteht aus Wortanalogien, die ungefähr so aussehen:

Musik : laut :: ???

a)   Kunst : phantasieanregend
b)   Essen : scharf
c)   Fernsehen : unterhaltend
d)   Cheeseburger : lecker

Aus welchen Gründen auch immer schneiden Jungen offenbar
bei diesen Analogien besser ab als Mädchen. Würden die
Aufgaben zur Bildung von Analogien aus dem Test entfernt,
könnten die Mädchen die Jungen im sprachlichen Teil des SAT
durchaus übertreffen. In Wirklichkeit testen solche Analogien
im Grunde überhaupt keine sprachlichen Fähigkeiten – sie
verlangen, daß jemand die Bedeutung eines relativ geläufigen
Wortes erkennt, etwas, das Jungen und Mädchen gleichermaßen
gut vermögen. Darüber hinaus aber hängt die Antwort von
abstrakten Schlußfolgerungen ab. Um die oben abgebildete
Analogie zu finden, muß man beispielsweise den Schluß
ziehen, daß Musik so laut wie Essen scharf sein kann und daß
laut und scharf jeweils sensorische Empfindungen (Sinnesrei-
ze) sind, wobei die eine das Gehör, die andere den Geschmackssinn betrifft. Somit ist (b) richtig.

Bei standardisierten Tests, welche die sprachlichen Fähigkei-
ten ausführlicher beurteilen,[23] beispielsweise im Englisch-
Abschnitt des ACT (American College Test) und bei einem
Prüfungsaufsatz, den man fakultativ zum SAT abliefern kann,
zeigen die Mädchen bessere Ergebnisse als die Jungen. Diese
Überlegenheit mag in naher Zukunft dazu führen, daß die
Mädchen auch im sprachlichen Teil des SAT besser abschnei-
den. Das pädagogische Gremium, das diesen Test entwirft (The
Educational Testing Service), hat bereits angekündigt, daß ab
1994 dem Test ein Abschnitt angefügt werden soll, in dem eine
Schreibprobe abzulegen sein wird. Es ist sicher keine gewagte
Voraussage, daß die Mädchen unter diesen Umständen sich
gegenüber den Jungen verbessern werden, es sei denn, das
Gremium nimmt daraufhin als Ausgleich noch mehr Wortana-
logien in den Test auf.

Weshalb ist also der mathematische Teil des SAT nicht in
ähnlicher Weise ausgeglichen? Eine Antwort darauf scheint zu

sein, daß es auf mathematischem Gebiet offenbar nichts gibt, was den Analogien vergleichbar wäre und was man dem Test anfügen könnte, um den Mädchen so weit entgegenzukommen, daß sie die männliche Überlegenheit bei den anderen Fragen ausgleichen könnten.

Selbst wenn im sprachlichen Teil des SAT die Fragen nach Analogien ganz wegfielen und nur noch eine Aufsatzprobe gefordert wäre, spiegelten die Ergebnisse dennoch nicht das ganze Ausmaß weiblicher Sprachüberlegenheit wider. Den größten und wichtigsten geschlechtsspezifischen Unterschied bei sprachlichen Fähigkeiten findet man nämlich nicht bei den Mädchen und Jungen, die aufs College wollen und den SAT absolvieren, sondern bei jenen am Ende der Leiter – den Kindern, die Probleme mit den Grundlagen des Sprechens und Schreibens haben. Bei den Stotterern – das sind drei bis vier Prozent der Gesamtbevölkerung – befinden sich zum Beispiel drei- bis viermal mehr Jungen als Mädchen. Ähnlich frappierend ist der Unterschied bei dyslexischen Kindern[24] – Kinder von normaler Intelligenz, die Schwierigkeiten mit dem Lesenlernen haben. Unter den schweren Legasthenikern befinden sich etwa dreimal so viel Jungen wie Mädchen, das heißt, ein großer Teil der Kinder, die mit Leseschwächen geboren werden, sind Jungen.[25] Im Gegensatz zur männlichen Überlegenheit auf mathematischem Gebiet, die am oberen Ende der Leistungsskala am ausgeprägtesten ist, tritt die weibliche Überlegenheit auf sprachlichem Gebiet am deutlichsten an deren unterem Ende zutage.

Die Wissenschaft hat ein breites Spektrum soziologischer Erklärungen für die Tatsache zu bemühen versucht, daß Mädchen bessere sprachliche Fertigkeiten entwickeln als Jungen. Beispielsweise, Eltern würden mehr mit Töchtern als mit Söhnen sprechen, oder Mädchen würden alle ihre geistigen Fähigkeiten in die Sprachentwicklung investieren, weil sie unbewußt empfänden, daß ihnen Mathematik verschlossen bliebe. Solche Hypothesen mögen vielleicht einen Teil der Unterschiede bei den sprachlichen Fähigkeiten erklären, mit Sicherheit aber nicht alle. Bislang hat noch niemand eine einleuchtende umweltbedingte Ursache dafür präsentiert, weshalb 80 Prozent aller Stotterer und 75 Prozent aller schwer dyslexischen Kinder Jungen sind. Es ist sehr schwer, sich hierfür eine Erklärung vorzustellen, bei der biologische Faktoren überhaupt keine Rolle spielen.

* * *

Die geschlechtsspezifischen Unterschiede auf mathematischem und – in geringerem Maße auch auf sprachlichem – Gebiet erfahren nicht nur deshalb so große Aufmerksamkeit seitens der Wissenschaft, weil sie für wichtig gehalten werden, sondern auch deshalb, weil sie in gewissem Sinne »einfach« sind. Es gibt zahllose Tests, mit denen sich mathematische und sprachliche Fähigkeiten messen lassen. Jährlich absolvieren Millionen von Schulkindern diese Tests. Die Wissenschaftler haben also mehr als genug Zahlen zu knacken in der Hoffnung, auf etwas Bedeutsames zu stoßen. Mit ausgefuchsten Computerprogrammen kann sich der Forscher seine Ergebnisse unter allen denkbaren Blickwinkeln betrachten. Er kann statistische Verfahren anwenden, um zu bestimmen, was signifikant ist und was nicht, und am Ende wird er eine objektive Aussage darüber haben, wie sich die beiden Geschlechter hinsichtlich einer bestimmten Fähigkeit unterscheiden: »›Mädchen (Jungen) sind den Jungen (Mädchen) hinsichtlich ihrer _____ überlegen‹ (bitte ausfüllen).«

Solche rein zahlenmäßigen Vergleiche beinhalten jedoch nicht die ganze Geschichte. Wissenschaftler, die sich mit geschlechtsspezifischen Unterschieden beschäftigen, stellen immer wieder fest, daß selbst in Situationen, in denen Männer und Frauen gleichermaßen gut abschneiden, beide das Problem auf unterschiedliche Weise angehen. Eines der in dieser Hinsicht bestuntersuchten Beispiele liegt direkt vor meiner eigenen Haustür.

Wann immer meine Frau und ich in Urlaub fahren oder auch nur einmal quer durch die Stadt, spielen wir dasselbe kleine Spielchen. Es geht etwa folgendermaßen: »Kannst Du nicht bitte aufhören, in die Karte zu starren, damit wir endlich loskommen«, sagt sie. »Sekunde noch«, antworte ich. »Ich will bloß sicher sein, daß ich auch hinfinde.« »Das hast Du schon vor zehn Minuten gesagt«, murrt sie. »Es geht bestimmt schneller, wenn Du Dich einfach verfährst, statt den ganzen Tag mit der Karte herumzumachen.«

Bei einem sommerlichen Besuch in Schweden spazierten wir die Mole von Marstrand entlang, dem höchstwahrscheinlich schönsten kleinen Hafendorf der Welt: auf der einen Seite das tiefblaue Wasser des Hafens, auf dem ruhig eine Flotte der hübschesten Segelboote dahintrieb, die ich je gesehen hatte, auf der anderen Seite Reihen sauberer weißer Häuser mit orangefarbenen Dächern, ein gepflegter Park und einige Pflasterstraßen, die sich den Hügel hinaufwanden, einer Festung aus dem 15. Jahrhundert entgegen, die über den Dächern aufragte. Amy wollte soviel wie möglich von der Stadt sehen und drängte mich, schneller zu gehen. Das aber konnte ich nicht mit der aufgefalteten Karte vor mir, auf der ich mit dem Finger unseren Weg nachzeichnete. »Also gut«, murmelte ich. »Die Sonne steht im Osten, also bewegen wir uns gen Norden. Diese Straße heißt Hamnagatan, gerade sind wir an der Drottninggatan vorbei, also muß die nächste links die Kungsgatan sein. Dann macht die Straße eine Biegung nach Westen, und wir kommen nach ...«

Das brachte das Faß zum Überlaufen. Die ganze vergangene Woche hatte Amy meinen Kartentick relativ geduldig hingenommen und mir das Vergnügen gelassen, mit meinen drei oder vier Karten unseren Kurs von einer Stadt zur nächsten abzustecken. Aber jetzt befanden wir uns auf einer Insel – einer sehr kleinen Insel, wie sie betonte –, und über uns ragte mächtig jene Burg auf und diente als unübersehbarer Orientierungspunkt. Wir konnten uns nicht verlaufen, weshalb also mußte ich ständig in die Karte schauen? Ich konnte ihr darauf keine vernünftige Antwort geben, und da ich glaubte, in ihrer Stimme das erste, schwache Grollen eines nahenden Gewitters zu vernehmen, faltete ich widerstrebend meine Karte zusammen und versprach, für mindestens eine Viertelstunde nicht mehr hineinzuschauen.

Der Rest des Aufenthalts verlief angenehm und ereignislos. Wir stiegen auf den Hügel, sahen den Segelbooten zu, die auf die offene See hinausfuhren, besichtigten die Burg, kauften T-Shirts und schlenderten die meisten Sträßchen der Insel auf und ab. In jenen paar Augenblicken, in denen wir nicht genau wußten, wo wir uns gerade befanden, sah Amy sich meist kurz um, erblickte irgendwo ein Gebäude, an dem wir bereits eine halbe Stunde zuvor vorbeigekommen waren, und wies uns die Richtung, noch ehe ich meine Karte aufgeschlagen hatte. Natürlich entfaltete ich sie trotzdem und studierte sie minutenlang – nur um ganz sicher zu sein, daß ich wußte, wohin wir gingen, erzählte ich ihr.

Ich habe schon immer eine Schwäche für Karten gehabt. Bevor ich aufbreche, stecke ich mir gerne meinen Kurs ab, und unterwegs schaue ich immer wieder in die Karte, um zu sehen, wie ich vorwärtskomme. Aber bevor ich begann, mich mit geschlechtsspezifischen Unterschieden zu beschäftigen, schien das nicht mehr zu sein als meine ganz persönliche Schwäche. Heute, nachdem ich mich mit Thomas Bever unterhalten habe, weiß ich, daß ich nicht allein dastehe.

Bever ist Psychologe an der Universität von Rochester und hat eine Reihe von Experimenten zu der Frage durchgeführt, wie Männer und Frauen lernen, sich an unbekannten Orten zurechtzufinden. Es wäre wohl zu teuer geworden, seine Testpersonen nach Schweden zu schicken, ihnen Karten zur Verfügung zu stellen und ihnen verstohlen zu folgen, während sie sich nach einem guten Smørgasbord (schwedisches Lunchbuffet) umsahen. So wartete Bever mit der zweitbesten Möglichkeit auf: einem Computerlabyrinth.[26] Jede Person sitzt vor einem Computer und beobachtet den Bildschirm, auf dem sich das Bild eines langen Korridors zeigt, der sich in der Ferne verliert, und von dem zu beiden Seiten Gänge abzweigen. Mit der Computertastatur kann sich die Person den Gang entlangbewegen, rechts und links in die Korridore abbiegen und sogar rückwärts gehen. Es ist nicht dasselbe wie ein Spaziergang in einem schwedischen Dorf, aber auch Bever bietet Orientierungspunkte an, damit sich die Leute in dem Labyrinth zurechtfinden. Statt Parks, Läden und Häusern an der Küste gibt es im Labyrinth Buchstaben, die jede Kreuzung markieren. Und als allgemeinere Bezugspunkte – ähnlich der Burg auf dem Hügel von Marstrand – enthält das Labyrinth eine stilisierte Sonne im »Osten« und einen Mond im »Westen«.

Bei den Versuchen, die zu einem großen Teil in Zusammenarbeit mit Dustin Gordon, einem seiner Studenten, durchgeführt werden, läßt Bever seine Testpersonen ein halbes Dutzend Übungsläufe machen, um den Kurs vom Start zum Ziel zu lernen, und stoppt dann die Zeit. In diesem Teil des Experiments schneiden Frauen und Männer ungefähr gleich gut ab, berichtet Bever. Als nächstes verändert er das Labyrinth, und zwar entweder, indem er die Orientierungspunkte entfernt, oder indem er die Dimensionen des Labyrinths verändert, und mißt wiederum, wie lange die betreffenden Personen nun brauchen, um hindurchzufinden. Dabei stellt er einen erstaunlichen Unterschied fest.

Ohne die Orientierungspunkte fällt es den Frauen sehr viel schwerer, sich im Labyrinth wieder zurechtzufinden, die Männer hingegen schienen kaum zu bemerken, daß diese nicht mehr da waren. Nimmt man Sonne und Mond heraus, sind die Frauen ebenfalls irritiert, während dies die Männer kaum aus der Fassung bringt – ihre Zeiten sind noch immer fast so gut wie vorher. Wenn Bever jedoch die räumlichen Dimensionen des Computerlabyrinths verändert, indem er einige der Korridore verlängert, werden plötzlich die Männer langsamer, während die Ergebnisse der Frauen unverändert bleiben.

Diese Resultate deuten nach Bevers Ansicht auf einen grundlegenden Unterschied bezüglich der Art und Weise hin, wie Männer und Frauen sich an einem Ort zurechtfinden. Frauen haben die Neigung, sich auf Orientierungspunkte zu verlassen, um sich an einem unbekannten Ort zurechtzufinden, Männer hingegen konstruieren im Geiste einen Plan, bestehend aus lauter »Vektoren«, die Richtung und Entfernung zwischen verschiedenen Punkten angeben. Deshalb trifft es die Frauen, wenn die Orientierungspunkte verschwinden, die Männer hingegen, wenn sich die Entfernungen ändern.

Zusammen mit anderen, ähnlichen Versuchen hat dieses Experiment Bever zu dem Schluß kommen lassen, daß Karten in der Tat »Männersache« sind. Im Rahmen dieser Studie ließ er Männer und Frauen unter anderem zunächst ihren Weg durch das Labyrinth lernen und untersuchte dann, sobald beide gleichermaßen gut hindurchfanden, ob sie im Geiste Karten von dem Labyrinth entworfen hatten, um sich zurechtzufinden. Er gab den Testpersonen acht Karten zur Auswahl, von denen einige dem tatsächlichen Labyrinth nicht im entferntesten ähnlich sahen, und bat sie, jene Karte herauszusuchen, auf der das Labyrinth dargestellt war, welches sie soeben erkundet hatten. 87 Prozent der Männer lagen mit ihrer Wahl richtig; bei den Frauen waren es hingegen nur 25 Prozent.

Wenn Amy mich nun mit meinem Kartentick aufzieht, sage ich einfach: »Das ist Männersache, davon verstehst Du nichts.« Statt Karten zu verwenden, haben Frauen offenbar die Neigung, sehr viel mehr Details aufzunehmen, und können wie Amy in Marstrand anhand dieser Details ihren Standort bestimmen.

Bever entdeckte diesen Umstand, als er seine Aufmerksamkeit von den Computerirrgärten abwandte und sich statt dessen dem unterirdischen Tunnelsystem der University of Rochester widmete. Der größte Teil der Hauptgebäude ist über Tunnel verbunden, die von den Studenten benutzt werden, wenn draußen zu viel Schnee liegt. Diese Tunnels haben vieles mit Bevers Computerlabyrinth gemeinsam. Die Gänge sind lang und gerade und kreuzen gelegentlich andere Fußwege. Alle Korridore sehen mehr oder minder gleich aus, aber es gibt offenbar ein paar Orientierungspunkte.

Bever argumentierte, wenn Frauen sich mehr auf Orientierungspunkte verließen als Männer, um sich zurechtzufinden, dann müßten Studentinnen mit den verschiedenen Eigentümlichkeiten der Tunnels besser vertraut sein als ihre männlichen Kommilitonen, und sie müßten deshalb in der Lage sein, bestimmte Orientierungspunkte besser zu erkennen. Er machte deshalb an mehreren Dutzend Stellen im Tunnelsystem Aufnahmen, zeigte sie den Studenten und Studentinnen und bat sie, genau zu sagen, an welcher Stelle im Tunnel die Aufnahmen entstanden waren. Die Männer hatten Schwierigkeiten, einzelne Stellen voneinander zu unterscheiden, die Frauen hingegen konnten einen großen Teil der Orte zuordnen, insbesondere jene Kreuzungen, an denen sie aufpassen mußten, in welche Richtung sie zu gehen hatten. »Ich habe keine Ahnung, wie sie das machen«, erklärte Bever. »Für mich sehen die Stellen alle gleich aus.«

Die kanadischen Forscherinnen Liisa Galea und Doreen Kimura stellten eine ähnliche weibliche Überlegenheit fest, als sie College-Studenten mit einer Landkarte konfrontierten, die mit Orientierungspunkten übersät war.[27] Den Testpersonen wurde eine komplizierte Route auf dieser Landkarte geschildert; außerdem erhielten sie Kompaßrichtungen, Straßennamen und Darstellungen verschiedener Orientierungspunkte wie Häuser, Schulen, Läden und sogar eine Windmühle. Dann wurden die Testpersonen gebeten, die Route aus dem Gedächtnis zu schildern. Den Männern unterliefen zwar weniger Fehler beim Lernen der Route, aber die Frauen erinnerten sich an mehr Orientierungspunkte – sowohl entlang der Route als auch in deren Nähe.

Ein großer Teil dieses geschlechtsspezifischen Unterschieds scheint also davon abzuhängen, was Männer und Frauen für erinnernswert an einem Ort erachten. Beide produzieren eine Art »imaginärer Karte«, wenn sie ein Gebiet kennenlernen, doch enthält diese bei beiden Geschlechtern unterschiedliche Details.

1983 befragten Diane McGuinness und Janet Sparks je 18 Studenten und Studentinnen der University of California in Santa Cruz, um festzustellen, welche Einzelheiten sie jeweils in ihr imaginäres Bild vom Universitätsgelände aufgenommen hatten.[28] Sie gaben jeder Person ein Blatt Papier und baten sie, Karten zu zeichnen, damit ein Fremder sich auf dem Gelände allein zurechtfinden könnte. Danach werteten die beiden Wissenschaftlerinnen die Karten aus, indem sie die Zahl der Straßen, Gehwege und Gebäude zählten.

Alle Studenten vermerkten auf ihren Karten die wichtigsten Gebäude des Universitätsgeländes, wie Bibliothek und Universitätsbuchhandlung. Darüber hinaus gab es jedoch große Unterschiede bei den Geschlechtern: Die Studenten hatten in ihren Karten beinahe doppelt so viele Straßen und Wege verzeichnet wie die Studentinnen; letztere glichen dieses jedoch dadurch aus, daß sie zahlreiche Extras außer den Hauptgebäuden vermerkten: Nebengebäude, Tennis- und Fußballplätze und so weiter.

McGuinness und Sparks schlossen daraus, daß Männer und

Frauen unterschiedliche Strategien verwenden, um ein Gelände im Kopf zu kartieren: »Frauen konzentrieren sich mehr auf Orientierungspunkte ..., Männer hingegen mehr auf das topographische Netz aus Straßen und anderen Verbindungen, das für sie eine Art geometrischer Rahmen für die Lage der Gebäude darstellt.« Anders ausgedrückt: Für Frauen sind Orientierungspunkte wichtiger, für Männer der grobe Umriß eines Ortes.

Ganz deutlich wird dieser Unterschied, wenn Männer und Frauen Richtungsanweisungen geben, wie man irgendwohin gelangt. 1986 untersuchten Leon Miller und Viana Santoni von der University of Illinois in Chicago, wie eine Gruppe von Sechstkläßlern und eine Gruppe von Studenten Richtungen beschrieben.[29] Beiden Gruppen wurde eine einfache Karte vorgelegt, die Straßen, verschiedene Orientierungspunkte (Häuser, Läden, Restaurants oder Tankstellen), einen Maßstab für die Entfernungen und einen Pfeil in Richtung Norden enthielt. Nach zehn Minuten wurde die Karte abgedeckt und die Testpersonen sollten sich vorstellen, sie gäben ihrem besten Freund Richtungsanweisungen: »Dein Freund/Deine Freundin befindet sich am Straßenbahndepot Three Lakes. Wie würdest Du ihm/ihr den Weg zum Three Lakes College beschreiben?« In beiden Gruppen erwähnten die Mädchen bei der Richtungsbeschreibung ungefähr doppelt so viele Orientierungspunkte wie die Jungen, während letztere etwa doppelt so viele Entfernungsangaben machten (»Drei Straßen weiter« oder »Ungefähr eine halbe Meile nach der Tankstelle«). In einer ganz ähnlichen Studie aus dem gleichen Jahr[30] stellten auch mehrere Psychologen von der Temple University in Philadelphia fest, daß Männer eher Angaben über Entfernungen und Himmelsrichtungen machen als Frauen; sie fanden allerdings keinen Unterschied bei der Erwähnung von Orientierungspunkten.

Wenn Sie also vorhaben sollten, ein befreundetes Paar in einer anderen Stadt aufzusuchen, ist es vielleicht eine Überlegung wert, ob Sie ihn oder sie nach der Richtung fragen. Was hätten Sie lieber: »Du fährst die Main Street eine Meile nach Norden und biegst dann an der Elm Street nach Westen ab« oder »Fahr die Main Street entlang, am Burger King vorbei, bis Du das Einkaufszentrum siehst, und bieg dann rechts ab«?

Bever hatte, bevor er sich mit Computerlabyrinthen zu beschäftigen begann, zusammen mit einem seiner Studenten, Pietro Micceluchi, einen ganz anderen geschlechtsspezifischen Unterschied festgestellt – und zwar bezüglich der Methode, wie Männer und Frauen lernen.[31] Bever war von der Hypothese ausgegangen, daß Menschen am besten lernen, wenn man ihnen dieselbe Information auf zwei verschiedene Arten anbietet. Zu Beginn muß sich das Gehirn ein bißchen abmühen, um beide Darreichungsformen zu verstehen, aber an einem gewissen Punkt kommen die beiden plötzlich zusammen und bilden einen Gesamteindruck, der vollständiger ist als jede Wahrnehmung für sich genommen. Hätte er recht, wäre dies ein Schritt in Richtung effizienterer Lehrmethoden.

Um diese Überlegung zu prüfen, beschloß Bever, seinen Testpersonen eine andere Sprache beizubringen. Die einen sollten die Sprache ausschließlich hören, andere nur sprechen, die dritten schließlich sollten sowohl hören als auch sprechen. Nach seiner Theorie mußte die Gruppe, die beide Möglichkeiten geboten bekam, bei gleichen Übungszeiten rascher lernen als die beiden anderen.

Da eine ganz fremde Sprache wie Finnisch oder Suaheli zu kompliziert ist, um sie in einem kurzen Experiment zu vermitteln, entwarf Bever eine einfache künstliche Sprache, die auf dem Englischen basierte, jedoch eine andere Grammatik besaß. Die Testpersonen hatten lediglich einige wenige Wörter und ein paar Grammatikregeln zu lernen, so daß man ihnen in einer einzigen Sitzung die Sprache vermitteln und den Versuch gleich darauf auswerten konnte.

Er testete einen großen Personenkreis und stellte fest, daß Männer und Frauen sehr unterschiedlich abschnitten. Die Männer verhielten sich so, wie er es vorausgesagt hatte. Bei der Verwendung von zwei Methoden lieferten sie ungefähr zehn Prozent mehr richtige Antworten als bei der Verwendung von nur einer Methode. Bei den Frauen war es allerdings genau umgekehrt. Sie schnitten besser ab, wenn sie nur durch Hören oder nur durch Sehen lernten.

Das warf Bevers Ausgangshypothese über den Haufen. Sie stimmte offenbar nur für die männliche Hälfte der Bevölkerung, enthüllte jedoch einen geschlechtsspezifischen Unterschied, den bislang niemand vorausgesehen hatte: Männer lernen besser, wenn sie Informationen auf zwei sich ergänzende Arten angeboten bekommen, Frauen bevorzugen Beständigkeit, zumindest in diesem begrenzten Bereich des Erlernens einer fremden Sprache.

Einen ähnlichen geschlechtsspezifischen Unterschied stellte Bever bei der Art und Weise fest, wie Ratten lernen, sich in einem Labyrinth zurechtzufinden. Die Männchen lernen besser, wenn man sie das Labyrinth in beide Richtungen erkunden läßt, die Weibchen hingegen, wenn sie nur in eine Richtung laufen können. Diese Labyrinthstudien bei Ratten waren es übrigens, die Bever zu jenen Computerlabyrinthstudien mit Menschen angeregt hatten, in denen er den geschlechtsspezifischen Unterschied hinsichtlich der Orientierung enthüllt hatte.

Bei allen diesen Beispielen, angefangen vom Computerlabyrinth bis hin zu den imaginären Karten, vom Lernen mittels einer Methode gegenüber dem Lernen mit Hilfe zweier Methoden, besteht der geschlechtsspezifische Unterschied weniger in einem »besser oder schlechter«, sondern schlicht in einem »anders«. Die eine Vorgehensweise mag in bestimmten Situationen die besseren Ergebnisse liefern, unter anderen Umständen mag die andere überlegen sein.

Manche Wissenschaftler sind der Ansicht, daß geschlechtsspezifische Unterschiede bei solchen Dingen wie Mathematik zumindest teilweise darin begründet liegen, daß Männer und Frauen eine Aufgabe auf unterschiedliche Weise angehen.[32] Bei der Lösung von Textaufgaben gehen Frauen unter Umständen den sprachlichen Weg und versuchen, dem Problem über die Sprache auf die Spur zu kommen, während Männer sich vielleicht rasch in Zahlen flüchten. Da ein numerischer Ansatz bei diesen Aufgaben in der Regel der effizientere Lösungsweg ist, könnte die männliche Überlegenheit bei diesem Aufgabentyp damit zu erklären sein.

McGuinness und Sparks geben noch ein anderes Beispiel dafür, daß Männer und Frauen verschiedene Wege bei der Lösung eines Problems beschreiten. Sie unterhielten sich mit einem

Städteplaner, der nach 20 Jahren Lehrtätigkeit die Beobachtung gemacht hatte, daß Männer und Frauen die Planung einer Stadt ganz unterschiedlich angehen: »Im typischen Fall begannen Frauen ihre Pläne mit der Skizzierung von zweckorientierten Gebieten (Wohn- und Industriegebiete, Schulen und so weiter) und verbanden die Gebäude erst im Nachhinein durch Straßen, auf die sie manchmal sogar ganz verzichteten. Männer taten häufig das Gegenteil und begannen damit, das Gebiet zunächst durch ein Straßennetz zu zerlegen. Die Gebäude bekamen ihren Platz erst danach zugewiesen, als eine Konsequenz des Straßensystems.«[33] Allerdings ist weder der weibliche noch der männliche Ansatz für die Anlage einer Stadt besonders effizient, und die Strategie eines guten Städteplaners bestünde aus einem Kompromiß dieser beiden Extreme. Hierin steckt vermutlich eine ganz brauchbare Lehre.

Ein tieferes Verständnis geschlechtsspezifischer Unterschiede könnte nach Ansicht mancher Wissenschaftler auf lange Sicht zur Entwicklung besserer Lehrmethoden führen. Bevers Entdeckung, daß die Präsentation einer Information (eine Methode gegenüber zwei Methoden) von Männern und Frauen unterschiedlich aufgenommen wird, würde zum Beispiel bedeuten, daß es effizienter wäre, bei der Vermittlung solcher Fächer wie Mathematik oder Sprachen die Lehrmethode auf männliche und weibliche Zuhörer jeweils unterschiedlich »maßzuschneidern«. Die einen – vor allem die Jungen – hätten mehr davon, wenn ihnen die Information auf zwei unterschiedliche Weisen zugänglich gemacht würden, die anderen – in erster Linie Mädchen – lernten am besten aus einer Perspektive. Die weibliche Bevorzugung von Orientierungspunkten schließlich könnte neue Wege bei der Entwicklung von Landkarten eröffnen. Durch eingefügte Zeichnungen von bekannten Orientierungspunkten wären Landkarten besser zu handhaben – von Frauen und Männern.

∗ ∗ ∗

Frauen zeichnen sich auf sprachlichem Gebiet aus, Männer haben Vorteile auf mathematischem Gebiet, beide Geschlechter gehen darüber hinaus häufig verschiedene Wege, um dasselbe

Problem zu lösen ... Worauf läuft das alles hinaus? Welches Geschlecht ist nun wirklich schneller, besser, gescheiter? Wissensdurstige Seelen wollen das genauer wissen.

Wir haben bereits gesehen, daß Frauen und Männer sich in bestimmten charakteristischen Merkmalen unterscheiden, und im nächsten Kapitel werden noch zahlreiche andere Unterschiede im einzelnen aufgeführt. Es ist deshalb nur natürlich, wenn man versucht, die beiden Geschlechter zu vergleichen und auf beiden Seiten Punkte zu zählen. Wenn Sie ein Mann sind, sagen Sie jetzt vielleicht: Von mir aus *können* Frauen bessere Artikel schreiben, aber Männer sind schneller bei der Lösung komplexer mathematischer Probleme. Oder wenn Sie eine Frau sind: Klar können Männer ein bißchen schneller eine Karte lesen, aber Frauen erinnern sich besser daran, wo sie gewesen sind.

Ein solcher Ansatz ist falsch. Eine der wichtigsten Lehren, die man aus der Erforschung geschlechtsspezifischer Unterschiede ziehen kann, ist die, daß es töricht ist, all das als eine Art Wettbewerb zu sehen. Zum einen sind geschlechtsspezifische Unterschiede eine statistische Angelegenheit und sagen nichts über einen einzelnen Mann oder über eine einzelne Frau aus. Es gibt Frauen, die auf mathematischem Gebiet glänzen, und Männer, deren Stärken auf sprachlichem Gebiet liegen; es gibt Mädchen, die Spaß an Landkarten haben, und Jungen, bei denen das nicht der Fall ist. Tatsächlich sind viele der im folgenden beschriebenen Unterschiede so geringfügig, daß man sie nur dann bemerkt, wenn man Dutzende oder Hunderte von Leuten auf einmal testet. Lassen Sie fünf willkürlich ausgesuchte Schüler und Schülerinnen der Highschool einen kurzen Aufsatz zum Thema Umweltschutz schreiben. Es besteht eine reelle Chance, daß Sie keinen qualitativen Unterschied zwischen Mädchen und Jungen daraus ablesen könnten. Nur wenn Sie dasselbe von 100 Studentinnen und Studenten bearbeiten lassen und die Ergebnisse anhand einheitlicher Kriterien bewerten, würden Sie erkennen, daß Mädchen einen kleinen, aber beständigen Vorteil beim Schreiben haben.

Während ich dieses Buch schrieb, wurde es meiner Frau zur

Gewohnheit, mich ständig auf Unterschiede zwischen uns beiden hinzuweisen, die von den stereotypen Vorurteilen und Durchschnittserwartungen abweichen. »Schreibst Du *das* in Dein Buch?« fragte sie dann. Einmal fuhren wir im Dunkeln von einem entfernteren Einkaufszentrum nach Hause. Ich hatte mich völlig verfahren, ihr Orientierungssinn funktionierte jedoch ausgezeichnet. »Schreibst Du *das* rein?« Als wir uns über unsere Kindheit unterhielten, entdeckte sie, daß sie weit mehr Zeit mit Baseball, Fußball und anderen Mannschaftssportarten verbracht hatte als ich. »Schreibst Du *das* rein?« Glauben Sie mir, es ist nicht schwer, unzählige Ausnahmen von den allgemeinen Vorstellungen für männliches und weibliches Verhalten zu finden.

Ein viel wichtigerer Grund, der es verbietet, zwischen beiden Geschlechtern aufzurechnen, ist die Unmöglichkeit, an so verschiedene Dinge wie sprachliche Fähigkeiten und mathematisch-naturwissenschaftliche Stärken objektive Kriterien anzulegen. Wer hat Ihrer Ansicht nach einen größeren Beitrag für die Menschheit geleistet, Hemingway oder Madame Curie? (Oder, wenn wir gerade dabei sind: Wie kann man die Leistungen von jemandem, der zu Hause bleibt und eine Familie versorgt, mit denen vergleichen, die jemand erbringt, der zur Arbeit ins Büro geht?) Unglückseligerweise ist es so, daß immer dann, wenn menschliche Fähigkeiten bewertet werden, die »maskulinen« Qualitäten stets an erster Stelle zu stehen scheinen. Statistiken darüber, daß Jungen in Mathematik besser abschneiden als Mädchen, werden in der Regel als bedrohlich angesehen – als ob sie zeigten, daß Frauen weniger klug seien als Männer. Niemals wird jedoch der Schluß gezogen, daß Frauen das klügere Geschlecht sein müssen, weil Jungen mehr Schwierigkeiten haben, lesen zu lernen, und in ihren sprachlichen Fertigkeiten nie an die Mädchen heranreichen werden – obgleich Lesen und Schreiben für die meisten Menschen eine weit größere Bedeutung haben als Differentialrechnung und Geometrie.

Die Gespräche mit meiner Frau über dieses Buch haben mir einmal mehr deutlich gemacht, wie sehr diese Haltung in Fleisch und Blut übergehen kann. Wir sind beide ganz gescheit, aber unsere Intelligenzmuster sind vollkommen verschieden.

Ein großer Teil meiner Begabung liegt auf mathematischem und wissenschaftlichem Gebiet, Amy hingegen ist eher sprachlich orientiert. Sie kann sich viel besser ausdrücken und ist viel schlagfertiger als ich, und wenn wir uns mit anderen Leuten unterhalten, fühle ich mich wie ein Model T [Automobil der Firma Ford, Baujahr 1892; Anm. des Übers.] beim Fünfhundert-Meilen-Rennen von Indianapolis. Sie sprüht förmlich vor Einsichten und Kommentaren, die sie dann auch noch druckreif formuliert, während ich mich abmühe, eine einzige Idee so genau zu beleuchten, daß ich sie laut formulieren kann.

Und sie besitzt ein anderes Talent, das mich mit Ehrfurcht erfüllt. Psychologen nennen es »behavioral intelligence« [»Verhaltensintelligenz«]. Dabei handelt es sich grob gesagt um die Fähigkeit zu begreifen, was ein anderer Mensch denkt oder fühlt, und darauf in angemessener Weise zu reagieren.[34] Die Wissenschaft hat dieser Fähigkeit wenig Beachtung geschenkt. Die wenigen Experimente dazu deuten jedoch auf eine weibliche Überlegenheit hin. Frauen sind zum Beispiel weit besser als Männer in der Lage, Stimmungen von Gesichtern abzulesen. Ich selbst kann bezeugen, daß in unserer Familie die gesamte Verhaltensintelligenz in einem Kopf konzentriert ist – meiner ist es nicht ...

Amy arbeitet an ihrer Doktorarbeit in Politologie. Kurz nach Semesterbeginn kam sie eines Abends heim und erzählte mir, was sie über einige ihrer Kommilitonen herausgefunden hatte. Sie hatte nie näher mit ihnen zu tun gehabt, sondern sie lediglich im Unterricht beobachtet. »Dieser eine Typ ist sich auch nicht sicher, ob er wirklich dazugehört«, erzählte sie. »Immer wenn er eine Frage beantwortet, versucht er, hochintelligent zu klingen, aber er versucht mehr, sich selbst zu überzeugen als den Rest des Seminars. Der eine Mann und die eine Frau, die nebeneinander sitzen, überlegen noch, ob sie ein Verhältnis miteinander anfangen sollen.« Und so weiter. Aus meinen Erfahrungen in der Vergangenheit weiß ich, daß sie aller Wahrscheinlichkeit nach mit jeder Bemerkung recht hat, und das verblüfft mich. Ich könnte direkt neben jemandem sitzen, der soeben im Lotto gewonnen hat, und würde vermutlich nicht einmal bemerken, daß er ein bißchen aufgeregt ist.

Fragen Sie Ihre Freunde einmal folgendes: »Angenommen, Ihr seid auf einer Party mit etlichen verheirateten Freunden, und zwei von ihnen haben ein Verhältnis miteinander, von dem niemand etwas weiß. Würdet Ihr das merken?«[35] Nach meiner Erfahrung antworten Frauen mit ja und Männer mit nein. Und natürlich sind die besten Heiratsvermittler grundsätzlich Frauen. Auf einer Hochzeit, zu der Amy und ich in diesem Jahr eingeladen waren, trafen wir die Frau, die Braut und Bräutigam miteinander bekanntgemacht hatte. Unter den Hochzeitsgästen befand sich ein weiteres Paar, das ein paar Monate später heiraten wollte und das diese Frau ebenfalls zusammengeführt hatte. Wir erfuhren, daß noch mindestens zwei weitere Hochzeiten ihr zu verdanken waren. Es war ihr Hobby, herauszufinden, welche von ihren vielen unverheirateten Freundinnen zu welchem ihrer vielen unverheirateten Freunde passen würde, und die beiden einander vorzustellen.

Der springende Punkt ist dabei allerdings nicht die Tatsache, daß Frauen mehr Verhaltensintelligenz besitzen als Männer. Das ist ziemlich sicher der Fall, auch wenn es nicht genug Untersuchungen dazu gibt. Auffällig ist vielmehr die Tatsache, daß diese »weibliche« Stärke kaum geachtet wird. Als ich einmal zu Amy sagte, sie verdiene ihren Doktor in Verhaltensintelligenz, meinte sie nur: »Bravo. Ich verstünde lieber etwas von Mathematik.« Auch sie scheint ihre eigenen sprachlichen Fähigkeiten nicht so hoch zu bewerten wie die mathematischen ihrer (meist männlichen) Kommilitonen in ihrem Studiengang. Damit spiegelt sie, so fürchte ich, die Meinung der Gesellschaft im allgemeinen wider. Und genau diese Haltung ist eines der großen Hindernisse, wenn es darum geht, geschlechtsspezifische Unterschiede zu akzeptieren. Viel zu häufig wird die *andere* Verhaltensweise der Frauen damit gleichgesetzt, daß sie Männern *unterlegen* seien, geradeso, als sei »männlich« der Standard, an dem der Rest der Menschheit zu messen sei. Aber im Verlauf der letzten zehn Jahre nimmt allmählich eine Erkenntnis Konturen an, die lautet, daß anders zu sein eben nicht gleichzeitig bedeutet, unterlegen zu sein.

Die Soziologin Alice Rossi trifft in diesem Zusammenhang eine wichtige Unterscheidung bei der Frage nach der Gleichheit der

Geschlechter.[36] In den letzten paar Jahrzehnten haben eine ganze Menge Leute »Gleichsein« mit »Identität« verwechselt. Sie sind davon ausgegangen, daß Frauen, wenn sie als den Männern gleichgestellt betrachtet werden sollen, auch ganz genauso wie die Männer angesehen werden müssen. Das wiederum bedeutet, daß ihnen dieselben angeborenen Fähigkeiten auf mathematischem Gebiet, eine vergleichbar starke Aggressivität, die gleiche Art, mit Menschen umzugehen, ähnliche Ziele und Werte und so weiter zugeschrieben werden müssen. Aber, so Rossi, »es gibt kein Naturgesetz und kein Sozialgesetz, welches fordert, daß Frauen und Männer absolut gleich zu sein haben oder das gleiche tun müssen, um gesellschaftlich, wirtschaftlich und politisch gleichwertig zu sein.« Das Problem in der Vergangenheit war, daß Frauen gesellschaftlich, wirtschaftlich und politisch den Männern nicht gleichgestellt waren und daß man versucht hat, dafür verschiedene mutmaßlich geschlechtsspezifische Unterschiede als Begründung heranzuziehen: Frauen seien nicht so gescheit wie Männer, nicht so kompetent, nicht so ehrgeizig, was auch immer. Die verständliche Reaktion auf diese Sichtweise bestand darin, darauf zu bestehen, daß Frauen sich in keiner Weise von Männern unterscheiden und daß sämtliche geschlechtsspezifischen Unterschiede (außer den physischen) verblassen würden, sobald sie genauso wie Männer behandelt und ihnen dieselben Chancen eingeräumt werden würden.

So verständlich die Reaktion auch sein mochte, sie war falsch. Wissenschaftlich falsch, weil es immer offensichtlicher wird, daß es angeborene Unterschiede zwischen den Geschlechtern gibt. Und soziologisch falsch, weil die praktischen Auswirkungen des Festhaltens an der absoluten Gleichheit der Geschlechter nicht in der Versicherung bestanden, daß »Frauen und Männer gleichwertig sind«, sondern in der Forderung, »daß Frauen genausoviel wert sind wie Männer« – eine völlig andere Aussage, denn sie mißt Frauen an Männern, nicht aber umgekehrt. Das ist der Grund, weshalb man soviel über die mathematischen Fähigkeiten der Mädchen in der Unterstufe hört, aber so gut wie nichts über die Lesefähigkeiten von Jungen im Grundschulalter. Und das ist auch der Grund, weshalb der Fortschritt in Richtung Gleichheit beider Geschlechter daran gemessen wird, wie viele Frauen promovieren oder in die Politik gehen, nicht aber daran, wie viele Männer Krankenpfleger und Lehrer werden.

Man muß nicht die Existenz geschlechtsspezifischer Unterschiede verleugnen, um darauf pochen zu können, daß beide Geschlechter von Natur aus gleichwertig sind und auch so behandelt werden sollten. In der Tat zeigt das Bild, das sich aus der Erforschung geschlechtsspezifischer Unterschiede ergibt, Frauen und Männer als zwei verschiedene, aber sehr wohl gleichwertige Verkörperungen der menschlichen Natur. Jawohl, es gibt bestimmte Fertigkeiten, die Frauen besser beherrschen als Männer, und es gibt gewisse Fertigkeiten, die Männer besser beherrschen als Frauen, doch scheinen diese Unterschiede ziemlich genau gleich verteilt zu sein. Keines der beiden Geschlechter hat ein Monopol auf besonders erstrebenswerte Eigenschaften. Außerdem haben geschlechtsspezifische Unterschiede keine klaren Gewinner oder Verlierer. Ist es nun besser, Landkarten zu verwenden oder sich anhand von Merkmalen zu orientieren? Ist es besser, aggressiv zu sein, oder ist es besser, fürsorglich zu sein? Wer will das entscheiden?

Die Forscher auf diesem Gebiet sind sich darin einig, daß keiner der Unterschiede zwischen beiden Geschlechtern für irgend jemanden – Frau oder Mann – als Bedrohung gesehen werden darf. Sie mögen zeigen, daß Frauen und Männer nicht unverwechselbar sind, niemals aber, daß sie nicht gleichwertig sind.

Kapitel 2

Eine Geschichte zweier Geschlechter

Diane McGuinness sitzt im Wohnzimmer ihres Hauses auf Sanibel Island und versucht zu erklären, wie ihr Interesse am Forschungsgebiet der geschlechtsspezifischen Unterschiede geweckt wurde. Vermutlich habe es irgend etwas mit ihrem Ex-Ehemann zu tun, witzelt sie und erzählt: »Ich bin in einem reinen Frauenhaushalt aufgewachsen.« Als sie dann heiratete, »fand ich mich plötzlich neben einem Fremden wieder. Ich konnte nicht verstehen, weshalb er tat, was er tat.« Aber eigentlich, sagt sie, geht das Ganze viel weiter zurück.

McGuinness hatte mit acht Jahren begonnen, Klavier zu spielen, mit zwölf Jahren gab sie bereits selbst Klavierstunden. Damit begann eine Karriere im Lehrberuf, die fast 30 Jahre lang andauern sollte. Und in all diesen Jahren, so berichtet sie, fiel ihr ein großer Unterschied in der Art und Weise auf, wie Jungen an das Klavierspielen herangehen und wie Mädchen das tun. »Wenn Sie bei einem kleinen Jungen [mit dem Unterricht] anfangen und ihm das C zeigen, dann spielt er es ein- oder zweimal, springt auf und beginnt das Klavier genau zu untersuchen.« Inzwischen ist McGuinness selbst aufgesprungen und zum Klavier hinübergegangen, wo sie die Rolle des kleinen Jungen nachspielt. »Er wird auf die Bank klettern und ins Klavier hineinschauen«, fährt sie fort, den Kopf halb unter dem Klavierdeckel. »Dann wird er an sämtlichen Saiten herumzupfen und auf die Hämmer drücken.« Pling, pling, plang tönen die Saiten. »Kleine Mädchen machen so etwas nie«, erzählt sie, während sie wieder auftaucht und sich erneut hinsetzt. »Wenn Sie einen kleinen Jungen dafür loben, daß er etwas gut gespielt hat, dann macht er so etwas«, schildert sie, reißt die

Faust hoch und stößt ein triumphierendes »Yeah!« aus. Und das war schon vor 30 Jahren so, fügt sie hinzu, bevor die Sportler anfingen, bei Fernsehübertragungen mit einem Riesenwirbel sich selbst für eine gelungene Leistung zu gratulieren. Und wie reagieren Mädchen auf Lob? Immer noch ganz Schauspielerin, verzieht McGuinness ihr Gesicht zu einem scheuen Lächeln, hält die Arme eng am Körper und sinkt, als mache sie das Kompliment verlegen, in sich zusammen.

McGuinness, Psychologieprofessorin an der University of South Florida in Fort Myers, war Musikerin, bevor sie in die Wissenschaft wechselte. Ihren ersten Abschluß machte sie in Englisch und Musik. Für nahezu ein Jahrzehnt unterrichtete sie in England Musik und stand als Konzertsängerin auf der Bühne. Ende der sechziger Jahre ging sie noch einmal zur Schule, und zwar aufs Birkbeck College der University of London. Dort legte sie ihr Psychologieexamen ab. Ihre Doktorandenausbildung absolvierte sie am University College der University of London, wo sie 1974 promovierte. Weshalb der Karrierewechsel? »Ich hatte schon immer die verschiedensten Dinge bei Menschen beobachtet und mich dabei gefragt, weshalb sie so sind, wie sie sind«, erzählt sie. Ein ernsthaftes Interesse an Psychologie erwachte in ihr jedoch erst, als sie die ungeheure, durch eine schwere Hypoglykämie verursachte Persönlichkeitsveränderung ihrer Mutter miterlebte.

Über mehrere Jahre hinweg litt ihre Mutter unter einer nicht diagnostizierten Krankheit, die den Blutzuckerspiegel auf ein ungewöhnlich niedriges Niveau absinken ließ, berichtet McGuinness, und sie selbst hatte beobachten müssen, wie ihre Mutter eine »radikale Persönlichkeitsveränderung« durchmachte, die bis hin zu der Wahnvorstellung ging, daß andere Menschen etwas gegen sie im Schilde führten. Als die Hypoglykämie schließlich erkannt und behandelt wurde, normalisierte sich auch das Verhalten ihrer Mutter wieder. McGuinness war fasziniert von der Tatsache, daß etwas so Einfaches wie der Glukosespiegel im Gehirn eines Menschen diesen in solch dramatischer Weise verändern konnte. »Das geschah damals, als ich mir darüber klarzuwerden versuchte, ob ich meine musikalische Laufbahn fortsetzen sollte oder nicht«, berichtet sie, und eines Tages wachte sie auf und stellte fest, daß sie den Entschluß gefaßt hatte, in die Psychologie zu wechseln. Wieder an der Universität, schrieb McGuinness als Studentin eine Arbeit in Psychophysiologie, einem Zweig der Psychologie, der sich damit beschäftigt, wie der physische Zustand des Körpers durch den jeweiligen Geisteszustand beeinflußt wird: beispielsweise wie Herzschlag und Atmung sich ändern, wenn man sich fürchtet. Zu Beginn ihrer Doktorandenzeit beschloß sie allerdings, daß ihr Arbeitsgebiet fächerübergreifend sein sollte. Sie wollte Informationen aus vielen verschiedenen Gebieten »einbeziehen und zusammenfügen«, und da schienen geschlechtsspezifische Unterschiede, das Thema ihrer Examensarbeit, breitgefächert genug, um ihre Aufmerksamkeit über viele Jahre hinweg zu fesseln. »Wenn ich mich damit beschäftigte, konnte ich überall ein bißchen hineinriechen.« Jetzt, zwei Jahrzehnte später, hat sie genau das getan – ihre Publikationsliste enthält eine Fülle von einfallsreichen Experimenten zu einem breiten Themenspektrum, angefangen von geschlechtsspezifischen Unterschieden beim Hören und Sehen bis hin zu unterschiedlichen Vorgehensweisen, wenn Frauen und Männer Landkarten zeichnen oder in Gruppen interagieren.

Jeder, der schon einmal mit kleinen Kindern zu tun hatte, hat wie McGuinness die Erfahrung gemacht, daß Jungen und Mädchen verschieden sind. Alle Eltern können dazu ihre eigenen Anekdoten beisteuern – Klein-Susi redete bereits mit 14 Monaten wie ein Wasserfall, aber Sam hat bis zum Alter von drei Jahren kaum ein Wort gesagt; Jason rennt ständig herum, wirft mit Sachen um sich und kämpft mit seinem kleinen Bruder, während Jennifer zufrieden in ihrem Zimmer sitzt, liest oder mit ihren Puppen spielt. Meine eigenen Nichten und Neffen sind genauso. Ich erinnere mich an einen Besuch, bei dem die vierjährige Abbie sich beinahe eine Stunde lang zufrieden bei meiner Frau auf den Schoß kuschelte, während Richard (sechs) und Timothy (zwei) im anderen Zimmer damit beschäftigt waren, Autos zusammenstoßen zu lassen, und das anscheinend auch nur, um herauszufinden, wieviel Krach sie eigentlich machen konnten.

Und das gilt nicht nur für Kinder. Die meisten Erwachsenen haben sich, genauso wie McGuinness, hier und da ihre Gedanken über das »Fremde« gemacht, das jeweils im anderen Geschlecht in Erscheinung tritt.

Worin bestehen nun eigentlich die Unterschiede zwischen den beiden Geschlechtern wirklich? Sie bestehen nicht nur in einem männlichen Vorteil auf mathematischem Gebiet, einer weiblichen Überlegenheit auf sprachlichem Gebiet oder in der Verwendung unterschiedlicher Methoden, um sich an einem fremden Ort zurechtzufinden – sie gehen viel weiter. Sie sind allerdings auch nicht immer, was die Klischees uns glauben machen wollen.

Zu Beginn unseres Jahrhunderts war es beispielsweise nicht nur eine weit verbreitete Ansicht, daß sportliche Wettkämpfe unweiblich seien, sondern man war auch davon überzeugt, daß bestimmte Disziplinen für Frauen schädlich seien. Die Veränderungen im Frauensport lassen sich anhand der zu den Olympischen Spielen zugelassenen weiblichen Disziplinen ablesen[1]: Bei den ersten Spielen im Jahre 1896 gab es überhaupt keine weiblichen Disziplinen, 1900 wurden Golf und Tennis zugelassen, 1904 Bogenschießen und 1908 Eiskunstlaufen. Schon 1912 war das Olympische Komitee der Meinung, daß Frauen die nötige Härte für Schwimmwettbewerbe mitbrachten (wenn auch nicht für mehr als 100 Meter), aber es sollte noch bis zum Jahre 1928 dauern, bis auch Bahn- und Feldsportarten für Frauen freigegeben wurden. Dennoch wurde der 800-m-Lauf nach dieser Olympiade aus dem Programm herausgenommen und erst 1960 wieder eingeführt, da er für Frauen als potentiell gefährlich galt. Bis zur Olympiade von 1984 gab es keinen Marathonlauf für Frauen. Heutzutage, wo die besten Marathonläuferinnen die 26 Meilen schneller hinter sich bringen als jeder andere, einige wenige Männer ausgenommen, und die Läuferinnen in ihren Rennen schneller sind als vor wenigen Jahrzehnten noch der beste Mann, scheint es töricht, daß man Frauen bei solchen Aktivitäten für weniger geeignet hielt als Männer, aber so war es.

Die Moral von der Geschichte: Manchmal stellt sich heraus, daß das, was wir über die Unterschiede zwischen den Geschlechtern »wissen«, nicht im geringsten zutrifft und häufig lediglich eine sich selbst erfüllende Prophezeihung ist. Wenn man Frauen das Laufen, Springen oder Werfen nicht erlaubt, können sie schlecht den Beweis erbringen, daß sie dazu in der Lage sind. Zum Glück haben die Psychologen dieses Problem erkannt, und in den vergangenen 25 bis 30 Jahren haben viele von ihnen versucht, die Unterschiede zwischen den Geschlechtern ohne Rücksicht auf Mythen und stereotype Vorurteile genau zu definieren. Einige der Befunde stimmen mit alten Vorurteilen überein, viele aber auch nicht, und das entstehende Muster der Unterschiede bietet ein neues und wahrheitsgetreueres Bild von Mann und Frau, Mädchen und Jungen.

Die offensichtlichsten Unterschiede betreffen den Körper, und diese sind hinlänglich bekannt. Männer sind im Durchschnitt ungefähr neun Prozent größer als Frauen[2] – in den Vereinigten Staaten ist ein durchschnittlicher Mann zwischen 20 und 30 Jahren etwa 1,78 Meter, eine durchschnittliche Frau in diesem Alter etwa 1,63 Meter groß. Dank Testosteron sind Männer von der Pubertät an muskulöser als Frauen,[3] bei ihnen machen die Muskeln im Durchschnitt ungefähr 40 Prozent des gesamten Körpergewichts aus, bei einer jungen Frau sind es nur 23 Prozent. Testosteron steuert auch den Stimmbruch bei einem Jugendlichen und das Wachstum der Gesichts- und Körperbehaarung. Bei Frauen löst Östrogen in der Pubertät die Brustentwicklung und eine Verbreiterung der Hüften aus. Schließlich sammeln beide Geschlechter Fett an unterschiedlichen Stellen an – die Männer vorwiegend um Taille und Bauch, die Frauen hingegen mehr an Hüften und Oberschenkeln.

Überraschenderweise bestehen auch bei allen fünf Sinneswahrnehmungen gleichbleibende Unterschiede: beim Sehen, Hören, Fühlen, Schmecken und Riechen. Eine von McGuinness' ersten Studien hatte zum Beispiel die Frage zum Gegenstand, wie Frauen und Männer auf Klänge reagieren. Damals war bereits bekannt, daß Frauen höhere Frequenzen besser hören können als Männer. Der Unterschied beginnt bereits im Kindesalter und wird mit den Jahren immer größer. McGuinness betrachtete einen weiteren Gesichtspunkt: Wie empfindlich sind Frauen und Männer gegenüber lauten Klängen?[4] Sie bat jeweils 25

Frauen und Männer, die Lautstärke eines Tones so zu regulieren, daß sie ihn als ein wenig zu laut empfanden. Im Durchschnitt drehten Männer die Lautstärke um etwa acht Dezibel höher auf als Frauen, und zwar bei jeder Frequenz: vom tiefen Baß bis hin zum höchsten Diskant. Um die Relationen zu verdeutlichen, erklärt McGuinness, daß die Erhöhung der Lautstärke um neun bis zehn Dezibel das Geräusch oder den Klang doppelt so laut erscheinen läßt. Das heißt, Männer fühlen sich bei doppelter Lautstärke noch genauso wohl wie Frauen bei einfacher. Das könnte erklären, meint McGuinness allen Ernstes, weshalb manche Männer eine Fußballübertragung im Fernsehen so stark aufdrehen, daß ihren Frauen die Ohren schmerzen. Könnte dieser Unterschied entstanden sein, weil man Jungen »gelehrt« hat, lautere Geräusche zu tolerieren? Vielleicht dürfen heranwachsende Jungen mehr Lärm machen, so daß sie sich an lautere Geräusche gewöhnen. Oder vielleicht denken Männer, das es »macho« ist, ein bißchen Schmerz im Ohr ertragen zu können? McGuinness glaubt das nicht. Sie führt an, daß ein anderer Forscher bei fünf- bis sechs- und bei zehn- bis elfjährigen Schulkindern einen gleich großen geschlechtsspezifischen Unterschied in der Lautstärkentoleranz festgestellt hat.[5] Wenn diese Toleranz auf Sozialisation basieren würde, so müßte der Unterschied bei kleineren Kindern geringer sein. Der Unterschied ist offenbar angeboren und nicht angelernt, so McGuinness, und es wäre denkbar, daß diese größere Klangsensibilität seitens des weiblichen Geschlechts eine Rolle bei der weiblichen Sprachüberlegenheit spielen könnte.

Beim Sehen ist der Unterschied zwischen den beiden Geschlechtern genau umgekehrt: Männer sind empfindlicher gegenüber hellem Licht als Frauen. Unter normalen Lichtbedingungen haben Männer im Durchschnitt eine etwas bessere Sehschärfe als Frauen[6] – sie können, beispielsweise auf den Sehtafeln eines Optikers, kleinere Einzelheiten erkennen. Dieser Unterschied der Sehschärfe nimmt zu, wenn sich das Objekt bewegt.[7] Bei einer Untersuchung an 17 000 Führerscheinbewerbern in Kalifornien sollten Männer und Frauen ein kleines, sich rasch bewegendes Quadrat beobachten und feststellen, welche Ecke des Quadrats mit einem karierten Muster versehen war. Bei jedem Versuch wurde das Objekt kleiner, bis die Testperson das Muster schließlich nicht mehr ausmachen konnte. Im Durchschnitt waren Männer besser in der Lage, die Einzelheiten auf dem sich bewegenden Quadrat zu erkennen, als Frauen, und der männliche Vorsprung wurde um so größer, je schneller sich das Quadrat bewegte.

Derselbe Wissenschaftler, Albert Burg, untersuchte auch die Unfallhäufigkeiten bei seinen Testpersonen und fand heraus, daß im Durchschnitt Menschen mit »besserer dynamischer Sehschärfe« weniger Unfälle hatten[8] – was unter Umständen teilweise erklärt, weshalb Männer weniger Unfälle pro gefahrenem Kilometer haben als Frauen. Burg stellte fest, daß die männlichen Fahrer seiner Stichprobe – obgleich sie offenbar, nach der Zahl der Strafmandate pro gefahrenem Kilometer zu urteilen, rücksichtsloser fuhren – eine geringere Unfallhäufigkeit aufwiesen als die Fahrerinnen. Diese Beobachtungen stehen im Einklang mit landesweiten Statistiken, die feststellen, daß Frauen in zwölf Prozent mehr Unfälle pro gefahrenem Kilometer verwickelt sind als Männer.[9] Das bedeutet nun aber nicht, daß Sie die Autoschlüssel den Männern in Ihrer Familie aushändigen sollten (vor allem dann nicht, wenn sie noch Teenager sind, denn in diesem Alter liegen die Unfallhäufigkeiten jenseits aller Grenzen). Männer sind zwar mit geringerer Wahrscheinlichkeit an geringfügigen Blechschäden beteiligt, aber in tödliche Unfälle sind sie mit einer 60 Prozent höheren Wahrscheinlichkeit verwickelt.[10]

Im Dunkeln verhält sich die Sehfähigkeit umgekehrt.[11] McGuinness stellte fest, daß Frauen in einem völlig abgedunkelten Raum sehr viel besser einen schwachen Lichtfleck ausmachen können als Männer. Weibliche Augen gewöhnen sich rascher an Dunkelheit als männliche und behalten das Nachbild eines nur kurz beleuchteten Gegenstandes länger, ein weiterer Vorteil in dunkler Umgebung. In einer weiteren Studie zur Sehfähigkeit wies McGuinness nach, daß Männer im mittleren Teil des Gesichtsfeldes schärfer sehen, Frauen hingegen über ein besseres peripheres Sehen verfügen.[12] Ich nehme an, daß das auch für jene Erfahrung verantwortlich ist, die Kinder in ihrem Leben machen – Mütter scheinen auch am Hinterkopf Augen zu haben.

Männer sind mit einer größeren Wahrscheinlichkeit farbenblind als Frauen, denn das Gen, das für die Farbsichtigkeit verantwortlich ist, befindet sich auf dem X-Chromosom. Frauen haben zwei X-Chromosomen, Männer hingegen nur eines. Wenn also das einzige beim Mann vorhandene Gen für die Farbsichtigkeit fehlerhaft ist, wird er farbenblind. Eine Frau hingegen hat noch ein weiteres Gen als Sicherheitsreserve, so daß sie nur dann farbenblind wird, wenn beide Gene außer Funktion sind. Im übrigen scheint es nach McGuinness' Erkenntnissen mit Ausnahme der Tatsache, daß Frauen vielleicht ein wenig stärker rotempfindlich sind als Männer, hinsichtlich des Farbensehens keine weiteren Unterschiede zwischen den Geschlechtern zu geben.

Der Tastsinn, unser empfindlichster Sinn, weist offenbar den beständigsten geschlechtsspezifischen Unterschied auf. Bei einer Studie wurde die Berührungssensitivität mit Hilfe von feinen Filamenten bestimmt, die zunächst sehr leicht auf die Haut gelegt wurden. Man verstärkte den Druck dann allmählich, bis die Testperson ihn wahrnahm. Auf diese Weise wurde an 20 verschiedenen Körperstellen von Kopf bis Fuß die Berührungsempfindlichkeit bestimmt. Es zeigte sich, daß Frauen mit Ausnahme der Nasenspitze an allen getesteten Stellen empfindlicher sind als Männer.[13] Besonders groß waren die Unterschiede an Armen, Beinen und am Rumpf.

Frauen haben darüber hinaus auch einen sehr leichten, aber beständigen Vorteil beim Geruchssinn, so Geruchsforscher Richard Doty von der University of Pennsylvania. Sie nehmen nicht nur schwächere Gerüche wahr[14] als Männer, sondern sie erkennen Gerüche auch besser.[15] Doty hat einen multiple choice-»Rubbel- und Schnüffeltest« entworfen, in dem einer Testperson 40 Gerüche zur Identifizierung präsentiert werden. Für jeden Geruch stehen der Testperson vier sehr unterschiedliche Geruchsquellen zur Wahl – Pizza, Kaugummi, Rosen und Erdgas zum Beispiel –, denen sie den jeweils richtigen Geruch zuordnen muß. Bei Männern und Frauen zwischen 20 und 30 Jahren, die im übrigen sehr gut bei diesem Test abschneiden, machen die Frauen mit einer etwas geringeren Wahrscheinlichkeit Fehler. Bis zum Alter von 65 Jahren ist bei den Männern ein steiler Leistungsabfall zu beobachten, die Frauen hingegen schneiden in diesem Alter nur wenig schlechter ab als mit 25. Für den Geschmackssinn gilt dasselbe, erklärt Doty.[16] Frauen schmecken geringere Konzentrationen von sauer, süß, bitter und salzig, wobei der Unterschied allerdings nicht sehr groß ist. Natürlich ist die interessantere Frage: Mögen Frauen und Männer von Natur aus unterschiedliche Nahrungsmittel? Die Antwort ist ja, doch entspricht der geschlechtsspezifische Unterschied bei der Bevorzugung verschiedener Geschmacksrichtungen nicht immer dem, was man erwarten würde. Trotz aller Vorurteile über Frauen und Schokolade sind es zum Beispiel die Männer, die bei Geschmackstests das Süße bevorzugen.[17] In einer Studie wurden Frauen und Männer gebeten, den Geschmack von mit Rohrzucker gesüßtem mildem Quark oder Rahm zu beurteilen. Die Frauen gaben die höchsten Geschmacksnoten Proben mit einem Zuckergehalt von ungefähr zehn Prozent – was darüber lag, war ihnen zu süß. Männer bevorzugten jedoch die doppelte Zuckermenge. Und je jünger der Betreffende war, um so süßer mochte er es: Kleine Jungen hielten 40 Prozent Zucker keineswegs für zu süß. (Ich kann bei uns daheim auch nicht verstehen, weshalb meine Frau Mineralwasser trinkt und behauptet, ihr würde speiübel, wenn sie sieht, wie ich ein Marzipantörtchen mit einem Glas Coca Cola hinunterspüle.)

Adam Drewnowski, Ernährungswissenschaftler an der University of Michigan, berichtet, daß sowohl Männer als auch Frauen fette Nahrungsmittel mögen, daß sie Fett aber in unterschiedlicher Form bevorzugen.[18] Frauen wählen Nahrungsmittel, die reich an Fett und Kohlenhydraten sind wie Kekse, Kuchen und Fettgebackenes, während Männer Nahrungsmittel bevorzugen, die viel Fett und viel Protein enthalten, also Steaks, Braten, Bratwurst, Hamburger und Wurstsorten.

Wohl weil mehr Männer als Frauen als das gelten, was die Psychologen »sensation seekers« nennen, Menschen, die stets auf Spannung und Erregung aus sind, mögen Männer mit größerer Wahrscheinlichkeit als Frauen scharf gewürzte Speisen. Aus demselben Grund scheinen Männer auch ungewohnte Speisen zu probieren – etwa Schweinsfüße oder Sardinen.[19]

Neben den Unterschieden beim Wahrnehmungsvermögen durch die fünf Sinne bestehen bei Mann und Frau auch Unterschiede in der Fähigkeit zur Muskelkontrolle. Frauen besitzen eine größere manuelle Geschicklichkeit[20] und eine präzisere Kontrolle über Arme und Hände als Männer. Dadurch haben sie einen Vorteil beim Erlernen eines Instruments, beim Tippen, beim Zusammensetzen kleiner Gegenstände und bei der Ausübung kunstvoller Schneide- und Nähvorgänge, wie man sie etwa für die Anfertigung von Feinstickereien oder für die Gehirnchirurgie beherrschen muß.

Männer dagegen verfügen über schnellere und besser kontrollierte »große« Bewegungen – zum Beispiel Rennen und Laufen, Werfen und Fangen. Nun könnte man vielleicht vermuten, dieser Vorteil beruhe darauf, daß Jungen mehr Zeit mit sportlichen Spielen und körperlicher Betätigung verbringen, doch die Wissenschaft liefert keinerlei Hinweis darauf, so Doreen Kimura, Psychologin an der University of Western Ontario in London, Ontario.

1990 untersuchte Kimura zusammen mit einem Kollegen, Neil Watson, die Wurf- und Fangleistungen von vier Dutzend Studenten, davon gleich viel Männer wie Frauen.[21] Beim Wurftest mußten die Testpersonen einen kleinen Pfeil auf eine Zielscheibe in einer Entfernung von gut drei Metern werfen. Für jede Hand gab es 20 Versuche. Beim Fangtest wurde in einer Entfernung von etwa fünf Metern aus einem von zwölf Wurfgeräten ein Tischtennisball in die Richtung der Testperson abgeschossen. Diese versuchte, den Ball im Vorbeifliegen mit ausgestreckter Hand zu fangen. Hier gab es 30 Versuche für jede Hand. Bei beiden Tests waren die Männer mit beiden Händen wesentlich besser als die Frauen, wobei der männliche Vorteil für die rechte Hand und für das Fangen geringfügig höher lag. Dieser Vorteil, so erklärten Kimura und Watson, ist aller Wahrscheinlichkeit nach angeboren und beruht nicht darauf, daß die Jungen mehr trainiert hatten als die Mädchen. Für diese Annahme gibt es verschiedene Gründe: Das Werfen kleiner Pfeile und das Auffangen von Tischtennisbällen unterscheidet sich sehr von den Fertigkeiten, auf die es beim Baseball oder beim Fußball ankommt; und die längeren Arme, die Männer einen Baseball weiter und schneller werfen lassen, machen es unter Umständen schwieriger, ein nahes Ziel zu treffen, denn längere Arme erhöhen die Chance für Fehlwürfe. Und wenn die Übung durch das Werfen von Basebällen den Jungen tatsächlich beim Werfen von Dartpfeilen mit der rechten Hand einen Vorteil gegenüber den Mädchen verschafft haben sollte, dann dürfte dies auf die linke Hand keinen Einfluß haben (alle Testpersonen waren Rechtshänder). Darüber hinaus ließen Kimura und Watson die Testpersonen einen Fragebogen über ihre sportlichen Aktivitäten ausfüllen, in dem sie wissen wollten, wieviel Erfahrung die einzelnen Personen bei verschiedenen Sportarten gesammelt hatten. Sie konnten keinen Zusammenhang zwischen der sportlichen Erfahrung einer Person und ihrem Abschneiden in den Tests feststellen. Hinzu kommt, daß Kimura in einer früheren Untersuchung Vorschulkinder und Grundschulkinder getestet und dabei festgestellt hatte, daß Jungen bereits von klein auf mit großer Beständigkeit die genaueren Werfer sind.[22] Wäre die Ursache dafür, daß Jungen beim Werfen nahezu aller Gegenstände – vom Baseball bis zu Dartpfeilen – überlegen sind, tatsächlich stetes Training, dann dürfte diese Stärke nach Kimuras Ansicht bei sehr kleinen Kindern nur gering oder noch überhaupt nicht ausgeprägt sein; das aber ist nicht der Fall.

Was die physische Gesundheit betrifft, so sind Frauen den Männern in nahezu jeder Hinsicht überlegen. Jedermann weiß, daß Frauen länger leben – eine in Amerika geborene Frau kann damit rechnen, einen zur gleichen Zeit im gleichen Krankenhaus geborenen Mann um acht Jahre zu überleben. Nicht jeder weiß allerdings, daß dieser weibliche Vorteil bereits bei der Empfängnis existiert.[23] Zu diesem Zeitpunkt kommen auf 100 Mädchen etwa 120 Jungen (die Schätzungen schwanken zwischen 110 und 170); da jedoch männliche Embryos mit einer sehr viel höheren Wahrscheinlichkeit durch einen Spontanabort verlorengehen,[24] beträgt das Verhältnis zum Zeitpunkt der Geburt nur noch 105 Jungen auf 100 Mädchen. Niemand weiß, weshalb mehr männliche als weibliche Embryos sterben. Eine relativ wahrscheinliche Erklärung geht davon aus, daß Jungen ein zusätzliches Entwicklungsstadium durchlaufen – die

Maskulinisierung durch Testosteron –, so daß ein zusätzliches Risiko für Fehlentwicklungen besteht.

Nach der Geburt sterben Jungen mit einer größeren Wahrscheinlichkeit an Krankheiten und Unfällen als Mädchen, und bis zur Pubertät ist das Verhältnis von Jungen und Mädchen ungefähr ausgeglichen. Diese Tendenz setzt sich das ganze Leben hindurch fort und führt zu dem Ergebnis, daß die Bevölkerung ab dem Alter von etwa 80 Jahren vorwiegend weiblich ist.

Die Wissenschaft hat keine überzeugende Erklärung dafür, weshalb Männer früher sterben.[25] Der Grund dafür scheint jedoch in einer Kombination aus biologischen, umweltbedingten und soziologischen Faktoren zu bestehen. Rein biologisch betrachtet hat die Tatsache, daß Frauen zwei X-Chromosomen besitzen und Männer nur eines, zur Folge, daß Frauen für genetische Defekte auf dem X-Chromosom weniger anfällig sind als Männer; manche Wissenschaftler haben auch die Vermutung geäußert, daß die Stoffwechselrate bei Männern möglicherweise höher als bei Frauen ist und sich deshalb der männliche Körper rascher verbraucht als der weibliche. Auch soziologische und umweltbedingte Faktoren spielen eine Rolle. Mehr Männer als Frauen sterben an Krankheiten und Ereignissen wie Lungenkrebs (aufgrund der Tatsache, daß mehr Männer rauchen und der Tabakkonsum des einzelnen Rauchers in der Regel höher ist als der von Raucherinnen), Autounfällen, Selbstmord (Frauen unternehmen mehr Selbstmordversuche, Männer aber sind mit einer wesentlich größeren Wahrscheinlichkeit erfolgreich), Leberzirrhose (Männer trinken mehr) und Herzerkrankungen (allem Anschein nach eine Konsequenz geschlechtsspezifischer Unterschiede hinsichtlich der Ernährung und berufsbedingter Belastung [Streß]). Falls Frauen anfingen, mehr zu rauchen und zu trinken, rücksichtsloser zu fahren, risikoreichere Berufe auszuüben (Bergbau, Löschtrupps etc.), sich durch ihre Arbeit stärker belasten zu lassen und diesen Streß zu verinnerlichen und schließlich ihren Körper mit denselben cholesterinreichen Lebensmitteln zu peinigen wie Männer, dann würden sie vielleicht genauso früh sterben wie diese.

Für Magengeschwüre, die ebenfalls bei Männern häufiger sind als bei Frauen, ließe sich dasselbe vorhersagen – vielleicht werden Frauen in Zukunft genauso viele Magengeschwüre bekommen wie Männer, wenn sie sich weiter in die hochbezahlten, streßreichen Berufe emporarbeiten. Doch auch hier könnte es sein, daß Männer einfach anfälliger für Magengeschwüre sind. Zumindest ist das eine mögliche Schlußfolgerung aus einer Studie an Mäusen, die vor einigen Jahren von einer japanischen Arbeitsgruppe unternommen wurde.[26] Die Forscher hatten festgestellt, daß sie bei Mäusen Magengeschwüre verursachen konnten, wenn sie die Tiere in einen Käfig sperrten und ihnen über zwölf Stunden hinweg alle zwei Minuten einen kurzen Elektroschock zufügten. Verblüffenderweise entwickelte eine zweite Gruppe von Mäusen, die unbehandelt blieb, aber die Reaktionen der ersten Gruppe beobachten und hören konnte, nahezu genauso viele Magengeschwüre wie die mit Elektroschock behandelten Tiere. Als die Forscher nach einer Korrelation von Magengeschwüren und Geschlechtszugehörigkeit suchten, stellten sie fest, daß nahezu alle männlichen Tiere sowohl in der physisch als auch in der psychisch geschockten Population Magengeschwüre hatten, in beiden Gruppen jedoch weniger als ein Drittel der Weibchen; außerdem waren bei den Männchen die Geschwüre schwerwiegender.

Um festzustellen, wie dieser geschlechtsspezifische Unterschied zustandekam, kastrierte man einige Männchen unmittelbar nach der Entwöhnung. Zugegeben, eine Kastration scheint Grund genug, von allein für Magengeschwüre zu sorgen. Wenn man jedoch diese Mäuse-Eunuchen derselben Elektroschockbehandlung unterzog wie die anderen, bekamen sie tatsächlich sehr viel weniger Magengeschwüre als die normalen Männchen, und zwar in etwa vergleichbarer Anzahl wie die Weibchen. Daraus schlossen die Forscher, daß das von den Hoden produzierte Testosteron mit dafür sorgt, daß Mäuse unter Streß anfälliger für Magengeschwüre werden. Sie gingen allerdings nicht ganz so weit, die nunmehr auf der Hand liegende Behandlung vorzuschlagen, mit der sich gestreßte Männer Magengeschwüre vom Hals halten könnten.

* * *

Von den rein physischen geschlechtsspezifischen Unterschieden sorgt eigentlich keiner für größere Kontroversen, denn ihre Existenz ist nicht wegzuleugnen oder durch unterschiedliche Erziehungsmuster bei Männern und Frauen zu erklären. Außerdem haben sie kaum Folgen für die Sozialpolitik. Bei seelischen und psychologischen Unterschieden sieht die Sache allerdings anders aus. Sie spielen im Hinblick auf die gesellschaftlichen Strukturen eine weitaus größere Rolle und betreffen gleichzeitig die persönliche Identität eines Menschen und sein Selbstwertgefühl. Den meisten Frauen ist es ziemlich egal, daß Männer vielleicht von Natur aus schwerere Lasten heben können, viele aber fühlen sich diskriminiert, wenn behauptet wird, daß Männer von Natur aus in bestimmten mathematischen Disziplinen überlegen seien. Männern macht es nichts aus, daß sie ihre Kinder nicht stillen können, doch so mancher frischgebackene Vater hat sich zumindest gefragt, wie das wohl sein könnte. Solche Überlegungen machen die Untersuchung geistiger und psychologischer Geschlechtsunterschiede sehr delikat.

Außerdem ist es sehr viel schwieriger, genau festzustellen, worin diese Unterschiede eigentlich bestehen, denn sie lassen sich keineswegs so objektiv bestimmen wie körperliche Unterschiede. Ein Maßband reicht hin, um Längen zu vergleichen, wie aber bestimmt man, welches Geschlecht hilfsbereiter ist? Die Frage wird außerdem durch die Art und Weise kompliziert, wie die Gesellschaft geschlechtsspezifische Unterschiede erzeugt beziehungsweise verstärkt. Wenn Peter 15 Zentimeter größer ist als Tamara, dann ist das nicht deshalb der Fall, weil man ihn stärker zum Wachsen ermutigt hat, aber wenn er nur Einser im Rechnen bekommt, während sie sich mit der Prozentrechnung überfordert fühlt – wieviel ist in diesem Fall angeboren und wieviel ist darauf zurückzuführen, daß man Tamara erzählt hat, Mädchen wären mathematisch unbegabt? Von all den Aspekten zum Thema geschlechtsspezifische Unterschiede ist die Frage danach, welche Rolle hierbei die Gesellschaft spielt und welche Rolle die Biologie dabei einnimmt, am schwersten zu beantworten. Doch ein Großteil dieses Buches wird sich genau darauf konzentrieren. Für den Augenblick wollen wir uns lediglich fragen: Worin bestehen die Unterschiede?

Wir können zunächst einmal feststellen, worin sie nicht bestehen. Vor beinahe 20 Jahren begannen Eleanor Maccoby und Carol Jacklin in ihrem wegweisenden Buch *The Psychology of Sex Differences*[27] mit einer Auflistung weitverbreiteter Ansichten über geschlechtsspezifische Unterschiede, für die sie keine Beweise gefunden hatten. Diese Liste kann man getrost wiederholen, denn viele dieser Überzeugungen sind auch heute noch in der Öffentlichkeit, wenn nicht gar in der Wissenschaft, weit verbreitet.

Mythos Nummer 1: »Mädchen sind ›sozialer‹ als Jungen.« Maccoby und Jacklin stellten fest, daß Frauen und Männer in gleichem Maße an anderen interessiert sind und daß Mädchen im Kindesalter nicht mehr – sondern manchmal sogar weniger – Zeit mit Spielkameraden verbringen als Jungen.

Mythos Nummer 2: »Mädchen sind leichter zu ›beeinflussen‹ als Jungen.« Beide Geschlechter sind »in gleichem Maß empfänglich für Überzeugungsversuche, vor allem in persönlichen Gesprächen«, erläuterten Maccoby und Jacklin.

Mythos Nummer 3: »Mädchen besitzen eine geringere Selbstachtung.« Mädchen berichten im Laufe ihres Heranwachsens über ebensoviel Selbstzufriedenheit und Selbstvertrauen wie Jungen, und auch die wenigen Studien über die Selbstachtung im späteren Leben zeigten keine geschlechtsspezifischen Unterschiede. Während der Studienjahre haben die Jungen in größerem Maße das Gefühl, ihr eigenes Ziel klar vor Augen zu haben, als die Mädchen und trauen sich, was ihre eigenen künftigen schulischen Leistungen anbelangt, offenbar mehr zu, doch die gleichaltrigen Mädchen verfügen deshalb keineswegs über eine geringere Selbstachtung.

Mythos Nummer 4: »Mädchen lernen leichter, mechanische oder sich ständig wiederholende Aufgaben zu erfüllen, Jungen hingegen bewältigen leichter Aufgaben, für die Erkenntnisprozesse auf höherem Niveau und das Außerachtlassen von gelernten Antworten notwendig sind.« In einem breiten Spektrum psychologischer Tests, die darauf ausgelegt sind, genau das zu bestimmen, haben sich keine geschlechtsspezifischen Unterschiede feststellen lassen.

Nachdem Maccoby und Jacklin diese und einige andere Mythen

zurückgewiesen hatten, begannen sie danach zu fragen, weshalb an ihnen trotz fehlender wissenschaftlicher Beweise so hartnäckig festgehalten wurde. Möglicherweise, so schrieben sie, hat die Wissenschaft einfach noch nicht die richtige Methode gefunden, um jene geschlechtsspezifischen Unterschiede nachzuweisen, mit denen man normalerweise täglich zu tun hat. Wenn dem so wäre, dann könnten diese Unterschiede nur sehr beschränkt sein, und dann wiederum entsprächen sie nicht mehr den überwältigenden Unterschieden, an denen der Volksglauben festhält. Der eigentliche Grund für das Festhalten an diesen Mythen über Mann und Frau sei, so Maccoby und Jacklin, »die Tatsache, daß stereotype Vorurteile so übermächtig sind«.[28] Wenn sie einmal in einer Gruppe gegriffen haben, tendieren sie dazu, sich selbst zu verewigen: »Sobald sich ein Mitglied der betreffenden Gruppe in der erwarteten Weise verhält, bemerkt der Beobachter das, und sein Glaube wird bestätigt und bestärkt; verhält sich ein Mitglied der Gruppe in einer Weise, die nicht den Erwartungen entspricht, dann wird der Vorfall mit einiger Wahrscheinlichkeit unbemerkt bleiben, und der verallgemeinernde Glaube des Beobachtenden bleibt vor einer Erschütterung seiner selbst geschützt.«

Mit anderen Worten: Wenn zwei Frauen aus einem Büro im Flur stehen bleiben, um miteinander zu reden, dann sind sie schlicht geschwätzig; wenn zwei Männer das tun, dann handeln sie gerade eine größere Sache aus. Bekommt eine Frau einen Zornesausbruch oder weint, dann zeigt das nur, wie emotional Frauen reagieren; keiner bemerkt jedoch die Frau, die während einer Krise die Nerven behält oder eine wichtige Entscheidung sorgfältig und wohlüberlegt trifft. Zeigt ein Schuljunge gute Leistungen in Mathematik und Naturwissenschaften, dann zeigt das nur ein angeborenes männliches Talent für diese Fächer. Die Jungen aber, die nie über die Division hinausgekommen sind, haben sich einfach nicht genug angestrengt.

Einige dieser Stereotypen besitzen aber – wie Maccoby und Jacklin feststellten – gewisse Gültigkeit. Zum Beispiel hat die Psychologie viele Dinge bestätigt, die Eltern bereits seit langem über Kinder wußten.

Jungen sind aktiver als Mädchen.[29] Das kann man bereits im Mutterleib und im ersten Lebensjahr beobachten. Der Unterschied nimmt jedoch mit der Zeit zu und erreicht seinen Höhepunkt während der Grundschul- und der Unterstufenjahre. Das Ausmaß des Unterschieds hängt von den Umständen ab (er ist beispielsweise ausgeprägter, wenn die Kinder in Gruppen spielen), und es gibt jede Menge Überlappungen zwischen den Geschlechtern. Manche Mädchen sind aktiver als die meisten Jungen, manche Jungen sind weniger aktiv als die meisten Mädchen – im großen und ganzen bewegen sich Jungen jedoch mehr und verbrauchen mehr körperliche Energie als Mädchen. Dieser Aktivitätsunterschied besteht im wesentlichen in dem, was Diane McGuinness als unterschiedlichen »Spielstil« bei Jungen und Mädchen bezeichnet. Die meisten Leute wissen, daß Jungen und Mädchen ihre eigenen Vorlieben für bestimmte Spielsachen haben und daß Papa und Mama meist wenig erfolgreich sind, wenn sie versuchen, ihre Tochter dazu zu bewegen, mit Autos, oder ihre Söhne dazu, mit Puppen zu spielen. (Meine Nichte bekam letztes Jahr zu Weihnachten ein Lastauto geschenkt. Als sie das Päckchen geöffnet hatte, war ihr einziger Kommentar: »Papa, Du weißt doch, daß ich keine Autos mag.« Ihre beiden Brüder waren nur allzu bereit, ihr das Spielzeug abzunehmen.) Laut McGuinness sind es aber nicht die Spielsachen selbst, die für die unterschiedlichen Vorlieben verantwortlich sind, sondern die Möglichkeiten, die das Spielzeug dem Kind bietet. Jungen mögen Dinge, mit denen sie etwas tun können und die sich bewegen lassen – Bauklötze, Bausätze, Autos, Flugzeuge und so weiter –, während Mädchen eine solche Beweglichkeit keine besondere Befriedigung verschafft. Sie bleiben bei Puppen, Kunstgewerbe und Handwerk. Die weibliche Vorliebe für Puppen spiegelt unter Umständen einen natürlichen Hang zum Spiel mit Kleinkindern und zu deren Betreuung wider (bei vielen Affenarten spielen die jungen Weibchen mit den Babys, während die jungen Männchen diese ignorieren), doch diese Hypothese wird wohl ewig umstritten bleiben.[30]

1990 beobachtete McGuinness zusammen mit verschiedenen Studenten 38 Jungen und 35 Mädchen im Alter von drei bis fünf

Jahren beim unbeaufsichtigten Spiel in der Vorschule.[31] Jedes Kind wurde 20 Minuten gesondert beobachtet, und seine Aktivitäten wurden genau notiert. Bei der Analyse ihrer Daten entdeckte McGuinness verblüffende Unterschiede in der Art und Weise, wie die Kinder ihre Zeit verbrachten.

Mädchen unternahmen im Durchschnitt nur halb so viele Anläufe zu neuen Aktivitäten wie Jungen und wandten für jedes einzelne Unternehmen sehr viel mehr Zeit auf. Sie beschäftigten sich außerdem sehr viel beständiger mit Dingen, Jungen hingegen unterbrachen mit weit größerer Wahrscheinlichkeit eine augenblickliche Tätigkeit, die sie dann später fortsetzten. Mädchen beteiligten sich stärker an vom Lehrer organisierten Aktivitäten. Jungen benutzten einen Gegenstand oder ein Spielzeug öfter für einen anderen Zweck als den, für den sie bestimmt waren. Es gab mehr Mädchen, die sich zum Malen entschlossen, und sie verbrachten im Durchschnitt nahezu die dreifache Zeit damit wie die Jungen. Jungen verbrachten mehr Zeit damit, die anderen zu beobachten und schlugen oder schubsten andere Kinder mit einer höheren Wahrscheinlichkeit.

> Abgesehen von diesen Befunden gab es zwischen den Mädchen und den Jungen einen qualitativen Unterschied, der sich jedoch nur sehr schwer fassen läßt. Jungen wandern häufiger als Mädchen scheinbar ziellos umher, von einer Aktivität zur anderen oder von Kind zu Kind, so als wären sie gerade in Verlegenheit oder irgendwie verwirrt ... Fast alle Jungen unterbrachen das, was sie gerade vorgehabt hatten, um sich etwas anderem zuzuwenden, das gerade im selben Raum passierte. Häufig wurden sie durch ein Geräusch abgelenkt, durch das Lachen oder die Bewegung eines anderen Kindes oder dadurch, daß ein Fremder den Raum betrat. Es gab aber auch Situationen, in denen wir keinen besonderen Anlaß für eine Ablenkung und keinen Grund für eine Unterbrechung feststellen konnten. So unterbrach zum Beispiel ein Junge immer wieder sein Spiel mit einem Kipper, um hier zu einem anderen Kind hinüberzugehen und »Hallo« zu sagen, dort einem anderen Kind bei

einem Puzzle zu helfen und rasch einmal hinein ins Spielhaus und wieder hinaus zu hopsen. Dazwischen aber kehrte er immer wieder zu seinem Kipper zurück. Ein weiterer Verhaltensaspekt bei Jungen ist die Unfähigkeit, etwas zu Ende zu bringen. Vier Jungen, die wir mit neuem Papier, Wasser und allem, was dazu gehört, versorgten und baten, etwas zu malen, warfen ein paar Pinselstriche auf das Papier und verkündeten: »Fertig!« Eine ähnliche Unfähigkeit, Dinge fertigzustellen, konnten wir am Werktisch und bei anderen Aktivitäten beobachten, die ein deutliches Ende haben wie beispielsweise Karten- oder Brettspiele.

Die Beobachtungen bei den Mädchen ergaben, daß diese eine einmal angefangene Beschäftigung nur sehr selten aufhören oder aufgeben, bevor nicht ein gewisser Grad an Vollendung erreicht ist. Wenn sie ihre Tätigkeit unterbrechen, dann meist zu einem bestimmten Zweck: um ihr Werk dem Lehrer oder einem anderen Kind zu zeigen, oder weil sich etwas Ungewöhnliches ereignete.

Wenn die Kinder älter werden, ändern sich ihre Spielstile radikal, eines aber bleibt bestehen: Jungen und Mädchen spielen auf sehr unterschiedliche Art und Weise. In den siebziger Jahren verbrachte Janet Lever von der Northwestern University in Evanston, Illinois, ein ganzes Jahr damit, 181 Fünftkläßler von drei verschiedenen Schulen zu beobachten und zu befragen, um geschlechtsspezifische Unterschiede bei den Spielgewohnheiten dieser Altersgruppe zu untersuchen.[32] Diese Arbeit gilt aber immer noch als die gründlichste Studie über Sport-, Spiel- und Freizeitaktivitäten von Kindern. Lever beobachtete die Kinder während der Pausen, im Sportunterricht und nach der Schule, gab ihnen Fragebogen, in denen sie angeben sollten, wie sie ihre Zeit außerhalb der Schule verbrachten, und befragte ein Drittel von ihnen einzeln. Sie entwarf auch »Tagebücher« für die Aktivitäten nach der Schule, in welche die Kinder jeden Morgen eintragen sollten, was sie am Tag zuvor mit wem unternommen hatten, wo sie gewesen waren und wie lange sie sich mit etwas beschäftigt hatten.

Lever konnte sechs größere Unterschiede bei den Spielgewohnheiten von Jungen und Mädchen nachweisen. Erstens: Jungen spielen mehr draußen als Mädchen, vielleicht deshalb, weil ihre Mannschaftssportarten und Kampf- und Räuberspiele nur im Freien möglich sind. Der Zeitvertreib der Mädchen – Puppen und Brettspiele – gehört zu den Dingen, die man im Haus spielen kann. Zweitens: Jungen spielen in größeren Gruppen als Mädchen, was wiederum in Zusammenhang mit ihren Lieblingsbeschäftigungen steht. Drittens: In den Jungengruppen sind öfter Kinder verschiedener Altersstufen zu finden. Bei Jungen gilt der Grundsatz:»Besser ein kleines Kind auf dem Spielfeld als gar keines«, schrieb Lever.

Ich war zum Beispiel Zeuge verschiedener Eishockeyspiele, in denen das Alter der Teilnehmer zwischen 9 und 15 oder 16 schwankte. Die Jüngsten versuchten nach Kräften, mit den Großen mitzuhalten, oder gaben auf. Sie hatten gelernt, daß sie entweder blaue Flecken einstecken und ihre Frustrationen unterdrücken mußten oder nicht mehr mitspielen durften. Die wenigen Male, bei denen ich Mädchen in gemischten Altersgruppen spielen sah, handelte es sich meist um Ferienfreizeiten, bei denen die Zehn- bis Zwölfjährigen die sehr viel kleineren Kinder von fünf oder sechs Jahren als »lebende Puppen« einsetzten und mit ihnen »Ringelreihen« oder verschiedene Arten von Fangen spielten. In diesem Fall mußten die Großen ihr Spielniveau den Kleinsten anpassen.

Viertens: Mädchen spielen mit sehr viel größerer Wahrscheinlichkeit bei einer Jungengruppe mit als umgekehrt. Die Jungen akzeptierten Mädchen, die sportlich genug waren, um mithalten zu können. Wenn umgekehrt ein Junge zu einem Mädchenspiel wie Himmel und Hölle oder Seilhüpfen hinzukam, dann stets in der »Rolle des ›Clowns‹ oder ›Plagegeists‹ – nur da, um die Mädchen zu unterbrechen und zu ärgern, nicht aber als ernsthafter Mitspieler«. Fünftens: Jungenspiele sind kompetitiver – sie haben feste Regeln und ein vorbestimmtes Ende mit Gewinner und Verlierer. 65 Prozent aller Jungenspiele, die nach der Schule gespielt wurden, bestanden in kompetitiven Spielen, bei Mädchen waren es nur 35 Prozent; dieser Unterschied bleibt auch bestehen, wenn man Mannschaftssportarten ausklammert. Und sechstens schließlich: Jungenspiele dauern sehr viel länger. In den Pausen, beobachtete Lever »häufig Jungenspiele, welche die gesamten 25 Minuten dauerten; aber während des ganzen Jahres dort beobachtete ich kein einziges Mädchenspiel, das länger als 15 Minuten ging.« Offenbar haben sich Jungen bis zur fünften Klasse grundlegend geändert gegenüber dem Alter von vier oder fünf Jahren, als sie keiner Beschäftigung länger nachgingen.

In einer späteren Untersuchung kindlicher Spielweisen konzentrierte sich Lever auf einen anderen Unterschied: Jungenspiele sind weitaus *komplexer* als Mädchenspiele.[33] Diese Komplexität zeigte sich auf verschiedenen Ebenen. Die Spiele der Jungen hatten grundsätzlich mehr Regeln als die der Mädchen – Baseball gegenüber Seilspringen zum Beispiel –, und so waren die Jungen entsprechend mehr darauf eingestellt, auch nach Regeln zu spielen. »Ein Sportlehrer führte ein Spiel namens ›Newcombe‹ ein, eine vereinfachte Version von Volleyball, bei dem die Hauptregel darin besteht, daß der Ball dreimal innerhalb einer Mannschaft weitergegeben werden muß, bevor er über das Netz gespielt werden darf«, schrieb Lever. »Obwohl das Spiel für alle neu war, vergaßen die Jungen die ›Drei-Paß-Regel‹ nicht ein einziges Mal; die Mädchen dagegen vergaßen sie bei mehr als der Hälfte aller Bälle.«

Die Jungen spielten öfter Spiele, bei denen die Mitspieler verschiedene Rollen übernahmen – Werfer, Schläger, Fänger und so weiter –, Mädchen dagegen lieber Spiele, bei denen alle Mitspielerinnen dasselbe zu tun hatten wie radfahren oder eislaufen. Die Jungenspiele hatten größere »Spielerwechselwirkungen«, wie Lever es formuliert: Die Handlungen des einen Spielers betreffen in irgendeiner Form den nächsten Spieler. Bei Kindern, die radfahren oder sich bei Himmel und Hölle abwechseln, gibt es wenig oder gar keine Abhängigkeiten. Bei kompetitiven Spielen wie Tennis oder Brettspielen sind die Wechselwirkungen ausgeprägter, und am stärksten vorhanden sind sie bei Mannschaftssportarten, bei denen jemand sowohl auf die

Aktivitäten seiner Teamkameraden als auch auf die des Gegners reagieren muß. Jungen schließlich zogen es vor, ausdrückliche Ziele zu setzen – zum Beispiel die höchste Punktzahl beim Hockey –, um einen Gewinner feststellen zu können. Mädchen, so Lever, schienen weit weniger Interesse dafür zu haben, wer gewonnen hatte.

Da kindliches Spiel dazu beiträgt, Fertigkeiten zu entwickeln, die das Kind später im Leben braucht, spekulierte Lever, daß geschlechtsspezifische Unterschiede bei den Spielgewohnheiten dazu führen könnten, daß Jungen und Mädchen schließlich unterschiedliche soziale Eigenschaften entwickeln. Die Schlußfolgerungen liegen auf der Hand: Jungen lernen, miteinander zu wetteifern, zu führen und zu folgen, mit anderen im Hinblick auf ein gemeinsames Ziel zusammenzuarbeiten, und zwar häufig im Wettstreit mit anderen Teams, und »sich an die Spielregeln zu halten«. Mädchen hingegen lernen, einzeln oder in Gruppen miteinander zu interagieren, kooperativ zu sein und Rücksicht und Einfühlungsvermögen gegenüber anderen walten zu lassen. Die sozialen Fertigkeiten, die durch das Jungenspiel vermittelt werden, entsprechen sehr stark denen, die man braucht, um erfolgreich ein Geschäft zu führen oder sich die Karriereleiter emporzuarbeiten, bemerkte Lever. Obgleich sie zugegebenermaßen keine Beweise für einen Zusammenhang zwischen dem kindlichen Spiel und einem späteren Berufserfolg habe, sei es dennoch bemerkenswert, daß eine Untersuchung über Frauen in den Spitzenpositionen amerikanischer Firmen ergeben hätte, daß die meisten von ihnen in ihrer Kindheit ein Wildfang waren.

Diese Situation mag sich geändert haben. Vor 20 Jahren, als Lever ihre Untersuchungen durchführte, mußte eine Frau, die sich im Geschäftsleben behaupten wollte, mit Sicherheit »maskulines« Geschäftsgebaren an den Tag legen, denn sie arbeitete zumeist mit Männern und mußte sich an deren Spielregeln halten. In jüngerer Zeit scheint es jedoch in der Geschäftswelt einen Trend gegeben zu haben, bei Managern und Beschäftigten zunehmend auch »feminine« Fähigkeiten zu fördern,[34] so zum Beispiel die Sorge um das Wohlergehen anderer und die Bereitwilligkeit, zum Nutzen aller zusammenzuarbeiten – eine

Verhaltensänderung, die möglicherweise auch dadurch zustande gekommen ist, daß mehr Frauen leitende Positionen innehaben.[35]

Die von Lever dargelegten Unterschiede bezüglich der Spielgewohnheiten passen in ein allgemeineres Schema psychologischer Unterschiede zwischen beiden Geschlechtern, das auch von einer Reihe anderer Forscher beschrieben wurde. Am besten bekannt ist in diesem Zusammenhang vermutlich Carol Gilligan von Harvard, deren 1982 veröffentlichtes Buch *Die andere Stimme* eine »Psychologie der Frau« entwirft. Gilligan betont, daß ein großer Teil der psychologischen Forschung sich nur mit Männern beschäftigt, und behauptet, daß Frauen eine ganz andere psychologische Entwicklung durchlaufen und gesondert untersucht werden müßten.[36]

Nach Gilligans Ansicht entwickelt sich bei Frauen das Moralempfinden und das Bewußtsein für die eigene Person anders als bei Männern; dieser Unterschied besteht ihrer Meinung nach bereits von frühester Kindheit an. Sie beschreibt ein Experiment, bei dem sie einen elfjährigen Jungen und ein elfjähriges Mädchen fragte, wie sie jeweils ein ethisches Dilemma lösen würden: Angenommen, ein Mann ist zu arm, um sich ein bestimmtes Medikament kaufen zu können, welches das Leben seiner Frau retten könnte – sollte er es dann stehlen? Der Junge antwortete mit Ja. Der Mann sollte das Medikament stehlen, denn das Leben eines Menschen sei mehr wert als das Geld, welches der Apotheker verlöre. Das Mädchen antwortete mit Nein. Der Mann könnte überführt werden und ins Gefängnis kommen, dann bliebe die Frau allein zurück und hätte niemanden, der sich um sie kümmert.

Die Antworten verdeutlichen in Gilligans Augen einen grundlegenden Unterschied. Männer haben die Neigung, ihr ethisches Urteil genauso auf eine Vorstellung von dem, was richtig und falsch ist, zu gründen, wie sie auch in einem Baseballspiel die Regeln anwenden, um festzustellen, ob ein Spieler einen Punkt gemacht hat. In diesem Fall wandte der Junge einfach den Grundsatz an, daß menschliches Leben mehr wert sei als Eigentum. Das Mädchen in diesem Experiment schlug vor, der Mann solle mit dem Apotheker reden, sein Problem darstellen und das Medikament vielleicht in Raten abbezahlen. Sie hatte versucht, jedermanns Interessen gerecht zu werden. »Das moralische Gebot, das sich in Gesprächen mit Frauen immer wieder darstellt, ist die Aufforderung, sich der Dinge anzunehmen und Verantwortung für die ›wirklichen und erkennbaren Kümmernisse‹ der Welt zu übernehmen und sie lindern zu helfen«, schreibt Gilligan. »Für Männer besteht der moralische Imperativ in dem Gebot, die Rechte anderer zu respektieren.«

Ein anderer Gesichtspunkt von Gilligans Buch beschäftigt sich mit der unterschiedlichen Art und Weise, in der Frauen und Männer Beziehungen betrachten. Mädchen und Frauen sehen Beziehungen als eine Art Netzwerk, bei dem viele Leute durch familiäre, soziale und emotionale Bindungen zu einem einzigen großen Ganzen verwoben sind. Jungen und Männer sehen ihre Beziehungen zu anderen Leuten – insbesondere zu anderen Männern – stets im Rahmen einer Hierarchie und sind immer bestrebt zu wissen, wer an der Spitze steht. Frauen suchen gemeinsame Grundlagen und Übereinstimmung mit anderen Menschen, Männer neigen dazu, mit anderen zu wetteifern und sich an ihnen zu messen.

Die psychologische und moralische Entwicklung der beiden Geschlechter beginnt somit an zwei verschiedenen Ausgangspunkten und trifft sich schließlich irgendwo in der Mitte, so Gilligan. Frauen tendieren grundsätzlich dazu, sich – oft bis zur Selbstverleugnung – um andere zu kümmern, und müssen lernen, ihr eigenes Glück in ihre Überlegungen mit einzubeziehen. Männer beziehen sich zunächst nur auf sich selbst und auf gewisse Verhaltensregeln und müssen lernen, den Bedürfnissen anderer Rechnung zu tragen. Männliche und weibliche Ethik sind gegensätzlich, aber komplementär, und ein ausgeglichener Erwachsener muß beide in sich vereinen.

In ihrem populären Buch *Du kannst mich einfach nicht verstehen* demonstriert die Psycholinguistin Deborah Tannen, wie die unterschiedliche Sichtweise, mit der Männer und Frauen Beziehungen betrachten, ihren Niederschlag in der Sprache beider Geschlechter findet.[37] Gilligans Argumente klingen mit, wenn sie schreibt, daß »Frauen eine Sprache der

Zusammengehörigkeit und Vertrautheit sprechen und hören, während Männer eine Sprache der Unabhängigkeit und der Rangzugehörigkeit sprechen und hören«. Eine der von Tannen zitierten männlich-weiblichen Konversationen verläuft folgendermaßen: Der Mann sagt, er sei müde, weil er in der Nacht schlecht geschlafen habe. Die Frau bemerkt dazu, daß es ihr ebenso gehe, daß sie überhaupt häufig schlecht schlafe. Darauf beschwert er sich, sie spiele sein Problem herunter, während sie beteuert, nur ihr Mitgefühl ausdrücken zu wollen.

Die Frau versucht, eine Verbindung zu schaffen, indem sie darauf hinweist, daß sie ein solches Problem kennt, der Mann interpretiert ihren Kommentar jedoch als den Versuch, seine Klage weniger wichtig erscheinen zu lassen – als Herausforderung statt als Mitgefühl. Tannen schreibt dies der Tatsache zu, daß beide Geschlechter sehr unterschiedliche Vorstellungen von Kommunikation haben – Frauen sehen sie als Weg, Zusammengehörigkeit zu schaffen, Männer als einen Weg, Probleme zu lösen und eine Rangordnung zu etablieren – die Äußerungen des anderen Geschlechts werden nur zu häufig mißverstanden.

Jeder, der Tannens Buch gelesen hat, erkennt sich in irgendeiner Form selbst darin wieder. Eines Abends trafen meine Frau und ich uns mit sieben Freunden in einem thailändischen Restaurant zum Essen. Am einen Ende des Tisches saß Amy mit vier anderen Frauen – sie unterhielten sich über gemeinsame Bekannte. Am anderen Ende saß ich mit dem einzigen männlichen Erwachsenen außer mir und dessen zwei Söhnen – wir redeten über Football. Nur eine Stunde zuvor hatten wir über Tannens Buch gesprochen – vor allem über ihre Beobachtung, daß Männer in Gruppen überallhin schauen, wenn sie miteinander reden, nur nicht zueinander, während Frauen einander direkt in die Augen sehen.

Plötzlich begann einer der Jungen zu kichern und machte uns darauf aufmerksam, wie wir uns die ganze Zeit über verhielten. Die Frauen saßen vornübergelehnt am Tisch und blickten jeweils diejenige an, die gerade sprach. Wir Männer hingegen saßen zurückgelehnt und blickten jeder in eine andere Richtung – zur Wand, auf den Tisch, auf einen Fleck ein paar Zentimeter über dem Kopf des anderen. Wir lachten darüber und fühlten uns dennoch ein wenig unbehaglich. Wir wollten nun nicht aufs neue aneinander vorbeistarren, aber in die Augen blicken wollten wir einander mit Sicherheit auch nicht. Deshalb machten wir uns einen Riesenspaß daraus. Einer der Jungen drehte sich ganz herum und sah beim Sprechen die gegenüberliegende Wand an, der andere bedeckte seine Augen mit einer Hand, und ich steckte meinen Kopf unter den Tisch. Alles war einfacher als Augenkontakt.

Viele Menschen stimmen mit dem, was Gilligan und Tannen schreiben, sofort aus tiefstem Herzen überein, reflektiert es doch nur allzu treffend ihre täglichen Erfahrungen; dennoch ist diese Arbeit nicht unwidersprochen. Einer der Kritikpunkte ist, daß sie nicht auf objektiven Standard-Labormethoden beruht, sondern auf persönlichen Beobachtungen an wenigen Menschen; eine Methode, die vor den Vorurteilen und Erwartungen des Beobachters nicht geschützt ist und sehr verschiedene Ergebnisse haben kann, je nachdem, welche Leute man auswählt. Dennoch ist diese Art der Forschung die einzige Möglichkeit, Themen wie etwa den Gesprächsstil anzugehen. Man kann schlecht jemandem einen Papier-und-Bleistift-Test in die Hand drücken, um herauszufinden, wie er oder sie mit anderen spricht.

Die schärfste Kritik stammt aus den Reihen der Feministinnen,[38] die Gilligans und Tanners These ablehnen, wonach Frauen auf eine andere, aber nicht weniger gültige Art mit Leuten umgingen. Diese Debatte verdeutlicht die grundlegende Meinungsverschiedenheit unter den Feministinnen, wie man Frauen zu betrachten habe. Einige halten an der ursprünglichen Vision fest, Frauen und Männer seien im Grunde gleich, und nur die Gesellschaft stehe zwischen uns und einem eingeschlechtlichen Utopia. Andere stehen auf dem Standpunkt, daß Frauen sich in der Tat von Männern unterscheiden und daß diese Unterschiede verstanden und akzeptiert werden sollten, daß die Gesellschaft jedoch aufhören muß, die männliche Version als »Standard« oder als »richtig« anzusehen.

Psychologen haben – aus welchen Beweggründen auch immer – eine lange Liste von Merkmalen angelegt, in denen sich Frauen und Männer auf Persönlichkeits- und Charakterebene unterscheiden.[39] Eine Standardmethode, solche Merkmale zu bestimmen, sind Tests mit Papier und Bleistift, in denen eine Person aufgefordert wird, mit verschiedenen Äußerungen übereinzustimmen beziehungsweise sie abzulehnen: »Wenn sich jemand im Geschäft vordrängelt, dann sage ich etwas zu ihm.« »In bestimmten Situationen ist körperliche Gewalt zu akzeptieren.« »Wenn mir jemand in die Quere kommt, finde ich eine Möglichkeit, ihm das heimzuzahlen.« Stimmt man zum Beispiel mit einer Reihe der eben genannten Äußerungen überein, so befindet man sich auf einer Aggressionsskala am oberen Ende. Es mag zwar den Anschein haben, als hinge das Ergebnis solcher Selbsteinschätzungstests in erster Linie davon ab, welches Bild der Betreffende von sich selbst hat, und weniger von seinen tatsächlichen Eigenschaften, aber die Psychologen haben festgestellt, daß die Ergebnisse solcher Tests in aller Regel mit den Einschätzungen anderer Leute wie Freunde und Familie recht gut übereinstimmen.

Im allgemeinen erreichen Frauen mehr Punkte bei Tests, die auf Fürsorglichkeit, emotionale Ansprechbarkeit (»Ich merke, wenn jemand außer Fassung ist«) und die Vermeidung von Ungerechtigkeiten zielen. Männer hingegen haben mehr Punkte, wenn es um Aggression, insbesondere um körperliche Aggression, Dominanz, die Suche nach Herausforderungen und die Bereitschaft zum Risiko geht.[40] Leute, die bei den beiden letztgenannten Kategorien vorn liegen, haben in der Regel einen Hang zum Fallschirmspringen, Drachenfliegen und Bungee-Springen.

Der größte und beständigste geschlechtsspezifische Unterschied ist bei der Aggression festzustellen. Er beginnt bereits im Kindesalter: Jungen sind sehr viel bereitwilliger an Spielkämpfen (und echten Kämpfen) beteiligt als Mädchen. Dieses Verhalten ist zwar nicht darauf ausgerichtet, jemanden zu verletzen, doch viele Forscher sind der Ansicht, daß Jungen zu diesen spielerischen Raufereien und Balgereien durch die Biologie veranlaßt werden, sozusagen als eine Art Übung für echte Kämpfe im späteren Leben. Bei vielen Säugern, unter anderem bei Ratten und Affen, beobachtet man bei jungen Männchen sehr viel mehr Spielkämpfe als bei jungen Weibchen.[41] Bei anderen Tierarten konnte gezeigt werden, daß dieses Verhalten durch die Einwirkung von Testosteron im Mutterleib zustande kommt.

Im Erwachsenenalter sind in der Regel weder Männer noch Frauen gegenüber anderen Menschen körperlich aggressiv; psychologische Experimente zeigen jedoch, daß Männer aggressiver reagieren als Frauen, wenn man ihnen die Gelegenheit dazu gibt. Bei einem der häufigsten Experimente wird der Testperson die Rolle eines »Lehrers« zugeteilt, der einem »Schüler« einen Elektroschock verabreichen muß, sobald dieser eine falsche Antwort gibt. Die Testperson drückt auf einen Knopf und sieht die andere Person reagieren, als hätte sie den Elektroschock erhalten. In Wirklichkeit gibt es keinen Schock, und der »Schüler« schauspielert nur, was die Versuchsperson jedoch nicht weiß. Bei diesem Experiment soll festgestellt werden, wie weit die Person den Spannungsschalter aufdrehen würde, bevor sie schließlich aufhört. Manche »Lehrer« nahmen ihre Rolle so ernst, daß sie die Elektroschocks noch fortführten, als sich der »Schüler« scheinbar bereits vor Schmerzen krümmte. Bei diesem und verschiedenen anderen Experimenten haben sich Männer im Vergleich zu Frauen als die aggressiveren erwiesen, vor allem dann, wenn die Aggression Schmerzen oder körperliche Mißhandlungen einschloß.

Praktischen Niederschlag findet dieser geschlechtsspezifische Unterschied hinsichtlich der Aggression in dem nahezu ausschließlich männlichen Monopol bei den Gewaltverbrechen.[42] In den vergangenen 20 Jahren stellten in den Vereinigten Staaten Frauen mit großer Beständigkeit einen Anteil von zehn bis elf Prozent der wegen Gewaltverbrechen – Mord, schwerer Körperverletzung oder bewaffnetem Raubüberfall – inhaftierten Personen. Die Frauenbewegung hat zwar dafür gesorgt, daß Frauen einen höheren Anteil an Berufen wie Ärztin, Rechtsanwältin, Wissenschaftlerin und Politikerin beanspruchen, ihren Anteil an Gewaltverbrechen hat sie jedoch nicht anheben können. Außerdem unterscheiden sich nach Auskunft von Rita Simon, einer Expertin für das Thema Frauen und Verbrechen an der American University in Washington D.C., die von Frauen begangenen Gewaltverbrechen von denen, die durch Männer verübt werden. So sind zum Beispiel 12 bis 14 Prozent der wegen Mordes verhafteten Personen in den Vereinigten Staaten Frauen; die meisten von ihnen haben jedoch jemanden getötet, der ihnen nahestand – Ehemänner, Ex-Ehemänner, Liebhaber und manchmal sogar ihre Kinder. Nur Männer töten Menschen, die sie nicht kennen.

Weiterhin unterscheiden sich Frauen und Männer in ihrer Wettbewerbsbereitschaft,[43] wobei der Unterschied nicht darin besteht, wie kompetitiv sie sind, sondern darin, in welcher Weise sie kompetitiv sind. In einer Studie an 1000 College-Studenten konnte Brian Gladue von der North Dakota State University keinen geschlechtsspezifischen Unterschied bei dem feststellen, was er als »innere Kompetitivität« oder den persönlichen Wunsch nach Bestleistungen bezeichnete. Bei der »externen Kompetitivität« jedoch – dem Wunsch, jemanden haushoch zu schlagen – lagen die Männer weit vor den Frauen.[44] Eine weitere Untersuchung an 200 Sport-Studenten wies nach, daß die Männer ein wenig kompetitiver waren als die Frauen. Der Hauptunterschied bestand jedoch in der Motivation: Frauen waren sehr viel mehr daran interessiert, persönliche Ziele und Bestleistungen zu erreichen, Männer waren mehr daran interessiert, zu gewinnen.[45]

* * *

Von allen geschlechtsspezifischen Unterschieden liegen uns über die unterschiedlichen »kognitiven« Fähigkeiten – also darüber, wie das Gehirn arbeitet – die meisten Daten vor. Dank der amerikanischen Vorliebe, Schüler jeden Alters, vom Kindergarten bis zur Universität, mit standardisierten Tests zu vermessen, ist es möglich, die Leistungen von vielen Millionen Jungen und Mädchen in etlichen IQ- und Leistungstests zu vergleichen. Wie wir bereits im letzten Kapitel gesehen haben, übertreffen Mädchen die Jungen in standardisierten Tests in sprachlicher Hinsicht, während Jungen ab dem Alter von etwa zwölf oder 13 Jahren durch ihre mathematischen Fähigkeiten glänzen.

Die Schwierigkeit bei diesen standardisierten Tests besteht darin, daß sie nicht dafür konzipiert sind, geschlechtsspezifische Unterschiede zu untersuchen – sie sollen vielmehr ein Bildungspotential bestimmen beziehungsweise messen, wie gut ein Kind in der Schule zurechtkommen wird. Der Schuleignungstest SAT zum Beispiel wurde entworfen, um vorherzusagen, wie gut ein Student an der Universität abschneiden wird – und dafür ist er bestens geeignet. Er war nie dazu gedacht, Unterschiede zwischen Jungen und Mädchen aufzuzeigen. Schlimmer noch: Diejenigen, die diese Tests entwerfen, und die Firmen, die standardisierte Tests publizieren, haben sich bemüht, in vielen ihrer Tests geschlechtsspezifische Unterschiede so gering wie möglich zu halten. Wenn man deshalb diese standardisierten Tests heranziehen will, um geschlechtsspezifische Unterschiede zu bestimmen, dann ist das ein bißchen so, als versuchte man, seine Taillenweite mit einem Zollstock zu messen. Man kann das tun, doch es gibt einfachere und genauere Methoden.

Die Forschung zum Thema geschlechtsspezifische Unterschiede hat begonnen, sich mehr und mehr spezialisierter Tests zu bedienen, die eine große Variationsbreite zwischen Frauen und Männern zeigen. Auf diese Weise können sie ihre Methoden auf jene Charaktermerkmale ausrichten, die sich bei beiden Geschlechtern am stärksten unterscheiden, um zunächst einmal zu verstehen, welches die Hauptunterschiede sind und warum sie entstehen.

Vor kurzem berichtete Melissa Hines von der University of California in Los Angeles von einem sehr deutlichen geschlechtsspezifischen Unterschied bei einer Eigenschaft, die sie als »Assoziationsgeläufigkeit« (»associational fluency«) bezeichnete.[46] Sie bat 52 Psychologiestudenten und 89 Psychologiestudentinnen, Synonyme für so gängige Wörter wie »stark«, »Firma«, »Kurve«, »klar«, »scharf«, »dunkel«, »wild« und »erzählen« zu suchen. Für jedes Wort hatte die Testperson nur eine Minute Zeit. (Das klingt einfach, doch sobald man über die ersten drei oder vier Synonyme hinaus ist, wird es immer schwieriger, mehr zu finden.) Bei der Analyse der Ergebnisse stellte Hines fest, daß die Frauen es im Durchschnitt auf vier Synonyme für jedes Wort brachten, die Männer hingegen nur auf zweieinviertel, etwas mehr als die Hälfte der weiblichen

Leistung. Dies liegt nicht daran, daß Männer einen kleineren Wortschatz haben – in vielen Untersuchungen hat man festgestellt, daß Frauen und Männer dieselbe Anzahl an Wörtern kennen –, sondern eher daran, daß Männer aus irgendeinem Grunde einen weniger effizienten Zugang zu ihrem Vokabular haben.

Sogar Hines war von dem großen Unterschied überrascht, doch sie weist darauf hin, daß man diese Testreihe erst noch fortsetzen muß, bevor man sich endgültig auf ihre Ergebnisse verlassen kann. Doch der Unterschied scheint vorhanden zu sein. Frauen (zumindest Frauen im Collegealter) können in kürzerer Zeit mit mehr Synonymen aufwarten als Männer. Zugegeben, das mag zwar keine große Sache sein, doch das Experiment macht etwas Grundlegendes bei geschlechtsspezifischen Unterschieden deutlich: Man findet sie eigentlich immer bei sehr speziellen Fertigkeiten, wie eben beim Bilden von Synonymen. Bei komplexeren Aufgaben, bei denen viele Fertigkeiten gefragt sind, werden die Unterschiede geringer und sind schwerer nachzuweisen.

Um einen Artikel zu schreiben, bedarf es zum Beispiel verschiedener Fähigkeiten – Grammatik, Wortschatz, Sinn für Argumentationsfolgen und so weiter. Frauen haben hier einige Vorteile – etwa, was die Grammatik, das Buchstabieren und die Treffsicherheit der Wortwahl anbelangt. Andere Bereiche des Sprachvermögens hingegen sind geschlechtsneutral, und bei einigen sind vielleicht Männer sogar im Vorteil. Wenn man alles zusammen betrachtet, kann man sagen, daß Frauen sich in manchen Schreibtests, zum Beispiel in dem entsprechenden Abschnitt des SAT, leichter tun als Männer, dieser Unterschied ist jedoch geringer als jene Abweichungen, die man bei einigen speziellen Fertigkeiten feststellt.

Durch die Konzentration auf so spezielle Fähigkeiten wie die von Hines untersuchte Assoziationsgeläufigkeit versuchen Wissenschaftler, »intellektuelle Profile« für Frauen und Männer zu erstellen. Viele der geschlechtsspezifischen Unterschiede bei sprachlichen Fähigkeiten haben mit der Redegewandtheit zu tun – mit der Fähigkeit, Wörter oder Sätze rasch zur Hand zu haben. Ein Beispiel hierfür ist das Ersinnen von Synonymen, ein anderes ist die »Wortgeläufigkeit« (»word fluency«), die Fähigkeit, Wörter mit einem bestimmten Anfangsbuchstaben aufzulisten. (»Du hast zwei Minuten, um möglichst viele Wörter mit dem Anfangsbuchstaben D zu finden. Los.«) Frauen liegen bei diesen Tests mit großer Regelmäßigkeit vorn, obgleich ihr Vorsprung hierbei sehr viel geringer ist als der von Hines festgestellte Unterschied bei der Synonymbildung. Eine dritte verbale Fertigkeit, bei der Frauen besser abschneiden als Männer, ist die »Ausdrucksgeläufigkeit« (»expressional fluency«), das Bilden von Sätzen nach vorgegebenen Schemata. (»Schreiben Sie möglichst viele Vier-Wortsätze, bei denen die Wörter mit folgenden Buchstaben beginnen: G_ l_ F_ r_. Sie müssen grammatikalisch richtig und sinnvoll sein, und man darf keinen Satz bilden, indem man nur ein, zwei oder drei Wörter gegenüber dem vorhergehenden Satz ändert.«)

Meine persönlichen Erfahrungen mit jeder Form von Ausdrucksgeläufigkeit stammen eigentlich alle aus zweiter Hand – von meiner Frau. Sie erfindet und singt Lieder, wann immer sie den Drang dazu verspürt. In der Regel borgt sie sich die Melodie von einem anderen Lied und erfindet die Worte dazu, während sie singt – wobei sie Wert darauf legt, daß sie sich reimen und das Versmaß stimmt. Manchmal dichtet sie jedoch Vers und Melodie zur selben Zeit. Irgendwann in der Weihnachtszeit sang sie ein Lied, das in meinen Ohren wie ein jüdisches Chanukkah-Lied klang, ein kleines Lied über das Feiern des Lichterfestes, mit allem Drum und Dran: den Kerzen, der Menora und gutem Essen – ich hielt es für echt. Die Worte waren geschliffen, die Melodie ging ins Ohr, und sie sang ohne jedes Zögern. »Wo hast Du das gelernt?« fragte ich erstaunt, denn meine Frau ist keine Jüdin. Als sie mir sagte, sie habe es soeben erfunden, konnte ich das zuerst nicht glauben; seither habe ich allerdings oft genug Ähnliches erlebt, so daß ich nicht mehr daran zweifle.

Frauen übertreffen Männer außerdem in Sprachtests, in denen es um verbales Urteilen und Begründen geht,[47] sowie bei der Erfassung komplizierter Texte; und sie haben einen geringen, aber beständigen Vorsprung beim Lösen von Anagrammen. (»Bringen Sie folgende Buchstaben in die richtige Reihenfolge, so daß sich ein sinnvolles englisches Wort ergibt: ANTLEG,

MAYFIL, MANDRO.«) Bei Tests, die auf den Wortschatz zielen, gibt es keine geschlechtsspezifischen Unterschiede.[48] Viele der deutlichsten und beständigsten geschlechtsspezifischen Unterschiede bei kognitiven Fähigkeiten gehören zu einer Reihe von Fertigkeiten, denen eines gemeinsam ist: Sie setzen ein gewisses räumliches Vorstellungsvermögen voraus. Räumliches Vorstellungsvermögen[49] ist nicht ganz einfach zu definieren, es spielt jedoch immer dann eine Rolle, wenn man sich dreidimensionale Objekte vorstellen oder im Geiste verändern muß. Ein Architekt, der ein Gebäude zeichnet, und ein Ingenieur, der ein kompliziertes Teil für ein Auto entwirft, sind auf ein räumliches Vorstellungsvermögen ebenso angewiesen wie jemand, der seinen Standort auf einer Karte sucht, um den Heimweg zu finden.

Die Psychologie hat ein breites Spektrum an Testverfahren zur Bestimmung des räumlichen Vorstellungsvermögens entwickkelt. Einer der geläufigsten Tests besteht darin, sich Zeichnungen von dreidimensionalen Objekten aus verschiedenen Blickwinkeln anzuschauen und zu erkennen, ob diese identisch sind (»mental rotations test«). Die Testperson muß im Geiste einen der beiden Gegenstände oder auch beide rotieren lassen, um zu sehen, ob sie zueinanderpassen. Bei einem anderen räumlichen Test muß man sich vorstellen können, wie eine dreidimensionale Schachtel aussehen würde, wenn man sie auseinanderfaltet. Bei Tests mit »versteckten Figuren« (»hidden figures test«) muß man herausfinden, ob eine einfache Strichzeichnung in einer anderen, komplizierteren versteckt ist. Und bei Papierfalt-Tests muß man im Geiste ein Loch durch ein zusammengefaltetes Stück Papier stechen und sich dann vorstellen, wo sich die Löcher im entfalteten Zustand befinden.

Wer in Sprachtests sehr gut abschneidet, kann bei Tests zum räumlichen Vorstellungsvermögen gut, aber auch schlecht abschneiden. Sprachliche Fähigkeiten und räumliches Vorstellungsvermögen sind voneinander unabhängige Eigenschaften, und jemand kann Talent für das eine oder das andere, für beides oder für keines von beiden haben.

Von allen Verstandesleistungen, bei denen sich geschlechtsspezifische Unterschiede feststellen lassen, bestehen beim räumlichen Vorstellungsvermögen die wenigsten Meinungsverschiedenheiten. Das ist nicht etwa deshalb so, weil räumliches Vorstellungsvermögen keine praktische Bedeutung hätte – im Gegenteil, es ist kaum vorstellbar, wie jemand ohne diese Fähigkeit ein guter Ingenieur, Architekt oder Baumeister werden sollte. Auch in vielen Bereichen der Mathematik und der Naturwissenschaften scheint räumliches Vorstellungsvermögen eine bedeutende Rolle zu spielen. Dennoch hat Studie um Studie bestätigt, daß die männliche Überlegenheit hierbei sehr groß ist, und selbst Kritiker geben zu, daß dieser geschlechtsspezifische Unterschied existiert. Die verbleibenden Argumente betreffen die Ursache dieses Unterschieds, doch darüber später mehr.

Wie groß sind die Unterschiede beim räumlichen Vorstellungsvermögen nun wirklich? Wenn Wissenschaftler vom Ausmaß eines geschlechtsspezifischen Unterschieds sprechen, dann verwenden sie meist eine Größe, die sie als Effektstärke d bezeichnen. Für den mit der Statistik vertrauten Leser: d ist definiert als die durchschnittliche männliche Leistung minus der durchschnittlichen weiblichen Leistung, dividiert durch die Standardabweichung. Für jene, die nicht mit der Statistik vertraut sind, ist es leichter, sich d einfach als ein Maß dafür vorzustellen, wie groß ein geschlechtsspezifischer Unterschied ist. Ist $d = 0$, so gibt es keinen Unterschied. Beträgt d ungefähr 0,2, dann betrachtet man den Unterschied als gering, $d = 0,5$ bedeutet, daß er mittelgroß ist, und $d = 0,8$ und darüber heißt, daß er groß ist.[50]

Die größten Effektstärken findet man bei körperlichen Attributen wie Größe und Kraft. Hier liegen Männer weit vor den Frauen. Hinsichtlich der Körpergröße beträgt $d = 2,0$[51], und die durchschnittliche Effektstärke dafür, wie weit ein siebzehnjähriger Junge einen Ball im Vergleich zu einem siebzehnjährigen Mädchen werfen kann, ist etwa $d = 3,0$[52]. Ist die Effektstärke derart groß, so bedeutet dies, daß es so gut wie keine »Überlappung« zwischen den Geschlechtern gibt. Wenn Sie eine Gruppe von 50 Männern und 50 Frauen betrachten und jeweils in die größten 50 und die kleinsten 50 unterteilen würden, dann befänden sich in der »größeren Hälfte« 45 Männer und nur fünf

Frauen. Eine geringe Effektstärke hingegen bedeutet eine starke Überlappung. Betrachten wir einmal das Aufsatzschreiben: Hier beträgt die Effektstärke nur ungefähr 0,09.[53] Unterteilt man dieselbe Gruppe von 100 Leuten in die 50 besten und die 50 schlechtesten Aufsatzschreiber, würde man im Durchschnitt bei der »besseren Hälfte« 26 Frauen und 24 Männer erwarten. Die Effektstärken für geistige und psychologische Merkmale sind in aller Regel sehr viel kleiner als die für körperliche Merkmale. Der von Hines demonstrierte geschlechtsspezifische Unterschied bei der Synonymbildung ist einer der größten kognitiven Unterschiede, seine Effektstärke beträgt jedoch nur 1,2, weniger als die Hälfte der Effektstärke hinsichtlich der Körpergröße. Aus diesem Grund wird häufig argumentiert, daß die geschlechtsspezifischen Unterschiede bei kognitiven Fähigkeiten in Wirklichkeit sehr geringfügig seien. Aus einem anderen Blickwinkel betrachtet erscheinen sie allerdings alles andere als geringfügig.

Bei Hines' Untersuchungen bedeutet die Effektstärke von 1,2, daß 73 Prozent der Frauen, aber nur 27 Prozent der Männer in dem Test überdurchschnittlich gut abschnitten, in einer Gruppe von je 50 Männern und Frauen wären unter den zehn besten »Synonymfindern« neun Frauen und nur ein Mann. Wäre Hines' Test eine Semesterklausur für die Studenten gewesen – jede Wette, daß die Jungen sich beklagt hätten, daß hier ein großer und unfairer Geschlechtsvorteil bestünde.

Von den anderen sprachlichen Fähigkeiten, die einen geschlechtsspezifischen Unterschied aufweisen, wie die Wortgewandtheit oder das Lösen von Buchstabenrätseln, haben die meisten nur geringe Effektstärken von ungefähr 0,2 – groß genug, um meßbar zu sein, aber zu klein, um merkliche praktische Konsequenzen zu haben.

Beim räumlichen Vorstellungsvermögen sieht die Sache allerdings anders aus. Hier ist der Unterschied zwischen beiden Geschlechtern so groß, daß man ihn nicht ignorieren kann. Bei Tests, in denen man im Geiste Gegenstände rotieren lassen muß, um deren Übereinstimmung festzustellen, übertreffen die Männer die Frauen mit großer Regelmäßigkeit. Die Effektstärke beträgt hier im typischen Fall etwa $d = 0,8$.[54] Bei unserer hypothetischen Gruppe von 100 Leuten befänden sich unter den 50 Besten bei diesen Rotationsaufgaben 33 Männer und 17 Frauen. Unter den zehn Besten befänden sich 8 Männer und 2 Frauen. Anders ausgedrückt[55] entspricht die Größe des geschlechtsspezifischen Unterschieds bei der Fähigkeit zur Lösung von Rotationsproblemen ungefähr dem IQ-Unterschied zwischen einem typischen Studienanfänger und jemandem, der bereits promoviert hat, beziehungsweise dem Größenunterschied zwischen dreizehn- und achtzehnjährigen Mädchen. Bei anderen Tests zum räumlichen Vorstellungsvermögen schwanken die Effektstärken von niedrigen Werten wie 0,2 oder 0,3 bis hin zu Werten von 1,0 – bei allen diesen Tests sind die Männer im Vorteil.

Falls Sie sich jemals gefragt haben, weshalb nahezu alle Teenager, die Sie im Spielsalon bei Videospielen beobachten, Jungen sind – die Antwort findet sich möglicherweise in einer ganz bestimmten Fähigkeit zur räumlichen Orientierung. Wenn es darum geht, einen sich bewegenden Gegenstand zu beobachten und dessen Weg vorherzusagen, dann ist »dynamisches räumliches Vorstellungsvermögen« gefragt. Einen Schlagball zu werfen, ein Gewehr auf eine Tontaube anzulegen oder einen Football einem schnell rennenden Mitspieler zuzuwerfen – all das erfordert dynamisches räumliches Vorstellungsvermögen. Vor mehr als zehn Jahren berichtete ein Wissenschaftler von einem großen männlichen Vorteil bei einer bestimmten Art von Video-Tennisspielen.[56] Männliche und weibliche Testpersonen begannen bei dem Experiment mit gleichermaßen schlechten Leistungen, aber innerhalb von fünf Übungstagen verbesserten sich die Männer weit rascher als die Frauen, obgleich die Frauen viel gewissenhafter zum Training erschienen und ebensosehr an einem guten Abschneiden interessiert waren.

Vor kurzem entwarf Douglas Jackson von der University of Western Ontario ein Computerspiel,[57] bei dem der Spieler mit Hilfe von Computertasten auf Gegenstände schießen muß, die sich über den Bildschirm bewegen. Hier ist nach Jacksons Aussage der geschlechtsspezifische Unterschied sogar noch größer als beim Lösen von Rotationsproblemen und scheint nicht darauf zu beruhen, daß Männer mehr Übung in Videospielen haben als Frauen. Als man die Testpersonen zum ersten Mal mit dem Spiel konfrontierte, gab es nur wenig Unterschiede bei der männlichen und der weiblichen Leistung. Aber wie bei dem vorigen Experiment wurde der geschlechtsspezifische Unterschied immer größer, je länger das Experiment andauerte. Wäre der männliche Vorteil auf frühere Erfahrungen zurückzuführen, hätte der geschlechtsspezifische Unterschied kleiner werden müssen, je mehr Übung die Frauen bekamen. Vor dem Hintergrund dieser Ergebnisse, so Jackson, findet man die Ursache dafür, daß so viele Videospiel-Süchtige Jungen sind, vermutlich in dem alten Sprichwort, daß man mag, was man gut kann: Spiele, die auf das dynamische räumliche Vorstellungsvermögen abzielen, verschaffen Männern ein weit größeres Vergnügen als Frauen.

Und nicht nur bei Videospielen sind Männer im Vorteil, wenn es darum geht, ein sich bewegendes Objekt zu treffen. Auch bei Schießwettkämpfen mit beweglichen Zielen – wie der Laufende Keiler oder das Tontaubenschießen – erreichen Männer stets eine höhere Punktzahl als Frauen.[58] Das liegt nicht etwa daran, daß Männer besser mit Gewehren umgehen können, denn in anderen Wettbewerben, etwa beim Kleinkaliberschießen, bei dem man auf eine feste Scheibe zielt, schneiden Frauen und Männer gleich gut ab. Sowohl bei den vom Nationalen Hochschulsport-Verband als auch bei den von der National Rifle Association (NRA) veranstalteten Schießwettbewerben in den USA gibt es inzwischen eine Klasse, in der Frauen und Männer unter gleichen Bedingungen antreten; 1993 ging der amerikanische NRA-Meistertitel an eine Frau. Sobald sich das Objekt jedoch zu bewegen beginnt, macht sich ein geschlechtsspezifischer Unterschied bemerkbar, und beim Tontaubenschießen, bei dem das Objekt mit unberechenbarer Flugbahn abgefeuert wird, sind die Spitzensportler meist Männer.

Die männliche Überlegenheit beim räumlichen Vorstellungsvermögen hat größere praktische Auswirkungen als die meisten anderen geschlechtsspezifischen Unterschiede: zum einen, weil dieser Unterschied einer der größten ist, zum anderen, weil diese Fähigkeit für so viele Berufe von Bedeutung ist – nicht nur für Verteidiger beim Fußball oder für Tontaubenschützen. Man weiß zum Beispiel, daß die Schüler mit dem besten räumlichen Vorstellungsvermögen auch diejenigen sind, die in Geometrie, beim technischen Zeichnen und im Werkunterricht am besten abschneiden.[59] Die Fertigkeiten, die man in diesen Fächern erwirbt, sind für wissenschaftliche Berufe, für Ingenieure, Konstrukteure und Designer sehr wichtig, und man hat gezeigt, daß ein Zusammenhang besteht zwischen gutem räumlichem Vorstellungsvermögen und einer erfolgreichen Tätigkeit in so verschiedenen Berufen wie Automechaniker, Architekt und Uhrmacher.

Der geschlechtsspezifische Unterschied beim räumlichen Vorstellungsvermögen mag durchaus auch die mathematischen Leistungen beeinflussen. Auf mathematischem Gebiet haben Männer einen mittelgroßen Vorsprung gegenüber Frauen; dieser ist größer als der Unterschied bei den sprachlichen Fähigkeiten, aber kleiner als der Unterschied beim räumlichen Vorstellungsvermögen. (Camilla Benbow hatte gezeigt, daß dieser Unterschied an der Spitze der Leistungsskala zunimmt.) Da der Erfolg in vielen mathematischen Bereichen – vor allem in Geometrie, Trigonometrie und Differentialrechnung – sehr stark von einem guten räumlichen Vorstellungsvermögen abhängt, stehen viele Wissenschaftler auf dem Standpunkt, daß sich der geschlechtsspezifische Unterschied in Mathematik in erster Linie auf den hier vorhandenen männlichen Vorteil zurückführen läßt.[60] Wenn dem so ist, dann wäre räumliches Vorstellungsvermögen auch für jeden Beruf wichtig, bei dem die Mathematik eine Rolle spielt, unter anderem für viele Bereiche der Wissenschaft.

Es mag Zufall sein, aber bei den Recherchen für dieses Buch ist mir aufgefallen, daß viele der Psychologinnen, die auf diesem Gebiet arbeiten, eine Verbindung zur Mathematik haben. Sie haben ein Vordiplom in Mathematik oder viele Mathematikkurse im College belegt oder berichten zumindest, daß sie Mathematik in der Schule immer geschätzt und gute Noten in diesem Fach gehabt hätten.

Außer bei sprachlichen, räumlichen und mathematischen Fähigkeiten bestehen aber auch bei verschiedenen anderen Verstandesfunktionen geschlechtsspezifische Unterschiede, in der

Regel zugunsten des weiblichen Geschlechts.[61] Frauen sind grundsätzlich schneller, wenn es darum geht, Einzelheiten aus Zeichnungen, Buchstaben- oder Zahlenreihen herauszulesen, eine Fähigkeit, die man als »Perzeptionsgeschwindigkeit« bezeichnet. Ein Test, der auf diese Fähigkeit abzielt, besteht in einem Zahlenvergleich, bei dem eine Testperson Zahlenpaare betrachtet – zum Beispiel 20405545 und 20405455 – und so rasch wie möglich entscheiden muß, ob die beiden Zahlen in jedem Paar identisch sind oder nicht. Ein weiterer Test arbeitet mit dem Vergleich von Bildern: Der Testperson wird eine einfache Strichzeichnung vorgelegt und sie muß so rasch wie möglich entscheiden, welche von fünf anderen Zeichnungen, die der ersten sehr ähnlich sehen, mit dieser identisch sind.

Frauen verfügen auch über ein besseres Erinnerungsvermögen als Männer – zumindest für bestimmte Dinge. Eine Studie von Diane McGuinness und ihren Kolleginnen Amy Olson und Julia Chapman[62] ist dafür typisch. Sie testeten Gruppen von Drittkläßlern und Highschool-Schülern, indem sie ihnen Listen einfach darzustellender Substantive präsentierten – Apfel, Vogel, Schmetterling, Elefant zum Beispiel. Sie baten sie, zu entscheiden, ob das jeweilige Wort mehr mit einer Frau oder mehr mit einem Mann zu tun habe. Diese Entscheidung war jedoch nur ein Vorwand, damit die Testpersonen die Wörter zu Gesicht bekamen. Nachdem sie ihre Antworten abgegeben hatten, bekamen sie ein weiteres Stück Papier, auf das sie so viele Wörter wie möglich aus dem Gedächtnis aufschreiben sollten. Die Mädchen konnten sich in beiden Altersgruppen an mehr Wörter erinnern. Bei den Drittkläßlern umfaßte die Liste 20 Wörter, und die Mädchen hatten im Durchschnitt einen Vorsprung von eineinhalb Wörtern. Bei den größeren Schülern bestand die Liste aus 40 Wörtern, hier lagen die Mädchen im Durchschnitt mit zwei Wörtern vorn.

Sobald man den Schülern jedoch Bilder von Apfel, Vogel und so weiter statt der Wörter zeigte, lagen die Jungen mit den Mädchen gleichauf. McGuinness schloß daraus, daß das Kurzzeitgedächtnis für Wörter bei Frauen besser, für einfache Darstellungen hingegen bei Männern und Frauen gleich gut ausgeprägt sei. In einer kulturübergreifenden Studie[63] wurde Highschool-

Schülern aus Japan und den Vereinigten Staaten eine kurze Geschichte (von weniger als einer Minute Dauer) vorgelesen, von der sie möglichst viele Einzelheiten aus dem Gedächtnis aufschreiben sollten. Die japanischen Schüler erinnerten sich an anderthalbmal so viele Einzelheiten wie die amerikanischen Kinder, in beiden Ländern war der weibliche Vorsprung jedoch mit ungefähr 20 Prozent gleich groß. Die meisten Untersuchungen zum Thema geschlechtsspezifische Unterschiede finden wohl in den Vereinigten Staaten statt, aber allgemein scheinen die Testergebnisse von Männern und Frauen aus anderen Kulturen ähnlich zu sein.[64]

Die Aussage, die sich aus all diesen hochspezialisierten Tests ergibt, lautet: Frauen und Männer sind hinsichtlich ihrer geistigen Eigenschaften offenbar unterschiedlich strukturiert. Männer sind in einem begrenzten Spektrum von Fähigkeiten im Vorteil – vor allem bei Fähigkeiten, die ein gutes räumliches Vorstellungsvermögen verlangen, und, in geringerem Maße, auch im Rahmen mathematischer Fähigkeiten, was vermutlich auf das bessere räumliche Vorstellungsvermögen zurückzuführen ist. In diesen Bereichen ist ihr Vorsprung jedoch relativ groß. Frauen sind bei wesentlich mehr Fähigkeiten im Vorteil – hinsichtlich der Wortgewandtheit, verschiedener sprachlicher Fertigkeiten, Perzeptionsgeschwindigkeit und bestimmter Gedächtnisleistungen; ihre Überlegenheit ist dabei jedoch vergleichsweise geringer.

Dasselbe Bild – mit ein paar mehr Einzelheiten – ergibt sich, wenn man das Abschneiden von Männern und Frauen in standardisierten Tests betrachtet. Für sein Buch *Bias in Mental Testing* analysierte Arthur Jensen mittels Faktorenanalyse, in welchem Maße sich Frauen und Männer hinsichtlich ihrer Leistungen in den elf Untereinheiten einer Testbatterie, der sogenannten Wechsler Adult Intelligence Scale (Hamburg-Wechsler-Intelligenztest für Erwachsene, HAWIE) unterschieden.[65] Mit Hilfe der Faktorenanalyse können Wissenschaftler die Intelligenz in Einzelkomponenten aufschlüsseln – basierend auf der Theorie, daß es verschiedene Arten von Intelligenz gibt, die in verschiedenen Situationen zum Tragen kommen. Jenson stellte fest, daß es vor allem von drei unterschiedlichen

Intelligenzfaktoren abhing, wie gut jemand bei den Wechsler-Untereinheiten abschnitt. Der erste und wichtigste dieser Faktoren war der sogenannte (Intelligenz-)Generalfaktor g, den man sich als ein allgemeines Maß für die geistige Leistungsfähigkeit einer Person vorstellen kann. Jemand mit einem hohen g wird in der Regel in der Schule gute Leistungen zeigen, bei standardisierten Tests gut abschneiden und von anderen Menschen normalerweise als »gescheit« beurteilt werden. Leute mit einem hohen g haben mit höherer Wahrscheinlichkeit ein besseres Gesamtergebnis im Wechsler-Intelligenztest als Leute mit einem niedrigeren g. Jensen identifizierte darüber hinaus zwei Arten von spezialisierter Intelligenz, die die Leistungen der Testpersonen ebenfalls beeinflussen: sprachliche Intelligenz und den sogenannten »performance factor«, ein Faktor, der quantitative Fähigkeiten und räumliches Vorstellungsvermögen kombiniert. Bei zwei Menschen mit gleichem g würde derjenige mit der höheren sprachlichen Intelligenz mit größerer Wahrscheinlichkeit bei den Untertests besser abschneiden, in denen es um sprachliche Fragen geht, derjenige mit dem höheren *performance*-Faktor bei den Fragen, die sich mit der Lösung quantitativer und räumlicher Probleme beschäftigen. Jensen stellte fest, daß Frauen im Durchschnitt eine höhere sprachliche Intelligenz besitzen, während bei Männern der *performance*-Faktor höher ist, was nach all dem, was wir bis jetzt gehört haben, keine sonderliche Überraschung darstellt. Er fand keinen Unterschied zwischen Männern und Frauen hinsichtlich des g-Werts.[66]

Jensen wies aber noch einen weiteren Unterschied bei weiblichen und männlichen Intelligenzmustern nach, der vielleicht von erheblicher praktischer Bedeutung ist: Bei Männern scheint eine leicht erhöhte Variabilität zu bestehen. Bei beiden Geschlechtern liegen die Intelligenz-Werte der meisten Personen nahe am Durchschnitt, entweder ein bißchen darüber oder ein bißchen darunter, und je weiter man die IQ-Skala hinauf- oder hinuntergeht, um so weniger Leute findet man auf dem jeweiligen Niveau. Der durchschnittliche IQ liegt bei 100, und ungefähr ein Viertel der Bevölkerung hat IQ-Werte in dem Zehn-Punkte-Bereich zwischen 95 und 105. In dem Zehn-Punkte-

Bereich zwischen 105 und 115 oder zwischen 85 und 95 finden sich entsprechend weniger Menschen, noch weniger im Bereich zwischen 115 und 125 beziehungsweise 75 und 85 etc. Zeichnet man eine Karte der IQ-Verteilung, so erhält man die vertraute »Glockenkurve«.

Falls die männliche Intelligenz tatsächlich variabler sein sollte als die weibliche, dann sollte es weniger Männer als Frauen mit einem IQ zwischen 95 und 105 geben, aber einen höheren Prozentsatz bei den beiden Extremen – zum Beispiel unterhalb 70 und oberhalb 130. Mit anderen Worten: Frauen und Männer hätten zwar die gleiche Durchschnittsintelligenz, aber es gäbe mehr wirklich hochintelligente Männer als Frauen, dafür aber auch mehr wirklich dumme.

Der Unterschied in der Variabilität ist nicht sehr groß. Statistisch gesehen ist die Standardabweichung bei Männern einen Punkt höher als bei Frauen. In einem Klassenzimmer voller normaler Kinder würde man das gar nicht bemerken, doch auch ein geringer Unterschied in der Variabilität machte sich bei den Extremen sehr wohl bemerkbar. Eine Differenz der Standardabweichung von nur einem IQ-Punkt garantierte, daß ungefähr doppelt so viele Männer wie Frauen IQ-Werte von weniger als 50 Punkten aufwiesen – und daß doppelt so viele Männer wie Frauen IQ-Werte von mehr als 145 aufwiesen.

Aus diesem Grund ist das Ganze ein heikles Thema. Falls es stimmt, daß bei Männern die Variabilität höher ist als bei Frauen, dann gäbe es unausweichlich mehr männliche Genies als weibliche – eine Möglichkeit, die viele Leute stört. Auch die Tatsache, daß es dann auch mehr geistig zurückgebliebene Männer gäbe, scheint dieses nicht auszugleichen. Viele Wissenschaftler haben Zweifel an der These von der größeren männlichen Variabilität angemeldet, doch alle Hinweise scheinen in diese Richtung zu deuten.

Wenige stellen jedoch in Frage, daß es tatsächlich mehr geistig zurückgebliebene Männer gibt als geistig zurückgebliebene Frauen,[67] und die größere Anzahl von Jungen beim Förderunterricht im Lesen ist vielleicht zum Teil das Ergebnis der höheren männlichen Variabilität der Lesefähigkeit. Auch Camilla Benbow stellte fest, daß bei den mathematisch frühreifen Kindern die Jungen bei ihren Leistungen im mathematischen Teil des SAT eine größere Variabilität zeigten als die Mädchen. Sie wies auch darauf hin, daß die Leistungen von Jungen in Buchstabiertests ebenfalls stärker schwanken als die von Mädchen.[68] Das hat zur Folge, daß, obgleich Mädchen im Durchschnitt sehr viel besser buchstabieren können als Jungen (der Durchschnittsjunge liegt mehr als 30 Prozent hinter den Mädchen), unter den Besten zu gleichen Teilen Jungen und Mädchen zu finden sind.

In einer umfassenden Studie untersuchten David Lubinski von der Iowa State University und René Dawis von der University of Minnesota die Ergebnisse von 360 000 Highschool-Schülern in standardisierten Tests.[69] Sie errechneten, daß die Variabilität von Jungen in allen Bereichen über der von Mädchen lag. Das betraf sowohl die sprachliche, mathematische und räumliche Intelligenz als auch die Gesamtintelligenz. (Die Standardabweichung der Jungen betrug mehr als einen IQ-Punkt.)

Zusammenfassend läßt sich sagen, daß es keine einfache Methode gibt, mit der sich Frauen und Männer vergleichen ließen. Bei einer Vielzahl körperlicher, psychologischer und geistiger Merkmale bestehen nachweisbare Unterschiede, die oftmals stereotypen Vorurteilen entsprechen, uns manchmal aber auch überraschen.

Zwei wichtige Dinge sollte man bei der Betrachtung dieser Unterschiede nicht außer acht lassen. Erstens: Bei den meisten Fähigkeiten sind Frauen und Männer einander sehr viel mehr ähnlich als unähnlich. Zwar ist es möglich, auf statistischem Weg Unterschiede zwischen den beiden Geschlechtern beim Abschneiden im mathematischen Teil des SAT festzustellen, doch wenn man die gewerteten Lösungsblätter nähme, die Namen verdeckte und jemanden bäte, die Blätter in einen männlichen und einen weiblichen Stapel aufzuteilen, dann wäre das so gut wie unmöglich. Dadurch, daß wir uns so sehr auf die Unterschiede konzentrieren, vergessen wir leicht das Ausmaß der Gemeinsamkeiten.

Zweitens: Das Vorhandensein von Unterschieden bedeutet nicht, daß das eine Geschlecht dem anderen überlegen ist. Carol Gilligan argumentiert in *Die andere Stimme*, daß das Moralempfinden bei Jungen und Mädchen – das jeweils die eigenen

Bedürfnisse mit denen anderer vereint – im Grunde komplementär ist und daß das Moralempfinden eines Erwachsenen sich durch die Integration und Vereinigung der beiden komplementären Muster ausbildet.[70] In *Du kannst mich einfach nicht verstehen* zieht Deborah Tannen den Schluß, daß Frauen und Männer zwar einen unterschiedlichen Sprachstil haben, daß aber jeder »in sich stimmig ist« und man keinen davon als die »richtige« Art der Kommunikation bezeichnen kann.[71]

Diane McGuinness formuliert das besonders treffend, wenn sie über kognitive Unterschiede sagt: »Die Geschlechter unterscheiden sich nicht in ihrer Intelligenz, sondern lediglich in der Wahl ihrer ›Werkzeuge‹, die sie verwenden, um ein Problem zu lösen, und hinsichtlich der Entscheidung, welche Probleme sie lösen.«[72] Bildlich gesprochen: Männer und Frauen mögen in ihren Werkzeugkästen unterschiedliche Werkzeuge haben, die Kästen selbst haben jedoch die gleiche Größe.

Kapitel 3

Jenseits von Vögeln und Bienen

Als Maria Patiño 1985 nach Kobe in Japan flog, um an den World University Games teilzunehmen, erlebte die spanische Hürdenläuferin den Schock ihres Lebens.[1] Wie alle anderen Wettkampfteilnehmerinnen mußte auch sie sich einer Geschlechtsbestimmung unterziehen. Bedenken hatte sie keine. Sie hatte bereits einen ähnlichen Test problemlos absolviert und hegte ohnehin keinen Zweifel daran, eine Frau zu sein. Dieses Vertrauen sollte nunmehr auf eine harte Probe gestellt werden. Die meisten Menschen außerhalb des Sportgeschehens haben niemals etwas mit einer Geschlechtsbestimmung zu tun, weibliche Athleten sind damit jedoch nur allzu vertraut. Begonnen hatte das Ganze 1966 bei den Europäischen Leichtathletikmeisterschaften in Budapest – eine Reaktion auf das unermüdlich kursierende Gerücht, daß einige der besten Sportlerinnen aus der Sowjetunion und aus Osteuropa eigentlich Männer seien. In jenem Jahr mußten sich die Teilnehmerinnen des Treffens unbekleidet einem Gynäkologengremium präsentieren. Disqualifiziert wurde niemand, doch von den kommunistischen Teilnehmerinnen traten einige gar nicht erst zu diesem Test an – unter anderem Tamara und Irina Press, die zwischen 1959 und 1965 insgesamt fünf Goldmedaillen gewonnen und 26 Weltrekorde aufgestellt hatten. Daraufhin war man überzeugt, daß die Geschlechtsbestimmung eine gute Sache sei.

Bei den Olympischen Sommerspielen in Mexiko City hatte sich das Internationale Olympische Komitee anstelle der »Nacktparade« auf eine würdevollere Testmethode für die Sportlerinnen geeinigt: eine neu entwickelte Technik, der Mundhöhlenabstrich. Ein Laborassistent entnimmt der Frau einige Zellen von der Wangeninnenseite, färbt die Gewebeprobe an und betrachtet sie dann unter einem hochauflösenden Mikroskop. Falls sich in den Zellen zwei X-Chromosomen befinden, die das weibliche Geschlecht genetisch definieren, dann müßte der Laborant im Zellkern einen dunklen Fleck beobachten können, das sogenannte Barrkörperchen. Ist nur ein X-Chromosom vorhanden, wodurch das männliche Geschlecht genetisch definiert wird, gibt es kein Barrkörperchen.

Diesem Test mußte sich Maria Patiño 1985 unterziehen, um zu beweisen, daß sie über keinen unfairen Vorteil gegenüber den anderen Hürdenläuferinnen verfügte. Als ihre Ergebnisse zurückkamen, hatte man jedoch keine Barrkörperchen in ihren Zellen gefunden – vom genetischen Standpunkt aus war sie laut Testergebnis ein Mann. Die Offiziellen des Wettkampfkomitees teilten ihr mit, daß man sie nicht zum Start zulassen würde; Patiño täuschte eine Verletzung vor und verließ das Treffen. Da sie aber davon überzeugt war, ebenso weiblich wie die anderen Teilnehmerinnen zu sein, trainierte sie weiter und meldete sich wenige Monate später zu einem Wettkampf in Spanien. Sie schlug die Warnung des Präsidenten des Spanischen Sportverbandes in den Wind, der ihr geraten hatte, nicht zu starten, und gewann den Wettkampf. In der darauffolgenden Woche wurde sie jedoch aus der spanischen Nationalmannschaft ausgeschlossen, ihre Titel wurden ihr aberkannt, und sie wurde für weitere Wettkämpfe gesperrt.

Ist Maria Patiño nun die Frau, die sie zu sein scheint, oder ist sie der Mann, der sie laut Mundhöhlenabstrich zu sein hat? Sie ist nicht transsexuell – niemand also, der sich einer Operation unterzogen hat, um sein Geschlecht zu wechseln. Sie ist ihr ganzes Leben lang eine Frau gewesen. Es hatte aber auch keine Fehler bei der Präparation des Mundhöhlenabstrichs gegeben – sie hat keine zwei X-Chromosomen. Wer ist sie oder er also? Die Antwort auf diese Frage bringt uns direkt zu den Vorgängen, die einen Mann beziehungsweise eine Frau entstehen lassen.

Die Sache mit dem Geschlecht schien so einfach zu sein, damals in der neunten Klasse, als der Biologielehrer erklärte, das alles hinge nur von den X- und Y-Chromosomen ab. Nun ist mir natürlich völlig klar, daß Sie in der neunten Klasse viel zu sehr damit beschäftigt waren, Ihre eigenen Beobachtungen über das jeweils andere Geschlecht anzustellen, als daß Sie aufmerksam zugehört hätten, was Ihnen der Lehrer erzählte. Wenn Sie jedoch aufgepaßt hätten, dann wäre Ihnen ungefähr folgendes zu Ohren gekommen: Jeder Mensch besitzt in jeder Zelle seines Körpers 23 Chromosomenpaare, und diese Chromosomen enthalten die gesamte genetische Information, durch die eine Person beschrieben wird – angefangen von der Haarfarbe bis hin zur Hutgröße. 22 dieser Chromosomenpaare sind bei Mann und Frau gleich, das 23. Paar hingegen nicht. Bei letzterem handelt es sich um die Geschlechtschromosomen. Eine Frau besitzt zwei zueinander passende X-Chromosomen, die unter einem hochauflösenden Mikroskop lang und elegant erscheinen. Ein Mann besitzt nur ein X-Chromosom, begleitet von einem kurzen, kompakten Y-Chromosom. Dieses Muster ist bei allen Säugetieren dasselbe – vom Streifenhörnchen bis zum Blauwal: Weibchen XX, Männchen XY.

Für Maria Patiño ist die Antwort jedoch nicht so einfach. Sie besitzt ein X- und ein Y-Chromosom und keine zwei X-Chromosomen, und doch ist sie allem Anschein nach eine Frau. Um ihr Geschlecht zu verstehen, müssen wir über die Chromosomen hinausblicken und uns klarmachen, wie sich ein Körper im Mutterleib entwickelt.

In den ersten sieben Wochen nach der Empfängnis ist ein menschlicher Embryo weder männlich noch weiblich. Er ist im wesentlichen ein Neutrum, und es ist unmöglich, einen XX-Embryo von einem XY-Embryo zu unterscheiden, ohne dabei tief in die einzelnen Zellen hineinzublicken und die Geschlechtschromosomen selbst zu betrachten. Mit sieben Wochen besitzt der Embryo ein embryonales Genitalsystem, bestehend aus paarweise angelegten Gonaden, die sich entweder zu Eierstöcken oder zu Hoden entwickeln können, und einer Gewebemasse, den sogenannten Genitalfalten, die sich entweder zu Klitoris und Schamlippen oder zu Penis und Skrotum entwickeln können. Weiterhin gibt es zwei ursprüngliche (primordiale) Gangsysteme, ein weibliches und ein männliches. Wenn der Embryo den weiblichen Entwicklungsweg einschlägt, dann wird sich das weibliche Gangsystem, die sogenannten Müllerschen Gänge, zu Gebärmutter, Eierstöcken und einem Teil der Vagina ausbilden. Das männliche Gangsystem, die sogenannten Wolffschen Gänge, ist der Vorläufer der normalen männlichen Ausstattung – Samenbläschen, Samenleiter und Nebenhoden.

Im Verlauf der achten Woche entscheidet sich der Embryo für einen der beiden Wege: maskulin oder feminin. Ist die genetische Anlage des Embryo männlich – ist also ein Y-Chromosom vorhanden – dann springt zu diesem Zeitpunkt ein »Hauptschalter« auf dem Y-Chromosom an. Dieser Schalter besteht aus einem einzigen Gen, dem Gen für den Testis-determinierenden Faktor TDF, der eine ganze Serie von Ereignissen in Gang setzt, die dem Embryo die männliche Richtung weisen und die schließlich in einem kleinen Jungen gipfeln – vorausgesetzt, alles läuft wie geplant.

Das Umlegen des Schalters ist ein Schlüsselereignis. Der Faktor gibt den embryonalen Gonaden den Anstoß, sich zu Hoden zu entwickeln. Diese beginnen dann, männliche Hormone zu produzieren, und von da an übernehmen die Hormone die Angelegenheit. Das wichtigste von den Hoden produzierte Hormon ist das Testosteron, welches die Wolffschen Gänge dazu bringt, sich zum männlichen System zu entwickeln. Gleichzeitig wird ein Teil des Testosterons vom Körper in ein zweites männliches Hormon umgewandelt, in Dihydrotestosteron, welches die Genitalfalten dazu veranlaßt, sich in männliche Geschlechtsorgane umzubilden. Außerdem produzieren die Hoden eine weitere Substanz, das sogenannte »Anti-Müller-Hormon«, das die (weiblichen) Müllerschen Gänge verkümmern läßt, so daß diese schließlich vom Körper absorbiert werden.

Ein weiblicher Embryo hingegen besitzt kein Y-Chromosom, das heißt, bei ihm wird der Hauptschalter nie angeschaltet, und in der achten Woche geschieht nichts. Statt dessen wächst der Embryo und entwickelt sich weiter. In der dreizehnten Woche wandeln sich die Gonaden zu Eierstöcken um. Weil es keine Hoden gibt, die große Mengen männlicher Hormone ausschütten könnten, entwickelt sich das übrige Genitalsystem sowohl innerlich als auch äußerlich in die weibliche Richtung: Die

Genitalfalten ergeben Klitoris und Schamlippen, die Müller-schen Gänge reifen zu Gebärmutter, Eierstöcken und dem oberen Drittel der Vagina heran. Die Wolffschen Gänge verkümmern.

Mit anderen Worten, von der Anlage her ist der Körperplan »im Säumnisfalle« weiblich, und wenn nichts dagegen unternommen wird, dann geht der Embryo diesen Weg. Es ist, als hätte der biblische Gott in Abweichung von der bekannten Geschichte zuerst Eva geschaffen, dann eine ihrer Rippen genommen, ein bißchen Testosteron und andere männliche Hormone zugefügt und daraus seinen Adam gemacht.

Das Geschlecht ist somit weit mehr eine Sache von Hormonen als von Chromosomen. Tatsächlich scheint das kleine Y-Chromosom, Wurzel aller Männlichkeit, wenig mehr zu leisten als den »Männlichkeitshauptschalter« zu betätigen und so den Hormonfluß in Gang zu setzen.[2] Auf dem Y-Chromosom gibt es relativ wenige Gene, und die meisten davon sind Duplikate von Genen, die auch auf dem X-Chromosom liegen – soweit man heute weiß, ist nur eine Handvoll Gene allein auf dem Y-Chromosom vorhanden. Hierzu gehören der Testis-determinierende Faktor, ein weiteres Gen, das mit männlicher Fruchtbarkeit und Spermienproduktion zusammenhängt, und ein drittes Gen, das sogenannte H-Y-Antigen-Gen, das mit der Geschlechtsdifferenzierung nichts zu tun hat. Kurz, das Y-Chromosom ist wenig mehr als eine abgekürzte Version des X-Chromosoms, dem ein Gen für den Männlichkeitsschalter angehängt wurde.

In der Praxis bedeutet das, daß das Geschlecht des Embryos nicht durch die Chromosomen, sondern durch die hormonelle Umgebung im Mutterleib unmittelbar bestimmt wird – eine Tatsache, die sich durch ein einfaches Laborexperiment eindrucksvoll demonstrieren läßt. Man injiziert einer Ratte in einem frühen Stadium der Schwangerschaft eine größere Menge Testosteron. Alle Jungen in diesem Wurf werden männlichen Geschlechts sein. Oder, genauer gesagt: Sie werden alle wie Männchen aussehen, obwohl manche von ihnen XX- und andere XY-Chromosomen besitzen. Das Testosteron hat sie alle vermännlicht, auch jene, die normalerweise zu Weibchen geworden wären. Nur die inneren Geschlechtsorgane erlauben eine Unterscheidung der XY-Männchen von den XX-»Männchen«: Die XX-Ratten besitzen keine Hoden, denn bei ihnen war kein Y-Chromosom vorhanden, das die Gonaden in diese Richtung hätte beeinflussen können, so daß sich durch den Mangel an »Anti-Müller-Hormon« die Müllerschen Gänge zu Gebärmutter und Eierstöcken entwickelt haben.

Genau das geschieht im Prinzip mit der Tüpfelhyäne, über die wir in der Einleitung bereits gesprochen haben. Der hohe Testosteronspiegel im Mutterleib läßt auch bei den Weibchen männlich aussehende äußere Geschlechtsorgane entstehen, die inneren Geschlechtsorgane sind davon jedoch nicht betroffen. Der ganze Vorgang ist komplizierter als die schlichte Zugabe von ein bißchen Extra-Testosteron, denn die Hyänenweibchen mußten Möglichkeiten entwickeln, um mit ihrer scheinbar männlichen Ausstattung Geschlechtsverkehr haben und Junge zur Welt bringen zu können. Das Grundprinzip ist jedoch dasselbe wie bei den Laborratten.

Man kann das Experiment an den Ratten auch umgekehrt durchführen. Indem man der Mutter eine Substanz injiziert, die verhindert, daß das Testosteron seine vermännlichende Wirkung entfaltet, kann man einen Wurf produzieren, der aussieht, als bestünde er aus lauter Weibchen, obgleich einige der Tiere ein Y-Chromosom besitzen. Da diese XY-Weibchen Hoden haben, die das »Anti-Müller-Hormon« produzieren, werden sie niemals weibliche innere Geschlechtsorgane bekommen, obgleich sie äußerlich völlig weiblich scheinen.

Und genau das war im Prinzip bei Maria Patiño der Fall. Bei schätzungsweise einem von 20 000 Männern mit der genetischen Anlage XY kommt es zu einem Defekt der »Androgenrezeptoren« – jenen großen Molekülen, die als Mittelsmänner zwischen den männlichen Hormonen (Androgenen) und den verschiedenen Körpergeweben fungieren, auf die diese Hormone wirken. Arbeiten solche Rezeptoren normal, dann »fischen« sie Androgenmoleküle, halten sie fest und binden an die zelluläre DNA, wo sie ein breites Spektrum biochemischer Ereignisse auslösen, die schlußendlich in der Entwicklung von Penis und Skrotum enden. Die Hormone allein können diese

Ereignisse nicht auslösen, sie sind dazu auf Rezeptoren angewiesen. Sind diese Rezeptoren defekt, wird der Körper nicht auf Testosteron und andere männliche Hormone reagieren.

In solchen Fällen von »Androgenresistenz«[3] entwickelt der XY-Embryo um die achte Schwangerschaftswoche herum planmäßig Hoden, die bald darauf beginnen, Testosteron zu produzieren und auszuschütten. Was den übrigen Körper betrifft, so ist dieses Testosteron jedoch überhaupt nicht vorhanden. Da die Rezeptoren defekt sind, nimmt der Körper die männlichen Geschlechtshormone nicht wahr, so daß der von seiner genetischen Anlage her männliche Embryo den »männlichen Ruf« niemals vernimmt und sich statt dessen auf einen im wesentlichen weiblichen Weg begibt. Die Genitalfalten bilden sich zu Klitoris und Schamlippen aus, und die männlichen Wolffschen Gänge verkümmern. Die Hoden aber produzieren noch immer das Anti-Müller-Hormon, so daß auch die Müllerschen Gänge verkümmern und der Embryo Gebärmutter, Eierstöcke und den oberen Teil der Vagina niemals ausbilden wird.

Bei der Geburt sieht das Kind wie ein Mädchen aus. Das einzige Zeichen, daß etwas nicht stimmt, ist das Vorhandensein von Hoden, entweder an den Schamlippen oder in der unteren Leistengegend, doch ohne eine genauere Untersuchung werden diese von einem Arzt leicht übersehen. In der Pubertät wächst dem Mädchen ein Busen, und es entwickelt sich körperlich zu einer Frau. Sie besitzt zwar keine Eierstöcke zur Produktion weiblicher Geschlechtshormone, doch der Körper verwandelt einen Teil des von den Hoden produzierten Testosterons und Androstendions in das weibliche Hormon Östradiol. Die entstehenden Östradiolmengen reichen aus, um eine weibliche Weiterentwicklung zu gewährleisten. Da keine Gebärmutter vorhanden ist, wird es nicht zu Monatsblutungen kommen. Möglicherweise bringt das die Frau dazu, einen Gynäkologen aufzusuchen, der dann feststellen wird, daß sie keine inneren weiblichen Geschlechtsorgane besitzt, daß ihre Vagina blind endet und daß sie ein Paar Hoden hat. In aller Regel wird er empfehlen, die Hoden zu entfernen, da sie in einem solchen Falle anfällig für eine Krebserkrankung sind, und Östrogene verschreiben, um die Hormone zu ersetzen, die zuvor von den

Hoden produziert worden waren. Falls, was gelegentlich vorkommt, die Vagina zu kurz ist, so daß der Geschlechtsverkehr erschwert wird, kann man sie dehnen.

Davon – und von der Tatsache, daß sie keine Kinder haben kann – einmal abgesehen, unterscheidet sich eine XY-Frau in keiner Weise von einer XX-Frau. Wenn man überhaupt etwas anmerken kann, dann höchstens, daß sie den Standardvorstellungen westlicher Männer von weiblicher Schönheit weit mehr entspricht als andere Frauen: lange Beine, gut entwickelte Brüste und eine makellose Haut. Sie könnte Filmschauspielerin oder Fotomodell werden, ein Beruf, von dem vermutet wird, daß ihn eine ganze Reihe von XY-Frauen ergreifen. Tatsächlich gibt es mindestens zwei sehr bekannte amerikanische Filmschauspielerinnen, die nach Auskunft von Wissenschaftlern XY-Frauen sind – wenn auch keine von ihnen dies an die Öffentlichkeit dringen lassen möchte.

Ihre Körpergröße verschafft XY-Frauen außerdem einen Vorteil im Sport, und bei den Spitzensportlerinnen scheinen sie stärker repräsentiert zu sein, als man das bei einer Häufigkeit von 1 zu 20 000 in der Gesamtbevölkerung erwarten würde. Die tatsächlichen Zahlen sind schwer zu bekommen, da die Sportverbände sie unter Verschluß halten, doch geschieht es nicht selten, daß Frauen disqualifiziert werden, weil sie die Geschlechtsbestimmung nicht bestanden haben, berichtet Alison Carlson, ehemals Tennisspielerin für die Stanford University, die sich in einer Kampagne zur Abschaffung von genetischen Tests engagiert hatte. Ein Überblick über kleinere Wettbewerbe ergab nach ihrer Analyse, daß eine von 500 Frauen disqualifiziert wurde. In den meisten Fällen geschah dies, weil sie XY-Frauen waren.

XY-Frauen wie Patiño sind keineswegs die einzige Ausnahme von der alten Regel aus dem Biologieunterricht, die besagt, daß XY gleichbedeutend mit männlich und XX gleichbedeutend mit weiblich ist.[4] Ungefähr eine von 2500 Frauen besitzt nur ein einziges X-Chromosom, eine Konstellation, die man als Turner-Syndrom bezeichnet. Bei diesen Frauen reifen die embryonalen Gonaden im Mutterleib nicht zu Eierstöcken oder Hoden, so daß der Embryo nur geringen Mengen weiblicher beziehungsweise männlicher Hormone ausgesetzt ist und sich aus diesem Grunde in die weibliche Richtung entwickelt. Da diese Mädchen keine Eierstöcke haben, bedürfen sie in der Pubertät einer hormonellen Behandlung, damit eine normale sexuelle Reifung stattfinden kann. Frauen mit Turner-Syndrom sind im allgemeinen relativ klein, die weiblichen Merkmale sind bei ihnen überbetont, und sie haben sehr häufig den starken Wunsch, zu heiraten und eine Familie zu gründen. Zu ihrem Unglück können diese Frauen aufgrund der fehlenden Eierstöcke keine Kinder bekommen.

Manche Frauen haben ein X- und ein Y-Chromosom, aber an dem Y-Chromosom fehlt jener kleine Abschnitt, der das Gen für den »Männlichkeitshauptschalter« oder Testis-determinierenden Faktor enthält. Ohne dieses Gen kann das Y-Chromosom seine Vermännlichungsfunktion nicht wahrnehmen; in solchen Fällen entwickeln sich die Betroffenen im wesentlichen wie Frauen mit Turner-Syndrom.[5]

Schließlich gibt es noch Männer mit zwei X-Chromosomen, bei denen aber durch irgendeinen genetischen Defekt das Gen für den Testis-determinierenden Faktor auf eines der X-Chromosomen gelangt ist, wo es eigentlich nicht hingehört. Dieses Gen veranlaßt den Embryo dazu, sich trotz seines weiblichen Chromosomensatzes zu einem normalen Mann zu entwickeln. Außerdem gibt es ein breites Spektrum an Möglichkeiten für ein, zwei oder gar drei zusätzliche Geschlechtschromosomen – die Ärzte kennen zum Beispiel Fälle von Menschen mit XXX, XXY, XXXY, XYY, XYYY und XYYYY. Überraschenderweise kann bei einer Frau ein zusätzliches X-Chromosom (XXX) beziehungsweise ein zusätzliches Y-Chromosom (XYY) bei einem Mann vorhanden sein, ohne daß die Entwicklung in irgendeiner Form unnormal verläuft; bei Menschen mit einer XXY und XXXY-Konstellation allerdings sind die Geschlechtsorgane häufig nicht eindeutig als weiblich oder männlich zu erkennen.

Es können aber auch weit einfachere Dinge schiefgehen, als solch seltene Chromosomenschnitzer es sind. Am häufigsten kommt es in diesem Zusammenhang vor, daß der Embryo ungewöhnlich hohen Testosteronmengen ausgesetzt ist – ganz ähnlich wie im Falle der Tüpfelhyäne.

Bei einem von 14 000 in den Vereinigten Staaten geborenen Kindern kommt es zu einem genetischen Defekt, in dessen Folge sich im wachsenden Embryo große Mengen männlicher Hormone ansammeln.[6] Diese Krankheit wird als angeborene Nebennierenhyperplasie (congenital adrenal hyperplasia, CAH) oder als kongenitales adrenogenitales Syndrom, kurz AGS, bezeichnet.[7] Sie veranlaßt den Körper dazu, übermäßig viel Androstendion zu produzieren – dieselbe Substanz, die in so großen Mengen bei einer Tüpfelhyänenmutter vorkommt –, welches dann – wiederum wie bei der Tüpfelhyäne – in Testosteron umgewandelt wird. Ein AGS-Baby ist nicht denselben Mengen Testosteron ausgesetzt wie ein Tüpfelhyänenembryo, aber bei einem Mädchen ist die Menge oft mehr als ausreichend, um dessen sexuelle Entwicklung durcheinanderzubringen.

Im schlimmsten Fall kommt ein AGS-Mädchen mit äußeren Geschlechtsorganen auf die Welt, die von Penis und Skrotum eines kleinen Jungen nahezu nicht zu unterscheiden sind. Ihre Klitoris ist zur Größe eines Penis angewachsen, und ihre Labien sind verwachsen und ähneln einem Skrotum. In leichteren Fällen mögen ihre Geschlechtsorgane nicht ganz eindeutig zu erkennen sein – die Klitoris ähnelt in ihrer Größe möglicherweise eher einem kleinen Penis als einer normalen Klitoris, doch die Labien sind nicht miteinander verwachsen. Die inneren Organe allerdings sind in allen Fällen vollständig weiblich. Die embryonalen Gonaden haben sich zu Eierstöcken entwickelt, und die Müllerschen Gänge sind zu Uterus, Eileiter und dem oberen Teil der Vagina herangereift, weil kein Anti-Müller-Hormon vorhanden war, um dies zu verhindern. Die männlichen Wolffschen Gänge haben sich gar nicht erst entwickelt – vermutlich, weil zum richtigen Zeitpunkt am richtigen Ort nicht genügend männliches Hormon vorhanden war, um diese Entwicklung zu veranlassen.

Doch selbst dann, wenn ein AGS-Mädchen mit stark vermännlichten Geschlechtsorganen geboren wird, kann es mit Hilfe der in den letzten 40 Jahren entwickelten medizinischen Behandlungsmethoden ein normales Leben als Frau führen. Kurz nach der Geburt wird man mit einer langfristigen Hormontherapie beginnen, die den Wirkungen des Testosteronüberschusses entgegenwirkt. Ihren Geschlechtsorganen wird man chirurgisch das normale weibliche Aussehen geben. Unter diesen Voraussetzungen wird bei ihr die Pubertät zur selben Zeit stattfinden wie bei ihren Altersgenossinnen, und es sollte kein Problem für sie sein, schwanger zu werden und Kinder zu bekommen. Möglicherweise ist sie dank der Testosteroneinwirkung im Mutterleib etwas muskulöser als eine durchschnittliche Frau, jedoch nicht in einem Maße, das außerhalb des normalen weiblichen Entwicklungsspielraumes liegt. Kurzum, zu Beginn ihres Lebens mag es durch ihre scheinbar männlichen Geschlechtsorgane einige Fragen bezüglich ihrer Geschlechtszugehörigkeit geben, doch ein AGS-Mädchen wird sich schließlich doch unzweifelhaft als weiblich entpuppen. Ihr Geschlecht stimmt mit ihrer Chromosomenausstattung überein, und sie wächst im Bewußtsein weiblicher Geschlechtszugehörigkeit auf. Damit ist sie weit besser dran als die von einer anderen genetisch bedingten Erkrankung Betroffenen, die unter Umständen immer im Zweifel bleiben werden, welchem Geschlecht sie angehören.

Der Schriftsteller und Physiologe Jared Diamond erzählt uns die Geschichte von Barbara, »einem allem Anschein nach glücklichen Mädchen, das eine fröhliche Kindheit genossen hatte«.[8] Als Barbara jedoch mit 14 Jahren nicht wie alle ihre Freundinnen ihre Tage bekam und auch ihr Busen nach wie vor keine Veränderung zeigte, begann sie, sich Gedanken zu machen. Ihre Besorgnis wuchs, als sie an ihren Labien eine Vergrößerung beobachtete und bald darauf feststellen mußte, daß ihre Stimme tiefer wurde, daß ihre Gesichtsbehaarung zunahm und ihre Klitoris allmählich immer größer wurde und immer mehr einem Penis zu ähneln begann. »Nach ihrem sechzehnten Geburtstag bekam Barbara Erektionen, ihr Penis produzierte Ejakulationen, und sie verspürte ein zunehmendes sexuelles Interesse an Mädchen. Inzwischen war sie zu der Überzeugung gelangt, daß sie eigentlich ein Junge sei und daß die mysteriösen Vergrößerungen ihrer Schamlippen in Wirklichkeit Hoden waren. Doch noch hatte sie Bedenken, wie sie all das ihren Eltern und Freunden eröffnen sollte; sie hatte es sorgfältig vermieden, von irgend jemandem nackt gesehen zu werden. Wenn die anderen es herausfänden, würden sie sie – oder ihn – als ›Mißgeburt‹ verspotten?«

Barbara war wirklich ein Mann. Er hatte XY-Chromosomen, Penis, Hoden und alles andere, was zur normalen männlichen Innenausstattung dazugehört. Was er nicht hatte, war das Enzym, welches Testosteron in Dihydrotestosteron umwandelt; und dieser eine Mangel reichte aus, um ihn 15 Jahre lang als Mädchen erscheinen zu lassen. Das Y-Chromosom hatte im Mutterleib dafür gesorgt, daß Barbaras Geschlechtsorgane sich zu Hoden entwickelten. Diese produzierten, wie bei anderen Männern auch, sowohl Testosteron, das die Entwicklung der männlichen inneren Geschlechtsorgane veranlaßt, als auch Anti-Müller-Hormon, das die Entwicklung weiblicher Organe unterdrückt. Ohne dieses Enzym namens 5α-Reduktase gab es jedoch kein Dihydrotestosteron, das dem Gewebe der Geschlechtsorgane befehlen konnte, sich in Penis und Skrotum zu verwandeln, und deshalb wuchs das Gewebe zu Klitoris und Labien heran. Sogar eine Vagina war entstanden, allerdings endete sie blind, da es kein Gegenstück gab, mit dem sie sich hätte verbinden können.

All dies hatte zur Folge, daß man Barbara bei der Geburt für ein Mädchen hielt. Als aber während der Pubertät die Hoden begannen, große Mengen Testosteron zu bilden, vollendete dieses Hormon, was im Mutterleib unerledigt geblieben war: Barbaras »Klitoris« vergrößerte sich zu einem Penis, die »Labien« wuchsen zu einem Skrotum zusammen, und die Hoden – die in der Leistengegend verborgen gewesen waren, bis einer von ihnen in die Labien eingewandert war – senkten sich in den Hodensack.

Ein solcher 5α-Reduktase-Mangel[9] ist extrem selten, denn er setzt voraus, daß das Kind das gleiche seltene defekte Gen sowohl vom Vater als auch von der Mutter geerbt hat. Die meisten dieser Fälle wurden in kleinen, isolierten Dörfern in wenig entwickelten Ländern entdeckt, wo es innerhalb der Gemeinschaft zum Inzest kommt und die Chancen dafür sehr hoch sind, daß beide Eltern das defekte Gen tragen. So beschrieb zum Beispiel ein Wissenschaftlerteam unter der Leitung von

Julianne Imperato-McGinley vom Medical College der Cornell University 38 solcher Fälle bei 23 miteinander verwandten Familien in einem kleinen karibischen Land.[10]
Bis die Dorfbewohner das Problem erkannt und gelernt hatten, es bei der Geburt festzustellen, hatten sie bereits 18 Jungen als Mädchen großgezogen. Einer der Betroffenen akzeptierte sein wahres Geschlecht nie und lebte weiter als Frau, die anderen 17 aber nahmen nach der Pubertät eine männliche Identität an. Die meisten von ihnen heirateten oder lebten zumindest mit einer Frau zusammen. Ihre Geschlechtsorgane lassen normalen Geschlechtsverkehr zu. Diese Männer können jedoch kein Kind auf normalem Wege zeugen, denn die Ejakulation findet durch eine kleine Öffnung zwischen den Beinen dicht neben der blind endenden Vagina statt. Diese Öffnung ist die Austrittsöffnung für den Harnleiter, der normalerweise natürlich durch den Penis verlaufen würde; da sich dieser jedoch im Mutterleib nicht hat bilden können, endet der Harnleiter nun in der Nähe der normalen weiblichen Position.

Diamond hat nicht berichtet, wie Barbaras Geschichte ausgegangen ist; im typischen Fall hätte er jedoch seine Männlichkeit schließlich akzeptiert, wenn auch vielleicht mit viel therapeutischer Betreuung und psychiatrischer Hilfe.

* * *

Vieles von dem, was wir über die hormonelle Kontrolle der Geschlechtsentwicklung wissen, betrifft den Körper und insbesondere die Geschlechtsorgane. Wird der Embryo Penis oder Vagina entwickeln? Das entscheiden die Hormone. Aber es ist auch klar – zumindest bei Tieren – daß der hormonelle Einfluß nicht hier endet. Hormone legen auch fest, ob ein Gehirn maskulin oder feminin wird.

Wenn man einmal in Ruhe darüber nachdenkt, wird einem klar, daß dem kaum anders sein kann. Ratten beispielsweise sind, was ihr Verhalten anbelangt, größtenteils auf ihren Instinkt angewiesen; das gilt auch für ihr Sexualverhalten. Sie lernen von ihren alten Herrschaften nichts über Vögel und Bienen und können auch nicht in *The Joy of Sex* nachschlagen, wenn sie etwas nicht wissen. Es muß also irgendwo im Rattenhirn so etwas wie autonome Regelkreise für das Sexualverhalten geben, die der Ratte sagen, was sie zur rechten Zeit zu tun hat, und diese Regelkreise müssen bei Männchen und Weibchen verschieden aussehen. Man stelle sich ein Rattenweibchen vor, das sich für ein Männchen hält. Trotz ihrer weiblichen Geschlechtsorgane würde sie versuchen, andere Rattenweibchen zu decken, und männliche Annäherungsversuche zurückweisen. Auf diese Weise würde die Spezies nicht sehr lange überleben.

Man muß für dieses Ratten-Verwirrspiel nicht einmal die eigene Phantasie bemühen. Man kann statt dessen auch Roger Gorski in seinem Labor an der University of California in Los Angeles einen Besuch abstatten. Gorski ist einer der Pioniere für Untersuchungen über die Wirkungen von Hormonen auf das Gehirn. Um zu zeigen, was für ein Durcheinander entstehen kann, wenn Gehirne nicht die richtigen Hormone erhalten, drehte er einen Kurzfilm. Gäbe es einen Preis für die beste Filmkomödie unter den Laborfilmen, wäre Gorski Oscarpreisträger.

Der Film besteht aus sechs Episoden, die Hauptrollen spielen jeweils zwei Ratten. Das genetische Geschlecht der beiden Ratten läßt sich leicht unterscheiden, denn die Weibchen sind schneeweiß, die Männchen hingegen weiß mit schwarzem Kopf. In der ersten Szene wird ein Männchen zu einem Weibchen in den Käfig gesetzt, das vorher mit weiblichen Hormonen stimuliert worden war. (Normalerweise haben Rattenweibchen einen regelmäßig wiederkehrenden Oestrus – eine Periode sexueller Empfängnisbereitschaft – wie Hunde und Katzen auch; man kann diesen allerdings künstlich hervorrufen, indem man den Ratten Östrogen und Progesteron injiziert.) Keine der beiden Ratten hält sich lange mit dem Vorspiel auf, sie kommen sofort zur Sache. Das Männchen steigt auf den Rücken des Weibchens und umfaßt es mit den Vorderpfoten dort, wo dessen Taille wäre, wenn es eine hätte. Das Weibchen reagiert darauf, indem sie ihren Schwanz aus dem Weg nimmt, den Kopf zurücklegt und den Rücken durchbiegt, um dem Männchen das Eindringen zu erleichtern. Diese instinktive Bewegung bezeichnet man als »Lordosis«; sie ist bei vielen Spezies ein charakteristisches Merkmal weiblichen Sexualverhaltens. Ein hormonell stimuliertes Weibchen legt dieses Verhalten automatisch immer dann an den Tag, wenn es von einem Männchen bestiegen wird. Ein normales Männchen aber wird dieses Verhalten nur sehr selten an den Tag legen – selbst dann, wenn man es mit weiblichen Hormonen stimuliert. Das Männchen kopuliert kurz, und schon ist das Ganze vorüber.

In der zweiten Szene haben wir es mit einem normalen Männchen und einem äußerlich ebenfalls normalen Weibchen zu tun. Dieses Weibchen wurde jedoch um den Geburtstermin mit Testosteron behandelt; das Ziel dieser Behandlung war eine »Defeminisierung« ihres Gehirns. Vor dem Versuch hat das Weibchen wiederum weibliche Hormone erhalten, aber dieses Mal wirken diese nicht. Wenn das Männchen den Rücken des Weibchens besteigt, läuft dieses einfach gelangweilt davon. Ein Weilchen versucht er noch, oben zu bleiben, hält ihre Taille mit den Vorderpfoten umfaßt und paddelt unbeholfen mit den Hinterbeinen, um das Gleichgewicht zu halten. Schließlich gibt er einigermaßen verunsichert auf.

Die dritte Episode dreht sich wieder um normalen Rattensex, aber – Moment mal – beide Ratten sind Weibchen. Das obere Weibchen, so erklärt Gorski, wurde bei der Geburt mit Testosteron behandelt, wodurch ihr Gehirn maskulinisiert wurde; unmittelbar vor der Aufnahme gab man ihr eine weitere Dosis Testosteron, wodurch sie sich in Gegenwart eines provozierenden Weibchens wie ein Männchen verhält.

Szene vier betrifft wieder Männchen und Weibchen. Wieder wurde das Weibchen bei der Geburt und kurz vor der Aufnahme mit männlichen Hormonen behandelt, und jetzt hält es sich für einen großen Ratten-Zuchtbullen. Wenn das Männchen versucht, es zu besteigen, entwindet es sich seiner Umklammerung, dreht sich um und versucht nunmehr, ihn zu besteigen. Verblüfft schlüpft das Männchen unter ihm hervor, umkreist es und versucht, einen Seitenangriff zu starten; das Weibchen entzieht sich diesem wiederum und versucht statt dessen, ihn zu besteigen. Und so geht es weiter: zwei Ratten, die beide den Signalen männlicher Hormone gehorchen.

Als nächstes folgen zwei Männchen, ein normales und eines, das bei der Geburt kastriert und vor der Aufnahme mit weiblichen Hormonen behandelt wurde. Jetzt läuft alles nach Plan. Das erste Männchen besteigt das zweite, welches stillhält und bemüht ist, sich trotz der Tatsache, daß ihm die weibliche Sexualausstattung fehlt, so entgegenkommend wie möglich zu verhalten.

Zum Schluß zeigt Gorski Männchen und Weibchen, die beide durcheinandergebracht wurden. Das Männchen, bei der Geburt kastriert und vor dem Experiment mit weiblichen Hormonen behandelt, übernimmt die weibliche Rolle, das Weibchen, bei der Geburt und unmittelbar vor dem Versuch mit Testosteron behandelt, spielt die Rolle des Männchens. Die Szene unterscheidet sich in nichts von der ersten, nur daß diesmal das Weibchen den Partner besteigt und mit den Vorderbeinen dessen Taille umklammert, während sich das Männchen zurückbeugt und seinen Schwanz höchst zuvorkommend aus dem Weg räumt, damit das Weibchen mit einem Penis, den es nicht besitzt, in die bei dem Männchen gleichfalls unauffindbare Vagina eindringen kann.

»Das Gehirn ist Teil des Genitalsystems«, erklärt Gorski, und genauso, wie die Ratte männliche oder weibliche Geschlechtsorgane besitzt, so hat sie auch ein männliches oder weibliches Gehirn, wobei das Geschlecht des Gehirns von den Sexualhormonen festgelegt wird, denen sie in ihrer Entwicklung ausgesetzt war. Nach Gorskis Auskunft ist die Ratte für die Untersuchung solcher Hormonwirkungen ein besonders geeignetes Tier, und zwar aus zwei Gründen: Erstens ist ihr Sexualverhalten eindeutig weiblich oder männlich, so daß man sehr leicht erkennen kann, wie es durch bestimmte Hormone beeinflußt wird. Zweitens befindet sich das Gehirn einer Ratte zum Zeitpunkt der Geburt noch in der Entwicklung. Erst einige Tage nach der Geburt entscheidet es sich für den männlichen oder weiblichen Weg, so daß man das »Gehirngeschlecht« einer neugeborenen Ratte noch nach dem Verlassen des Mutterleibs durch eine Hormonbehandlung beeinflussen kann. Kastriert man eine neugeborene Ratte, so wird ihr Gehirn sich in die weibliche Richtung entwickeln, behandelt man ein neugeborenes Weibchen mit Testosteron, so ist eine Maskulinisierung des Gehirns die Folge.

Mit anderen Worten: Das Gehirn folgt demselben grundlegenden Entwicklungsmuster wie der Körper: Läßt man es in Ruhe, wird es weiblich, setzt man es männlichen Hormonen aus, wird es männlich.

Das ist die traditionelle Sichtweise, und im großen und ganzen ist sie sicher richtig. Doch in neuerer Zeit haben die Wissenschaftler begonnen, darüber nachzudenken, daß zu einem weiblichen Gehirn vielleicht doch ein bißchen mehr gehört als nur die Eigenschaft, nicht männlich zu sein. Insbesondere wäre es denkbar, daß weibliche Hormone wie Östrogen unter Umständen eine vitale Rolle bei der endgültigen Feminisierung des Gehirns spielen. Dominique Toran-Allerand von der Columbia University in New York City hat zum Beispiel festgestellt, daß Östrogen im Hirngewebe weiblicher Ratten das Wachstum von Neuronen anregt.[11] Ohne das von den Eierstöcken produzierte Östrogen, so vermutet sie, ist das Gehirn vielleicht nur zu einem gewissen Grad weiblich und vielleicht in mancher Hinsicht eher »neutral«. Eine testosteronfreie Umgebung mag ausreichen, damit sich das weibliche Genitalsystem entwickeln kann, erklärt sie, doch wenn es um das Gehirn geht, dann ist Weiblichkeit ein weitaus aktiveres Attribut.

Bei dieser grundlegenden Vorstellung davon, wie das Gehirn maskulin oder feminin wird, besteht noch eine weitere Komplikation.[12] Es hat sich herausgestellt, daß ein großer Teil der Mechanismen, die zu einer Maskulinisierung des Gehirns führen, nicht vom Testosteron selbst, sondern eigentlich von Östrogen gesteuert werden, welches im Gehirn aus Testosteron gebildet wird. Man kann daher das Verhalten einer weiblichen Ratte einerseits vermännlichen, indem man sie mit Testosteron behandelt, man kann aber einen ähnlichen Effekt auch mit Östrogen erreichen. Weshalb also maskulinisiert das von den weiblichen Eierstöcken produzierte Östrogen das weibliche Gehirn nicht? Die Antwort scheint darin zu bestehen, daß die weiblichen Eierstöcke nicht genügend Östrogen produzieren. Kombiniert man diese Erkenntnis mit Toran-Allerands Arbeiten, dann ergibt sich folgendes Bild: Das Gehirn benötigt zu seiner Feminisierung möglicherweise eine bestimmte minimale Menge Östrogen; ab einem gewissen Punkt aber führt weiteres

Östrogen ebenso wie zusätzliches Testosteron zu einer Maskulinisierung.

Alles das wird für das Rattenhirn bereitwillig akzeptiert, doch wie steht es mit dem Menschen? Formen die im Mutterleib vorhandenen Geschlechtshormone das Gehirn zur selben Zeit wie den Körper? Beim Menschen ist die Antwort weit komplizierter – und weit umstrittener – als bei Ratten, und wir werden den Rest dieses Buches zum großen Teil damit zubringen, die Befunde dazu in Augenschein zu nehmen. Für den Moment wollen wir eine weniger strittige Angelegenheit beleuchten: Angenommen, es bestünden biologische Unterschiede zwischen dem männlichen und dem weiblichen Gehirn, dann wären hierfür höchstwahrscheinlich die Hormone verantwortlich und nicht die Gene.

Nehmen wir einmal an, es gäbe eine biologische Erklärung dafür, daß Männer in Tests, bei denen räumliches Vorstellungsvermögen gefragt ist, besser abschneiden als Frauen. Könnten hierfür die Chromosomen verantwortlich sein? Vielleicht könnten sie das; zum Beispiel dann, wenn es auf dem Y-Chromosom ein »räumliches Gen« gäbe, das dem Betreffenden besondere Fähigkeiten hinsichtlich seines räumlichen Vorstellungsvermögens verleiht. Da es sich auf dem Y-Chromosom befindet, würden Männer dieses Gen haben, Frauen aber nicht. Diese Hypothese ist leicht zu überprüfen, beinhaltet sie doch die Aussage, daß ein Mann sein räumliches Vorstellungsvermögen von seinem Vater geerbt haben muß (da das Y-Chromosom des Sohnes nur vom Vater stammen kann). Genetische Studien zeigen jedoch, daß die Vererbung des räumlichen Vorstellungsvermögens anders verläuft – es gibt kein Vater-Sohn-Muster und somit auch kein spezielles »räumliches Gen« auf dem Y-Chromosom. Auf dem Y-Chromosom befinden sich, wie wir bereits gesehen haben, nur wenige Gene, von denen die meisten jedoch auch auf dem X-Chromosom vorhanden sind. Es ist damit sehr unwahrscheinlich, daß sich Männer aufgrund irgendwelcher Gene auf dem Y-Chromosom in ihren geistigen Eigenschaften von Frauen unterscheiden.

Eine andere Möglichkeit sind Gene auf dem X-Chromosom. Diese könnten geschlechtsspezifische Unterschiede zur Folge haben, denn Frauen besitzen mit ihren zwei X-Chromosomen zwei Kopien dieser Gene – eines von jedem Elternteil –, während Männer nur über jeweils eine Kopie verfügen, nämlich die von der Mutter ererbte. Aus genau diesem Grund besteht der geschlechtsspezifische Unterschied beim Farbensehen: Mehr Männer als Frauen sind farbenblind. Das Gen für Farbsichtigkeit im Rot-Grün-Bereich liegt auf dem X-Chromosom, und ein Mann, der auf seinem einzigen X-Chromosom ein defektes Gen für das Farbensehen in diesem Bereich hat, ist nicht in der Lage, diese Farben auseinanderzuhalten. Trägt jedoch eine Frau ein solches defektes Gen auf einem X-Chromosom, hat sie keine Probleme, solange das Gen für das Farbensehen auf dem anderen X-Chromosom funktioniert. Eine Frau müßte, um farbenblind zu sein, das fehlerhafte Gen sowohl vom Vater als auch von der Mutter geerbt haben.

In den sechziger und siebziger Jahren haben Forscher ihr Augenmerk darauf gerichtet, ob ein solches genetisches Arrangement den männlichen Vorsprung bei den räumlich orientierten Fertigkeiten erklären könnte. Vielleicht beruht die Tatsache, daß mehr Männer ein sehr gutes räumliches Vorstellungsvermögen haben, auf der gleichen Ursache wie die Tatsache, daß mehr Männer farbenblind sind: dem Vorhandensein eines rezessiven Gens auf dem X-Chromosom (»rezessiv« bedeutet, daß das Gen keine Wirkung zeigt, solange es ein zweites, »dominantes« Gen gibt, das dieses unterdrückt). Nach zwei Jahrzehnten genetischer Studien herrscht jedoch die Ansicht, daß es kein solches »räumliches« Gen auf dem X-Chromosom gibt. Man hat auch nach anderen Genen gesucht, zum Beispiel nach einem »sprachlichen« Gen auf dem X-Chromosom. Bislang hat allerdings niemand einen Hinweis auf die Existenz eines Gens auf einem der Geschlechtschromosomen gefunden, das einen verstandes- oder verhaltensmäßigen Unterschied zwischen Mann und Frau kontrolliert.[13]

Kurz, das Bestreben, die Unterschiede zwischen Mann und Frau auf den Geschlechtschromosomen dingfest zu machen, hat sich als Einbahnstraße erwiesen. Wenn es biologische Gründe für die Unterschiede zwischen Männern und Frauen gibt, so müssen sie mit an Sicherheit grenzender Wahrscheinlichkeit durch ein unterschiedliches hormonelles Umfeld im Mutterleib zustandekommen.

* * *

Die Frage nach unterschiedlichen Hirnstrukturen einmal beiseite gelassen, besteht kein Zweifel darüber, daß Hormone bestimmen, zu welchem Geschlecht sich ein Körper entwickelt. Allein diese Vorstellung könnte, wenn sie sich durchsetzen würde, die Art und Weise ändern, wie über Maskulinität und Femininität gedacht wird.

In seinem Buch *Making Sex: Body and Gender from the Greeks to Freud* schreibt Thomas Laqueur, daß über 2000 Jahre lang – bis zum achtzehnten Jahrhundert – die Ansicht herrschte, daß Frauen schlicht unvollkommene Männer seien.[14] Dieser Ansicht zufolge waren die Geschlechtsorgane von Männern und Frauen im Prinzip gleich, nur erzeugten die Frauen nicht genug »vitale Energie«, um die Genitalien auch äußerlich auszuprägen. Die Eierstöcke entsprachen danach den Hoden, der Uterus einem inneren Hodensack, die Vagina wurde als ein umgekehrter Penis angesehen, und die Labien als dessen Vorhaut. Tatsächlich wurde, so Laqueur, in den meisten Sprachen für Eierstock und Hoden ein- und dasselbe Wort verwendet, und bis ungefähr 1700 kannte weder das Griechische noch das Lateinische noch irgendeine andere gebräuchliche europäische Sprache ein eigenes Wort für Vagina.

Laqueur erzählt eine Geschichte aus dem sechzehnten Jahrhundert, die diese Sichtweise der Geschlechter veranschaulicht[15]: Ein Mädchen am Beginn der Pubertät – ihr Name war Marie – scheuchte eines Tages einige Schweine aus einem Weizenfeld und sprang dabei über einen Graben. Diese Anstrengung erhöhte ihre »vitale Energie« derart, daß sie sich in einen Mann verwandelte. Ihre Vagina stülpte sich zu einem Penis nach außen, und die Eierstöcke nahmen ihren Platz als Hoden ein. Später wuchs ihr ein Bart, dann änderte sie ihren Namen und ließ sich – als Mann – beim König von Frankreich anstellen. Aus dem, was wir inzwischen wissen, können wir vermuten, daß Marie unter einem 5α-Reduktasemangel litt und daß sie die ganze Zeit über ein Junge gewesen war, dessen Geschlechtsorgane bis zur Pubertät verborgen geblieben waren. Ganz gleich, ob die Geschichte wahr oder nur erfunden ist: Der Punkt ist, daß über große Zeiträume der überlieferten Geschichte hinweg Mann und Frau für eine Grundform gehalten wurden, die beim Manne zur Vollendung gelangte, bei Frauen hingegen nicht.

Diese Sichtweise sollte sich Ende des achtzehnten Jahrhunderts dramatisch ändern, schreibt Laqueur. Aus einer Vielzahl soziologischer und politischer Gründe begann man Männer und Frauen als einander völlig unähnlich und als miteinander unvereinbar zu erachten. An die Stelle der Betonung von realen oder imaginären Ähnlichkeiten zwischen den Geschlechtern trat plötzlich die Betonung unüberbrückbarer Gegensätze. Mann und Frau wurden zu Angehörigen »entgegengesetzter Geschlechter«.

Zur Verdeutlichung dieser Veränderung weist Laqueur auf die veränderte Haltung gegenüber dem weiblichen Orgasmus hin. Solange man Mann und Frau nur als graduellen Unterschied hinsichtlich ihrer Nähe zur metaphysischen Vollendung auffaßte, nahm man es als gegeben, daß keine Empfängnis ohne einen weiblichen Orgasmus möglich sei. Denn ein männlicher Orgasmus war schließlich ganz sicher notwendig, um ein Kind zu zeugen. Nachdem man aber begonnen hatte, die Welt als zweigeschlechtlich zu betrachten, nahm man an, daß der weibliche Orgasmus für die Empfängnis bedeutungslos sei. Diese (letztendlich richtige) Überzeugung basierte nicht auf neuentdeckten wissenschaftlichen Beweisen, sondern entsprang lediglich der Praxis, die beiden Geschlechter in jeder denkbaren Weise für unterschiedlich zu halten.

Wie aber sollen wir nun heute die Geschlechter ansehen? Gehen wir einmal von den Tatsachen aus: Rein wissenschaftlich betrachtet hätten wir alle weibliche Körper, wenn es da nicht die männlichen Geschlechtshormone gäbe, die die Hälfte von uns im Mutterleib produziert. Sobald man also das Testosteron wegnimmt, wird es gleichgültig, was die Chromosomen sagen, die betreffende Person wird mit einem weiblichen Äußeren geboren.

Wenn man unbedingt will, kann man aufgrund dieser objektiven biologischen Tatsache eine mystische Interpretation darüber anstellen, was es heißt, Mann oder Frau zu sein. Man kann zum Beispiel argumentieren, daß der weibliche Körper die natürliche menschliche Grundform ist, und daß der Mann – mit Hilfe von ein bißchen Testosteron aus Evas Rippe geschaffen – irgendwie weniger natürlich ist als die Frau. Man könnte auch argumentieren, daß die beiden weiblichen X-Chromosomen langweilig und passiv sind, während das männliche Y-Chromosom ein dominanter und risikofreudiger Kerl ist. Sobald Mr. Y auftaucht, regiert er alles, und nur, wenn er gerade nicht da ist, kommt auch einmal eine Frau zustande. Aber genausogut könnte man darüber streiten, wieviel Engel auf einer Nadelspitze tanzen können oder was zuerst da war, die Henne oder das Ei. Allerdings geben auch die biologischen Fakten keinen Hinweis darauf, daß eine der von Laqueur beschriebenen historischen Interpretationen der Geschlechter richtig ist. Im Hormonbild der Geschlechter gibt es nichts, was darauf hindeuten würde, daß die Geschlechter »gegensätzlich« sind. Angesichts dessen, daß ein sieben Wochen alter Embryo sowohl den weiblichen als auch den männlichen Weg einschlagen kann, muß man davon ausgehen, daß alle Menschen sowohl ein maskulines als auch ein feminines Potential haben, zumindest ganz am Anfang ihrer Entwicklung. Andererseits ist aber auch jene alte Sichtweise falsch, daß Menschen im Grunde nur von einem Geschlecht – dem männlichen – sind und sich nur darin unterscheiden, wie nahe sie diesem Idealbild kommen.

Eine einfachere und wertfreiere Art, Mann und Frau zu betrachten, besteht darin, sie als zwei Manifestationen, zwei alternative Versionen der menschlichen Natur zu sehen. Im Mutterleib wird ein Schalter betätigt. Er wird entweder in die männliche Richtung gekippt oder er bleibt in der weiblichen Position; je nachdem, wie diese Einstellung lautet, werden Körper und Gehirn sich in charakteristischer Weise entwickeln. In den meisten Fällen arbeitet der Schalter wie vorgesehen, allerdings nicht immer. Manchmal sagen die Chromosomen das eine, aber der Schalter wird in die entgegengesetzte Position gekippt – wie im Fall der XY-Frauen. Manchmal, etwa bei den AGS-Mädchen, die mit nicht eindeutig zuzuordnenden Geschlechtsorganen geboren werden, bleibt der Schalter irgendwo zwischen weiblich und männlich hängen.

Zusammengenommen bedeutet all das, daß es unter Umständen komplizierter sein kann, männlich und weiblich zu definieren, als einfach die Frage nach den Chromosomen zu beantworten. Man denke an die XX-Ratte, die als Embryo Testosteron ausgesetzt war, deshalb normale männliche Geschlechtsorgane besitzt und sich in sexueller Hinsicht zu Rattenweibchen hingezogen fühlt: Ist sie ein Weibchen, oder ist sie ein Männchen? Oder an die weibliche Tüpfelhyäne, die einen Penis hat, Erektionen bekommt, größer und aggressiver ist als die Männchen, aber dennoch Junge gebiert und säugt: Ist sie in irgendeiner Weise weniger weiblich, weil sie im Mutterleib hohen Konzentrationen männlicher Hormone ausgesetzt war? Das sind nicht nur akademische Fragen, wie Maria Patiño feststellen mußte.

Das Ende von Patiños Geschichte hat eine gute und eine traurige Seite. Sie fand heraus, weshalb andere Sportlerinnen in der Vergangenheit nach einer nicht bestandenen Geschlechtsbestimmung regelmäßig aus dem Wettbewerb ausgeschieden waren – meist unter Vortäuschung einer die Karriere abrupt beendenden Verletzung – und die Testergebnisse geheimhielten. Vor ihrer Disqualifikation hatte Patiño in Spanien den einen oder anderen Freund gehabt, doch als in den Schlagzeilen zu lesen war, daß sie über ein Y-Chromosom verfügte, rief plötzlich keiner mehr an.

Es gibt wohl kaum etwas Demütigenderes für eine Frau, als öffentlich zum Mann erklärt zu werden. Doch Patiño nahm das in Kauf, um gegen etwas zu kämpfen, was in ihren Augen eine ungerechte Haltung war. Das Internationale Olympische Komitee nimmt für sich in Anspruch, Sportlerinnen vor dem unfairen Wettbewerb mit als Frauen verkleideten Männern oder vor Frauen mit genetischen Anomalien zu schützen, die ihnen maskuline Eigenschaften verleihen. Das aber rechtfertigt nicht die Verbannung von Frauen wie Patiño aus dem Wettbewerb. Sie besitzt zwar das X- und das Y-Chromosom eines Mannes, doch verschafft ihr das im Wettkampf keinerlei Vorteil. Wenn überhaupt etwas dazu zu bemerken ist, dann eher, daß sie ein bißchen im Nachteil ist, weil ihr Körper überhaupt nicht auf männliche Hormone reagiert, die illegalen Steroide eingeschlossen, die manche Sportler verwenden, um sich Vorteile gegenüber Konkurrenten zu verschaffen.

Die Quintessenz dessen, was Patiño von der Sportwelt verlangte, war, daß man über die Frage »Was macht eine Frau aus?« neu nachdenken sollte. Das Internationale Olympische Komitee, das die Olympischen Spiele überwacht, und der Internationale Leichtathletikverband IAAF, der zahlreiche andere Amateurwettbewerbe veranstaltet, hatten beschlossen, daß die Antwort auf diese Frage hieß: »das Vorhandensein von zwei X-Chromosomen«. Patiños Antwort aber lautete: »*Ich* bin eine Frau.«

In ihrem Disput mit dem Olympischen Komitee wurde Patiño von einer Gruppe von Sportlern, Ärzten und Wissenschaftlern unterstützt, die alle der Ansicht waren, daß der Chromosomentest für die Geschlechtsbestimmung das falsche Kriterium darstelle. Es wäre einfacher und gerechter, auf die ursprüngliche Idee zurückzukommen und die Anatomie der Wettbewerbsteilnehmerin zu betrachten, um sicher zu sein, daß sie keinen Penis besitzt, so Alison Carlson, die sich für eine Änderung des Geschlechtsbestimmungs-Reglements einsetzt. Das eigentliche Ziel des Tests sollte sein, dafür Sorge zu tragen, daß kein verkappter Mann an Frauenwettbewerben teilnimmt, nicht aber eine Diskriminierung solcher Menschen wie Maria Patiño, die wirkliche Frauen sind und nur auf einem anderen Weg zu ihrem Geschlecht kamen als die meisten anderen Frauen.

Dieses Argument scheint sich allmählich durchzusetzen. 1991 beschloß der Internationale Leichtathletikverband, den Chromosomentest abzuschaffen und sich wieder auf eine visuelle Untersuchung zu verlassen. Das Internationale Olympische Komitee hat bisher noch keine Anstalten gemacht, seine bisherige Position aufzugeben, hat aber zugestimmt, vom IAAF ausgestellte Zertifikate über die Geschlechtszugehörigkeit anzuerkennen. Dies ebnete Patiño den Weg, denn sie wurde vom IAAF als Frau bestätigt und zu den Olympischen Sommerspielen 1992 zugelassen. Doch nach ihrem zweieinhalbjährigen Kampf um ihre Rückkehr in den Sport und einem spanischen Rekord über 60 Meter Hürden mußte sie schließlich doch als Zuschauerin dem Wettkampf beiwohnen. Eine andere Frau hatte sie als schnellste spanische Hürdenläuferin abgelöst und Patiño aus dem Olympischen Team der Spanierinnen verdrängt. Doch Patiño ist es lieber, in einem fairen Wettkampf zu verlieren, als gar nicht erst antreten zu dürfen. Davon abgesehen hat sie den wichtigeren Kampf bereits gewonnen: Sie brachte die Sportwelt dazu, anzuerkennen, was ihr selbst längst klar war: daß sie wirklich eine Frau ist.

Kapitel 4

Echos aus dem Mutterleib

So viele Spielsachen und so wenig Zeit. Unter den Augen der Psychologin Sheri Berenbaum sichtet ein kleines Mädchen eine Spielzeugsammlung und überlegt, womit es anfangen soll. Schließlich nimmt es ein Feuerwehrauto, schiebt es über den Boden, gibt »Brumm, brumm«-Geräusche von sich und ahmt auf Kinderart eine Sirene nach. Als sie das Auto leid ist, greift sie nach einer Schachtel mit Legosteinen und baut daraus ein kleines Haus. Nichts Ungewöhnliches, so sollte man meinen, einfach eine spielende Fünfjährige. Doch die Zwölf-Minuten-Sitzung dieses Kindes mit den Spielsachen – zur späteren Analyse auf Videoband aufgezeichnet – stellt einen Teil höchst bemerkenswerter Erkenntnisse dar, die man in den vergangenen zehn Jahren über die menschliche Natur gewonnen hat.

Alle Eltern wissen, daß kleine Jungen und kleine Mädchen mit unterschiedlichen Dingen spielen. Jungen wollen Autos, Lastwagen, Bausteine und Plastikgewehre, vor allem solche, aus denen wirklich etwas herauskommt (Pfeile sind gut, Wasser sogar noch besser). Mädchen bevorzugen Puppen und andere »feminine« Dinge wie Küchenutensilien. Die meisten Eltern werden Ihnen versichern, daß diese Vorlieben ohne Ermutigungen ihrerseits in Erscheinung getreten sind. Unsere unmittelbaren Nachbarn sind liberale, emanzipierte Eltern, die ihrem Sohn Puppen und einen Staubsauger, ihrer Tochter Autos und Flugzeuge schenken. Trotzdem mag der Junge am liebsten seine kleinen Autos, während seine Schwester leidenschaftlich gerne »kocht«. Jedesmal wenn meine Frau zu Besuch kommt, läuft das kleine Mädchen hurtig in seine Spielküche und bereitet für Mamas Gast etwas zu. (Die Eltern haben beiden Kindern niemals

Spielzeugwaffen geschenkt, und dennoch verwendet der Junge Stöcke und Röhren aller Art zum »Schießen«.)

Laut Berenbaum ist das typisch. Viele ihrer Freunde sind in den aufmüpfigen sechziger Jahren aufgewachsen und haben sich geschworen, daß ihre Kinder niemals durch die Rollenklischees ihrer Elterngeneration indoktriniert werden sollten. Es hat nichts genützt. »Ich habe eine Freundin, die schwört, daß es ein Auto-Gen bei Jungen gibt«, erzählt sie lachend.

Weshalb sollte dieser geschlechtsspezifische Unterschied trotz angestrengter Bemühungen moderner, liberal gesinnter Eltern bestehen bleiben? Es ist unwahrscheinlich, daß es im Jungen-Gehirn eine Art »Auto-Regelkreis« gibt, dessen Neurone anders geschaltet sind als die eines »Puppen-Regelkreises« in einem Mädchen-Gehirn, insbesondere deshalb, weil diese Spielsachen eine vergleichsweise neue kulturelle Erfindung sind. Vor 50 000 Jahren waren unsere Steinzeit-Vorfahren in ihrer Anatomie mit dem modernen Menschen bereits identisch, damals schnitzte ein Steinzeit-Papa seinen Söhnen aber sicher keine Kipplaster aus Feuerstein. Das äußerste, was der junge Mann erwarten konnte, dürften ein paar Pfeilspitzen und ein steinernes Tier gewesen sein. Wenn man bedenkt, wie langsam die Evolution fortschreitet, dann war einfach nicht genügend Zeit für die Entwicklung einer genetisch bedingten Vorliebe für bestimmte Spielsachen.

Aus diesem Grunde nehmen die meisten Leute an, daß der geschlechtsspezifische Unterschied bei der Wahl des bevorzugten Spielzeugtyps angelernt sein muß. Selbst wenn Mama und Papa sorgsam darauf bedacht sind, ihrem Junior Puppen und seinem Schwesterchen Autos zum Spielen zu geben, so können sie doch nicht verhindern, daß die Kinder über das Fernsehen oder den Kontakt mit ihren Altersgenossen in der Schule früher oder später lernen werden, welches Spielzeug ihrem Geschlecht »angemessen« ist. Ein paar Stunden kommerzielles Samstagmorgen-Fernsehen samt Werbespots reichen aus, um auch die sorgsamste nichtsexistische Spielwarenauswahl der Eltern zunichte zu machen. Man kann das als kulturelle Unterdrückung verdammen oder es gutheißen, weil die Gesellschaft Kindern auf diese Weise das entsprechende Rollenverhalten nahebringt. Aber von welchem Blickwinkel man es auch betrachtet: Die Tatsache, daß Jungen mit Autos und Mädchen mit Puppen spielen, scheint nichts anderes als angelerntes Verhalten zu sein.

Das Argument ist durchaus überzeugend und – wenn man Berenbaums Experiment glauben darf – durchaus falsch. Berenbaum, Psychologin an der Chicago Medical School, untersuchte eine Gruppe »spezieller« Mädchen im Alter von drei bis acht Jahren[1]: Sie brachte die Kinder mit einer Auswahl verschiedener Spielsachen in einen abgetrennten Raum und zeichnete ihr Spiel auf Videoband auf. Die Mädchen hatten die Wahl zwischen traditionellen Jungenspielsachen (Autos, Laster, Flugzeuge und Bauklötze), traditionellen Mädchenspielsachen (Puppen und Küchenzubehör) und neutralen Spielsachen (Brettspiele, Puzzles und Bücher). Um einen Vergleich zu haben, führte Berenbaum dasselbe Experiment mit einer Gruppe Jungen und einer Gruppe »normaler« Mädchen durch.

Als sie die Bänder analysiert und die Zeiten zusammengerechnet hatte, die ein Kind jeweils mit den verschiedenen Spielsachen zugebracht hatte, stellte sie fest, daß die Mädchen aus der ersten Gruppe – die »speziellen« Mädchen, der eigentliche Gegenstand dieses Experiments – sich fast wie Jungen verhielten und nicht wie die anderen Mädchen. Sie spielten mehr als doppelt so häufig mit den Jungen- wie mit den Mädchenspielsachen, was demselben Verhältnis entspricht, das Berenbaum bei den Jungen beobachtete. Die Gruppe normaler Mädchen hingegen zog die Mädchenspielsachen deutlich vor. Mit den neutralen Spielsachen verbrachten alle drei Gruppen nahezu dieselbe Zeitspanne.

Wer sind nun diese »speziellen« Mädchen? Sind sie die Töchter jener Eltern, die das Geheimnis der geschlechtsneutralen Erziehung entdeckt haben? Wurden sie in entlegenen Hütten vor dem Fernsehen und all den anderen Methoden, mit denen die Gesellschaft Kinder lehrt, ihrem Geschlecht entsprechend zu handeln, bewahrt? Im Gegenteil. Die Eltern der Mädchen aus Berenbaums Studie erklären, daß sie nichts besonderes unternommen haben. Sie haben ihre Töchter wie ganz normale Mädchen erzogen.

Was diese Mädchen von anderen unterscheidet, ist die Tatsache, daß sie alle unter dem kongenitalen adrenogenitalen Syndrom AGS leiden, jener Erkrankung also, die dazu führt, daß der Embryo im Mutterleib ungewöhnlich hohen Konzentrationen an Testosteron ausgesetzt wird. Nachdem Berenbaum andere mögliche Erklärungen überprüft und als nicht zutreffend verworfen hatte, kam sie zu dem Schluß, daß die Vorliebe dieser Mädchen für Autos und Legosteine im Gegensatz zu Puppen und Spielküche irgendwie durch die Einwirkung der männlichen Hormone auf das sich entwickelnde Gehirn entstanden sein muß.

Dieser Gedanke ist ein wenig gewöhnungsbedürftig, gibt Berenbaum zu. Die Vorstellung, daß Hormoneinflüsse im Verlauf der Entwicklung für irgendwelche Spielzeugpräferenzen im späteren Leben verantwortlich sein sollen, erscheint befremdlich, ja, geradezu gespenstisch. Aber die experimentellen Tatsachen sind kaum von der Hand zu weisen. Darüber hinaus sind sie nur Teil einer großen und ständig expandierenden Auswahl an wissenschaftlichen Arbeiten mit ähnlichen Schlußfolgerungen. Man hat viele verschiedene Personenkreise untersucht, bei denen es ebenso wie bei AGS-Mädchen zu ungewöhnlichen Hormoneinflüssen während der Entwicklung im Mutterleib gekommen ist, und alle Ergebnisse weisen in dieselbe Richtung: Die Einwirkung von Geschlechtshormonen während der Entwicklung hat Einfluß auf die Gehirnentwicklung und somit auf eine Vielzahl geistiger und psychischer Merkmale im späteren Leben. Trotzdem hat Berenbaum vollstes Verständnis für jeden, dem es schwerfällt, diese Vorstellung – insbesondere was die Spielzeugpräferenzen betrifft – zu akzeptieren. Denn als sie begann, Psychologie zu studieren, hätte sie so etwas selbst nicht geglaubt.

Das war in den sechziger Jahren, erinnert sie sich. Sie hatte begonnen, im Hauptfach Mathematik zu studieren, aber in jenen soziologisch hellhörigen Zeiten war sie »auf der Suche nach Relevanterem im Leben« und belegte daher einen Psychologiekurs. Die Psychologie war ihr beides: intellektuelle Herausforderung und gleichzeitig relevant, und so fand sie sich schließlich in den siebziger Jahren an der University of California in

Berkeley wieder, wo sie sich mit individuellen Unterschieden beschäftigte – mit dem, was eine Person von einer anderen unterscheidet. Zu Beginn ihrer Doktorarbeit, so erinnert sie sich, war sie der Ansicht, daß für die meisten Unterschiede das Umfeld verantwortlich zu machen sei. Doch diese Überzeugung geriet immer stärker ins Wanken, als sie mehr darüber erfuhr, wie geistige Unterschiede mit biologischen Faktoren zusammenhängen konnten – mit dem Geschlecht einer Person, der Tatsache, ob sie Links- oder Rechtshänder ist und der »Seitigkeit« ihres Gehirns, das heißt, wie das Gehirn eines Menschen Verstandesfunktionen auf die rechte und die linke Gehirnhälfte verteilt. Allmählich gelangte sie zu der Überzeugung, daß es von Nutzen wäre herauszufinden, welche Rolle der Biologie bei der Bestimmung der Persönlichkeit und der intellektuellen Fähigkeiten eines Menschen zukommt.

1977 wurde Berenbaum während ihrer Postdoc-Zeit an der University of Minnesota auf AGS-Mädchen aufmerksam. Im Rahmen verhaltensgenetischer Untersuchungen hatte sie Ärzte auf der Genetik-Visite in einem Krankenhaus in Minneapolis begleitet. Einer der Patienten war ein zwei Jahre alter »Junge«, der, wie die Ärzte soeben festgestellt hatten, alles andere als ein Junge war. Es handelte sich um ein Mädchen, das aufgrund des AGS im Mutterleib so großen Mengen Testosteron ausgesetzt gewesen war, daß es mit scheinbar männlichen Geschlechtsorganen geboren wurde. Die Klitoris hatte Form und Größe eines kleinen Penis, und die Labien waren zu einem »Skrotum« verwachsen. Nach dieser Entdeckung untersuchten die Ärzte ihren sechs Monate alten »Bruder«, und stellten fest, daß dieser in Wirklichkeit eine Schwester mit demselben Problem war. Die Ärzte operierten beide Mädchen, um den Geschlechtsorganen die normale weibliche Form zu geben und behandelten sie mit Hormonen, um weiteren Testosteronwirkungen vorzubeugen. Mit geänderten Namen, die ihr wahres Geschlecht erkennen ließen, begannen beide ein Leben als Mädchen.

Fasziniert sprach Berenbaum mit einem pädiatrischen Genetiker an dem Krankenhaus und fragte, wie viele solcher Patienten man dort schon gesehen hätte. »Wir haben häufig Kinder mit AGS«, berichtete er, und Berenbaum erkannte, daß sich hier ein beinahe idealer Weg bot, den Einfluß der Biologie von den Auswirkungen der Sozialisation zu trennen. AGS-Mädchen sind im Mutterleib extrem großen Mengen männlicher Hormone ausgesetzt,[2] oft denselben Mengen, wie männliche Embryos. Dennoch werden sie als Mädchen erzogen, viele von ihnen von Geburt an oder bald danach. (Nur sehr wenige sind so stark maskulinisiert wie die beiden Schwestern, denen Berenbaum als erstes begegnet war. Bei den meisten sind die Geschlechtsorgane nicht eindeutig zuzuordnen, können aber so verändert werden, daß sie eindeutig weiblich aussehen.) Es ist offensichtlich, daß die männlichen Hormone im Mutterleib die Geschlechtsorgane der Mädchen zu einem gewissen Grad maskulinisiert haben, aber haben die Hormone auch das Gehirn beeinflußt? Wenn Jungen und Mädchen sich nur aufgrund ihrer Erziehung unterschiedlich verhalten, so argumentierte Berenbaum, dann dürften sich AGS-Mädchen nicht von anderen Mädchen unterscheiden. Sollten sich jedoch einige geschlechtsspezifische Unterschiede bis in den Mutterleib zurückverfolgen lassen, dann müßten sich Merkmale finden, nach denen sich AGS-Mädchen wie Jungen verhalten.

Die Idee war, so Berenbaum, nicht neu. Bereits in den frühen sechziger Jahren hatten Wissenschaftler wie John Money und Anke Ehrhard AGS-Mädchen auf mögliche Nebenwirkungen des Testosteronbades untersucht, dem diese Kinder im Mutterleib ausgesetzt waren.[3] In einer Studie befragten Ehrhard und Susan Baker bei einer Gruppe von AGS-Mädchen und deren Müttern jeweils Mutter und Tochter nach dem Spielverhalten der Töchter.[4] Bei all diesen Mädchen war AGS früh diagnostiziert und behandelt worden, so daß sie nahezu von Geburt an weiblich erzogen worden waren. Trotzdem berichteten die AGS-Mädchen in Ehrhards und Bakers Befragung über ein Spielverhalten, das dem von Jungen sehr ähnlich war. Sie spielten gerne ungestüme, energiegeladene Spiele im Freien, und 59 Prozent von ihnen beschrieben sich selbst als Wildfang. Von den nicht von AGS betroffenen Schwestern dieser Mädchen betrachtete sich allerdings keine als derart burschikos, so daß die Wildheit kein von zu Hause anerzogenes Verhalten zu sein schien.

Natürlich war das noch lange kein Beweis dafür, daß männliche Hormone für das jungenhafte Spielverhalten verantwortlich sind. Vielleicht haben sich die AGS-Mädchen aufgrund irgendwelcher unterschwelliger Signale seitens ihrer Eltern so verhalten, obwohl die Eltern versicherten, daß sie ihre AGS-Töchter genauso behandelten wie andere Mädchen. Oder die AGS-Mädchen und ihre Mütter haben das burschikose Spielverhalten überbewertet, weil sie gespürt haben, daß der Gesprächspartner eine solche Antwort von ihnen erwartete. Psychologische Untersuchungen, die auf retrospektiven Befragungen basieren, sind für solche Fehler besonders anfällig. Es gibt jedoch noch andere Gründe für die Annahme, daß bei den AGS-Mädchen die ungewöhnliche hormonelle Umgebung im Mutterleib für das maskuline Verhalten verantwortlich ist. Dazu zählen vor allem einige sehr überzeugende Studien an Affen. Affen sind die nächsten lebenden Verwandten des Menschen, was sich nicht nur in der äußeren Erscheinung zeigt. Das Spiel junger Affen ähnelt sehr stark dem von Menschenkindern, und zu den menschenähnlichsten Verhaltensweisen gehören spielerische Raufereien und Balgereien: Zwei oder mehr Affen jagen hintereinander her, kreischen, rangeln, zerren sich gegenseitig an Armen und Beinen und sehen um keinen Deut anders aus als ein Haufen rüpelhafter Grundschüler in der Pause. Und genau wie bei den Menschenkindern raufen auch bei den Affen fast nur die Männchen. Die Weibchen ziehen ruhigere Spiele vor und lassen die Männchen allein für Unruhe sorgen – wie bei den Menschen also.

In den siebziger Jahren demonstrierte Robert Goy, daß man »burschikose Affen« – junge Weibchen, die sich im Spiel wie junge Männchen verhielten – erzeugen kann, indem man im Labor das nachahmt, was bei AGS-Mädchen geschieht.[5] Goy, Verhaltensbiologe an der University of Wisconsin, setzte Rhesusaffenweibchen noch im Mutterleib hohen Konzentrationen männlicher Hormone aus. Diese Affenweibchen wurden, ganz ähnlich den menschlichen AGS-Mädchen, mit vermännlichten Geschlechtsorganen geboren und beteiligten sich, als sie älter wurden, weit häufiger an spielerischen Raufereien als normale Weibchen. Da bislang nichts darauf hindeutet, daß Affeneltern männliche und weibliche Junge unterschiedlich erziehen, muß der Unterschied im Spielverhalten durch die Einwirkung männlicher Hormone im Mutterleib entstanden sein. In jüngster Zeit hat Goy zeigen können, daß durch die Anwendung von Testosteron zum richtigen Zeitpunkt in der Schwangerschaft Weibchen entstehen, die zwar keine vermännlichten Genitalien haben, sich aber dennoch an den Raufereien beteiligen.[6] Da es bei diesen Tieren kein äußerliches Zeichen der Vermännlichung gibt, ist es nahezu unmöglich, sich eine umweltbedingte Erklärung vorzustellen.

Die Verhaltensmuster von Goys Affen sind nicht ganz denjenigen der Menschen vergleichbar – AGS-Mädchen scheinen sich, obgleich sie in vieler Hinsicht burschikos sind, nicht stärker an spielerischen Raufereien zu beteiligen als andere[7] –, doch die Parallele ist so deutlich, daß ein bloßer Zufall unwahrscheinlich erscheint. Die Untersuchungen haben die meisten Wissenschaftler auf dem Gebiet geschlechtsspezifischer Unterschiede davon überzeugt, daß die Einwirkung von Testosteron im Mutterleib für ein jungenhaftes Spielverhalten in der Kindheit verantwortlich sein kann. Wenn Sie also das nächste Mal eine Gruppe von Kindern – insbesondere von Jungen – beobachten, die schreiend durcheinanderrennen, sich gegenseitig schlagen und mit Gegenständen bewerfen, können Sie ihnen ruhig mitteilen, daß sie sich wie eine Horde junger Affen benehmen – junger männlicher Affen, um genau zu sein.

Als Sheri Berenbaum den AGS-Mädchen zum erstenmal begegnete, hatte sie allerdings etwas »Höheres« im Sinn als Spielereien. Sie wußte beispielsweise, daß Männer mit großer Regelmäßigkeit Frauen bei bestimmten Tests übertreffen, in denen räumliches Vorstellungsvermögen vorausgesetzt wird, zum Beispiel bei den bereits beschriebenen Rotationsproblemen. Würden die AGS-Mädchen und -Frauen in diesem Zusammenhang mehr wie Männer oder mehr wie Frauen abschneiden? Andere Forscher, zum Beispiel Ehrhardt und Baker, hatten diese Frage bereits früher gestellt, doch die Antworten waren nicht hinreichend überzeugend gewesen; zum einen, weil sie keine Tests verwendet hatten, die speziell auf das räumliche Vorstellungsvermögen zugeschnitten waren, zum anderen, weil ihre Testpersonen zu jung waren. (Manche Forscher sind der Ansicht, daß der geschlechtsspezifische Unterschied beim räumlichen Vorstellungsvermögen erst nach der Pubertät signifikant wird.) Berenbaum beschloß daher, möglichst vielen erwachsenen AGS-Frauen sowie zum Vergleich deren nicht erkrankten Schwestern und Cousinen eine Testreihe zu präsentieren. Außerdem wollte sie einige AGS-Männer testen, die ebenso wie die AGS-Frauen im Mutterleib extrem großen Mengen männlicher Hormone ausgesetzt gewesen waren und sich deshalb unter Umständen von normalen Männern in verschiedener Hinsicht unterscheiden konnten. Schließlich sollten noch einige Brüder und Cousins dieser AGS-Männer in die Studie einbezogen werden.

Berenbaum begann mit dieser Untersuchung noch an der University of Minnesota, konnte sie jedoch nicht abschließen, weil sie 1979 zur Chicago Medical School wechselte. Ihre Kollegin in Minnesota, Susan Resnick, die eng mit ihr zusammengearbeitet hatte, übernahm die weitere Arbeit daran. Es hat Jahre gedauert, bis sie ausreichend AGS-Patienten für eine überzeugende Studie aufgespürt hatten; 1982 konnten sie die Untersuchung abschließen. Die Ergebnisse: Bei allgemeinen Intelligenztests fanden sich keine Unterschiede zwischen den vier Testgruppen der von AGS betroffenen und nicht betroffenen Männern und Frauen. Bei Tests, die räumliches Vorstellungsvermögen voraussetzten, übertrafen die Männer wie erwartet die Frauen, die AGS-Männer schnitten ungefähr genauso ab wie ihre nicht an AGS erkrankten männlichen Verwandten.

Die AGS-Frauen allerdings wiesen ein wesentlich besseres räumliches Vorstellungsvermögen auf als ihre weiblichen Verwandten und erzielten Testergebnisse, die denen der Männer sehr viel näher kamen.[8] Das war ein überraschendes Ergebnis, weit schwerer zu akzeptieren als die früheren Erkenntnisse über burschikoses Verhalten. Spielverhalten läßt sich schließlich immer noch als primitiver, unbewußter Trieb deuten, den sogar die Affen haben, das räumliche Vorstellungsvermögen aber trifft ins Schwarze. Wie kann ein Schuß Testosteron vor der Geburt dazu beitragen, daß jemand 12 oder 15 Jahre später in seinem räumlichen Vorstellungsvermögen bessere Leistungen zeigt?

Es wäre möglich, daß Hormone im Mutterleib die Verkabelung im Gehirn mitgestalten und auf diese Weise manche Fertigkeiten vielleicht verbessern, andere hingegen vielleicht verschlechtern. Berenbaum hält das durchaus für möglich, hat aber zusammen mit Resnick auch darüber nachgedacht, ob die Wirkung vielleicht weniger direkt verlaufen könnte. Möglicherweise, so argumentieren sie, ändern die männlichen Hormone bestimmte Regelkreise im Gehirn, die Einfluß darauf haben, was ein Kind einmal gerne tun wird. Falls ein AGS-Mädchen eher dazu neigt, rastlos umherzulaufen, Gegenstände zu untersuchen und zu verändern, so bekäme es womöglich auf natürliche Weise ein besseres räumliches Vorstellungsvermögen.[9] Um diese Überlegung zu überprüfen, gaben die Wissenschaftlerinnen allen Testpersonen einen Fragebogen, in dem sie nach deren Verhalten in der Kindheit fragten.[10] Sie stellten fest, daß AGS-Mädchen ebenso wie Jungen im Durchschnitt weniger Spaß an verbalen Aktivitäten hatten (Wortspiele, Geschichten und Rätsel erfinden, sich mit Erwachsenen unterhalten und so weiter), sondern statt dessen Aktivitäten bevorzugten, bei denen Gegenstände bewegt wurden. Als Resnick und Berenbaum jedoch ihr Augenmerk von den Durchschnittswerten auf einzelne Mädchen richteten – beispielsweise um herauszufinden, ob jene, die als Kinder mehr Zeit damit verbracht hatten, Modelle zu bauen, im späteren Leben hinsichtlich räumlich orientierter Fragestellungen bessere Testergebnisse hatten –, fanden sie so gut wie nichts. Sollten die AGS-Mädchen ihr besseres räumliches Vorstellungsvermögen tatsächlich durch das Spiel mit Bauklötzen oder Bausätzen entwickelt haben, so war dieser Zusammenhang jedenfalls nicht offensichtlich.

Inzwischen fühlte sich Berenbaum trotz ihres Umzugs nach Chicago mit den AGS-Mädchen unlösbar verbunden. Weshalb sind sie so anders als andere Mädchen, und welche Unterschiede würden sich noch feststellen lassen? Sie erinnerte sich daran, daß in der früheren Ehrhardt-Baker-Studie auch davon die Rede war, daß AGS-Mädchen Jungenspielzeug stereotyp den Mädchenspielsachen vorziehen. Dieses Ergebnis war vielfach angezweifelt worden, da die Untersuchung auf einem Fragebogen basierte. Eine direkte Beobachtung wäre besser, fand Berenbaum und entwarf jenen Versuch, bei dem man die Kinder in einem abgetrennten Raum mit verschiedenen Spielsachen konfrontierte und ihr Spielverhalten beobachtete. Die ganze Sitzung wurde auf Videoband aufgezeichnet und später von jemandem ausgewertet, der nicht wußte, ob das jeweilige Kind von AGS betroffen war oder nicht. Das einzige Hindernis bestand darin, daß AGS-Mädchen so selten sind. Bei ungefähr einer von 14 000 Geburten[11] würde sie Schwierigkeiten haben, in der Umgebung von Chicago genügend zwei- bis achtjährige Mädchen für diese Studie zu finden. Dieses Problem löste sich, als sie Melissa Hines begegnete, die, frisch promoviert, Interesse an geschlechtsspezifischen Unterschieden und eine Stellung an der University of California in Los Angeles hatte. Sie war bereit, an der Studie mitzuarbeiten. Hines wollte Mädchen in Los Angeles testen und Berenbaum in Chicago, so daß sie am Ende die Daten von insgesamt mehr als zwei Dutzend AGS-Mädchen zur Verfügung hätten. Das sollte ausreichen, um einige wohlbegründete Schlüsse ziehen zu können.

Berenbaums Versuchsanordnung war einfach. Sie testete die Kinder – AGS-Mädchen und -Jungen und deren nicht von AGS betroffene Geschwister – in deren Zuhause. Dabei grenzte sie einen kleinen Bereich, etwa zwei mal zwei Meter, mit Paravents ab und legte die Spielsachen in zwei Reihen aus. Für die Jungen gab es Hubschrauber, Autos, Laster, Bauklötze und Legos. Schußwaffen lehnt Berenbaum ebenso wie viele Eltern ab, weshalb das Lieblingsspielzeug vieler Jungen hier fehlte. Bei den Mädchenspielsachen gab es Puppen, Küchenspielzeug, ein Telefon, Malstifte und Papier. Unter den Puppen befand sich auch die beliebte Barbiepuppe, was sich als Fehler herausstellte, so Berenbaum, denn »wir stellten fest, daß auch ein Teil der Jungen damit spielte, allerdings nur, um sie auszuziehen«. Außerdem gab es einige neutrale Spielsachen – Bücher, ein paar Brettspiele und ein Puzzle.

Unter den Augen eines Beobachters wurde dem Kind in der Kabine bei laufender Videokamera zwölf Minuten Zeit gegeben, um mit Spielsachen seiner Wahl zu spielen. Berenbaum und

Hines stellten fest, daß AGS-Mädchen sich im Durchschnitt die Hälfte der Zeit mit Jungenspielsachen und weniger als ein Viertel der Zeit mit Mädchenspielsachen beschäftigten. Dies war nahezu identisch mit dem Verhalten der Jungen, unterschied sich aber sehr stark von der Spielzeugwahl der nicht von AGS betroffenen Mädchen. Die AGS-Mädchen spielten mit den Mädchenspielsachen nur etwa halb so häufig wie ihre Schwestern und Cousinen, dafür aber doppelt so häufig mit Jungenspielsachen. Bei den AGS-Jungen und ihren nicht von AGS betroffenen Brüdern und Cousins fanden sich keine Unterschiede.

In einem späteren Folgeexperiment ließ Berenbaum, um sicher sein zu können, daß die Kinder nicht durch die Anwesenheit des Beobachters dazu gebracht worden waren, mit den »richtigen« Spielsachen zu spielen, jedes Kind ein Spielzeug aussuchen, das es behalten durfte. Sie gab dem Kind eine Tüte mit fünf Spielsachen darin – einem Auto oder Flugzeug, einem Ball, einem Puzzle, einer Packung Stifte und einer Puppe –, die es in ein anderes Zimmer mitnehmen sollte, um sich das Spielzeug allein und unbeobachtet auszusuchen. Natürlich wußte Berenbaum anhand der vier verbliebenen Spielsachen, was sich das Kind ausgesucht hatte. »Wir stellten fest, daß etwa die Hälfte der AGS-Mädchen das Auto oder das Flugzeug wählten«, berichtete Berenbaum, was bei fast keiner der nicht von AGS betroffenen Schwestern und Cousinen der Fall war. Sie wertete dies als eine Bestätigung für das, was sie in der Zwölf-Minuten-Sitzung beobachtet hatte.

Was ist für den Unterschied zwischen AGS-Mädchen und ihren nicht von AGS betroffenen weiblichen Verwandten verantwortlich? Berenbaum hat eine Reihe von umweltbedingten Erklärungen getestet und ist der Ansicht, daß keine davon in Frage kommt. Könnte es beispielsweise so sein, daß AGS-Mädchen mehr dazu angehalten wurden, sich wie Jungen zu benehmen, weil ihre Mütter und Väter sich der physischen Situation ihres Kindes bewußt waren? Berenbaum bezweifelt das. »Es ist genauso wahrscheinlich, daß die Eltern AGS-Mädchen verstärkt zu kleinen Mädchen erziehen, weil sie Angst haben, das Kind könne zu maskulin aufwachsen.« Dennoch haben sie und

Hines diese Möglichkeit in Betracht gezogen und Eltern Fragen gestellt wie: »Ermutigen Sie Ihre Tochter dazu, sich so zu verhalten, wie es von einem Mädchen erwartet wird?« Bei den Antworten der Eltern von AGS-Mädchen und den Antworten der Eltern von Kontrollmädchen gab es keinen Unterschied. Außerdem, so argumentierte Berenbaum, wenn AGS-Mädchen von ihren Eltern wegen ihrer vermännlichten Geschlechtsorgane anders behandelt würden, dann müßten die Mädchen mit den stärker vermännlichten Genitalien auch verstärkt wie Jungen behandelt werden. (Eines der Mädchen wurde sogar seinen ersten Lebensmonat hindurch als Junge betrachtet, die übrigen hatte man bereits bei der Geburt richtig diagnostiziert.) Sie und Hines suchten also nach einer Korrelation zwischen dem Grad der Vermännlichung und der Wahl des Spielzeugs. Sie konnten keine feststellen.

Die einzige Erklärung scheint zu sein, daß männliche Hormone im Mutterleib etwas ausrichten, was das Spielverhalten des Kindes beeinflußt und gleichzeitig zu einem burschikosen Charakter und einem guten räumlichen Vorstellungsvermögen führt. Eine Erkenntnis, die die Forschung zum Thema geschlechtsspezifische Unterschiede erschütterte wie keine andere. Das jungenhafte Spiel ist verständlich, selbst räumliches Vorstellungsvermögen ist nicht allzuschwer zu schlucken, aber weshalb sollte der Testosteronspiegel im Mutterleib irgend etwas mit den Spielzeugpräferenzen eines Kindes zu tun haben? »Das ist die große Preisfrage«, meint Berenbaum. »Das ›Auto-Gen‹ ist es nicht, aber was es wirklich ist, das weiß ich nicht.«

Vielleicht ist die vernünftigste Erklärung, daß Jungen – oder Mädchen, die im Mutterleib Testosteron ausgesetzt gewesen waren – eher Freude daran haben, Gegenstände zu verändern und zu beobachten, wie sie sich bewegen. »Vielleicht hat es mit dem Bewegungseffekt zu tun«, erklärt Berenbaum. »Jungen mögen Dinge, die sich bewegen. Sie finden sie befriedigender.« Wenn dem so ist, dann schafft Testosteron ein Gehirn, das sich an Dingen freut, die seinen räumlichen Orientierungssinn herausfordern, Dingen, die man herumschieben oder -ziehen kann wie Autos oder Flugzeuge oder die man in drei Dimensionen anordnen kann wie Bauklötze oder Legos. Deshalb fühlen sich Jungen von Natur aus zu solchen Dingen hingezogen, für die sich die meisten Mädchen nicht besonders interessieren. Noch ein anderer Aspekt der Antwort mag sein, so spekuliert Berenbaum, daß Jungen mit ihrer besseren Grobmotorik und Mädchen mit ihrer besseren Feinmotorik Spielsachen wählen, die diese Fertigkeiten jeweils reflektieren. Jungen bevorzugen Spielsachen, die zu großen Bewegungen anregen wie beispielsweise ein Flugzeug, während Mädchen sich Aktivitäten aussuchen, die Feinmotorik verlangen wie das Malen eines Bildes oder das Anziehen einer Puppe. (Berenbaum hat zwar nicht untersucht, ob AGS-Mädchen Schußwaffen mögen, doch gibt es zumindest einen naheliegenden Grund, weshalb Schußwaffen Jungen von Natur aus mehr ansprechen als Mädchen: Das Spielen mit einer Schußwaffe beinhaltet immer auch das Anvisieren eines Ziels, was wiederum das räumliche Vorstellungsvermögen trainiert.)

Im Laufe der nächsten Jahre hofft Berenbaum sehr viel mehr über AGS-Mädchen zu erfahren, denn verschiedene Staaten, unter anderem Texas, haben begonnen, sämtliche AGS-Geburten zu registrieren. Dadurch hätte sie eine weit größere Gruppe von Kindern zur Verfügung, an denen sie den Einfluß von Testosteron auf das Gehirn untersuchen kann. Die groben Umrisse des Bildes seien jedoch bereits klar, meint sie. Bei AGS-Mädchen und vermutlich auch bei Jungen maskulinisiert Testosteron im Mutterleib verschiedene geistige und psychische Eigenschaften – Spielverhalten, räumliches Vorstellungsvermögen und sogar die Wahl eines Spielzeugs.

* * *

Viele Wissenschaftler gehen bei der Erforschung geschlechtsspezifischer Unterschiede ähnlich vor wie Berenbaum. Da das Vorhandensein beziehungsweise das Nichtvorhandensein männlicher Hormone im Mutterleib bestimmt, ob ein Embryo den männlichen oder den weiblichen Weg einschlagen wird, untersuchen sie, was geschieht, wenn jemand im Mutterleib einer ungewöhnlichen Hormonzusammensetzung ausgesetzt war. In der Praxis bedeutet das meist, das man Frauen betrachtet, die ähnlich wie AGS-Mädchen ungewöhnlich hohen Konzentrationen männlicher Hormone ausgesetzt waren, oder Männer, die ungewöhnlich niedrigen Konzentrationen davon ausgesetzt waren. In vielen Fällen ein guter Ansatz, wie Berenbaums Arbeit zeigt, der aber auch seine Grenzen hat. Da es gegen ethische Grundsätze verstößt, Experimente an menschlichen Embryos durchzuführen, muß sich die Forschung auf jene Fälle beschränken, in denen der Embryo dieser ungewöhnlichen Hormonmischung durch einen Zufall oder durch einen Defekt ausgesetzt war – sogenannte Experimente der Natur. Solche Fälle sind sehr selten. Außerdem besteht hierbei für die Forscher auch keine Möglichkeit, die Hormone im Mutterleib zu kontrollieren oder darüber hinaus genau zu erfahren, wie die Hormoneinwirkung verlaufen ist.

Aus diesen Gründen beschäftigen sich viele Forscher statt dessen mit Labortieren, insbesondere mit Mäusen, Ratten und Meerschweinchen. Affen sind mit dem Menschen zwar näher verwandt, aber sie sind kostspielig in Anschaffung und Pflege, brauchen lange, bis sie herangewachsen sind, und haben ein komplexes Verhalten. Im Gegensatz dazu sind Nager billig, es ist leicht, mit ihnen zu arbeiten, und sie zeigen klare Unterschiede zwischen beiden Geschlechtern (wie im Falle von Gorskis Ratten). Ratten sind besonders vorteilhaft, weil ihr Gehirn noch nach der Geburt weiterreift, so daß man sie auch nach der Geburt noch mit Hormonen behandeln kann, um zu sehen, was dann passiert. Dazu gehört die Kastration neugeborener Rattenmännchen und die Entfernung der Eierstöcke (»Ovariektomie«) bei neugeborenen Rattenweibchen, um die normale Produktion von Geschlechtshormonen zu unterbinden. Danach wird den Ratten die gewünschte Dosis Testosteron, Östrogen oder dergleichen injiziert. Der Forscher und nicht die Ratte bestimmt also, welchen Hormonen das Rattengehirn in den ersten Lebenstagen ausgesetzt ist.

Mit dieser Technik konnte Christina Williams am Barnard College der Columbia University in New York City einen Zusammenhang nachweisen zwischen der Art und Weise, wie eine Ratte lernt, sich in einem Labyrinth zurechtzufinden, und den Geschlechtshormonen, denen sie während ihrer Entwick-

145

lung ausgesetzt war. In einer Reihe von Experimenten, von ihren Kollegen als »elegant« und »überzeugend« (den größten Komplimenten der wissenschaftlichen Welt) gelobt, demonstrierte Williams, daß Ratten, die unmittelbar nach der Geburt mit Testosteron behandelt wurden, sich mehr auf räumliche Hinweise und weniger auf Orientierungspunkte verlassen, um sich in einem Labyrinth zurechtzufinden, als Tiere, die keine männlichen Hormone erhalten haben. Zusammen mit den Experimenten von Thomas Bever zu der Frage, wie sich Männer und Frauen in einem Labyrinth zurechtfinden (beschrieben in Kapitel 1), bedeuten Williams Versuche, daß es vielleicht wirklich die Hormonmischung im Mutterleib sein könnte, die Männer dazu bringt, sich auf Karten zu verlassen, und Frauen dazu, sich Orientierungspunkte zu merken.

Ebenso wie Sheri Berenbaum gehört auch Williams zu jenen jungen Wissenschaftlerinnen, die aus dem einen oder anderen Grund in den letzten zehn Jahren bei der Erforschung geschlechtsspezifischer Unterschiede gelandet sind. Sie sei schon immer etwas rebellisch gewesen, erzählt sie. »Ich wuchs mit dem Protest gegen den [Vietnam-]Krieg auf, lebte außerhalb von Harvard und trug Holzperlen.«

In der Oberstufe hatte sie eigentlich den Wunsch gehabt, an der Cornell University aufs College zu gehen, weil das damals bei den Hippis »in« war. Zufällig hörte sie jedoch von einem kleinen College im Westen von Massachusetts namens Williams-College. Das traditionell männliche College hatte vor, im kommenden Jahr zum erstenmal Frauen aufzunehmen, und der Gedanke, als eine der ersten Frauen eine männliche Bastion zu erobern, reizte sie sehr. »Ich wollte immer schon anders sein.« Dies und die Tatsache, daß sie und das College denselben Namen trugen, brachten sie dazu, in jenem Herbst, als die Blätter sich zu färben begannen, das Unigelände zu besuchen, nur um zu sehen, wie es war. »Ich fand die Szenerie für ein College ideal. Ich war eine ziemlich dramatisch veranlagte junge Dame und hielt die Umgebung für überaus wichtig.« Im Herbst 1971 war sie eine von 150 Studentinnen, die zusammen mit 1200 männlichen Kommilitonen die Seminare besuchten.

Knapp 1,60 Meter groß, blond und attraktiv, hatte sie des öfteren

Schwierigkeiten, von den Mitgliedern der vorwiegend männlichen Fakultät ernstgenommen zu werden, die mit der Anwesenheit von Frauen noch nicht so richtig umgehen konnten. Ein Englisch-Professor riet ihr, auf keinen Fall Englisch als Hauptfach zu studieren, »einfach deshalb, weil jeder denkt, daß es für Mädchen das richtige ist«. Ein Chemie-Professor, der seinen Hauptfachstudiengang hauptsächlich männlich erhalten wollte, sagte: »Ich hoffe, sie haben nicht vor, weitere Chemiekurse zu belegen.« Andere Professoren waren allerdings eher willens, sie zu unterstützen, erinnert sie sich. Und so fand sie ihren Platz in der Psychologie, wo sie einen Kurs unter der Leitung von Tom McGill belegte. McGill war Verhaltensforscher und hatte sich mit geschlechtsspezifischen Unterschieden bei Mäusen befaßt. Als Teil jenes Kurses mußte sie ein Experiment zum Sexualverhalten von Mäusemännchen mit Gehirnläsionen durchführen. Sie setzte Weibchen zu den Männchen in den Käfig und beobachtete deren Geschlechtsverkehr. »Ich fand das toll. Besonders prickelnd war es, zu Hause anzurufen und meinen Eltern zu erzählen, was ich am College machte.«

Aus dem Prickeln wurde eine dauerhafte Beziehung. Sie studierte sowohl Biologie als auch Psychologie im Hauptfach und arbeitete während der nächsten drei Schuljahre als Unterrichtsassistentin bei McGill und einige Sommer lang als wissenschaftliche Assistentin in seinem Labor. Die einzige Unterbrechung fand im Sommer nach ihrem ersten College-Jahr statt, als McGill sie drängte, auch bei jemand anderem zu studieren, damit sie einen Eindruck von weiteren Spezialgebieten der Psychologie bekäme. Sie widmete sich drei Monate lang Kindern mit gestörtem seelischem Wohlbefinden. »Ich habe es gehaßt«, erinnert sie sich. Immer dann, wenn sie den Eindruck hatte, daß es einem Kind allmählich besser ging, mußte man es nach Hause schicken – wo mit ziemlicher Sicherheit sämtliche Fortschritte wieder zunichte gemacht wurden. »Ich stellte fest, daß ich kein guter Kliniker war«, sagt sie. »Ich wollte ihr Gemüt heilen, um die Welt zu ändern und nicht, um sie in ihre problembeladenen Familien zurückzuschicken.«

Nach dem Williams-College promovierte sie am Institute of Animal Behavior an der Rutgers University in Newark, New

Jersey, verbrachte danach ein Jahr an der Johns Hopkins University in Baltimore, bevor sie schließlich 1981 ans Barnard-College ging. Während ihrer Promotion hatte sie festgestellt, daß sie Spaß daran hatte, mit jungen Ratten zu arbeiten und deren Entwicklung zu untersuchen. Eines ihrer früheren Spezialgebiete war die Steuerung des instinktiven Saugverhaltens bei neugeborenen Ratten gewesen. Von hier aus wechselte sie zum weiblichen Sexualverhalten und den geschlechtsspezifischen Unterschieden bei Ratten. Doch erst 1985 begann sie mit jener Forschungsarbeit, die ihr die meiste Aufmerksamkeit einbringen sollte. Zu diesem Zeitpunkt begegnete sie Warren Meck, einem Psychologen, der kurz zuvor von der Brown University in die nächste Nachbarschaft zum Barnard-College an die Columbia University gekommen war.

»Ich war mir nicht ganz sicher, ob ich ihn mochte oder verabscheute«, erinnert sie sich; jedenfalls war sie neugierig genug, um mit ihm essen zu gehen. Das gemeinsame Mahl wurde, sowohl in persönlicher als auch in beruflicher Hinsicht, ein voller Erfolg. Damals begann nicht nur eine Freundschaft, die drei Jahre später in eine Ehe münden sollte, sondern Williams und Meck steckten bei ihrer Suche nach Projekten, die ihrer beider Talente und Interessen vereinigen würden, zwei Forschungsrichtungen ab, die sie auf Jahre hinaus beschäftigen sollten. Die eine Richtung befaßte sich mit geschlechtsspezifischen Unterschieden bei der Wirkung von Cholin auf das Gedächtnis bei Ratten. Auf diesem Gebiet war Meck tonangebend. Das andere Unternehmen galt der Frage, wie Geschlechtshormone das Durchlaufen eines Labyrinths bei männlichen und weiblichen Ratten beeinflussen. Mit dieser Arbeit wird Williams meist mehr in Zusammenhang gebracht. Sie besteht jedoch darauf, daß es Teamarbeit war. »Für mich ist dies unsere Arbeit.«

Das Labyrinth, das Williams und Meck bei ihrer Arbeit verwenden, ist ein zwölfarmiges, radiales Labyrinth, nicht zu verwechseln mit Labyrinthen, wie man sie in Cartoons findet, wo die Ratte ihren Weg entlang eines Zickzackkurses finden muß, der mit falschen Abzweigungen und blinden Gängen gespickt ist. Man stelle sich statt dessen einen kleinen runden Tisch vor, etwa einen Meter hoch und 45 Zentimeter im Durchmesser, von dem in gleichem Abstand ein Dutzend 75 Zentimeter lange Arme ausgehen. Am Ende eines solchen Arms befindet sich ein flaches Schälchen, in das man Futter geben kann. Die Ratte wird in das runde Zentrum gesetzt und muß bis zum Ende eines Arms laufen, um das Futter zu erreichen, und dann wieder in die Mitte zurückkehren, bevor sie einen anderen Arm ausprobieren kann. Williams und Meck plazieren das Futter an das Ende von nur acht Armen – immer denselben acht Armen – und trainieren die Ratten dann darauf, alle acht Futterschälchen mit möglichst wenigen Erkundungsausflügen zu finden. Die Ratten kommen einmal am Tag in das Labyrinth, und zwar so lange, bis sie trotz Übung nicht mehr besser werden. (Die durchschnittliche Höchstleistung besteht darin, daß die Ratte ungefähr zehn bis zwölf Versuche benötigt, um alle acht Futterstückchen zu ergattern, denn auch eine gut trainierte Ratte wird gelegentlich einen leeren Arm ausprobieren oder vergessen, wo sie bereits war, und einen Arm zum zweiten Mal entlanglaufen.)

Der erste geschlechtsspezifische Unterschied, den Williams und Meck feststellten, betraf die Geschwindigkeit, mit der männliche und weibliche Ratten das Labyrinth kennenlernen. Die beiden Geschlechter unterscheiden sich zwar nicht darin, wie gut sie am Ende das Labyrinth beherrschen – beide benötigen im Schnitt etwa ein Dutzend Versuche –, aber männliche Ratten erreichen dies bereits einige Tage früher als die Weibchen. Wodurch kommt dieser Unterschied zustande? Falls Männchen und Weibchen unterschiedliche Strategien verwandten, um sich das Labyrinth einzuprägen, dann müßten sie auch noch im Gleichgewicht, also wenn beide Geschlechter sich mit gleich wenigen Fehlern zurechtfinden, unterschiedlich vorgehen. Es galt herauszufinden, worin der Unterschied bestand. »Wir sahen den geschlechtsspezifischen Unterschied im Gleichgewicht verschwinden und fragten uns, wie wir ihn zurückholen konnten«, berichtet Williams.

Sie erinnerten sich an Arbeiten anderer Rattenforscher, die festgestellt hatten, daß Ratten sich innerhalb eines Labyrinths anhand äußerer Hinweise zurechtfinden – anhand der Form des Raumes oder der Anordnung von Tischen und anderen festen

Gegenständen im Raum – und gingen davon aus, daß ihre Ratten es vermutlich ebenso machten. In der Mitte des Labyrinths sahen sich die Ratten sehr häufig im Zimmer um, allem Anschein nach betrachteten sie die Möbel oder vielleicht auch die Wände, bevor sie sich für einen der Arme entschieden. Manche Ratten krabbelten auch bis zum Rand des runden Tisches und lugten hinunter auf den Boden. Manchmal, so Williams, verbrachte eine Ratte, die bereits die Futterstückchen aus sieben Armen gefunden hatte, mehr als 15 Sekunden im Zentrum des Labyrinths, wobei sie sich umsah, scheinbar überlegte und sich zu erinnern versuchte, in welchem Arm das letzte Stückchen sein müßte. »Man denkt, sie schafft das nie«, erzählt Williams, doch ganz plötzlich rennt die Ratte den richtigen Arm entlang.

Was würde geschehen, wenn man einige der äußeren Anhaltspunkte entfernte? Die Leistung der Ratten im Labyrinth müßte sich dadurch verschlechtern, aber würde dies Männchen und Weibchen gleichermaßen betreffen? Williams und Meck beschlossen, das herauszufinden. Um die »räumlichen« Anhaltspunkte auszuschließen, montierten sie einen Vorhang, der sich rund um das radiale Labyrinth schließen ließ. Dieser verhüllte die Ecken und Wände des Raumes, so daß die Ratten sie nicht mehr als Kompaß verwenden konnten, um sich im Labyrinth zurechtzufinden. Um die anderen Orientierungspunkte zu eliminieren – einen Computertisch, einen Wagen mit Rattenkäfigen, einige Stühle –, schoben sie sie entweder jeden Tag in eine andere Position oder entfernten sie ganz aus dem Raum. Jeden Tag wurden die Ratten mit einer anderen Kombination räumlicher und anderer Anhaltspunkte konfrontiert. Und jedesmal wurden die Ratten in die Mitte des Labyrinths gesetzt und dabei beobachtet, wie sie versuchten, das Futter zu finden.

Als Williams und Meck ihre Ergebnisse zusammenfaßten, wurde ein erstaunlicher Unterschied zwischen beiden Geschlechtern offenbar. Entfernte man die Orientierungspunkte, so wurde die Leistung der Männchen nicht beeinträchtigt, wohl aber, wenn man den Vorhang schloß. Sobald sie sich nicht mehr an den Wänden des Raumes orientieren konnten, hatten sie weit größere Schwierigkeiten, sich zu erinnern, wo all die Futterstückchen lagen. Die Weibchen hingegen kamen gut zurecht, solange sie entweder die räumlichen Verhältnisse oder die anderen Orientierungspunkte zur Verfügung hatten. Sie schnitten erst dann deutlich schlechter ab, wenn sowohl der Vorhang hing als auch die Möbel verstellt waren.

Männliche und weibliche Ratten verwenden offenbar unterschiedliche Strategien, um sich ein Labyrinth einzuprägen, so die Folgerung der Wissenschaftler.[12] Die Männchen verfuhren eingleisig, indem sie sich ausschließlich auf einen räumlichen Gesamtüberblick verließen. Die Weibchen schienen sich in gleichem Maße auf die Räumlichkeit und auf andere Orientierungspunkte zu verlassen und versagten nur, wenn sie keine der beiden Anhaltspunkte mehr zur Verfügung hatten.

»Es ist nicht so, daß Männchen etwas können, was die Weibchen nicht können, oder die Weibchen etwas können, was die Männchen nicht können«, erklärt Williams. Beide Geschlechter prägen sich das Labyrinth gleich gut ein – sie tun dies nur auf unterschiedliche Art und Weise. Wenn man so will, schlagen Männer den »schnellen und schmutzigen« Weg ein, um sich das Labyrinth einzuprägen, und wenden nicht mehr Arbeit auf als unbedingt notwendig. Dies erklärt unter Umständen, weshalb Männchen weniger Trainingsläufe bis zur ihrer Bestleistung benötigen, so Williams, es macht sie aber auch anfälliger gegenüber der Entfernung von Anhaltspunkten. Die Weibchen sind im Gegensatz dazu langsamer und gründlicher. Sie verwenden mehr Informationen, um sich das Labyrinth einzuprägen, und wenn sie dadurch auch länger brauchen, um ihre Bestleistung zu erreichen, so zahlt sich ihr Vorgehen doch in dem Moment aus, in dem sie ohne einen Teil der Anhaltspunkte das Labyrinth durchlaufen müssen.

Nachdem Williams und Meck den geschlechtsspezifischen Unterschied bei der Orientierung im Labyrinth soweit eingegrenzt hatten, wollten sie wissen, ob er sich darauf zurückführen ließe, daß das Rattengehirn während seiner Entwicklung unterschiedlichen Hormoneinflüssen ausgesetzt war. Sie kastrierten Rattenmännchen, um ihnen das Testosteron zu entziehen und injizierten Weibchen ein Geschlechtshormon, um deren Gehirn zu maskulinisieren.[13] Danach führten sie dasselbe Labyrinth-Experiment mit diesen kreuzgeschlechtlichen Ratten durch. Die Ergebnisse entsprachen dem, was man nach Berenbaums Experimenten mit den AGS-Mädchen erwarten würde: Die hormonbehandelten Weibchen schnitten wie Männchen ab, die kastrierten Männchen wie Weibchen. Jetzt waren es die Weibchen mit maskulinisiertem Gehirn, die das Labyrinth mit weniger Fehlläufen erlernten, aber nicht mit dem geschlossenen Vorhang fertig wurden, und es waren die durch die Kastration demaskulinisierten Männchen, die länger bis zur gleichen Genauigkeit brauchten, dabei aber sowohl räumliche als auch andere Orientierungspunkte berücksichtigten.[14]

Um herauszufinden, welcher spezielle Hirnbereich für das Erlernen des Labyrinths verantwortlich ist, kastrierte Williams Rattenmännchen und implantierte kleine Hormonkapseln in spezifische Bereiche ihres Gehirns. Plazierte sie die Implantate im Hypothalamus, einem Teil des Gehirns, der mit Gefühlen und instinktivem Verhalten zu tun hat, dann zeigten sie wenig Wirkung. Setzte man sie jedoch in den Frontalcortex oder in den Hippocampus ein, zwei Gehirnbereiche, die Lernen und Gedächtnis kontrollieren, dann verhielten sich die kastrierten Männchen im Labyrinth genauso wie normale Männchen. Williams schloß daraus, daß das Hormon in diesen speziellen Hirnbereichen das Wachstum von Neuronen steuert.

Diese Versuchsreihe von Williams und Meck bietet das bislang vollständigste Bild eines kognitiven Unterschieds zwischen männlichem und weiblichem Geschlecht: Ratten verwenden entsprechend ihrem jeweiligen Geschlecht unterschiedliche Strategien, um sich ein Labyrinth einzuprägen, wobei Männchen sich vorwiegend auf räumliche Anhaltspunkte verlassen, Weibchen hingegen sowohl auf die Räumlichkeit als auch auf andere Anhaltspunkte. Dieser geschlechtsspezifische Unterschied entsteht innerhalb der ersten Lebenstage durch den Einfluß von Geschlechtshormonen auf den Frontalcortex und den Hippocampus. Was noch fehlt, um das Bild abzurunden, ist das Wissen darüber, wie die Hormone das Gehirn im einzelnen verändern – ein Thema, an dem andere Wissenschaftler bereits arbeiten, dessen Ergebnis jedoch zur Zeit noch nicht vorliegt.

Als Williams und Meck diesen geschlechtsspezifischen Unterschied beim Erlernen eines Labyrinths definierten, wußten sie noch nicht, daß Thomas Bever von der University of Rochester einem erstaunlich ähnlichen Unterschied beim Menschen auf der Spur war. Wie in Kapitel 1 berichtet, ließ er Studenten und Studentinnen trainieren, sich in einem Computerlabyrinth zurechtzufinden und beobachtete dann, was geschah, wenn er das Labyrinth durch die Entfernung von Orientierungspunkten oder durch Manipulationen an dessen Geometrie veränderte. Ohne Orientierungspunkte schnitten die Frauen schlechter ab, während die Leistungen der Männer gleich blieben. Das Gegenteil war der Fall, wenn Bever einige der Korridore im Labyrinth verlängerte – die Frauen bemerkten dies kaum, die Zeiten der Männer wurden jedoch schlechter.

Bever unternahm ein ähnliches Experiment mit Ratten (diesmal in einem echten Labyrinth ohne Computer) und stellte einen sehr ähnlichen Effekt fest: Männchen verließen sich auf die Räumlichkeiten, Weibchen auf Orientierungspunkte. Er hat zwar nicht dieselben Hormonmanipulationen wie Williams und Meck vorgenommen, doch liegt die Vermutung nahe, daß auch für diesen geschlechtsspezifischen Unterschied der Einfluß männlicher Hormone auf das Gehirn der Ratten verantwortlich sein dürfte.

Es könnte schlicht Zufall sein, daß Männer und Frauen denselben Unterschied wie Ratten aufweisen, wenn es darum geht, sich in einem Labyrinth zurechtzufinden. Bever und Williams aber glauben das nicht. Es ist zwar immer mit Gefahr verbunden, von Ratten auf Menschen zu schließen, doch beide vermuten, daß der Testosteronspiegel im Mutterleib ein gutes Stück weit erklären kann, weshalb Männer lieber Karten benutzen, um sich an einem fremden Ort zurechtzufinden, während Frauen sich häufiger auf Gebäude, Schilder und andere Orientierungspunkte verlassen.

Ein großer Teil der Arbeiten an Ratten und anderen Labortieren hat sich ähnlich wie die Untersuchungen von Williams und Meck auf die Frage konzentriert, wie männliche Hormone das Gehirn im Verlauf seiner Entwicklung beeinflussen. Genau wie bei Affen hat man auch bei jungen Ratten zeigen können, daß Testosteron ein burschikoseres Spielverhalten hervorruft,[15] und andere Wissenschaftler haben festgestellt, daß der Einfluß männlicher Hormone zur Folge hat, daß Ratten als ausgewachsene Tiere aggressiver sind.[16] Es gibt noch sehr viel mehr Untersuchungen zum Einfluß von Testosteron, so viele, daß wir sie jeweils nur kurz streifen können. Das Gesamtbild, das sich jedoch daraus ergibt, stimmt mit dem überein, was wir bereits gesehen haben: Der Einfluß männlicher Hormone auf das sich entwickelnde Gehirn veranlaßt ein Tier, sich auf bestimmte, seiner Spezies eigene Weise »maskulin« zu verhalten. Bei Tiergattungen, bei denen sich die Männchen anders als die Weibchen verhalten, kann man relativ getrost vermuten, daß sich dieser Unterschied auf die jeweilige Menge an männlichen Hormonen während der Entwicklung zurückführen läßt.

Es ist allerdings gleichermaßen wichtig festzuhalten, daß auch weibliche Hormone an der Beeinflussung von Verhalten beteiligt sind. Zwar ist deren Rolle weit weniger bekannt als diejenige von Testosteron, doch hat man Hinweise darauf, daß Östrogen das Gehirn vielleicht auf bestimmte Weise verweiblicht.

Eine der besten Untersuchungen zum Einfluß des Östrogens wurde von Jane Stewart von der Concordia University in Montreal an Ratten durchgeführt.[17] Setzt man Ratten in einem offenen, unbekannten Terrain aus, sind Weibchen bei dessen Erforschung weit mutiger als Männchen, die in eine Ecke huschen und von dort aus die Lage betrachten. (Es mag zwar dem stereotypen Vorurteil, daß Männchen normalerweise die aggressiveren sind, widersprechen, aber die Bereitschaft, ein neues Terrain zu erkunden, ist eigentlich etwas ganz anderes als Aggressivität, und bei Ratten ist sie in der Tat ein »feminines« Merkmal.) Stewart fand heraus, daß dieses weibliche Freilandverhalten davon abhängig ist, ob eine Ratte innerhalb der ersten Lebenswochen Östrogen ausgesetzt war. Entfernte sie einem Rattenweibchen innerhalb der ersten acht Lebenstage die Eierstöcke, dann zeigte sich das Weibchen ebenso zurückhaltend wie ein Männchen. Verabreichte man der ovariektomierten Ratte aber zwischen dem zehnten und vierzigsten Tag nach der Geburt Östradiol (ein östrogenähnliches Hormon), so spornte dies ihren Mut an. Stewarts Schlußfolgerung: Die bei Rattenweibchen größere Bereitschaft, fremdes Terrain zu erkunden, ist nicht einfach auf das Fehlen von Testosteron zurückzuführen, sondern hängt von dem in den Eierstöcken der Ratte produzierten Östrogen ab.

Als Stewart der Frage nachging, wie Östrogen das Rattengehirn beeinflußt, stieß sie auf ein Detail, das auf den ersten Blick nicht ins Bild zu passen schien. Verabreicht man einer jungen, ovariektomierten Ratte zuviel Östradiol, dann wird sie nicht »femininer« – das heißt mutiger im Freiland –, sondern statt dessen weniger unternehmungslustig. Höhere Östrogenmengen machen eine Ratte im Grunde weniger feminin (oder maskuliner, das hängt vom Standpunkt des Betrachters ab).

Was geht hier vor? Das scheinbare Paradoxon entsteht, weil – wie wir im letzten Kapitel erfahren haben – die Wirkungen von Geschlechtshormonen auf das Gehirn nicht ganz so einfach sind, wie es auf den ersten Blick aussieht.[18] Wenn Testosteron ins Gehirn gelangt, wird ein Teil davon in Östrogen umgewandelt, und ein großer Teil des maskulinisierenden Einflusses von Testosteron kommt in Wirklichkeit durch Östrogen zustande, das aus Testosteron gebildet wurde. Bei Ratten zum Beispiel wird das Raufen der Jungtiere durch den direkten Einfluß von Testosteron auf das Gehirn verursacht, das männliche Sexualverhalten aber entsteht durch Testosteron, das zuvor in Östrogen umgewandelt wurde. Und Christina Williams stellte fest, daß man bei Ratten ein männchenähnliches Lernverhalten im Labyrinth erzeugen kann, wenn man sie mit Östradiol statt mit Testosteron behandelt. (Im Hinblick auf die Erkenntnis, daß Östrogenverbindungen für einen Großteil der Maskulinisierung des Gehirns zuständig sind, möchten manche Forscher die Unterscheidung in »männliche« und »weibliche« Hormone ganz aufgehoben wissen. Der männliche Körper produziert mehr von dem einen Typ, der weibliche Körper mehr von dem anderen, aber beide Arten von Hormonen werden von beiden Geschlechtern verwendet.)

Obgleich die Arbeit mit Primaten zeitaufwendig und kostenintensiv ist, haben einige Wissenschaftler den Einfluß von Geschlechtshormonen auf das Affengehirn untersucht. Ihre Befunde bestätigen das aus den Rattenstudien gewonnene Bild. Am National Institute of Mental Health in Bethesda, Maryland, haben Jocelyne Bachevalier und Corinne Hagger Lernunterschiede zwischen jungen Rhesusaffenmännchen und -weibchen beobachtet,[19] die sie auf das Vorhandensein beziehungsweise das Fehlen männlicher Hormone im Gehirn der Tiere zurückführen konnten. Sie testeten die Affen auf ihre Fähigkeiten zur sogenannten »Objektdiskrimination«. Das heißt, die Affen mußten lernen, in welchem von zwei Gegenständen ein Futterstückchen verborgen war. Im Alter von drei Monaten, so stellten die Forscher fest, lernten die Weibchen viel rascher als die Männchen. Dieser Unterschied war allerdings bis zum Alter von sechs Monaten verschwunden. Offenbar reift der Teil des Gehirns, der diese Fähigkeit kontrolliert – der untere Teil des corticalen Schläfenlappens – bei Weibchen früher als bei Männchen. Kastrierte man Affenmännchen bei der Geburt, so verhielten sie sich wie normale Weibchen. Entfernte man Weibchen bei der Geburt die Eierstöcke und injizierte ihnen Dihydrotestosteron, ein dem Testosteron eng verwandtes Hormon, so schnitten sie um keinen Deut besser ab als normale Männchen. Dieses männliche Hormon scheint also bei Affen die Entwicklung von zumindest einem Teil des Gehirns zu verlangsamen.

Bachevalier und Hagger vermuten, daß im menschlichen Gehirn etwas Ähnliches geschieht. Ganz allgemein entwickeln Mädchen eine Reihe von Fähigkeiten rascher als Jungen, und es gibt verschiedene Hinweise darauf, daß das weibliche Gehirn rascher reift.[20] Viele Eltern erzählen beispielsweise, daß Mädchen früher sprechen als Jungen. Möglicherweise steuern die Geschlechtshormone das Primatenhirn noch nach der Geburt auf dem als »männlich« oder »weiblich« markierten Weg.

* * *

Nun ist es natürlich gleichgültig, wie viele Ergebnisse sich an Ratten oder Affen ergeben mögen – sie können immer nur Anlaß für Vermutungen über mögliche geschlechtsspezifische Unterschiede beim Menschen sein. Sie beweisen nichts. Um die

Unterschiede zwischen männlich und weiblich beim Menschen zu verstehen, muß man sich schließlich Männern und Frauen, Jungen und Mädchen zuwenden. Das ist der Grund dafür, daß die Arbeiten von Berenbaum und anderen mit AGS-Mädchen so wichtig sind, und das ist auch der Grund dafür, daß viele Wissenschaftler Krankenhäuser und medizinische Fachzeitschriften auf der Suche nach Menschen durchforsten, die während der Gehirnentwicklung ungewöhnlichen Konzentrationen von Geschlechtshormonen ausgesetzt waren. Außer den vom AGS betroffenen Frauen haben Ärzte und Wissenschaftler Menschen mit verschiedenen anderen ähnlichen Syndromen untersucht, und jedes dieser Syndrome bietet eigene Einblicke in jene Mechanismen, über die Hormone das Gehirn steuern.

Julianne Imperato-McGinley untersucht am Medical College der Cornell University in New York City die Opfer zweier Feminisierungssyndrome, von denen Menschen betroffen sind, die in genetischer Hinsicht als Männer gelten. Ein Vergleich dieser beiden Gruppen ermöglicht ihr Aussagen darüber, welche Hormone an der Entwicklung solcher Eigenschaften wie dem räumlichen Vorstellungsvermögen im einzelnen beteiligt sind.

Imperato-McGinley wurde 1979 von der Forschung auf dem Gebiet geschlechtsspezifischer Unterschiede zum ersten Mal zur Kenntnis genommen. Damals beschrieb sie eine Gruppe miteinander verwandter Männer in einem kleinen karibischen Land, die alle unter dem in Kapitel 3 beschriebenen 5α-Reduktasemangel litten,[21] jener Erkrankung, bei der Jungen zum Zeitpunkt der Geburt allem Anschein nach Mädchen sind und erst im Verlauf der Pubertät Penis und Hoden entwickeln. Vor kurzem ist sie in dieses Land zurückgekehrt, um eine Gruppe miteinander verwandter XY-Frauen zu untersuchen, die alle aus derselben kleinen Stadt stammen. Diese Frauen sind ebenso wie die spanische Hürdenläuferin Maria Patiño, die seinerzeit ihrer Chromosomen wegen für Sportwettkämpfe gesperrt wurde, in genetischer Hinsicht Männer. Aufgrund eines genetischen Defektes kann ihr Körper männliche Hormone jedoch nicht erkennen, und so entwickeln sie sich zu Frauen, allerdings besitzen sie weder Eierstöcke noch Uterus. Bezüglich der Wirkung von Hormonen bilden diese XY-Frauen das genaue Gegenstück zu AGS-Frauen, da letztere im Mutterleib ungewöhnlich hohen Testosteron-Konzentrationen ausgesetzt waren, während XY-Frauen überhaupt nicht mit Testosteron in Berührung kommen.

Imperato-McGinley und andere Kollegen haben eine Gruppe von XY-Frauen im Vergleich zu einigen ihrer weiblichen und männlichen Verwandten als Kontrollpersonen mit Hilfe einer spanischen Version des Wechsler-Intelligenz-Tests betrachtet. Da XY-Frauen, obwohl sie in genetischer Hinsicht männlich sind, zum Zeitpunkt der Geburt absolut weiblich aussehen, werden sie als Mädchen erzogen und dürften derselben Sozialisation unterworfen sein wie Mädchen. Wenn also der Unterschied bei männlichen und weiblichen Testergebnissen durch Sozialisation erklärt werden kann, dann müßten XY-Frauen wie normale Frauen abschneiden und unter anderem über ein geringeres räumliches Vorstellungsvermögen verfügen als Männer. Tatsächlich stellte Imperato-McGinley fest, daß XY-Frauen bei entsprechenden Tests schlechter abschneiden als Männer – aber ihre Leistungen liegen auch unter denen ihrer anderen weiblichen Angehörigen. Soweit es das räumliche Vorstellungsvermögen betrifft, sind diese Frauen also »superfeminin«.[22]

Was geht hier vor? Die Erklärung ist offenbar, so Imperato-McGinley, daß bereits kleine Mengen männlicher Hormone im Mutterleib ausreichen, um das räumliche Vorstellungsvermögen eines Menschen zu verbessern. Obgleich normale Frauen während ihrer Entwicklung nicht annähernd soviel männlichem Hormon ausgesetzt sind wie Männer, so erhalten sie doch eine geringe Dosis dieser Hormone, und das scheint auszureichen, um ihnen einen Vorteil gegenüber jenen zu verschaffen, die praktisch gar keine männlichen Hormone erhalten: XY-Frauen.

In der Klinik, an der Imperato-McGinley und ihre Mitarbeiter sich mit XY-Frauen und 5α-Reduktase-defizienten Männern beschäftigen, kursiert der Witz, daß es völlig unnötig sei, besondere Chromosomen-Tests zur Identifizierung von XY-Frauen vorzunehmen – man gebe ihnen einfach ein Puzzle. Im

Warteraum der Klinik befinden sich zur Unterhaltung der Patienten immer etliche Puzzles, und die Männer mit 5α-Reduktase-Mangel haben viel Spaß daran, erzählt Imperato-McGinley. Sie machen sich mit großem Eifer an ein 2000-Teile-Puzzle und setzen es sehr schnell zusammen. Die XY-Frauen dagegen haben bereits Schwierigkeiten, ein 100-Teile-Puzzle zusammenzusetzen, und klagen, es bereite ihnen Kopfschmerzen. Da das Zusammensetzen eines Puzzles ebenfalls räumliches Vorstellungsvermögen voraussetzt, liefert dieser Unterschied zwischen den beiden Arten von Patienten ein Bilderbuchbeispiel für den Einfluß männlicher Hormone auf das räumliche Vorstellungsvermögen.

Imperato-McGinley ging dieser Beobachtung über das Zusammensetzen von Puzzles nach und testete das räumliche Vorstellungsvermögen von Männern mit 5α-Reduktase-Mangel. Ihre vorläufigen Ergebnisse weisen darauf hin, daß dieses mindestens dem männlichen Durchschnitt entspricht, wenn es nicht sogar darüber liegt. Dieser Unterschied zu den XY-Frauen erlaubt Imperato-McGinley einen genauen Rückschluß darauf, welches Hormon im Mutterleib für die Entwicklung des räumlichen Orientierungsvermögens verantwortlich ist.

Der Körper einer XY-Frau reagiert überhaupt nicht auf männliche Hormone,[23] weder auf Testosteron noch auf Dihydrotestosteron, Männern mit 5α-Reduktase-Mangel hingegen fehlt lediglich Dihydrotestosteron. Da das räumliche Orientierungsvermögen bei letzteren in Ordnung ist, kann Dihydrotestosteron für dessen Ausbildung nicht von Bedeutung sein. Das bedeutet, erklärt Imperato-McGinley, daß vermutlich Testosteron, das andere männliche Haupthormon, der Schlüssel zum Zusammensetzen von Puzzles und zur Bewältigung dreidimensionaler Rotationsprobleme ist.

Ein weiterer Hinweis auf die hormonellen Wurzeln des räumlichen Vorstellungsvermögens kommt von den Frauen, die vom Turner-Syndrom betroffen sind, also mit nur einem einzigen Geschlechtschromosom, einem X-Chromosom, statt mit einem Paar geboren werden. Diese Frauen sind gewöhnlich untersetzt und haben unter Umständen leichte körperliche Fehlbildungen wie ein sogenanntes »Flügelfell« (lose Hautfalten am Hals), sind aber anderweitig völlig normal und schneiden bei den meisten Tests auf sprachliche Fähigkeiten ebenso gut ab wie XY-Frauen. Aber verlangen Sie ja nicht von ihnen, daß sie sich anhand einer Karte in einer Stadt zurechtfinden sollen. Bei Tests, die das räumliche Vorstellungsvermögen ansprechen, schneiden sie weit schlechter ab als andere Frauen,[24] und ihre Tendenz, sich zu verlaufen, ist unter den Wissenschaftlern, die an geschlechtsspezifischen Unterschieden arbeiten, geradezu sprichwörtlich. Eine der Frauen mit dem Turner-Syndrom verlief sich zum Beispiel grundsätzlich auf dem Weg vom Fahrstuhl zur Praxis ihres Arztes, obwohl sie bereits oft dort gewesen war.

Genau wie bei XY-Frauen ist auch das Gehirn von Frauen mit dem Turner-Syndrom mit weit geringeren Konzentrationen männlicher Hormone konfrontiert worden als das von normalen Frauen, aber aus einem anderen Grund. Da sie nur ein X-Chromosom besitzen, entwickeln sich ihre Geschlechtsorgane weder zu Hoden noch zu Eierstöcken, so daß der Körper nur die minimalen Mengen an Geschlechtshormonen erhält, die von anderen Organen produziert werden. Wiederum: minimale Mengen männlicher Hormone, minimales räumliches Vorstellungsvermögen. Frauen mit dem Turner-Syndrom gestatten auch einen Einblick in die Funktion weiblicher Hormone. Außer Schwierigkeiten bei der räumlichen Orientierung haben Turner-Frauen auch Schwächen bezüglich des Langzeit- und des Kurzzeitgedächtnisses, der Wortgewandtheit und des Einfühlungsvermögens – lauter Dinge, bei denen sich im Normalfall Frauen hervortun.[25] Der Grund dafür könnte ein Mangel an weiblichen Hormonen sein, da Frauen mit dem Turner-Syndrom durch das Fehlen funktionstüchtiger Eierstöcke im Laufe ihrer Entwicklung und im späteren Leben nicht den normalen Mengen an Östrogen ausgesetzt sind. Genauso wie Rattenweibchen eine bestimmte Menge Östrogen benötigen, um ihr normales Freiland-Verhalten ausprägen zu können (wie Jane Stewart feststellte), muß möglicherweise auch beim Menschen das weibliche Gehirn einem bestimmten Quantum weiblicher Hormone ausgesetzt sein, damit sich solche Fähigkeiten wie Erinnerungsvermögen und Wortgewandtheit vollständig entwickeln können. Es gibt allerdings bisher nicht genügend

Beweise dafür, als daß sich die Wissenschaft darüber einig wäre.

Außer diesen Fehlschaltungen der Natur gibt es noch eine andere Situation, bei der der Embryo ungewöhnlichen Geschlechtshormonen ausgesetzt ist. Allerdings wird dieser Fall von den meisten Menschen als normal erachtet: zweigeschlechtliche Zwillinge. Wenn im Mutterleib sowohl ein männlicher als auch ein weiblicher Embryo vorhanden sind, wird der weibliche Zwilling möglicherweise mit einem Teil des vom männlichen Zwilling produzierten Testosterons konfrontiert. Könnte dies irgendwelche Auswirkungen auf das Zwillingsmädchen haben? Verschiedene Untersuchungen lassen vermuten, daß dem durchaus so sein könnte. Susan Resnick, ursprünglich Sheri Berenbaums Partnerin bei den Untersuchungen an AGS-Mädchen, hat sich mit dem »sensation seeking« (siehe auch Kapitel 3) bei zweigeschlechtlichen Zwillingen beschäftigt.[26] Als »sensation seekers« bezeichnet man jene Menschen, die stets auf der Suche nach neuen, aufregenden, manchmal sogar beängstigenden Erfahrungen sind. Sie probieren neue Nahrungsmittel, laufen Wasserski oder springen, mit nur einem dünnen Stück Tuch und ein paar Seilen gesichert, aus Flugzeugen. Männer schneiden mit großer Beständigkeit besser als Frauen in Tests ab, die diese Eigenschaft ansprechen. Resnick testete in diesem Zusammenhang mehrere 100 weibliche Zwillinge und stellte fest, daß jene, die einen Zwillingsbruder hatten, deutlich höhere Punktzahlen erreichten als jene, die eine Zwillingsschwester hatten.

An der University of Colorado untersuchten Wissenschaftler das räumliche Vorstellungsvermögen bei Zwillingsfrauen.[27] Sie stellten fest, daß Frauen mit Zwillingsbrüdern bei Tests mit dreidimensionalen Rotationsaufgaben wesentlich besser abschnitten als die Kontrollgruppe aus Frauen mit zweieiigen Zwillingsschwestern. Mit ein bißchen Übung brachten es die Frauen mit Zwillingsbrüdern auf die gleichen guten Ergebnisse wie ihre Brüder.

AGS-Mädchen, XY-Frauen, Frauen mit dem Turner-Syndrom und Frauen mit Zwillingsbrüdern – bei jeder von ihnen scheinen wir einen Nachhall aus dem Mutterleib zu vernehmen, wenn sich die Einwirkung von Hormonen Jahre später in ihrem Leben bemerkbar macht. Aber ist es nicht auch möglich, daß diese Echos eine viel naheliegendere Ursache haben, etwa die Erziehung der Mädchen und ihre Sozialisation? Im Falle zweigeschlechtlicher Zwillinge zum Beispiel könnte die Tatsache, daß sie gemeinsam erzogen werden, Mädchen dazu veranlassen, mehr jener Dinge zu tun, die das räumliche Vorstellungsvermögen schulen, oder sie dazu bringen, bereitwilliger Neues auszuprobieren. Und vielleicht sind AGS-Mädchen deshalb in ihrem räumlichen Vorstellungsvermögen Jungen so ähnlich, weil die Eltern sie angesichts der bei der Geburt vorhandenen männlichen Geschlechtsmerkmale mehr wie Jungen behandeln. Schwieriger zu erklären ist, warum XY-Frauen und Frauen mit dem Turner-Syndrom über ein geringeres räumliches Vorstellungsvermögen verfügen als normale Frauen oder weshalb Frauen mit dem Turner-Syndrom Gedächtnisschwächen haben und über ein geringeres Einfühlungsvermögen verfügen. Mit ein bißchen Phantasie ist jedoch auch das möglich. Man könnte zum Beispiel die Hypothese aufstellen, daß XY-Frauen den fehlenden monatlichen Menstruationszyklus dadurch zu kompensieren versuchen, daß sie sich superfeminin geben.

Wie aber will man entscheiden, welche der Theorien mit der größten Wahrscheinlichkeit die richtige ist? Die Wissenschaft verfügt zu diesem Zweck über eine Reihe durchaus geeigneter Faustregeln. Eine davon trägt die Bezeichnung »Occam's razor« und besagt lediglich, daß man, wenn alles andere gleich ist, die einfachste und prägnanteste Erklärung zu wählen hat, jene, die mit den wenigsten Regeln die meisten Dinge erklären kann.

Betrachten wir einmal die Tatsache, daß AGS-Mädchen wie Jungen spielen und daß junge Affenweibchen, die im Mutterleib unter Testosteroneinfluß gestanden haben, wie junge Affenmännchen spielen. Man kann entweder das Verhalten der Affen mit Hormonen erklären und das menschliche Verhalten als Sozialisationsfolge. Oder man kann davon ausgehen, daß beide Ausdruck desselben grundlegenden biologischen Prinzips sind. Oder betrachten Sie die Parallelen zwischen der Art und

Weise, wie Christina Williams' Rattenweibchen und -männchen lernen, sich in einem Labyrinth zurechtzufinden, und wie Thomas Bevers Studenten das anstellen. Wiederum kann man davon ausgehen, daß es sich um bloßen Zufall handelt, oder man kann annehmen, daß in beiden Fällen dasselbe geschieht – irgend etwas im männlichen Gehirn (beim Menschen und bei vielen Nagerarten) orientiert sich mit Vorliebe am System der Himmelsrichtungen. Und so weiter und so weiter. Für viele der geschlechtsspezifischen Unterschiede, die wir beim Menschen beobachten – angefangen von Spielverhalten und räumlichem Vorstellungsvermögen bis hin zu Fürsorglichkeit und Aggressivität, finden sich Parallelen bei anderen Tieren. Die »Occam's razor«-Regel legt die Vermutung nahe, daß geschlechtsspezifische Unterschiede beim Menschen zumindest teilweise auf die gleichen Vorgänge zurückzuführen sind, die auch geschlechtsspezifische Unterschiede bei Tieren erzeugen – Hormone im Mutterleib.

Eine andere Faustregel, der sich die Wissenschaft bedient, wenn es darum geht, zwischen konkurrierenden Theorien zu entscheiden, fordert, daß man stets diejenige wählt, mit der sich die meisten Dinge voraussagen lassen. Je mehr Voraussagen eine Theorie zuläßt, um so mehr Gelegenheit besteht, sie zu widerlegen, und um so besser überprüft wird sie am Ende dastehen. Die Sozialisationstheorie läßt im Grunde keine Voraussagen bezüglich jener »Experimente der Natur« zu – sie bietet Erklärungen an. Angenommen, die Gesellschaft behandelt Jungen und Mädchen unterschiedlich, was wäre dann Ihre Voraussage darüber, wie Eltern AGS-Mädchen behandeln werden? Sie könnten vielleicht annehmen, daß Eltern AGS-Mädchen eher wie Jungen behandeln, oder Sie könnten annehmen, daß sie sie verstärkt dazu drängen, sich wie Mädchen zu verhalten. Beide Standpunkte sind jedoch bloße Vermutungen. Und wie sollte die Sozialisationstheorie voraussagen, daß XY-Mädchen – die ja genauso wie normale Mädchen aussehen und deren Diagnose in aller Regel nicht vor der Pubertät gestellt wird – in irgendeiner Form anders behandelt werden als normale Mädchen? In beiden Fällen kann man, wenn man die Antwort kennt – AGS-Mädchen verhalten sich eher wie Jungen, XY-Frauen sind in ihrem räumlichen Orientierungsvermögen »superfeminin« –, rückwärts argumentieren, um zu einer Erklärung dafür zu gelangen, wie die Sozialisation all das bewerkstelligt haben kann, man hat damit aber keine Voraussage getroffen.

Die biologische Erklärung wirkt deshalb auf viele Wissenschaftler weit überzeugender, weil sie klare, überprüfbare Voraussagen ermöglicht: Die Einwirkung großer Mengen Testosteron im Mutterleib vermännlicht eine Person, gleichgültig ob sie männlich oder weiblich ist; umgekehrt bildet die Person keine männlichen Merkmale aus, wenn der Embryo nur geringen Dosen männlicher Hormone ausgesetzt war. Wenn sich also AGS-Mädchen weiblicher verhalten würden als andere Mädchen oder wenn Frauen mit dem Turner-Syndrom beziehungsweise XY-Frauen sich als maskuliner erweisen würden, wäre das ein glatter Widerspruch zur Hormon-Hypothese.

Aus all diesen Gründen akzeptieren immer mehr Wissenschaftler die Vorstellung, daß Geschlechtshormone möglicherweise das Verhalten im späteren Leben beeinflussen. Außerdem gibt es noch ein weiteres »Experiment der Natur«, für das es schlichtweg keine umweltbedingte Erklärung gibt.

Der idiopathische hypogonadotrope Hypogonadismus (IHH) ist eine sehr seltene Störung bei Jungen, durch die das Einsetzen der Pubertät verhindert wird. Jungen mit IHH erzeugen keine ausreichenden Mengen jener Hormone, welche die Gonadenentwicklung stimulieren (Gonadotropine). Im Mutterleib entwickeln sich die Kinder normal, anscheinend deshalb, weil durch die Mutter genügend Gonadotropine gebildet werden, um die Entwicklung der embryonalen Gonaden zu stimulieren und die Geschlechtsorgane zu vermännlichen; nach der Geburt jedoch sind die Hoden inaktiv. Die Jungen erscheinen bei der Geburt normal, haben keine erkennbaren körperlichen oder geistigen Fehlbildungen und wachsen wie normale Jungen heran – sind somit also denselben Umwelteinflüssen ausgesetzt wie andere Jungen; da aber in den Hoden kein Testosteron produziert wird, setzt bei ihnen die Pubertät nicht ein. Sobald man die Diagnose gestellt hat, werden die Jungen mit Hormonen behandelt, um die Pubertät künstlich zu induzieren.

1982 berichteten Daniel Hier und William Crowley über einen

Vergleich von 19 IHH-Jungen mit 19 normalen Jungen anhand verschiedener Tests.[28] Bei Tests auf verbale Fähigkeiten unterschieden sich die beiden Gruppen nicht, doch bei drei Tests auf räumliches Vorstellungsvermögen war der Kontrast verblüffend. Bei einem Untertest des Wechsler-Intelligenztests für Erwachsene (dem sogenannten »block design-Test«) gaben die Männer in den Kontrollgruppen im Durchschnitt 30 Prozent mehr richtige Antworten. Bei den räumlichen Problemen des Differential Aptitude Tests (DAT) lagen die Punktzahlen der Kontrollgruppe über 40 Prozent höher. Und bei einem Test mit verborgenen Figuren, bei dem für jede Testperson die Zeit gestoppt wurde, die sie benötigte, um die richtige Lösung zu finden, waren die Kontrollpersonen nahezu doppelt so schnell wie die IHH-Männer.

Die beiden Ärzte stellten zudem fest, daß die von IHH am schwersten betroffenen Patienten – diejenigen, bei denen der Körper am wenigsten männliche Hormone produzierte – auch diejenigen mit dem schlechtesten räumlichen Vorstellungsvermögen waren. Die Hodengröße bei einem Patienten gibt einen relativ guten Hinweis auf das Ausmaß der Erkrankung, denn je weniger Gonadotropine der Körper produziert, um so kleiner sind die Hoden. Hier und Crowley bestimmten die Hodengröße bei ihren Patienten und wiesen nach, daß im Durchschnitt die Patienten mit den am wenigsten entwickelten Hoden das schlechteste räumliche Vorstellungsvermögen besaßen.

Um eine Aussage darüber zu bekommen, zu welchem Zeitpunkt des Lebens männliche Hormone ihren Einfluß ausüben, untersuchten Hier und Crowley fünf Patienten mit erworbenem hypogonadotropem Hypogonadismus (AHH), einer ähnlichen Erkrankung wie IHH, die nach einer Verletzung oder nach einer Krankheit auftritt. Bei jedem dieser Patienten war AHH während oder nach der Pubertät aufgetreten, so daß sie zumindest bis zu diesem Zeitpunkt normalen Mengen männlicher Hormone ausgesetzt waren. Ließ man diese Patienten dieselben Tests lösen wie die anderen, erzielten sie Punktzahlen, die mit denen der Kontrollgruppe nahezu identisch waren, was bedeutet, daß ihr räumliches Vorstellungsvermögen durch den Verlust der Hodenfunktion nach der Pubertät nicht mehr beeinträchtigt wurde. Nach Hier und Crowley ergibt sich daraus die Schlußfolgerung: Testosteron und andere von den Hoden produzierte männliche Hormone sind wichtig für die Entwicklung des räumlichen Vorstellungsvermögens, und sie zeigen ihre Wirkung im Zeitraum zwischen Empfängnis und Pubertät.

Außer bei diesen »Experimenten der Natur« haben Forscher auch bei medizinischen Eingriffen nach Hinweisen auf geschlechtsspezifische Unterschiede gesucht. Von den fünfziger bis in die siebziger Jahre hinein verordnete man in den Vereinigten Staaten schwangeren Frauen mit einem erhöhten Risiko für eine Fehlgeburt routinemäßig synthetische Hormone – bis man feststellte, daß diese Behandlung einige seltene, aber sehr schwerwiegende Nebenwirkungen hatte, unter anderem Geburtsfehler und ein erhöhtes Risiko für bestimmte Krebsarten bei dem Kind. Das gebräuchlichste dieser Hormone war Diäthylstilböstrol oder DES, ein synthetisches Östrogen wie viele andere auch. Einige dieser Substanzen waren natürliche oder synthetische Versionen des Progesterons, eines Hormons, das an der Regulation des weiblichen Genitalsystems während der Schwangerschaft beteiligt ist, andere waren chemisch mit Androgenen, den männlichen Hormonen verwandt. Die Substanzen beeinflußten den Körper somit auf verschiedene Art und Weise; manche erzeugten Wirkungen, die denen der weiblichen Hormone stark ähnelten, andere wirkten mehr wie männliche Hormone. Da Tausende von Babys diesen synthetischen Hormonen im Mutterleib ausgesetzt wurden, handelt es sich hier vermutlich um das größte Hormonexperiment, das je am Menschen durchgeführt wurde.

June Machover Reinisch, ehemalige Leiterin des berühmten Kinsey Institutes for Research in Sex, Gender and Reproduction, beschäftigt sich mit diesem Thema seit mehr als 20 Jahren. Die Beweislage ist uneinheitlich und manchmal widersprüchlich, bemerkt sie, vor allem deshalb, weil es für die Frauen, die diese Hormone eingenommen haben, keine Standardbehandlung gegeben hat. Verschiedene Ärzte verwendeten unterschiedliche synthetische Hormone, häufig auch Kombinationen von zwei oder mehreren Hormonen, und variierten Dosierung,

Anwendungsdauer und den Zeitpunkt in der Schwangerschaft, zu dem die Hormone eingesetzt wurden. Dennoch, so Reinisch, hat sich nach zwei Jahrzehnten und Dutzenden von Untersuchungen ein einheitliches Bild ergeben.[29]

Nur wenigen Frauen waren androgenähnliche Hormone ohne weitere Zusätze gegeben worden, die das Bild verwirren konnten, doch diese wenigen Fälle sprechen für sich. Die Jungen, die solch hohen Konzentrationen dieser den männlichen Hormonen ähnlichen Substanzen ausgesetzt gewesen waren, wiesen eine weit höhere körperliche Aggressivität auf als ihre Brüder, die nicht solch hohen Hormonkonzentrationen im Mutterleib ausgesetzt gewesen waren.[30] Mädchen, die denselben Hormonen im Mutterleib ausgesetzt gewesen waren, zeigten sich in vieler Hinsicht maskuliner.[31] Sie hatten Spaß an Raufereien und Jungenspielzeug, trugen Hosen statt Kleider und spielten mit Jungen statt mit anderen Mädchen – kurz, sie waren in allem eher burschikos. Auf die Frage, ob Karriere oder Ehe wichtiger wäre, wählten sie mit größerer Wahrscheinlichkeit als andere Mädchen die Karriere. Sogar in der Mischung mit einem progesteronähnlichen Hormon, das komplexe Wirkungen auf das Ungeborene hat, sorgten androgenähnliche Hormone für eine stärkere Vermännlichung von Jungen und Mädchen und vor allem für größere körperliche Aggressivität.[32]

Die Wirkungen östrogenähnlicher Hormone, vor allem von DES, sind komplexer. DES-Jungen scheinen ein bißchen weniger maskulin und ein bißchen femininer zu sein als andere Jungen. Sie sind offenbar weniger interessiert an Kontaktsportarten, verfügen über ein geringeres räumliches Vorstellungsvermögen und interessieren sich mit größerer Wahrscheinlichkeit für Schriftstellerei und soziale Dienste. Es ist in gewisser Hinsicht paradox, daß DES die Mädchen – so man überhaupt eine Wirkung nachweisen kann – in manchen Fällen maskulinisiert oder defeminisiert hat, vor allem in sexueller Hinsicht. Es gibt Hinweise darauf, daß DES-Frauen mit größerer Wahrscheinlichkeit bisexuell oder homosexuell sein könnten, doch diese sind bisher nur sehr vage.

DES und andere synthetische Östrogene wurden meist mit anderen Hormonen vermischt verabreicht, so daß ihre Wirkungen verschleiert oder gar ganz überdeckt wurden, doch Reinisch erklärt, daß sie dennoch ein durchgehendes, wenn auch schwach ausgeprägtes Muster bei Kindern findet, die im Mutterleib diesen Hormongemischen ausgesetzt waren. Sowohl Jungen als auch Mädchen waren in gewisser Hinsicht feminisiert oder demaskulinisiert. Die Jungen waren weniger sportlich und weniger selbstsicher. Die Mädchen hatten keinen Spaß an jungenhaften Spielen und waren mehr als andere an Ehe und Kindern interessiert, sie waren allgemein »mädchenhafter«.

Alles in allem zieht Reinisch den Schluß, daß die Einwirkung hormonähnlicher Substanzen im Mutterleib das Verhalten eines Kindes und seine intellektuellen Fähigkeiten in gewissem Maße beeinflußt: Manchmal wird ein Kind vermännlicht, manchmal verweiblicht, das hängt von der Substanz ab. Die Untersuchungen an Frauen, denen während der Schwangerschaft synthetische Hormone verabreicht wurden, stellen auf keinen Fall ein perfektes Experiment dar, aber es handelt sich mit großer Wahrscheinlichkeit um das ausführlichste »Experiment«, das uns jemals zur Verfügung stehen wird.

Die Beweise sind erdrückend: Testosteron, Östrogen und andere Geschlechtshormone beeinflussen das Gehirn vor und nach der Geburt und verursachen gewisse Änderungen, steuern es in eine »maskuline« oder in eine »feminine« Richtung. Für Nager und Primaten ist dies in Experimenten ausdrücklich belegt, doch für Menschen sind die Hinweise ähnlich schlüssig. Die Daten mehren sich – AGS-Mädchen, XY-Frauen, Frauen mit dem Turner-Syndrom, IHH-Männer, DES-Babys und so weiter – vor allem ist es die Beständigkeit der Daten, die am meisten überzeugt.

Eine Untersuchung nach der anderen deutet darauf hin, daß der Einfluß von Testosteron im Mutterleib das räumliche Vorstellungsvermögen im späteren Leben erhöht und daß ein Testosteronmangel eine schwach entwickelte räumliche Orientierung zur Folge hat. Männliche Hormone scheinen an der Ausprägung so verschiedener Aspekte des räumlichen Vorstellungsvermögens beteiligt zu sein wie der Orientierung anhand von Karten, dem Lösen dreidimensionaler Rotationsprobleme und dem

Zusammenfügen von Puzzles. Durch die Bedeutung, die diese Eigenschaft für die höhere Mathematik hat, kann man annehmen, daß die männlichen Hormone auch an der männlichen Stärke auf mathematischem Gebiet beteiligt sind, wenngleich dies noch Gegenstand heißer Diskussionen ist.

Beinahe ebenso gut dokumentiert wie die Beteiligung von Testosteron an der Entwicklung von räumlichem Vorstellungsvermögen ist sein Einfluß auf das Spielverhalten bei Kindern, und ganz allgemein scheint hinter vielem, was wir als »jungenhaftes« Benehmen ansehen, wie das Spiel mit Bauklötzen und Autos bis hin zu burschikosem Verhalten junger Mädchen, der Einfluß männlicher Hormone zu stecken. Die Arbeit mit Labortieren zeigt, daß embryonales Testosteron die Aggressivität im späteren Leben erhöhen kann, und Untersuchungen an Kindern, deren Mütter synthetische Hormone eingenommen haben, deuten darauf hin, daß dies für den Menschen vielleicht ebenso gilt.[33]

Über die Wirkungen von Östrogen ist man sich längst nicht so einig, denn es gibt viel weniger Arbeiten hierüber. Doch es besteht die Möglichkeit, daß weibliche Hormone für die Entwicklung anderer Merkmale notwendig sind, unter anderem für die Wortgewandtheit, das Gedächtnis und das Einfühlungsvermögen.

Es gibt zahlreiche Einzelheiten und Komplikationen, die man bislang nicht versteht. Vor allem sind, da Testosteron in manchen Teilen des Gehirns in Östrogen umgewandelt wird, die Grenzen zwischen Maskulinisierung und Feminisierung eher fließend. Einige Wissenschaftler sind der Ansicht, daß – zumindest bei manchen Merkmalen – Östrogen und Testosteron ganz ähnlich wirken können und daß der Unterschied zwischen Maskulinisierung und Feminisierung darauf hinausläuft, in welchem Maße das Gehirn Hormonen ausgesetzt war. Ein niedriger Testosteronspiegel weist dem Gehirn den weiblichen Weg, ein hoher Testosteronspiegel bringt es in die männliche Richtung. Die Arbeiten von Jane Stewart und anderen[34] lassen vermuten, daß es optimale Hormonkonzentrationen für verschiedene Merkmale und Fähigkeiten gibt: Sind diese im Mutterleib zu hoch oder zu niedrig, dann sind die entsprechenden Leistungen im späteren Leben unter Umständen beeinträchtigt.

Dennoch ist das Muster klar. Geschlechtshormone beeinflussen das sich entwickelnde Gehirn und gestalten verschiedene geistige und psychische Merkmale ebenso wie die physische Erscheinung. Dieser Einfluß mag im späteren Leben verändert werden, doch noch nach Jahren ist ein Echo davon zu vernehmen.

Kapitel 5

Mein Gehirn ist größer als deins

Unterscheidet sich das Gehirn einer Frau von dem eines Mannes? Eine Frage, die nicht nur in den Mensen der Universitäten wahre Schlachten auslösen kann, sondern auch (wie ich selbst feststellen mußte), den Frieden am eigenen Herd erschüttern kann. Mit anderen Worten: ein delikates Thema.

Geschlechtshormone gestalten den Körper, bilden ein männliches beziehungsweise weibliches Genitalsystem und führen später in der Pubertät zu weiteren Veränderungen. Wie wir im vorigen Kapitel gesehen haben, beeinflußt das Vorhandensein von Geschlechtshormonen im Mutterleib auch verschiedene geistige und psychische Merkmale des späteren Lebens – das Spielverhalten im Kindesalter, das räumliche Vorstellungsvermögen, die Wortgewandtheit und so weiter. Das alles ist nach wie vor umstritten. Doch in dem Maße, wie sich die Hinweise häufen, zweifeln immer weniger Wissenschaftler daran, daß viele geschlechtsspezifische Unterschiede ihren Ursprung im Mutterleib haben. Wenn dem aber so ist, dann müßten die Hormone im Mutterleib irgendwelche physischen Unterschiede zwischen männlichem und weiblichem Gehirn zur Folge haben – Unterschiede, die ihren Einfluß noch nach Jahren erkennen lassen, dann nämlich, wenn ein kleines Mädchen sich zwischen einer Puppe und einem Auto entscheidet oder wenn ein kleiner Junge zwischen den Alternativen Stillsitzen oder Herumhopsen wählt.

Und wenn man einmal in Ruhe darüber nachdenkt, dann kann es wirklich kaum anders sein. Wenn das zusätzliche Testosteron, dem AGS-Mädchen im Mutterleib ausgesetzt sind, zum Beispiel deren Jungenhaftigkeit und ihr gutes räumliches Vorstellungsvermögen im späteren Leben verantworten soll, dann muß es irgendwelche Veränderungen im Gehirn schaffen, die diese Mädchen maskuliner machen. Und doch ist aus irgendwelchen Gründen der Gedanke an vorhandene physische Gehirn-Unterschiede zwischen beiden Geschlechtern für die meisten Leute weit schwerer zu akzeptieren als die Vorstellung, daß Männer und Frauen sich rein äußerlich unterscheiden und daß dafür irgendwelche Hormone im Mutterleib verantwortlich sind. Das Vorhandensein faßbarer Unterschiede im Gehirn scheint persönlicher, schwerwiegender und bedrohlicher zu sein als ein paar Leistungsunterschiede bei psychologischen Tests.

Aus diesem Grund hat die Suche nach geschlechtsspezifischen Unterschieden im Gehirn eine Bedeutung angenommen, die weit über ihren bloß wissenschaftlichen Wert hinausgeht. Die Antwort auf die Frage, ob es tatsächliche, meßbare Unterschiede zwischen männlichem und weiblichem Gehirn gibt, ist in mancher Hinsicht zum endgültigen Indikator für die Existenz geschlechtsspezifischer Unterschiede erhoben worden.

Es ist deshalb nicht weiter überraschend, daß sich der am längsten währende und am heißesten geführte Disput innerhalb der Erforschung geschlechtsspezifischer Unterschiede an der Behauptung entzündet, daß bestimmte Teile des Gehirns bei Männern und Frauen unterschiedlich gestaltet seien. Der Streit um das Corpus callosum, ein Gewebeband, das die beiden Hemisphären des Gehirns miteinander verbindet, begann vor etwa zehn Jahren und hält noch immer unvermindert an.

Ende der 70er Jahre arbeitete Marie-Christine de Lacoste als Doktorandin der Anthropologie an der Columbia University in New York City an einem Forschungsprojekt zur Evolution des menschlichen Gehirns. Sie hatte nie vorgehabt, in ihrer Dissertation geschlechtsspezifische Unterschiede abzuhandeln. Ihre Pläne änderten sich jedoch, als sie noch vor Beendigung ihrer Doktorarbeit (aus »persönlichen Gründen«) nach Dallas ging. Dort erhielt sie eine Stelle als wissenschaftliche Assistentin am Southwestern Medical Center der University of Texas, wollte aber ihre Dissertation nicht aufgeben. So sah sie sich nach einem

Thema um, das sie an ihrem neuen Arbeitsplatz bearbeiten konnte.

Auf der Grundlage ihrer bisherigen Erfahrungen mit dem menschlichen Gehirn beschloß sie zu untersuchen, wie sich Schädigungen verschiedener Hirnregionen auf das Corpus callosum auswirken. Der größte Teil der Kommunikation zwischen rechter und linker Hirnhälfte verläuft über das Corpus callosum. Wenn nun ein Hirnbereich – beispielsweise durch einen Schlaganfall – zerstört wird, dann ist zu erwarten, daß der Teil des Corpus callosum, durch den die Signale von diesem Hirnbereich gehen, degeneriert. Durch die Untersuchung des Degenerationsmusters hoffte de Lacoste mehr darüber zu erfahren, durch welchen Teil des Corpus callosum jeweils die Signale eines bestimmten Hirnbereichs übermittelt werden.

De Lacoste begann daher, Gehirnpräparate von Patienten mit Hirnschädigungen und von Kontrollpersonen mit gesundem Gehirn zu vergleichen. Eines Tages – sie hatte gerade 14 Gehirne von Patienten ohne Hirnschädigungen zusammengetragen, davon neun männliche und fünf weibliche – lag sie auf ihrem Bett und sichtete die Bilder von diesen Gehirnen, sauber seziert und dargestellt, als »mir zufällig auffiel, daß es bei den Corpora callosa von Männern und Frauen Unterschiede gab.«[1] (Corpora callosa ist der lateinische Plural von Corpus callosum.) Diese scheinbar so harmlose Beobachtung sollte die Richtung ihrer Dissertation – und ihres weiteren Lebens – bestimmen.

Schneidet man ein menschliches Gehirn genau in der Mitte zwischen linker und rechter Hälfte durch, dann trifft das Messer auf eine relativ kleine Gewebemasse, welche die ansonsten getrennten Hemisphären miteinander verbindet. Den größten Teil dieses Gewebes nimmt das Corpus callosum ein. Geschnitten und von der Seite her betrachtet, sieht es wie ein großes schlankes »C« aus, das mit der Öffnung nach unten zeigt. Von einem Ende zum anderen mißt es ungefähr acht Zentimeter, seine Höhe beträgt etwa vier Zentimeter, und es ist gut anderthalb Zentimeter breit, wobei die Breite an verschiedenen Stellen variiert.

Das dem Hinterkopf am nächsten liegende, leicht verdickte Ende des »C« bezeichnet man als Splenium, und genau hier entdeckte de Lacoste einen sehr deutlichen geschlechtsspezifischen Unterschied: Bei allen fünf weiblichen Gehirnen war das Splenium stärker verdickt als bei jedem der männlichen Gehirne.

Fasziniert wandte sich Lacoste erneut den Gehirnpräparaten zu und unternahm eine Reihe sorgfältiger Messungen. Diese bestätigten ihr, was sie gesehen hatte. Das Splenium ist bei Frauen stärker verdickt als bei Männern, es ist breiter und hat einen größeren Durchmesser. Als sie dessen Gewicht im Verhältnis zum Gehirngewicht bestimmte, stellte sich heraus, daß das gesamte Corpus callosum bei Frauen größer ist als bei Männern. Dies allein wäre bereits eine bemerkenswerte Entdeckung gewesen. Das Corpus callosum hat nichts mit Sexualität oder Fortpflanzungsfunktionen zu tun, sondern spielt eher bei intellektuellen Vorgängen eine Rolle. Ein geschlechtsspezifischer Unterschied hier wäre allem Anschein nach gleichbedeutend mit einem angeborenen Unterschied bei den Denkvorgängen von Mann und Frau. Das war aber noch nicht alles. De Lacostes Befunde schienen eine kontrovers diskutierte Theorie zu stützen, welche zu erklären versucht hatte, weshalb Männer über ein besseres räumliches Vorstellungsvermögen verfügen, Frauen hingegen sprachgewandter sind, und deshalb sorgte ihr Bericht für eine Sensation.

Der Wissenschaft ist seit langem bekannt, daß beide Gehirnhälften auf jeweils unterschiedliche Funktionen spezialisiert sind. Bei den meisten Menschen ist die linke Hemisphäre diejenige, die hauptsächlich für Hören, Sprechen, Lesen und Schreiben verantwortlich ist, während die rechte Hemisphäre den Hauptanteil an räumlichem Denken und am Lösen von Problemen bewältigt. In den siebziger Jahren äußerte die Psychologin Jerre Levy zusammen mit einigen anderen die Vermutung, daß diese Art der Arbeitsteilung bei Männern und Frauen in gewisser Weise verschieden sein könnte. Der Kern von Levys Theorie bestand in der »cognitive crowding«-Hypothese: der Überlegung, daß zwei verschiedene Arten von kognitiven Vorgängen, die von einer Hemisphäre zur gleichen Zeit bewältigt werden, miteinander in Wechselwirkung treten müßten. Und da sprachliche Fähigkeiten für den Menschen von größerer Bedeutung sind als räumliche Schlußfolgerungen, nahm sie an, daß das räumliche Vorstellungsvermögen in diesem Zusammenhang eher beeinträchtigt wird.[2] Auf der Grundlage dieser Überlegungen stellte Levy die Hypothese auf, daß bei Männern die rechte Hemisphäre stärker auf räumliche Überlegungen spezialisiert ist als bei Frauen. Dadurch wäre bei ihnen das räumliche Vorstellungsvermögen weniger leicht durch die Sprachverarbeitung zu beeinträchtigen, was den Männern zu ihrem Vorsprung in Mathematik und anderen räumlich orientierten Fähigkeiten verhilft. Andererseits wäre die rechte Hemisphäre bei Frauen stärker an der Sprachverarbeitung beteiligt als bei Männern, so daß bei Frauen den sprachlichen Fähigkeiten mehr Gehirnkapazität gewidmet ist, was ihnen nunmehr einen Vorteil auf diesem Gebiet verschafft.

Die Theorie war deshalb Gegenstand kontroverser Diskussionen, weil sie sich nicht auf eine umweltbedingte, sondern auf eine biologische Begründung für die Beobachtung stützte, daß Männer und Frauen unterschiedliche geistige Fähigkeiten besitzen. Wissenschaftler und andere, die darauf beharrten, daß es keine solchen biologischen Unterschiede gebe, taten Levys Überlegung ab oder ignorierten sie einfach.

Es mußte jedoch Möglichkeiten geben, diese Theorie zu überprüfen. Wenn Levy recht hätte und im männlichen und weiblichen Gehirn die Aufgaben tatsächlich auf unterschiedliche Weise aufgeteilt würden, dann müßten die beiden Hemisphären bei beiden Geschlechtern einen unterschiedlichen Kommunikationsbedarf haben. Die rechte und linke Seite eines männlichen Gehirns müßten, da sie spezialisierter sind, nicht so häufig miteinander in Kontakt treten wie die rechte und die linke Hälfte eines weiblichen Gehirns, die häufiger ähnliche Aufgaben zu erfüllen haben.

Und genau das schienen de Lacostes Befunde zu bedeuten. Ein Teil des Corpus callosum – das Splenium – schien bei Frauen größer zu sein als bei Männern. Ein größeres Corpus callosum aber bedeutet mehr Kommunikation zwischen den beiden Hirnhälften. Die mysteriöse Beobachtung, daß das Splenium bei Frauen größer ist, bedeutet im Mindestfalle eine unterschiedliche Organisation des Corpus callosum bei Männern und Frauen, die wiederum in Zusammenhang stehen könnte mit einem unterschiedlichen Kommunikationsbedarf der beiden Hirnhälften bei Mann und Frau. De Lacostes Artikel, veröffentlicht in der renommierten und vielgelesenen Wissenschaftszeitung *Science*, erregte ungeheure Aufmerksamkeit bei der Presse und den Medien, und de Lacoste, zu diesem Zeitpunkt noch Doktorandin, wurde mit einem Schlag berühmt. Sie erinnert sich, auf einer Tagung einen Wissenschaftler getroffen zu haben, der zu ihr sagte: »Also Sie sind die berühmt-berüchtigte Neurobiologin.«

Die spontanen Reaktionen waren größtenteils positiv, berichtet de Lacoste, aber sie entdeckte nur zu bald, daß sie sich auf einen sehr harten Kampf eingelassen hatte. Eine stimmgewaltige Minderheit von Wissenschaftlern war außer sich darüber, daß ihre Ergebnisse veröffentlicht worden waren und derart große Aufmerksamkeit erfahren hatten. Sie argumentierten, daß geschlechtsspezifische Unterschiede wie dieser als Beweis dafür herangezogen werden könnten, daß Frauen minderwertigere Gehirne besäßen, und daß man sie zur Rechtfertigung von Diskriminierungen gegenüber Frauen mißbrauchen könnte. Natürlich hatten weder de Lacoste noch irgendein anderer Wissenschaftler jemals geäußert, daß weibliche Gehirne weniger wert – sondern lediglich, daß sie anders – seien, aber das spielte keine Rolle. »Ich habe mich einmal an einer Universität um eine Stellung beworben«, erinnert sich de Lacoste. »Und während ich einen Vortrag über meine Arbeit hielt, stand ein Mann unter den Zuhörern auf und sagte: ›Wie können Sie es wagen, an geschlechtsspezifischen Unterschieden im Gehirn zu arbeiten?‹«

Sobald de Lacostes Ergebnisse an die Öffentlichkeit gedrungen waren, begannen auch andere Wissenschaftler, das Corpus callosum zu untersuchen, um die von ihr beschriebenen geschlechtsspezifischen Unterschiede nachzuprüfen. Es zeigte sich sehr bald, daß sie nicht gar so offensichtlich waren, wie es ihrem Artikel nach den Anschein hatte. Manche Forscher fanden überhaupt keine Unterschiede, andere entdeckten zwar Unterschiede, doch nicht dieselben wie de Lacoste, und bis 1985 schließlich hatte sich die wissenschaftliche Meinung gegen sie gewandt. Obgleich in der Forschung noch immer die Existenz geschlechtsspezifischer Unterschiede im Corpus callosum diskutiert wird (mehr darüber ein wenig später) und es sich durchaus herausstellen könnte, daß de Lacoste am Ende doch recht hat, fühlte sie sich von der ständigen Verteidigung ihrer Ergebnisse ausgelaugt. Heute arbeitet sie auf einem anderen Gebiet. »Nach all dem entschied ich, daß geschlechtsspezifische Unterschiede ein zu unberechenbares Gebiet sind«, erzählt sie.

Rückblickend sagt de Lacoste, sie wünschte, sie hätte das eine oder andere anders angepackt. Es wäre aus ihrer heutigen Sicht zum Beispiel besser gewesen, wenn man gewartet und Daten von mehr Patienten gesammelt hätte, statt von nur fünf Frauen und neun Männern auszugehen, doch zum damaligen Zeitpunkt wirkten die Beweise so überzeugend, daß 14 Gehirne ausreichend erschienen. Außerdem war es keine gute Idee, die Ergebnisse ausgerechnet in der Zeitschrift *Science* zu publizieren, denkt sie heute, denn die große Resonanz politisierte ihre Ergebnisse und brachte ihren Namen im Gedächtnis der Leute auf immer mit diesem einen Befund in Zusammenhang. »Ich glaube, es war meiner Karriere nicht sonderlich zuträglich«, stellt sie fest – vielleicht hat es ihr sogar geschadet. Dennoch fasziniert sie die Untersuchung geschlechtsspezifischer Unterschiede immer noch, und sie hält es durchaus für möglich, in fünf oder zehn Jahren, wenn sich die Wogen geglättet haben, wieder zu diesem Thema zurückzukehren.

In Anbetracht dessen, welche Kampflust auf diesem Gebiet herrscht, ist es eine Überraschung, wenn man der Person begegnet, die mehr als jede andere dazu beigetragen hat, der Existenz physischer, meßbarer Unterschiede zwischen männlichem und weiblichem Gehirn auf die Spur zu kommen. Es handelt sich nicht um einen anarchistischen alten Griesgram, der danach trachtet, die Unterlegenheit des weiblichen Geschlechts unter Beweis zu stellen. Sie ist auch kein Ordinarius, der bequem auf seinem Posten sitzt und ein bißchen Aufruhr stiften möchte, ja nicht einmal ein offenherziger, politisch ein bißchen fragwürdiger Grünschnabel, der sein Gesicht auf den Titelbildern der Zeitschriften sehen will. Sie wurde vor nicht allzu langer Zeit promoviert und ist sich dessen bewußt, daß die meisten Leute vor solchen Fragen zurückschrecken. Sie ist sensibel für politische Untertöne und dennoch fest entschlossen, einige Antworten zu bekommen.

Laura Allen ist klein und zurückhaltend, hat blondes Haar und blaue Augen, mit denen sie einen, stets höflich und leise sprechend, immer direkt ansieht. Während unseres ersten Gesprächs in einem Labor der University of California in Los Angeles sprach sie so leise, daß mein Kassettenrekorder einen großen Teil gar nicht aufzeichnete. Damals war sie mit ihrem zweiten Kind im sechsten Monat schwanger und spielte die negativen Reaktionen auf ihre Arbeit gelassen herunter. »Ich glaube, daß Leute, die sich in der Frauenbewegung engagieren, dieser Arbeit zum Teil sehr widerstrebend und sehr zögernd gegenüberstehen, [weil sie fürchten], daß die Ergebnisse gegen sie verwendet werden könnten«, erklärt sie. Dabei glaubt sie, daß diese Befürchtungen unbegründet sind. »Ich denke, daß die Ergebnisse nicht falsch interpretiert werden, wenn die Öffentlichkeit ausreichend informiert ist.«

Bis jetzt hat Allen geschlechtsspezifische Unterschiede in fünf verschiedenen Bereichen des Gehirns festgestellt – keine beeindruckende Zahl, wenn man bedenkt, wie groß das Gehirn ist, aber das wird sich sicherlich noch ändern. Schließlich hat sie ihre präzisen, aufwendigen Messungen erst an sieben Hirnbereichen durchgeführt, ihre Erfolgsquote ist also recht gut. »Wir sind davon überzeugt, daß wir noch sehr viel mehr Unterschiede finden werden, wenn wir weitermachen.« Wenn Allen recht hat, dann weist das Gehirn ziemlich deutliche geschlechtsspezifische Unterschiede auf. Man muß offensichtlich nur wissen, wo und wie man danach suchen muß. Diese Vorstellung wäre vor zehn Jahren, als de Lacostes Erkenntnisse über das Corpus callosum aktuell waren, skeptisch begrüßt und vor 20 Jahren, als das moderne Zeitalter der Forschung an geschlechtsspezifischen Unterschieden im Gehirn gerade anbrach, sicher vehement zurückgewiesen worden.

1971 berichteten zwei britische Wissenschaftler, Geoffrey Raisman und Pauline Field, zum erstenmal von einem strukturellen geschlechtsspezifischen Unterschied in einem Säugerhirn,[3] und es war nicht leicht gewesen, ihn zu finden. Dieser Unterschied bestand nicht beim Menschen, sondern bei Ratten, und er war so geringfügig, daß man ihn nur mit Hilfe eines Elektronenmikroskops sehen konnte. Die beiden Forscher beschäftigten sich mit jenem Teil des Gehirns, der an der Regulierung der Hormonproduktion beteiligt war – unter anderem auch an der Regulierung des Ovulationszeitpunktes bei Weibchen –, und ihr besonderes Interesse galt den Synapsen in dieser Region – jenen Stellen, an denen zwei Neurone miteinander in Kontakt treten. Sie entdeckten zwei Arten von Synapsen, und als sie deren Anzahl bei Männchen und Weibchen bestimmten, fanden sie einen Unterschied: Das Verhältnis von den »Typ I«-Synapsen zu den »Typ II«-Synapsen war bei den Rattenmännchen grundsätzlich größer als bei den Weibchen.

Zugegeben, dieser geschlechtsspezifische Unterschied war einigermaßen mysteriös, und Raisman und Field hatten nicht die geringste Idee, was er bedeuten könnte, doch es war ein Anfang. Bereits seit einiger Zeit hatten die Wissenschaftler damit gerechnet, einen physiologischen Unterschied zwischen dem männlichen und dem weiblichen Rattenhirn zu finden. Schließlich verhalten sich Rattenmännchen und -weibchen sehr unterschiedlich, vor allem, wenn es um das Sexual- und Fortpflanzungsverhalten geht, und irgend etwas im Gehirn muß dafür verantwortlich sein. Sie waren sogar davon überzeugt, daß diese Unterschiede durch Geschlechtshormone verursacht wurden, denn wenn man ein Rattengehirn mit entsprechenden Hormonen behandelt, kann man die Tiere dazu bringen, sich jeweils wie das andere Geschlecht zu verhalten.

Zu dem Zeitpunkt jedoch hatte man keine rechten Vorstellungen davon, wie geschlechtsspezifische Unterschiede im Gehirn aussahen. Man nahm an, daß sie aufgrund ihrer Geringfügigkeit nur sehr schwer festzustellen waren. Sieben Jahre später jedoch wußte man es besser.

1978 fand Roger Gorski einen geschlechtsspezifischen Unterschied im Rattengehirn, der alles andere als geringfügig war.[4] Laura Allen, damals noch Studentin, arbeitete mit Gorski an einem Forschungsprojekt und erinnert sich, wie das gesamte Labor durch diesen Befund aus dem Häuschen geriet. Es handelte sich um einen Unterschied, der einem förmlich ins Auge sprang. Dabei mußte man weder Synapsen zählen, noch benötigte man ein Elektronenmikroskop – ein Lichtmikroskop mit geringer Vergrößerung genügte. Verblüffenderweise fand sich der Unterschied in demselben Hirnbereich, in dem auch Raisman und Field schon einen Unterschied entdeckt hatten. Anscheinend hatten sie vor lauter Bäumen den Wald nicht gesehen.

Eigentlich war ein Doktorand in Gorskis Labor, Larry Christensen, bei der mikroskopischen Untersuchung von Gehirnschnitten als erster über diesen Unterschied gestolpert. Im Hypothalamus, jenem Teil des Gehirns, der die sexuellen Aktivitäten kontrolliert, fiel ihm auf, daß ein besonderer »Nucleus« (eine Gruppe von miteinander verbundenen Neuronen) bei Männchen deutlich sichtbar größer war als bei Weibchen. Als er Gorski davon berichtete, ließ praktisch jeder im Labor alles stehen und liegen, um die Sache zu verfolgen. »Es war eines der wenigen Male, wenn nicht sogar das einzige Mal, daß ich bei einer Publikation vom Verfolgungswahn gepackt wurde«, erinnert sich Gorski. Der Unterschied war so offensichtlich, daß er Angst hatte, jemand anders könne ihn bemerken und vor ihm veröffentlichen. Das blieb ihm jedoch erspart, und so konnte Gorski die Entdeckung für sich in Anspruch nehmen. Er bestimmte die Größe der betreffenden Regionen (es gibt jeweils zwei davon in jedem Gehirn, eine auf der rechten und eine auf der linken Gehirnseite) bei einer ganzen Reihe von Ratten und stellte fest, daß sie mit großer Regelmäßigkeit bei den Männchen drei- bis siebenmal größer war. Er nannte den Bereich SDN, »sexually dimorphic nucleus« (geschlechtsdimorpher Nucleus). (Christensen beschloß nach seiner epochalen Entdeckung, die Forschung aufzugeben und buddhistischer Mönch zu werden, berichtet Gorski.)

Zwei Jahre später wies Gorski nach, daß die Größe des SDN durch Art und Menge der Hormone bestimmt wird, denen eine Ratte um den Geburtstermin herum ausgesetzt ist.[5] Injizierte er Weibchen Testosteron, wuchs der SDN in deren Gehirn zur selben Größe heran wie bei einem normalen Männchen; behandelte er Männchen mit Hormonen, welche die Wirkung des

Testosterons blockierten, wurde der SDN nicht größer als der eines normalen Weibchens. Dieselben Umstände also, die eine Ratte dazu brachten, das Sexualverhalten eines Männchens anzunehmen, vergrößerten deren SDN auf ein männchenähnliches Volumen.

Dieser Befund kam einem wissenschaftlichen Durchbruch gleich: Es war der erste Beweis für einen deutlichen anatomischen Unterschied zwischen dem weiblichen und dem männlichen Gehirn eines Säugetiers. (Zwei Jahre zuvor hatte man zwar bei einem Singvogel einen geschlechtsspezifischen Unterschied in jener Gehirnregion festgestellt, die seinen Gesang kontrolliert,[6] aber Säugetiere und Vögel sind nur entfernt miteinander verwandt, und ähnliche Befunde für Ratten oder Menschen schienen damals nicht sehr wahrscheinlich.) Allen war zur rechten Zeit am rechten Ort und erhielt bereits als Studentin die Chance, auf diesem spannenden neuen Gebiet zu arbeiten. Sie hatte nach einem Forschungsprojekt Ausschau gehalten und kurz nach der Entdeckung des SDN, von dem sie zum damaligen Zeitpunkt allerdings noch nichts wußte, an Gorskis Tür geklopft. Gorski ließ sie die Östrogenaufnahme im SDN bestimmen – ein Projekt, das niemals publiziert wurde, aber Allens erster Schritt sein sollte auf dem Weg zu einer Karriere auf dem Gebiet geschlechtsspezifischer Unterschiede.

Bis zum zweiten Schritt sollten jedoch noch einige Jahre vergehen. Nachdem sie im Frühjahr 1978 ihren Bachelor in Biologie erlangt hatte, arbeitete sie als wissenschaftliche Assistentin an der University of California in Los Angeles fünf Jahre lang an Untersuchungen zu Alterungsprozessen, bevor sie 1983 ihr Studium wieder aufnahm, um zu promovieren. Zunächst hatte sie vorgehabt, in der Altersforschung zu bleiben. Sie änderte jedoch ihre Absicht, nachdem sie eine Vorlesung von Gorski über die von ihm entdeckten Unterschiede zwischen weiblichem und männlichem Rattengehirn gehört hatte. »Ich fragte mich immer wieder: ›Was geschieht beim Menschen?‹« erzählt sie. Allen sprach Gorski an und erzählte ihm, daß sie das menschliche Gehirn untersuchen wolle – um auch hier einen SDN zu finden.

Gorski stellte sie als Doktorandin ein, hatte jedoch nicht viel übrig für ihre Idee, am menschlichen Gehirn zu arbeiten. Zum Teil deshalb, weil er fand, daß Doktoranden sich erst einmal an Ratten die Zähne ausbeißen sollten. Vor allem aber scheute er sich vor den Reaktionen, auf die er sich gefaßt machen mußte, wenn er Forschungen am menschlichen Gehirn vornahm, die möglicherweise tatsächlich einen geschlechtsspezifischen Unterschied zutage förderten. »Ich hatte Angst vor der Sensationsgier und deren Folgen für einen jungen Menschen, der gerade am Beginn seiner wissenschaftlichen Karriere steht«, erzählt er. Im Jahr zuvor war der Artikel über das Corpus callosum erschienen. Gorski erklärte zwar, nicht speziell de Lacostes Erfahrungen im Sinn gehabt zu haben, doch war ihm inzwischen klar, daß die Erforschung geschlechtsspezifischer Unterschiede beim Menschen keine normale, ruhige Angelegenheit war.

Allen ließ sich jedoch nicht abschrecken. Ihre Überlegung war einfach: Wenn der SDN am Sexualverhalten von Ratten beteiligt ist, dann müßte es im menschlichen Gehirn etwas Ähnliches geben, denn hinsichtlich ihrer sexuellen Orientierung unterscheiden sich Mann und Frau ebenso wie Rattenmännchen und -weibchen. Schon bald begann sie mit Gorskis widerwillig gegebener Zustimmung, Gehirnmaterial aus Krankenhäusern zusammenzutragen.

Am naheliegendsten schien es, dort nach einem geschlechtsspezifischen Unterschied zu suchen, wo er auch bei Ratten – in der Form des SDN – entdeckt worden war. Allen begann deshalb mit der sogenannten Regio praeoptica und dem Hypothalamus, zwei kleinen Bereichen des menschlichen Gehirns, von denen man annimmt, daß sie für das menschliche Sexual- und Fortpflanzungsverhalten von Bedeutung sind. Gorskis Beispiel folgend, durchkämmte sie diese Bereiche nach Nuclei – Gruppen miteinander vernetzter Neurone, die in Gewebeschnitten durch Färbung als winzige Flecken unter dem Mikroskop sichtbar gemacht werden konnten.

Nachdem Allen das Gehirngewebe von einigen Dutzend Männern und Frauen untersucht hatte, stellte sie fest, daß es in diesen Gehirnregionen vier kleine Nuclei gab. Sie bezeichnete sie als INAH-1, -2, -3 und -4 (interstitielle Nuclei des vorderen [anterioren] Hypothalamus), und ein Vergleich ihrer durchschnittlichen Größen ergab, daß INAH-2 und INAH-3 bei Männern zwei- bis dreimal so groß waren wie bei Frauen.

Was für eine Entdeckung! Das war ein Befund, auf den so mancher Wissenschaftler oft erfolglos Jahre und Jahrzehnte hinarbeitet, und Allen stieß bereits im zweiten Jahr ihrer Doktorarbeit darauf. Noch nie hatte jemand einen Bericht über einen so deutlichen geschlechtsspezifischen Unterschied im menschlichen Gehirn veröffentlicht. Selbst bei de Lacostes Corpus callosum war er nicht annähernd so auffällig gewesen. Es hätte also der große Wurf sein können. Gorski zögerte jedoch noch, damit an die Öffentlichkeit zu gehen.»Er war der Ansicht, [die Sache] wäre zu kontrovers und würde zu einem Aufstand führen«, erinnert sich Allen. Gorski teilte ihr mit, daß eine Gruppe von Wissenschaftlern in den Niederlanden einen ähnlichen Unterschied gefunden hatte. Warum sollte man die Niederländer nicht zuerst publizieren lassen und abwarten, bis sich der erste Sturm gelegt hatte?

So hielten sie ihre Ergebnisse zurück, während Dick Swaab und E. Fliers vom Netherlands Institute for Brain Research in *Science* von einem Nucleus in der präoptischen Region des menschlichen Gehirns berichteten, der bei Männern zweieinhalbmal so groß ist wie bei Frauen.[7] Sie vermuteten, daß es sich dabei um die menschliche Version des SDN bei den Ratten handelte und daß dieser Nucleus beim menschlichen Sexualverhalten eine Rolle spielte. Allen und Gorski warteten auf die Kontroverse – doch nichts geschah. Sie hatten sich umsonst zurückgehalten. Daß die Kontroverse ausblieb, liegt Allens Ansicht nach daran, daß der Nucleus, den Swaab und Fliers gefunden hatten, in einem Teil des Gehirns liegt, der ohnehin schon mit dem Sexualverhalten in Zusammenhang gebracht wurde, wo geschlechtsspezifische Unterschiede geradezu erwartet werden. Bei de Lacoste dagegen war es um einen Unterschied in einem ausschließlich »denkenden« Teil des Gehirns ohne eine Funktion bei Sexualität und Fortpflanzung gegangen. Was auch immer die Ursache gewesen sein mochte, die ausbleibende Reaktion bot Allen grünes Licht für ihre weitere Forschungsarbeit.

Zunächst veröffentlichte sie ihre Erkenntnisse über INAH-2 und -3,[8] die beiden Nuclei, die bei Männern größer als bei Frauen sind. Sie befanden sich in der gleichen Region wie der von Swaab und Fliers beschriebene Nucleus, waren aber nicht mit diesem identisch.

De Lacostes Befunde am Corpus callosum vor Augen, wandte Allen ihre Aufmerksamkeit dem vorderen Teil der Kommisur zu – einem zweiten, kleineren Gewebestrang, der die beiden Hemisphären des Gehirns ebenfalls miteinander verbindet. Sie stellte fest, daß dieser im Durchschnitt bei Frauen ungefähr um zwölf Prozent größer ist als bei Männern.[9] Sie analysierte auch die Massa intermedia, eine noch viel unscheinbarere Verbindungsstruktur zwischen den beiden Gehirnhälften, und fand heraus, daß diese bei Frauen um 76 Prozent größer ist.[10] Schließlich untersuchte sie eine Struktur der Stria terminalis, die bei Ratten an der Regulation von Sexualverhalten und Aggression beteiligt ist, und fand wiederum einen geschlechtsspezifischen Unterschied: Ein Teil davon war bei Männern zweieinhalbmal so groß wie bei Frauen.[11] Von sieben analysierten Bestandteilen, vier Nuclei und drei Gehirnregionen, wiesen immerhin fünf einen Unterschied zwischen den Geschlechtern auf. Allen brachte auch eine Wendung in die Kontroverse, die um de Lacostes Befunde entbrannt war. Keiner ihrer Kontrahenten hatte ihre Ergebnisse widerlegen können, weil keiner das Corpus callosum auf genau dieselbe Art und Weise wie de Lacoste vermessen hatte.

Um diese Ergebnisse zu überprüfen, beschloß Allen, mit Hilfe der Kernspinresonanztomographie (magnetic resonance imaging, MRI), die durch den Einsatz von Magnetfeldern detaillierte Bilder des Gehirns produziert, lebendes Gehirngewebe zu untersuchen.[12] Die Messungen des MRI sind nicht ganz so exakt wie jene, die man direkt aus dem autopsierten Gehirn erhält, haben aber den Vorteil, daß sie dem Gehirn lebender Personen entstammen. Allen lieh sich aus einem ortsansässigen Krankenhaus eine Reihe von MRI-Darstellungen gesunder Patienten und bestimmte die Größe der Corpora callosa von 24 Kindern und

122 Erwachsenen. Mit der Analyse der Daten konnte sie einen Teil von de Lacostes ursprünglichen Befunden bestätigen: Das hintere Fünftel des Corpus callosum, das Splenium, war bei Frauen breiter und stärker verdickt als bei Männern. Allen stellte auch fest, daß die Größe des Corpus callosum ab dem 20. Lebensjahr stetig abnimmt. Das war eine mögliche Erklärung für die widersprüchlichen Messungsergebnisse am Corpus callosum. Man mußte also sehr genau darauf achten, daß die Männer und Frauen der Stichproben dasselbe Alter hatten.

Durch diese Analysen gelangte Allen zu der Auffassung, daß das Corpus callosum bei beiden Geschlechtern in der Tat unterschiedlich ausgeprägt ist, wenn auch nicht so auffällig, wie de Lacoste zuerst berichtet hatte. Bei de Lacostes Gehirnmaterial war es möglich gewesen, die Frauen anhand der stärker verdickten Enden der Callosa sofort zu erkennen. Bei ihren eigenen Untersuchungen fand Allen keine derart gravierenden Abweichungen, abgesehen davon, daß bei manchen Männern das Splenium stärker gewölbt war als bei manchen Frauen. Im Durchschnitt blieb jedoch ein geschlechtsspezifischer Unterschied vorhanden. Hinsichtlich der Größe von Corpus callosum oder Splenium allerdings, das heißt bei jenen Ergebnissen de Lacostes, die besonders heftig umstritten waren, konnte Allen keinen geschlechtsspezifischen Unterschied feststellen.

Andere Wissenschaftler gelangen wieder zu anderen Ergebnissen, und der Fall des Corpus callosum bleibt weiterhin ungelöst. Manche Forscher fanden weder Größen- noch Formunterschiede.[13] Sandra Witelson von der McMaster University in Hamilton, Ontario, eine sehr angesehene Forscherin auf dem Gebiet geschlechtsspezifischer Unterschiede, ist der Ansicht, daß es durchaus Unterschiede zwischen Männern und Frauen gibt, aber nicht dort, wo de Lacoste sie vermutet. Statt dessen sei der Teil des Corpus callosum, der sich direkt vor dem Splenium befindet – der Isthmus – bei Frauen größer als bei Männern, sagt sie.[14] Derzeit ist das Äußerste, was man zum Thema Corpus callosum sagen kann, daß es möglicherweise bei Männern und Frauen unterschiedlich geformt ist, wobei das Splenium bei Frauen unter Umständen stärker verdickt ist. Aber selbst das ist nicht ganz sicher.

Nach fast zehn Jahren der Suche nach geschlechtsspezifischen Unterschieden im menschlichen Gehirn ist Allen mehr oder weniger die einzige, die noch auf diesem Gebiet forscht. Swaab, der niederländische Forscher, der Allen 1985 zuvorgekommen war, verkündete 1991, daß der sogenannte Nucleus suprachiasmaticus, ein Teil des Hypothalamus, der unter anderem zur Regulation von Fortpflanzungszyklen beiträgt, bei beiden Geschlechtern unterschiedlich geformt sei.[15] Bei Frauen sei er dünner und länger, bei Männern mehr abgerundet. Am Salk Institute in San Diego untersuchte Simon LeVay INAH-2 und -3, die beiden Nuclei, von denen Allen festgestellt hatte, daß sie bei Männern größer als bei Frauen sind. Sein Interesse gilt zwar hauptsächlich dem Unterschied zwischen heterosexuellen und homosexuellen Männern (worüber wir im nächsten Kapitel berichten werden), aber LeVay konnte Allens Befund bestätigen, daß INAH-3 bei (heterosexuellen) Männern ungefähr doppelt so groß ist wie bei Frauen.[16] Bei INAH-2 stellte er allerdings keinen Größenunterschied fest, vermutlich deshalb, weil er keine Frauen vor dem Einsetzen der Pubertät beziehungsweise nach der Menopause untersuchte, den beiden einzigen Altersgruppen, bei denen Allen einen Größenunterschied festgestellt hatte.

All das sei erst der Anfang, meint Allen. Sie und andere haben bisher nur einen sehr kleinen Teil des Gehirns betrachtet. Obwohl man von diesen Regionen am ehesten geschlechtsspezifische Unterschiede erwarten kann, weil sie mit dem Sexualverhalten zusammenhängen, glaubt sie nicht, daß die Unterschiede hier aufhören. »Möglicherweise gibt es eine ganze Region der Großhirnrinde, die bei beiden Geschlechtern unterschiedlich aussieht«, sagt sie im Hinblick auf den Teil des Gehirns, der für die höheren Denkfunktionen verantwortlich ist. Wenn dem so ist, wird ihn irgend jemand irgendwann finden – vielleicht sogar sie selbst.

* * *

»Unterscheidet sich das Gehirn von Mann und Frau?« Die Antwort auf diese Frage, die wir am Anfang des Kapitels gestellt haben, lautet: »Ja.« Manche Gehirnregionen sind bei Frauen größer, andere bei Männern. Manche Bestandteile sind bei Männern und Frauen unterschiedlich geformt. Nach Ansicht von Laura Allen und anderen Forschern werden mit der Zeit sicher immer mehr Unterschiede entdeckt werden.

In mancher Hinsicht sind die Befunde revolutionär. Sie bestätigen, daß es geschlechtsspezifische Unterschiede im menschlichen Gehirn gibt, Unterschiede, die vermutlich durch die unterschiedlichen Hormonkonzentrationen zustande kommen, denen Mann und Frau im Laufe ihrer Entwicklung ausgesetzt waren. Zwar gibt es keinen direkten Beweis dafür, daß auch im Falle des Menschen Hormone die Ursache sind, aber wir wissen, daß Hormone für ähnliche Unterschiede bei Ratten verantwortlich sind, so daß die Vermutung naheliegt, daß für den Menschen dasselbe gilt.

Hinzu kommt, daß viele geschlechtsspezifische Strukturunterschiede sich an genau der richtigen Stelle befinden, um eine Erklärung dafür zu liefern, weshalb Männer und Frauen sich in ihrem Sexualverhalten oder ihrer Aggression unterscheiden. Laura Allens INAH-2 und -3 und Dick Swaabs menschlicher SDN befinden sich beide in dem Teil des Hypothalamus, durch den zum Beispiel Mutterinstinkt, Sexualverhalten und die Ausschüttung von Gonadotropinen (Hormone, die die Entwicklung von Hoden oder Eierstöcken stimulieren) beeinflußt werden. Die von Allen beschriebene Struktur der Stria terminalis, die ebenfalls bei Männern größer ist als bei Frauen, trägt zur Regulation von Aggression, Sexualverhalten und der Gonadotropinausschüttung bei. Swaabs Entdeckung schließlich, daß ein Teil des suprachiasmatischen Nucleus bei Männern und Frauen unterschiedlich geformt ist, läßt uns möglicherweise Sexualrhythmen wie den weiblichen Menstruationszyklus und den saisonalen Zyklus steigender und fallender Testosteronkonzentrationen beim Mann verstehen. Vom suprachiasmatischen Nucleus nimmt man an, daß er die Uhr im menschlichen Gehirn verkörpert, die sowohl den Tagesrhythmus als auch den Ablauf von Monaten und Jahreszeiten registriert.

Allen geht außerdem davon aus, daß geschlechtsspezifische Unterschiede in Gehirnregionen, die in irgendeiner Form mit Sexualität zu tun haben, grundsätzlich viel größer sind als

Unterschiede bei geistigen und psychologischen Merkmalen.[17]

Andererseits ist die Entdeckung dieser wenigen physiologischen geschlechtsspezifischen Unterschiede nicht mehr als ein erster kleiner Schritt zur Beantwortung der Frage, ob es einen Zusammenhang zwischen strukturellen Unterschieden und unterschiedlichen Verhaltensweisen bei Mann und Frau gibt. Bisher hat noch niemand bewiesen, daß ein größeres oder unterschiedlich geformtes Bündel von Neuronen sich in einem meßbaren Verhaltensunterschied niederschlägt. Wir können also nur raten, was diese strukturellen Unterschiede wirklich bedeuten könnten.

Tatsächlich hat es sich sogar bei Ratten als ungeheuer schwierig erwiesen, genau herauszufinden, welche Bedeutung eine ganz bestimmte Gehirnregion hat. Betrachten Sie Gorskis geschlechtsdimorphen Nucleus. Er ist im Durchschnitt bei Männchen fünfmal so groß wie bei Weibchen, was ihn zum größten bislang bekannten geschlechtsspezifischen Unterschied in einem Säugerhirn kürt. Doch Gorski erklärt: »Wir untersuchen den SDN nunmehr seit 15 Jahren und wissen noch immer nicht, was er eigentlich tut.« Da sich der SDN in jenem Teil des Rattengehirns befindet, der für Emotionen und instinktives Verhalten verantwortlich ist, wäre die naheliegendste Erklärung, daß er männliches Sexualverhalten kontrolliert. Doch Rattenmännchen mit einem zerstörten SDN kopulieren wie normale Ratten. Die Antwort ist also gar nicht so einfach. Nach Gorskis Worten gehört das zum frustrierendsten Teil seiner Arbeit, daß der Nucleus, den er vor mehr als anderthalb Jahrzehnten entdeckt und mit einem Namen versehen hat, bis zum heutigen Tag ein Rätsel geblieben ist.

Es scheint nur einen einzigen geschlechtsspezifischen Unterschied im Säugergehirn zu geben, dessen Funktion ganz genau erklärt werden konnte. Dieser findet sich weder beim Menschen noch bei Ratten, sondern bei Rennmäusen. Im Laufe der letzten Jahre hat Pauline Yahr von der University of California in Irvine eine kleine Region des Rennmausgehirns kartiert, die sie als geschlechtsdimorphen Bereich (sexually dimorphic area, SDA) bezeichnet. Er befindet sich in derselben Region wie Gorskis

SDN, aber der geschlechtsspezifische Unterschied ist eine Frage der Form und nicht der Größe. Der SDA hat bei Rennmausmännchen und -weibchen ungefähr die gleiche Größe. Betrachtet man ihn aber unter dem Mikroskop, so sieht er bei beiden Geschlechtern recht unterschiedlich aus.

Yahr wies nach, daß der SDA bei Männchen den Paarungsakt kontrolliert.[18] Zerstört man diese Region, dann kopuliert ein Rennmausmännchen nicht einmal mit einem noch so bereitwilligen Weibchen, zerstört man benachbarte Bereiche des Gehirns, so bleibt er völlig potent. Yahr hat bisher nicht nachgewiesen, welche Funktion der SDA bei Weibchen hat, es ist aber anzunehmen, daß er auch hier mit dem Sexualverhalten in Zusammenhang steht.

Ein Pech zwar für die Wissenschaft, aber ein Glück für uns alle, daß man mit Menschen nicht dasselbe wie mit Rennmäusen machen kann. Unsere Ethik, die uns zerstörerische Eingriffe ins menschliche Gehirn zu Forschungszwecken gottlob verbietet, hat die Wissenschaftler zwar gebremst, nicht aber aufgehalten. Eine Möglichkeit, mit diesem Problem fertig zu werden, ist, soviel wie möglich über die Gehirnstruktur von Labortieren zu erfahren, immer in der Hoffnung, daraus einige Schlüsse für das menschliche Gehirn ziehen zu können. Yahr zum Beispiel hat 75 verschiedene Bereiche des Rennmausgehirns aufgespürt, die mit dem SDA verbunden sind. Sie hofft, durch das Verständnis dessen, wie dieser eine geschlechtsdimorphe Teil des Gehirns in Bezug zum übrigen Gehirn steht, nicht nur andere Gehirnbereiche zu finden, die sich bei beiden Geschlechtern unterscheiden, sondern auch, ein detailliertes Bild davon zu erhalten, wie das Rennmausgehirn Sexualverhalten kontrolliert.

An der University of Illinois hat Janice Juraska bei ihren Untersuchungen am Corpus callosum von Ratten einen ähnlichen Weg eingeschlagen. Ebenso wie beim Menschen unterscheidet sich auch bei Ratten das Corpus callosum von Männchen und Weibchen. Aber genauso wie beim Menschen ist es schwierig festzustellen, worin dieser Unterschied eigentlich genau besteht. Manche Forscher, wie etwa Victor Denenberg von der University of Connecticut, berichten, daß das Corpus callosum bei Rattenmännchen größer sei als bei Weibchen.[19]

Juraska hingegen beobachtet, daß das Corpus callosum im Durchschnitt bei Rattenmännchen und -weibchen gleich groß ist. Möglicherweise, so erklärt sie, rührt die Diskrepanz zwischen ihren und Denenbergs Ergebnissen daher, daß sie verschiedene Rattenstämme verwenden, vielleicht ist sie sogar auf umweltbedingte Unterschiede bei der Aufzucht der Ratten zurückzuführen.

Die Größe interessiert sie jedoch ohnehin nicht wirklich. Die Wahrheit, erklärt sie, läge im Detail.

Also betrachtete Juraska diese Details und entdeckte einen geschlechtsspezifischen Unterschied, der ganz anders ist als alles, was man erwartet hatte. Ein großer Teil des Corpus callosum besteht aus Axonen (den langen Fortsätzen von Nervenzellen, über die Signale an andere Nervenzellen vermittelt werden). Die Funktion dieser Axone ist es, Botschaften von einer Seite des Gehirns an Neurone auf der anderen Seite des Gehirns weiterzugeben. Als Juraska die Axone im Corpus callosum von Männern und Frauen elektronenmikroskopisch untersuchte, stellte sie fest, daß diese sich sowohl in ihrer Anzahl als auch in ihrer Größe unterschieden. Es gibt zwei Arten von Axonen – myelinisierte (die mit einer dünnen Schicht bedeckt sind, welche zur Weiterleitung der Nervensignale entlang des Axons beiträgt) und unmyelinisierte. Rattenweibchen, so stellte Juraska fest, besitzen mehr unmyelinisierte Axone als Rattenmännchen,[20] manchmal auch mehr myelinisierte; dafür haben die Männchen größere Axone.

Entlang größerer Axone bewegen sich Signale rascher. Somit hat es den Anschein, als enthielte das Corpus callosum bei Rattenmännchen weniger, dafür schnellere Axone, bei Weibchen hingegen mehr, aber dafür langsamere Axone. Was hat das zu bedeuten? Es gibt nur eine Möglichkeit, es herauszufinden: Man muß bis ins kleinste Detail nachvollziehen, wohin die Axone führen. Ein Schnitt durch das Corpus callosum ist wie ein Schnitt durch ein Kabelbündel eines großen Telekommunikationssystems – man kann die einzelnen Kabel sehen, weiß aber nicht, was sie verbunden haben. Juraska und ihre Studenten sind deshalb dabei, eine Karte anzulegen, die schlußendlich die Funktion jedes einzelnen Bestandteils des Corpus callosum bei der Ratte beschreiben soll: Diese Axone verbinden die Sehrinde der rechten Gehirnhälfte mit demselben Bereich auf der linken Seite, jene verlaufen zwischen den motorischen Regionen der beiden Hemisphären etc. Wenn diese Karte fertig ist, werden sie in der Lage sein zu untersuchen, ob bei der unterschiedlichen Organisation der Axone von Rattenweibchen und -männchen bestimmte Muster festzustellen sind. Vielleicht verleihen die schnelleren Axone den Männchen schnellere Muskelreaktionszeiten, während die zahlreicheren, langsameren Axone den Weibchen eine bessere Feinabstimmung der Muskelbewegung ermöglichen.

Allerdings ist es nahezu unmöglich, das menschliche Gehirn mit derselben Detailgenauigkeit zu untersuchen, die Yahr und Juraska beim Nagergehirn praktizieren. Um solche Details zu bekommen, erklärt Juraska, muß man das Rattengehirn sehr sorgfältig präparieren und mit der Behandlung sofort nach dem Töten der Ratte beginnen, noch bevor das Gehirn zu degenerieren beginnt. Allgemein gilt, daß es nach 20 Sekunden schon zu spät ist, erklärt sie.

Wollte man dasselbe mit einem menschlichen Gehirn unternehmen, würde das bedeuten, daß man im Krankenhaus warten müßte, bis jemand stirbt, um dann das Gehirn sofort zu entnehmen und in eine Lösung zu geben, die eine Degeneration verhindert – nicht gerade das, was ein Wissenschaftler gerne täte oder was ein Krankenhaus beziehungsweise die Angehörigen tolerieren würden. Somit erreicht das Autopsiematerial, das die Wissenschaftler von den Krankenhäusern bekommen, die Labors bereits in den verschiedensten Zerfallsstadien. Für die Größenbestimmung und die Betrachtung allgemeiner Merkmale reicht das im großen und ganzen (obgleich die Wissenschaftler selbst dann bedenken müssen, wie stark das Gehirn möglicherweise schon geschrumpft ist), doch viele der feineren Details verschwimmen bereits.

Neuerdings gibt es allerdings einen anderen Ansatz, der den Wissenschaftlern eine völlig neue Art der Suche nach geschlechtsspezifischen Unterschieden ermöglicht. Mit Hilfe der Kernspinresonanztomographie (magnetic resonance imaging, MRI), jener Technik, die Laura Allen zur Größenbestimmung des Corpus callosum bei Männern und Frauen verwendet hatte, können die Forscher das Gehirn eines lebenden Menschen betrachten. Das MRI liefert zwar (bisher) keine so feinen Details wie etwa individuelle Axone, es bietet den Wissenschaftlern jedoch Gelegenheit, die Gehirnstruktur in Bezug zu Verhalten und Charakterzügen zu setzen. Das vielleicht beste Beispiel für diese Technik ist eine Studie, die von Melissa Hines und ihren Mitarbeitern 1991 an der University of California in Los Angeles durchgeführt wurde. Sie ließen 28 weibliche Freiwillige eine Reihe von Tests bearbeiten und erstellten dann mit Hilfe des MRI Bilder von deren Corpora callosa. Auf diese Art und Weise hatte Hines einen direkten Test für jenes Konzept zur Verfügung, das hinter Christine de Lacostes strittigem Artikel von vor zehn Jahren stand: daß es einen Zusammenhang gibt zwischen der Struktur des Corpus callosum und sprachlichen Fähigkeiten oder anderen Verstandesleistungen, und daß vor allem das Splenium (das hintere Fünftel des Corpus callosum) für die sprachliche Überlegenheit bei Frauen verantwortlich ist.

Bei der Analyse ihrer Daten entdeckte Hines ein Muster,[21] das beinahe so bemerkenswert war wie de Lacostes geschlechtsspezifischer Unterschied beim Splenium. (Überraschenderweise erfuhr diese Studie so gut wie keine Aufmerksamkeit seitens der Presse, vermutlich deshalb, weil der Artikel relativ technisch ist und in einer Zeitschrift erschien, die nur von wenigen Reportern gelesen wird.)

Im Durchschnitt schnitten die weiblichen Testpersonen mit größerem Splenium besser bei solchen sprachlichen Tests ab, in denen es um das Benennen von Wörtern mit einem bestimmten Anfangsbuchstaben und um die Synonymbildung ging. Darüber hinaus stellte Hines eine Beziehung fest zwischen der Größe des Spleniums und der »Sprachseitigkeit«, das heißt, in welchem Maße der Sprachgebrauch in einer der beiden Hirnhälften isoliert ist, statt über beide Hemisphären verteilt zu sein. Frauen mit größerem Splenium hatten eine Tendenz zu gleichmäßigerer Aufteilung der Sprachverarbeitung auf beide Gehirnhälften. Kurz: Hines Experiment stützt die These, daß ein größeres Splenium mit besseren sprachlichen Fertigkeiten korreliert ist und daß diese besseren sprachlichen Fertigkeiten einhergehen mit einer besseren Kommunikation zwischen den sprachverarbeitenden Regionen in rechter und linker Hemisphäre.

Um das Experiment einfach zu halten, hatte Hines keinen Mann in diese Studie einbezogen, so daß es unmöglich ist, zu sagen, wie ihre Befunde zu den geschlechtsspezifischen Unterschieden im Corpus callosum passen, die manche Forscher finden, andere hingegen nicht. Die Puzzleteile aber sind alle vorhanden: Im Durchschnitt haben Frauen bessere sprachliche Fähigkeiten als Männer; das Splenium scheint sich bei Männern und Frauen zu unterscheiden, zumindest was die Form betrifft, vermutlich aber auch hinsichtlich der Größe; und die Größe des Spleniums hängt zumindest bei Frauen mit sprachlichen Fertigkeiten zusammen. Es fehlen nur noch ein paar weitere Tests, Beobachtungen und Streitgespräche, damit entschieden werden kann, wie alle diese Teile zusammengehören. Und das ist der frustrierendste Teil der Untersuchungen zu geschlechtsspezifischen Strukturunterschieden im Gehirn. Forscher wie Laura Allen haben gezeigt, daß es Unterschiede gibt und daß diese in Gehirnregionen liegen, die die geistigen und psychologischen Verhaltensweisen von Männern und Frauen beeinflussen. Aber bisher hat (außer bei einem winzigen Teil des Rennmausgehirns) noch niemand eine direkte Verbindung zwischen Gehirnstruktur und Verhalten aufgezeigt. Das ist frustrierend, zumindest für außenstehende Beobachter wie Sie und mich, die einfach nur die groben Umrisse erfahren möchten. Aber für die Wissenschaftler ist es eine Herausforderung: Für sie gibt es offene Fragen, die sie noch jahrzehntelang beschäftigen werden.

* * *

Größe und Gestalt: Jeder der bisher im menschlichen Gehirn entdeckten geschlechtsspezifischen Strukturunterschiede betrifft das eine oder das andere oder auch beide dieser Grundmerkmale. Sie lassen sich leicht anhand von Untersuchungen an Verstorbenen oder anhand von MRI-Darstellungen aufspüren, und doch sind sie überraschend schwer zu interpretieren. Vor allem die Gestalt ist ein Rätsel: Manche Wissenschaftler spekulieren, daß unterschiedliche Form gleichbedeutend ist mit unterschiedlicher Vernetzung von Neuronen, aber das ist im Moment lediglich eine Vermutung. Größe scheint leichter zu entschlüsseln zu sein: Je größer, desto mehr Neurone oder wenigstens größere Neurone sind vorhanden, und das wiederum bedeutet mehr Kompetenz in dem entsprechenden Teil des Gehirns, nicht wahr? Aber selbst das ist ein Irrtum.

Der größte und mysteriöseste geschlechtsspezifische Unterschied beim menschlichen Gehirn ist der Größenunterschied. Er ist seit mehr als 100 Jahren bekannt, doch selbst heutzutage gibt es keine Einigkeit darüber, was er zu bedeuten hat. Er wird in wissenschaftlichen Artikeln nur selten diskutiert und in den populären Medien so gut wie nie erwähnt; zum einen, weil niemand so recht weiß, was davon zu halten ist, zum anderen aus Sorge, dieser deutliche Unterschied könnte, wie vor hundert Jahren, mißinterpretiert und mißbraucht werden. Seine Geschichte birgt eine wertvolle Lehre für die Interpretation geschlechtsspezifischer Unterschiede im Gehirn. Mitte bis Ende des neunzehnten Jahrhunderts war die Kraniometrie – die Größenbestimmung von Schädel und Gehirn – ganz groß in Mode. Ärzte und Wissenschaftler wetteiferten miteinander um die interessantesten Gehirne für ihre Sammlungen, und am höchsten dotiert waren jene, die einst die Köpfe brillanter Wissenschaftler und Intellektueller ausgefüllt hatten. Wenn man etwas über diese Zeit liest, beschleicht einen der Eindruck, daß die Wissenschaftler nur mit Mühe das Erkalten eines Toten abwarten konnten, um dessen Gehirn herauszupflücken, zu wiegen, zu messen und zu den übrigen zu legen.

Ein großer Teil dieser Faszination entsprang der Überzeugung, daß die Intelligenz eines Menschen in einer engen Beziehung zu Größe und Struktur seines Gehirns stünden. Das mag als logische Überlegung erschienen sein, aber wie Stephen Jay Gould in *Der falsch vermessene Mensch*[22] ausführt, ergaben die Messungen an den Gehirnen großer Männer nur sehr dürftige Beweise für diese Theorie. (Der Gedanke an »große Frauen« lag selbstverständlich noch Jahrzehnte entfernt.)

Eines der größten Gehirne, das den Kraniometrie-Spezialisten unterkam, gehörte dem russischen Romancier Ivan Sergeevič Turgenev. Es wog über 2000 Gramm, etwa 50 Prozent mehr als ein durchschnittliches Gehirn, und entsprach genau dem, was man von einem solch brillanten Herrn erwartete. Allerdings wog andererseits das Gehirn des Nobelpreisträgers und französischen Romanciers Anatole France knapp die Hälfte von Turgenevs Gehirn und war damit wesentlich kleiner als der Durchschnitt. Der französische Zoologe Georges Cuvier, Mitbegründer der vergleichenden Anatomie und Paläontologie, beeindruckte jedermann mit seinen 1830 Gramm. Peinlich jedoch war die Feststellung, daß Franz Josef Gall, jener deutsche Anatom, der behauptet hatte, die geistige Kapazität eines Menschen ließe sich an seiner Schädelform ablesen, ein Gehirn besaß, das nur unterdurchschnittliche 1198 Gramm auf die Waage brachte. Und wie ließ sich erklären, daß man bei Kriminellen, dem Bodensatz der Gesellschaft, so manches Mal auf ein größeres Gehirn stieß als bei deren prominentesten und am meisten bewunderten Mitgliedern? Gould schreibt, daß der Attentäter Le Pelley ein Gehirn von 1809 Gramm besaß, also nahe an Cuvier heranreichte, und eine Frau, die ihren Mann ermordet hatte, immerhin bemerkenswerte 1565 Gramm erzielte.[23]

Dennoch war die Überzeugung, die Gehirngröße bestimme die Intelligenz, stark genug, um die widersprüchlichen Befunde aus den gesammelten Gehirnen zu überdauern; und die Gelehrten waren gewitzt genug, um die scheinbaren Ungereimtheiten zu erklären. Warum das Gehirn dieses speziellen Genies so klein war? Nun, er war ziemlich alt, als er starb, und sein Gehirn muß seit seinem geistigen Höhepunkt um einiges geschrumpft sein. Und dieser ausgesprochen kleine Schädel eines Intellektuellen? Er war recht klein und hätte, da ja, wie jeder weiß, Gehirn- und Körpergröße in Relation zueinander stehen, wohl einen noch viel kleineren Kopf gehabt, wenn er nicht so klug gewesen wäre. Und was die Kriminellen betrifft: Vielleicht braucht man für eine erfolgreiche Verbrecherlaufbahn genausoviel Intelligenz wie für eine geistige Glanzleistung auf der richtigen Seite des Gesetzes. Wenn man genau genug hinschaut, gibt es für alles eine Erklärung.

Die angenommene Verbindung zwischen Gehirngröße und Intelligenz lieferte den Kraniometrie-Experten eine scheinbar

»objektive« Möglichkeit, die Intelligenz verschiedener Bevölkerungsgruppen miteinander zu vergleichen. Unglücklicherweise waren diese Vergleiche kein bißchen objektiver als ihre Analysen der Gehirngrößen von Intellektuellen.

Solche Vergleiche waren ein bevorzugter Zeitvertreib von Paul de Broca, einem berühmten französischen Chirurgen, dem Entdecker des Brocaschen Felds, einer Gehirnregion, die das Sprechen kontrolliert. Nach Goulds Beschreibung war de Broca ein sorgfältiger, ernsthafter Wissenschaftler, der eine Menge Zeit damit zubrachte, seine Meßtechniken zu perfektionieren. So tüftelte er zum Beispiel eine Methode aus, Bleischrot in einen Schädel zu füllen, um die Größe des Gehirns zu bestimmen, das diesen einstmals ausgefüllt hatte. Er wandte diese Methode an, um die Gehirngröße von Leuten vergangener Jahrhunderte zu bestimmen. De Brocas einzige Schwäche bestand darin, daß er sich zu oft seiner Antwort sicher war, bevor er überhaupt begonnen hatte, die Beweise zu sichten.

Das war Gould zufolge auch der Fall, als de Broca die Gehirngrößen von Mann und Frau verglich. Auf der Grundlage von mehreren hundert in Pariser Krankenhäusern vorgenommenen Autopsien errechnete de Broca, daß das durchschnittliche Gewicht eines männlichen Gehirns 1325 Gramm betrug, das eines weiblichen Gehirns dagegen nur 1144 Gramm. Die Daten waren anscheinend unanfechtbar, die Art und Weise, wie de Broca sie interpretierte, allerdings nicht. Aus früheren Studien hatte de Broca errechnet, daß es eine Korrelation gab zwischen Körpergröße und Größe des Gehirns. Er hatte das bei den Zahlen anderer Untersuchungen auch berücksichtigt. Als er jedoch seine Daten zum Vergleich der Gehirngrößen bei beiden Geschlechtern veröffentlichte, kümmerte er sich nicht um die Tatsache, daß Frauen im Durchschnitt eine geringere Körpergröße haben. Es bestand keine Notwendigkeit, all diese Berechnungen vorzunehmen, erklärte er, denn die Schlußfolgerung stand von vornherein fest: Frauen sind weniger intelligent als Männer. Es leuchtet also ein, daß ihr Gehirn kleiner sein muß. Punktum.

Solche »wissenschaftlichen« Analysen wurden so manches Mal herangezogen, wenn es darum ging, die Behandlung von

Frauen als minderwertige Lebewesen zu rechtfertigen. Gustave Le Bon, einer von de Brocas Anhängern, bringt in einer Erklärung, die durch die schillernde Illustration der herablassenden Haltung mancher Männer dieser Zeit (1879) einigermaßen bemerkenswert ist, das Argument in der Tat sehr deutlich zum Ausdruck:

> Bei den intelligentesten Rassen, wie bei den Parisern, gibt es eine große Anzahl Frauen, deren Gehirn der Größe nach den Gorillas näher steht als den höchstentwickelten männlichen Hirnen. Diese Unterlegenheit ist so offensichtlich, daß niemand sie auch nur einen Augenblick lang bestreiten kann; nur ihr Ausmaß lohnt die Erörterung. Alle Psychologen, die die Intelligenz der Frauen studiert haben, erkennen heute ebenso wie Dichter und Romanschriftsteller, daß sie eine der minderwertigsten Formen der Menschheitsentwicklung darstellen und Kinder und Wilden näher sind als dem erwachsenen zivilisierten Mann. Sie zeichnen sich aus durch Launenhaftigkeit, Sprunghaftigkeit, Gedankenarmut, Mangel an Logik und durch die Unfähigkeit zu denken. Zweifellos gibt es einige hervorragende Frauen, die dem Durchschnittsmann weit überlegen sind, doch sind sie so außergewöhnlich wie die Geburt einer Monstrosität, z. B. eines Gorillas mit zwei Köpfen; daher könne wir sie völlig außer acht lassen.[24]

Bei solchen Empfindungen ist ein physiologischer Befund kaum mehr von Bedeutung. Wie auch immer die Ergebnisse lauteten, sie wurden mit Sicherheit stets als Bestätigung dafür interpretiert, daß Frauen unterlegen seien.
In einer ironischen Anmerkung zu dieser Geschichte von Gehirngröße und Geschlecht beschreibt Gould, wie Maria Montessori den Spieß einmal herumdrehte.[25] Die Lehrerin und pädagogische Wissenschaftlerin, deren Methoden heute in zahlreichen Schulen vertreten werden, argumentierte in den frühen zwanziger Jahren, daß eigentlich das Gehirn der Frauen das überlegene sei. Ja, ein weibliches Gehirn sei im Durch-

schnitt kleiner, gestand sie zu, aber Männer hätten viel mehr Muskelmasse, und deren Kontrolle nehme einen größeren Teil des Gehirns in Anspruch. Wenn man diesen Unterschied der Muskelmasse richtig berücksichtige, dann hätten Frauen im Grunde mehr Gehirnmasse für geistige Leistungen frei. Deshalb seien Frauen das klügere Geschlecht, so gab sie zu verstehen, und es sei nur der kräftemäßigen Überlegenheit des Mannes zuzuschreiben, daß Männer Frauen dominieren könnten. Und nun, Le Bon?

Die Zahlen haben sich bis heute nicht wesentlich geändert. Ein weitgehend anerkannter Wert besagt, daß das Gehirn eines Mannes im Durchschnitt ungefähr 130 bis 140 Gramm schwerer ist als das Gehirn einer Frau.[26] Geändert hat sich nur die Interpretationsweise. Niemand behauptet mehr, daß das Gehirn einer Frau »eine der minderwertigsten Formen der Menschheitsentwicklung darstellen«. Vielmehr ist es, wie wir in Kapitel 1 und 2 gesehen haben, trotz der zwischen Mann und Frau bestehenden Unterschiede bei diversen geistigen Fähigkeiten völlig unmöglich, das eine oder das andere Geschlecht als »klüger« zu bezeichnen. Weshalb also sind Männergehirne soviel größer?

Im Verlauf der vergangenen Jahrzehnte war die unter Wissenschaftlern allgemein am einmütigsten akzeptierte Erklärung, daß der Größenunterschied lediglich die männliche Körpergröße widerspiegelt. Broca hatte eine schwache Korrelation zwischen Körpergröße und Gehirngröße errechnet, nach der größere, beleibtere Menschen im Durchschnitt große Köpfe und größere Gehirne haben. Die Gründe hierfür sind unklar, doch hat eine Reihe moderner Forscher eine ähnliche Korrelation festgestellt.[27] Da Männer im Durchschnitt größer als Frauen sind, sollten sie im Durchschnitt auch größere Gehirne haben. Einige Forscher, die mathematische Analysen der Größenkorrelation von Körper und Gehirn durchgeführt haben, kamen zu dem Schluß, daß es tatsächlich möglich sei, alle geschlechtsspezifischen Unterschiede hinsichtlich der Gehirngröße[28] als Funktion eines geschlechtsspezifischen Unterschieds bei der Körpergröße zu sehen.

In jüngster Zeit jedoch wird das von immer mehr Wissenschaftlern bezweifelt. Ihrer Meinung nach kann die unterschiedliche Körpergröße nur einen Teil der unterschiedlichen Gehirngröße erklären. Eine neuere Studie, die auf 1261 Autopsien beruht,[29] stellt zum Beispiel fest, daß ein durchschnittliches männliches Gehirn, selbst wenn die männliche Körpergröße berücksichtigt wird, noch immer ungefähr einhundert Gramm schwerer ist als ein durchschnittliches weibliches Gehirn. Eine andere Untersuchung, bei der mittels MRI die Gehirngröße von 40 Studenten und Studentinnen gemessen wurde,[30] stellt ebenfalls fest, daß die Männer auch nach der Berücksichtigung von Körpergröße und -gewicht größere Gehirne haben.

Außerdem, so Sandra Witelson, trete der Unterschied hinsichtlich der Gehirngröße sehr viel früher in Erscheinung als der Unterschied hinsichtlich der Körpergröße[31]: Im Alter von zwei bis drei Jahren beginnen Jungengehirne rascher zu wachsen als Mädchengehirne, und bis zum Alter von sechs Jahren, wenn das Gehirn nahezu ausgewachsen ist, hat sich der männliche Vorsprung bereits manifestiert. »Somit ist die Größe des Gehirns sicher nicht allein durch die Körpergröße festgelegt«, stellt Witelson fest.

Das ist eine Tatsache, mit der Frauen – und Männer – zurechtkommen müssen, meint Janice Juraska. Es war sehr tröstlich anzunehmen, die Körpergröße der Männer sei der Grund für deren größeres Gehirn, meint sie. »Frauen fühlen sich dadurch besser: Natürlich ist ihr Gehirn kleiner – ihr Körper ist ja auch kleiner.« Nun aber ist es an der Zeit, den wirklichen Grund für den Unterschied zu finden.[32]

Juraska hat viel über den Größenunterschied nachgedacht, seit sie bei Ratten einen ähnlichen Unterschied festgestellt hat.[33] 1991 untersuchte sie jenen Teil der Rattensehrinde, in der die visuellen Informationen verarbeitet und die Daten beider Augen kombiniert werden, um die Wahrnehmung der räumlichen Tiefe zu garantieren. Sie stellte fest, daß diese Region bei Rattenmännchen nahezu 20 Prozent größer ist als bei den Weibchen. Wichtiger noch: Der Unterschied war nicht einfach darauf zurückzuführen, daß die Männchen größere Neurone haben – Rattenmännchen besitzen in der Tat 20 Prozent mehr Neurone als die Weibchen.

Juraska war schockiert. »Ich lief herum und fragte mich immer wieder: Was machen die bloß mit all den Neuronen?« Die meisten anderen Größenunterschiede im Rattenhirn hatte man, wie auch den SDN, in Teilen des Gehirns gefunden, die mit der Fortpflanzung und dem Sexualverhalten im Zusammenhang stehen.

Die Sehrinde aber ist das einem intellektuellen Zentrum Ähnlichste, was eine Ratte zu bieten hat. Ein Teil davon ist zwar zuständig für die Aufnahme von Rohdaten aus dem optischen Nerv, doch Juraska entdeckte den Unterschied nicht dort, sondern in jenen Schichten des Cortex, in denen das Gehirn die Daten zu einem Bild seiner Umgebung verarbeitet.

Das Gehirn eines Rattenmännchens muß mit seinem visuellen System also etwas anderes anstellen als das Gehirn eines Weibchens, schloß Juraska, und zu Beginn fiel es ihr schwer, das Gefühl abzuschütteln, daß »anders« gleichbedeutend war mit »besser«. Ihre Beobachtung schien zu bedeuten, daß – zumindest, was die Sehrinde betraf – Rattenmännchen ein größeres Gehirnpotential haben als Weibchen. »Mich hat diese Erkenntnis tatsächlich deprimiert«, erinnert sie sich.

Allerdings nicht lange. Ihr war rasch klar geworden, daß sie genau denselben Fehler beging, wie ihn einst die Kraniometrie-Experten begangen hatten, als sie die Annahme voraussetzten, daß größer unweigerlich gleichbedeutend sei mit besser. Im Grunde gibt es jede Menge Gründe, die erklären könnten, weshalb Rattenmännchen eine größere Sehrinde haben als Weibchen, erklärt sie, und die meisten davon bedeuteten nicht, daß das männliche Gehirn in irgendeiner Form besser sei – nur anders. Vielleicht verwendet zum Beispiel das männliche Gehirn mehr Neurone, um genau dasselbe zu tun wie ein weibliches Gehirn, ist also in gewissem Sinne weniger effizient. Christina Williams vom Barnard College der Columbia University hatte gezeigt, daß Rattenmännchen und -weibchen unterschiedliche Strategien verwenden, um sich in einem Labyrinth zurechtzufinden: Die Männchen verlassen sich auf räumliche Hinweise, die Weibchen bevorzugen Orientierungspunkte oder verwenden beides gleichermaßen. Falls die Verwendung räumlicher Hinweise im Gehirn einen größeren Raum beansprucht als die andere Strategie, benötigen die Männchen unter Umständen für dieselbe Aufgabe mehr Neurone.

Juraska ist der Ansicht, daß im menschlichen Gehirn etwas ähnliches abläuft. Von verschiedenen Wissenschaftlern wird in Betracht gezogen, daß die zusätzlichen Gramm in einem durchschnittlichen männlichen Gehirn möglicherweise dem räumlichen Vorstellungsvermögen gewidmet sind, jenem bedeutungsvollen Talent, bei dem Männer sich offenbar besonders hervortun. (Diese Hypothese ist unabhängig von, aber nicht notwendigerweise widersprüchlich zu der Vorstellung, daß ein gutes räumliches Vorstellungsvermögen dadurch zustande kommt, daß sich eine Gehirnhälfte auf räumliche Fertigkeiten spezialisiert hat. Vielleicht sind auch beide Faktoren am Werk.) Vielleicht, meint Juraska, sind für die dreidimensionale Visualisierung von Gegenständen mehr Gehirnzellen nötig als für sprachliche Fähigkeiten. Wenn dem so wäre, reflektierte der Größenunterschied beim Gehirn lediglich, was wir ohnehin bereits wissen: daß sich Männer im allgemeinen beim Lösen dreidimensionaler Rotationsprobleme, beim Kartenlesen und verschiedenen anderen Dingen hervortun, für die es eines guten räumlichen Vorstellungsvermögens bedarf.

Etwas, das man beim Nachdenken über unterschiedliche Gehirngrößen vermeiden muß, sagt Juraska, ist die ziemlich unbedarfte Vorstellung, daß sich Gehirne genauso wie Zuckersäcke wiegen und vergleichen lassen. Wenn ein Sack Zucker hundert Gramm mehr wiegt als ein anderer, ist klar, daß der erste »besser« ist in dem Sinne, daß man mehr mit ihm tun kann: mehr Kuchen backen, mehr Tassen Kaffee süßen etc. Gehirne aber sind bei weitem nicht so einfach. »Was macht man mit einem größeren Gehirn?« überlegt Juraska. »Steckt man mehr Zellen hinein? Größere Zellen? Fügt man Extras hinzu oder wird man schlampig und geht mit dem, was da ist, weniger effizient um?« (David Ankney von der University of Western Ontario erzählt von einer Überlegung, die in einer Radiosendung geäußert wurde. Auf einen Bericht im kanadischen Rundfunk hin, in dem erwähnt wurde, daß das männliche Gehirn ungefähr 100 Gramm mehr wiegt, rief eine Frau beim Sender an und sagte: »Sie wissen doch nur zu gut, daß Männer, vom Aufstehen bis

zum Schlafengehen, nur eins im Sinn haben, oder? Die Extra-
zellen im Gehirn haben sie nur, damit sie ständig an Sex denken und trotzdem noch einigermaßen normal funktionieren
können.«)

Eine Gruppe von Ärzten und Wissenschaftlern in Iowa[34] führte
kürzlich eine Analyse an männlichen und weiblichen Gehirnen
durch, deren Ergebnisse im Einklang mit Juraskas Vorstellung
stehen, daß Gehirngröße bei Männern und Frauen unter Umständen etwas verschiedenes bedeutet. Die Forscher verwendeten MRI, um bei 76 Männern und Frauen sowohl die Gesamtgrö-
ße des Gehirns als auch das Volumen verschiedener Gehirnab-
schnitte zu bestimmen (Schläfenlappen, Kleinhirn, Hippocampus etc.). Die Gehirnmaße wurden dann jeweils in Bezug gesetzt
zum Abschneiden der Testpersonen in einem Intelligenztest.
Ihr Ziel war es, festzustellen, ob es eine Beziehung zwischen der
Struktur des Gehirns und verschiedenen Arten von Intelligenz
gibt und ob diese Beziehung bei Männern und Frauen dieselbe
ist.

Es bestand eine leichte Korrelation zwischen IQ und Gehirngröße. Im Durchschnitt hatten die Personen mit größeren Köpfen
höhere IQ-Werte, obgleich hier eine sehr große Variabilität
bestand; das heißt, viele Personen mit kleinerem Gehirn schnitten sehr gut, andere mit größerem Gehirn schnitten schlecht ab.
Sie stellten aber auch fest, daß die Korrelationen sich bei beiden
Geschlechtern unterschieden. Allgemein schien die Gehirngröße bei Frauen enger mit ihrem sprachlichen IQ zu korrelieren,
die Gehirngröße der Männer hingegen mit ihrem Performanz-
faktor (einem Maß, das sowohl räumliches Vorstellungsvermögen als auch mathematisches Denken umfaßt). Die Schlußfolgerung daraus besagt, daß die Gehirne von Männern und Frauen
unterschiedlich strukturiert sind, so daß – sehr grob und sehr
vereinfacht ausgedrückt – ein größeres weibliches Gehirn mit
großer Wahrscheinlichkeit größere verbale Intelligenz besitzt,
während ein größeres männliches Gehirn eher mehr räumliche
und mathematische Fähigkeiten verheißt. Es ist wichtig anzu-
merken, daß diese Korrelationen relativ schwach sind. Die
Gehirngröße kann nur einen sehr kleinen Teil der Intelligenzun-
terschiede bei Menschen erklären, und die »Qualität« eines

Gehirns scheint weit mehr Bedeutung zu haben als dessen »Quantität«. Dennoch bedeuten die Unterschiede zwischen weiblichem und männlichem Gehirn, daß beide an verschiedene Dinge auf unterschiedliche Weise herangehen. Deshalb ist es, wie Juraska bereits feststellte, wenig sinnvoll, einen direkten Größenvergleich zwischen männlichem und weiblichem Gehirn anzustellen.

All diese Ergebnisse sind und bleiben spekulativ und umstritten. Tatsächlich gibt es einige Wissenschaftler, die abstreiten, daß es überhaupt irgendeine Verbindung zwischen Gehirngröße und Intelligenz gibt, obwohl eine Reihe jüngerer Untersuchungen zu dem Schluß kommt, daß hier eine schwache Korrelation besteht.[35] Im Moment, so scheint es, ist nur eines sicher. Der Größenunterschied, hat, wie Juraska erklärt, dieselbe Bedeutung wie alle anderen bisher festgestellten geschlechtsspezifischen Unterschiede im Gehirn: Er zeigt, daß das Gehirn von Mann und Frau sich unterscheidet, er bedeutet aber nicht, daß eines der beiden dem anderen überlegen ist.

Kapitel 6

Nicht ganz das andere Geschlecht

Viele Jahre lang hatte Simon LeVay mehr oder weniger im verborgenen gearbeitet. Er wollte herausfinden, wie das Gehirn Signale von den Augen übernimmt und zu einem Gesamtbild der Welt zusammenfügt. Er genoß zwar den Respekt seiner wissenschaftlichen Kollegen, doch außerhalb der kleinen Welt der Sehrinden-Forschung hatten nur wenige von ihm gehört. Im Sommer 1991 jedoch veröffentlichte er einen einzigen Artikel auf einem Gebiet, das für ihn bis dahin Neuland gewesen war, und wurde damit schlagartig berühmt.

Begonnen hatte alles einige Jahre zuvor, als LeVay einen Artikel von Laura Allen zu Gesicht bekam. Tief innen im Hypothalamus, jenem Teil des menschlichen Gehirns, der zahlreiche Aspekte des Sexualverhaltens reguliert, hatte Allen ein Gewebestückchen gefunden, das bei Männern doppelt so groß ist wie bei Frauen. Auf der Grundlage dessen, was man über Ratten wußte, spekulierte sie, daß dieser Nucleus, den sie als INAH-3 bezeichnete, eine Rolle bei der sexuellen Orientierung spielen könnte[1] – bei dem, was eine Person dem einen oder dem anderen Geschlecht zugeneigt sein läßt.

Und das brachte LeVay zu der Überlegung: Wenn INAH-3 wirklich etwas mit der sexuellen Orientierung zu tun hat, sollte hier dann nicht ein Unterschied zwischen Heterosexuellen und Homosexuellen bestehen? Er beschloß, dies zu klären, holte sich Rat bei Kollegen, die mit dem Hypothalamus vertraut waren, und begann Gehirne aus Krankenhäusern zusammenzutragen und den von Allen beschriebenen Bereich zu analysieren. LeVay führte Autopsien an den Gehirnen heterosexueller und homosexueller Männer sowie heterosexueller Frauen durch und entdeckte am Ende ein bemerkenswertes Muster: INAH-3 ist bei Menschen, die sich in sexueller Hinsicht zu Frauen hingezogen fühlen, groß, bei Menschen, die sich zu Männern hingezogen fühlen, dagegen klein. Im Durchschnitt ist dieser Nucleus bei heterosexuellen Männern doppelt so groß wie bei homosexuellen Männern oder bei heterosexuellen Frauen.[2]

Die Publikation dieser Entdeckung löste eine Flut von Presseberichten, Leitartikeln und Leserbriefen aus, und LeVay geriet für einen kurzen Augenblick ins Rampenlicht. Jeder wollte wissen: Heißt das, die sexuelle Orientierung ist biologisch fixiert? Werden Homosexuelle so geboren? Viele, vor allem Leute, die sich engagiert für die Rechte Homosexueller einsetzen, nahmen die Studie als Beweis dafür, das Homosexualität angeboren und keine Frage der persönlichen Entscheidung sei. LeVay, selbst homosexuell, war vorsichtiger und gab zu bedenken, daß eine einzige Untersuchung die Diskussion nicht zu einem Abschluß bringen könne. Er machte sich jedoch die allgemeine Aufmerksamkeit zunutze, um sich für eine verstärkte Akzeptanz der Homosexualität einzusetzen.

In dem Tumult darüber, ob Homosexualität nun richtig oder falsch, angeboren oder eine Sache der Entscheidung sei, wurde die Tatsache übersehen, daß LeVays Beobachtung für jedermann von Bedeutung ist, nicht nur für Homosexuelle. Denn wenn dieses Stückchen Hypothalamus einen Schluß darauf zuläßt, weshalb homosexuelle Männer sich zu anderen Männern hingezogen fühlen, dann sollte es möglicherweise auch darauf rückschließen lassen, weshalb heterosexuelle Männer sich zu Frauen und heterosexuelle Frauen sich zu Männern hingezogen fühlen.

Betrachten wir es einmal so: LeVays Untersuchung läßt sich mit Sheri Berenbaums Forschung an den AGS-Mädchen vergleichen, die im Mutterleib einem Überschuß an Testosteron ausgesetzt waren. Indem Berenbaum untersucht, weshalb AGS-Mädchen lieber mit Autos und Bauklötzen statt mit Puppen spielen, hofft sie, am Ende auch zu verstehen, weshalb normale Jungen und Mädchen im Spiel eine unterschiedliche Wahl treffen. Ganz ähnlich eröffnen LeVay und die anderen Wissen-

schaftler, die Menschen mit umgekehrter sexueller Orientierung untersuchen, mit ihren Studien neue Perspektiven im
Hinblick auf zwei der großen Geheimnisse der Sexualität: Was
finden Frauen eigentlich an Männern? Und umgekehrt, was
finden Männer an Frauen?

Man betrachtet die sexuelle Orientierung zwar nur selten aus
diesem Blickwinkel, aber sie ist ein geschlechtsspezifischer
Unterschied, und zwar der zweitgrößte. (Zum größten kommen
wir gleich.) Die meisten Männer finden Frauen sexuell attraktiv
und die meisten Frauen Männer. In den Vereinigten Staaten
fühlen sich nach den besten derzeit existierenden Schätzungen
mindestens 95 Prozent der Männer und 98 Prozent der Frauen
zum jeweils anderen Geschlecht hingezogen. Als geschlechtsspezifischer Unterschied läßt dies die Unterschiede bei den
sprachlichen Fähigkeiten und dem räumlichen Orientierungsvermögen, ja sogar bei der Körpergröße, als verschwindend
gering erscheinen.

Was bringt Menschen dazu, auf das andere Geschlecht fixiert zu
sein? Oder, wie sich bestimmt so mancher von uns schon gefragt
hat, weshalb können wir eigentlich »nicht mit ihnen [unseren
Männern oder Frauen], aber auch nicht ohne sie leben«? Der
erste Teil der alten Floskel ist nur zu gut zu verstehen, aber
niemand hat bisher den tierischen Magnetismus aufgeklärt,
durch den sich diese beiden Gegensätze anziehen. Vielleicht ist
der beste Weg zu einer Antwort, Leute zu betrachten, die ohne
das andere Geschlecht leben *können*, und herauszufinden,
wodurch sie sich von den anderen unterscheiden.

Immer wieder liest man, daß etwa zehn Prozent der US-
amerikanischen Bevölkerung homosexuell seien. Diese Zahl
wird seit Jahren zitiert, doch jeder Fachmann, mit dem ich
gesprochen habe, erklärte sie für falsch; gerade im letzten Jahr
sind eine Reihe von Beiträgen in Zeitungen und Fernsehsen-
dungen erschienen, die sie widerlegen. Eine neuere Untersuchung stellt fest, daß in den Vereinigten Staaten nur 2,3 Prozent
aller Männer berichten, jemals mit einem anderen Mann Geschlechtsverkehr gehabt zu haben,[3] und nur 1,1 Prozent erklären, ausschließlich homosexuell zu sein. Diese Zahlen können
natürlich unter Umständen zu niedrig sein, denn manche Leute

werden ihre Homosexualität nicht preisgeben wollen, und außerdem hängt die genaue Zahl davon ab, wie man Homosexualität definiert. Die Forscher, die sich mit dem Thema beschäftigen, sind sich im großen und ganzen darüber einig, daß vermutlich vier bis sechs Prozent der amerikanischen Männer und zwei bis drei Prozent der amerikanischen Frauen irgendwann in ihrem Erwachsenenleben homosexuelle Kontakte hatten. Fordert man eine engere Definition von Homosexualität, wie zum Beispiel homosexueller Kontakt zu einer Person im vergangenen Jahr, dann liegen die Zahlen vermutlich näher bei ein bis zwei Prozent.[4] Neuere Umfragen in Großbritannien und Frankreich kommen dort zu ähnlichen Prozentsätzen.[5]

Die Zahl von zehn Prozent beruht auf dem mittlerweile über 40 Jahre alten Kinsey-Report[6], der inzwischen als ziemlich fehlerhaft gilt. Doch Homosexuellen-Organisationen[7] verwenden sie nach wie vor, obwohl es neuere und bessere Zahlen gibt. Eine dieser Gruppen nennt sich sogar »One in Ten«, doch die tatsächlichen Zahlen liegen eher bei eins zu 25 oder eins zu 50.

Bevor wir uns weiter mit der sexuellen Orientierung beschäftigen, lassen Sie uns einen kurzen Blick auf den allergrößten einzelnen geschlechtsspezifischen Unterschied werfen. Er ist so groß, daß die meisten Menschen ihn als gegeben hinnehmen, so als gäbe es gar keine andere Möglichkeit, wie Männer und Frauen sein könnten: Gemeint ist die sexuelle Identität, das innere Gefühl dafür, daß man ein Mann oder eine Frau ist. Fühlen Sie sich als Mann? Oder fühlen Sie sich als Frau? Falls Sie einen männlichen Körper besitzen und als Mann erzogen wurden, halten Sie sich mit an Sicherheit grenzender Wahrscheinlichkeit für einen Mann. Für die Frauen dürfte dasselbe gelten. Es gibt allerdings Ausnahmen. Manche Menschen, die nach ihren biologischen Kriterien männlich sind, als Männer erzogen wurden, männliche Genitalien und einen Bartwuchs haben und sich vielleicht sogar zu Frauen hingezogen fühlen, haben dennoch das starke Empfinden, Frauen zu sein. Es gibt auch Fälle von »biologischen« Frauen, die der festen Überzeugung sind, eigentlich Männer zu sein. Diese seltenen »Transsexuellen« beschreiben ihren Zustand häufig als das Gefühl, daß ihr Gehirn in einem Körper des falschen Geschlechts gefangen sei, und gehen oft soweit, sich einer chirurgischen Geschlechtsumwandlung zu unterziehen, um ihren Körper mit ihrem Gehirn in Einklang zu bringen. Das kommt nicht häufig vor, doch immerhin so oft, daß Wissenschaftler die sexuelle Identität als ein vom biologischen Geschlecht unabhängiges Merkmal betrachten. Es gibt zwar keine genauen Zahlen darüber, wie viele Leute transsexuell sind, eine Studie in den Niederlanden schätzt die Anzahl jedoch auf ungefähr einen von 12 000 Männern und eine von 30 000 Frauen.[8] Oder, anders herum ausgedrückt: 11 999 von 12 000 Männern fühlen wie Männer, und 29 999 von 30 000 Frauen fühlen wie Frauen – das macht die sexuelle Identität zum beständigsten aller Unterschiede zwischen den Geschlechtern.

Ich gebe zu, daß es schwer zu verstehen ist, wie jemand, und sei es auch nur einer von 12- oder auch von 40 000 Menschen, die Gegebenheiten des eigenen Körpers ignorieren und davon überzeugt sein kann, eigentlich dem anderen Geschlecht anzugehören. Für diejenigen, die es interessiert, empfehle ich *Conundrum* von Jan Morris, die autobiographische Erzählung eines britischen Reiseschriftstellers,[9] der als Mann aufwuchs, heiratete, Kinder hatte und doch schließlich seiner lebenslangen inneren Überzeugung nachgab, im Grunde eine Frau zu sein, und eine Geschlechtsumwandlung vollziehen ließ. Vielleicht verstehen Sie nach der Lektüre noch immer nicht genau, was er fühlte, aber Sie werden überzeugt sein, daß es in der Tat Menschen gibt – geistig völlig normale, sehr vernünftige und ausgeglichene Menschen –, deren innerste sexuelle Identität nicht zu ihrem Körper paßt.

Die Wissenschaft streitet noch, wie es dazu kommt. In den sechziger und siebziger Jahren war die populärste Theorie zum Thema sexuelle Identität, daß es sich um angelerntes Verhalten handle: Wenn ein Kind männlich (oder weiblich) aussieht und männlich (oder weiblich) erzogen wird, entwickelt es unausweichlich eine männliche (oder weibliche) sexuelle Identität. Es läßt sich nicht leugnen, daß die Gesellschaft jedem Kind sehr stark die Botschaft vermittelt: »Du bist ein Junge« oder »Du bist ein Mädchen«. Zusammen mit der Gegebenheit eines männlichen oder weiblichen Körpers sollte das ausreichen, eine permanente männliche oder weibliche Identität zu schaffen. So ähnlich lautete die Theorie.

Das klang logisch. So logisch, daß tatsächlich in einigen wenigen Fällen, in denen kleine Jungen ihren Penis durch schlimme Unfälle verloren hatten,[10] die Ärzte die Eltern überredeten, sie zu Mädchen umgestalten zu lassen, das heißt, die verbliebenen Genitalien chirurgisch umzuformen, ihnen weibliche Hormone zu verabreichen, ihre Namen zu ändern und sie genau wie Mädchen zu erziehen.

Der berühmteste Fall in diesem Zusammenhang betraf einen sieben Monate alten Jungen (eines eineiigen Zwillingspaares), der bei einer Beschneidung durch ein defektes Gerät sehr starke Verbrennungen am Penis erlitten hatte. Die Spannung an dem elektrischen Gerät war zu hoch eingestellt, so daß sein Penis vollständig zerstört wurde. Nach längeren Überlegungen und Beratungen mit Experten beschlossen die Eltern, ihn zu einem Mädchen zu machen, da er nie ein normales Leben als Mann würde führen können. Man entfernte bei dem Jungen die Hoden, die Ärzte formten eine Vagina, und er bekam weibliche Hormone. Das war Mitte der sechziger Jahre. 1972 berichtete John Money von der Johns Hopkins University, einer der prominentesten Verfechter der Sozialisationstheorie, daß es dem »Mädchen« gutginge und daß es sein Geschlecht akzeptiert habe,[11] obgleich es zahlreiche »burschikose Züge trage wie ein Übermaß an körperlicher Energie, ein hohes Maß an Aktivität, Dickköpfigkeit und die Angewohnheit, in einer Gruppe von Mädchen häufig zu dominieren«. Dieser Fall schien der Beweis dafür zu sein, daß die sexuelle Identität einer Person durch die Gesellschaft und nicht durch die Biologie bestimmt wird, und er wurde als solcher weithin berühmt.[12] Aber die Sache lag nicht ganz so einfach.

1979 berichtete Julianne Imperato-McGinley über ihre verblüffenden Untersuchungen[13] an einer Gruppe von Männern in einem karibischen Land, die von einem Mangel an 5α-Reduktase betroffen waren, einem genetischen Defekt, durch den sie zum Zeitpunkt der Geburt wie Mädchen aussehen und erst im Verlauf der Pubertät männliche Genitalien bekommen.

18 dieser Männer waren genau wie Mädchen erzogen worden, berichtet sie, und 17 von ihnen waren in der Lage, eine männliche Identität zu entwickeln, nachdem sich die männlichen Genitalien ausgebildet hatten. Der achtzehnte lebte weiterhin als Frau, trug künstliche Brüste und erklärte, sich einer Geschlechtsumwandlung unterziehen zu wollen, um als »normale Frau« zu leben.

Stellen Sie sich einmal vor, Sie würden Ihre ersten zwölf Lebensjahre als Mädchen verbringen und in der Pubertät würden Ihnen Penis und Skrotum wachsen. Das muß ein ungeheurer Schock sein, gelinde ausgedrückt. Hätte die Sozialisationstheorie recht, wären Sie niemals in der Lage, die Überzeugung loszuwerden, daß Sie eine Frau sind, der das Schicksal einen ziemlich schäbigen Streich gespielt hat. Und doch erging es nur einem der 18 von Imperato-McGinley befragten Männer so. Die übrigen fingen an, sich selbst als männlich zu betrachten. Imperato-McGinley sieht darin einen Beweis, daß etwas anderes die sexuelle Identität beeinflussen muß, etwas, das seine Wurzeln in den männlichen Hormonen hat, denen die Jungen im Mutterleib oder in der Pubertät ausgesetzt waren. Danach könnte eine Dosis männlicher Hormone ausreichen, um ein Jahrzehnt der Sozialisation ungeschehen zu machen.

Stop, sagten da andere Forscher, die Imperato-McGinleys Aussagen in Frage stellten. Ihr Argument lautete, daß es unwahrscheinlich sei, daß 17 Jungen ohne jeglichen Zweifel als Mädchen erzogen worden seien. Die Eltern müßten anhand der ungewöhnlichen pseudoweiblichen Geschlechtsorgane gewußt haben, daß etwas fehlt, so daß die Jungen vermutlich niemals eine starke weibliche Identität entwickelt hätten und ohne ein allzu großes Trauma von einem Gang in den anderen schalten konnten, als sich vor ihren Augen ihr Geschlecht änderte. Imperato-McGinley beharrt jedoch noch immer darauf, daß die Jungen als Mädchen erzogen worden seien. Vielleicht wird dieser Streit niemals zu jedermanns Zufriedenheit entschieden werden, denn die meisten Testpersonen sind mittlerweile 40 Jahre und älter, und ihre Erinnerungen an die Kindheit sind im Begriff zu verblassen.

In jüngster Zeit beginnt die Sozialisationstheorie von der

sexuellen Identität noch an anderen Stellen zu bröckeln. Der zum Mädchen gewandelte Junge, der John Money in den frühen siebziger Jahren berühmt gemacht hatte, war, wie es heute scheint, wohl doch kein solcher Erfolg.[14] Milton Diamond, Sexualitätsforscher an der University of Hawaii, der den Fall verfolgt hat, berichtete zehn Jahre später, daß »dieser Mensch niemals seinen weiblichen Zustand beziehungsweise seine Rolle akzeptiert hat, wie in den früheren Untersuchungen behauptet worden war«. Der transformierte Zwilling hatte vor der Pubertät und bevor man ihn mit seiner Sexualgeschichte konfrontiert hatte, massive Schwierigkeiten mit seiner weiblichen Rolle. Er paßte sich als Mädchen seinen Altersgenossen nicht an, und ein Psychiater kam damals schon zu dem Schluß, daß er sich möglicherweise nie als Frau wohl fühlen werde. Mit 18 Jahren ließ er sich in einer kosmetischen Operation Skrotum und Penis nachbilden, so daß er als Mann Geschlechtsverkehr haben konnte, obwohl er natürlich steril ist. Heute, so erzählt Diamond, »lebt er als Mann mit weiblichen Geschlechtspartnern«.[15] In diesem einen Fall war es augenscheinlich nicht ausreichend gewesen, daß das Kind wie ein Mädchen aussah und so erzogen wurde.

Das größte Problem für die Sozialisationstheorie stellt jedoch Diamond zufolge das Phänomen der Transsexualität dar. Obwohl Transsexuelle eindeutig wie Männer oder Frauen aussehen, entsprechend erzogen und von der Gesellschaft hinsichtlich ihrer Gefühle dahingehend zensiert werden, beharren sie dennoch darauf, nicht jenem Geschlecht zuzugehören, das sie äußerlich betrachtet verkörpern. Wäre die sexuelle Identität einzig davon abhängig, wie jemand aufwächst, dann könnte man sich den oben geschilderten Fall nur schwer erklären. Außerdem sieht Diamond in einer gestörten sexuellen Identität mehr als nur eine extreme Version der Homosexualität.[16] Zwar sind die meisten Frau-Mann-Transsexuellen Lesbierinnen, die sich zu Frauen hingezogen fühlen und sich selbst als Männer betrachten, die meisten Mann-Frau-Transsexuellen aber sind nicht so ohne weiteres einzuordnen. Einige von ihnen sind homosexuell, fühlen sich zu anderen Männern hingezogen und betrachten sich selbst als Frauen, aber es gibt auch eine zweite

Gruppe von Männern, die sich selbst als Frauen sehen, sich aber zur gleichen Zeit zu Frauen hingezogen fühlen. Wenn sich diese Mann-Frau-Transsexuellen einer Geschlechtsumwandlung unterziehen, führen sie ein Leben als Lesbierinnen. Nach jahrelanger Arbeit mit Transsexuellen ist Diamond der Ansicht, daß in diesem Bereich so ziemlich alles möglich ist und auch tatsächlich vorkommt. In einem Fall, mit dem er vertraut war, kamen bei einem Ehepaar beide Partner zu dem Schluß, daß sie jeweils im falschen Körper steckten, unterzogen sich beide einer Geschlechtsumwandlung und blieben dann mit vertauschten Rollen miteinander verheiratet – der Ehemann nun als Ehefrau, die Ehefrau als Ehemann. Solche Phänomene sind Diamond zufolge nur sehr schwer mit Umwelteinflüssen zu erklären, vor allem weil die Betroffenen nur selten berichten, anders als andere erzogen worden zu sein, und es so gut wie überhaupt keine Hinweise auf eine Überkreuzerziehung gibt, das heißt, daß ein Junge wie ein Mädchen erzogen wurde und umgekehrt. Diamond ist davon überzeugt, daß die sexuelle Identität eines Menschen dadurch zustande kommt, daß Geschlechtshormone das Nervensystem bereits im Mutterleib prägen[17] und daß man nach der Geburt des Betreffenden wenig oder gar nichts unternehmen kann, um daran etwas zu ändern. Viele andere Forscher sind noch immer der Ansicht, daß die Umwelt eine Rolle spielt, aber es gibt heutzutage nur noch wenige, die behaupten, daß die Biologie überhaupt nichts damit zu tun hat. Zumindest ein Teil unserer Empfindung, Mann oder Frau zu sein, scheint unseren Gehirnen durch unsere Hormone aufgestempelt zu werden.

Der Disput über die Ursachen der Homosexualität ähnelt sehr demjenigen über die Ursachen der Transsexualität. In der Vergangenheit haben weitverbreitete psychologische Theorien der Homosexualität Ursachen wie einen unnahbaren Vater oder eine übermäßig fürsorgliche Mutter zugeschrieben, aber in jüngster Zeit mehren sich die Hinweise in eine andere Richtung. Die sexuelle Orientierung, so scheint es heute, wird stark dadurch beeinflußt, welche Hormone während einer kritischen Periode der Gehirnentwicklung vorhanden sind. Die Frage, welches Geschlecht es sein wird, ohne das wir eines schönen

Tages nicht auskommen können, ist möglicherweise in erster Linie eine Frage des Testosterons.

Einen Teil der Hinweise liefert das Gehirn selbst. LeVays Untersuchungen waren zwar die meistpublizierten, doch haben auch andere Studien Unterschiede bei den Gehirnen von Homosexuellen und Heterosexuellen festgestellt. 1990, ein Jahr vor LeVays Bericht, verkündete das holländische Team um Dick Swaab und Michel Hofman als erstes die Entdeckung eines solchen Strukturunterschieds. Man hatte ihn im Nucleus suprachiasmaticus (SCN) gefunden, einem Teil des Hypothalamus, der an der Regulation circadianer Rhythmen (biologischer Tagesrhythmen wie der Schlaf-Wach-Zyklus) und anderer Zyklen beteiligt ist. Der SCN, so berichteten sie, sei bei homosexuellen Männern beinahe doppelt so groß wie bei heterosexuellen.[18] Die holländischen Ergebnisse stießen aus mehreren Gründen nicht auf dasselbe Interesse wie LeVays Befunde: Der SCN scheint nichts mit dem Sexualverhalten oder der sexuellen Orientierung zu tun zu haben, und er hat bei Männern und Frauen dieselbe Größe. Ohne einen geschlechtsspezifischen Größenunterschied beim SCN aber konnten Swaab und Hofman nicht schlußfolgern – wie LeVay es später tat –, daß das Gehirn eines Homosexuellen feminisiert beziehungsweise dem Gehirn von Frauen ähnlicher sei als dem Gehirn heterosexueller Männer. Das äußerste, was sie sagen konnten, war, daß ein homosexuelles Gehirn anders ist, Punktum.

Laura Allen von der University of California in Los Angeles, Entdeckerin so manchen geschlechtsspezifischen Unterschieds, hat ebenfalls nach Unterschieden im Gehirn homosexueller und heterosexueller Menschen gesucht. Bei der Betrachtung des vorderen Teils der Kommissur, einem Gewebeband, das die beiden Hirnhälften miteinander verbindet und bei Frauen größer als bei Männern ist, stellte sie fest, daß dieses bei homosexuellen Männern »superfeminin«, das heißt sogar größer als bei heterosexuellen Frauen ist. Bei 99 Gehirnautopsien von gleich vielen heterosexuellen Männern, homosexuellen Männern und heterosexuellen Frauen errechnete Allen, daß der vordere Teil der Kommissur bei homosexuellen Männern im Durchschnitt 18 Prozent größer ist als bei heterosexuellen

Frauen und 34 Prozent größer als bei heterosexuellen Männern.[19]

Es ist schwer zu beurteilen, was dies für das Gehirn eines homosexuellen Mannes bedeutet, meint Allen, denn niemand weiß wirklich, welche Funktion der vordere Teil der Kommissur genau hat. Man geht allerdings davon aus, daß er für das Sexualverhalten nicht von Bedeutung ist. Die Kommissur verbindet Teile des Gehirns, die mit dem Denken zu tun haben, was wiederum heißen würde, daß das Gehirn eines Homosexuellen sich von dem eines Heterosexuellen nicht nur in jenen Bereichen unterscheidet, die das Sexualverhalten kontrollieren, sondern möglicherweise auch in den Regionen, die Denkvorgänge steuern.

Niemand weiß bislang, wodurch diese Unterschiede entstehen. Es ist beispielsweise möglich, daß sie die Ergebnisse von Verhalten sind und nicht dessen Ursache. Vielleicht wird der INAH-3 größer, wenn man sich zu Frauen hingezogen fühlt, und schrumpft, wenn man sich zu Männern hingezogen fühlt. Die meisten Forscher halten das allerdings für unwahrscheinlich, denn bei Ratten verändert sich der geschlechtsdimorphe Nucleus – der sich ungefähr an derselben Stelle wie der INAH-3 befindet – nach den ersten ein oder zwei Lebenswochen nicht mehr. Danach hat nicht einmal mehr die Kastration eines Rattenmännchens Folgen für die Größe seines geschlechtsdimorphen Nucleus. Menschen sind zwar keine Ratten, aber LeVay und Allen vermuten doch, daß die Größe des INAH-3 im Mutterleib festgelegt wird.

Damit bleibt die Frage: Ist INAH-3 der Teil eines Gehirns, der entscheidet, ob sich jemand zu Frauen oder zu Männern hingezogen fühlt? So einfach ist das nicht, sagen die Wissenschaftler. Zwar ist der Nucleus im Durchschnitt bei heterosexuellen Männern doppelt so groß wie bei Frauen und homosexuellen Männern, doch es gibt viele Überlappungen, und manche Frauen und homosexuelle Männer haben größere Nuclei als viele heterosexuelle Männer. Das bedeutet, daß hinter der sexuellen Orientierung mehr stecken muß als nur die Größe eines kleinen Hypothalamusabschnitts. Die während der Entwicklung vorhandenen Geschlechtshormone wirken ver-

215

mutlich auf diese gesamte Gehirnregion, mutmaßen LeVay und Allen, und bestimmen so nicht nur die Größe des INAH-3, sondern erzeugen auch andere Anpassungen, die schließlich alle zusammen festlegen, welche sexuelle Orientierung ein Mensch im Erwachsenenalter vermutlich einmal haben wird. Neben der Hirnforschung gibt es auch in anderen Forschungsbereichen Hinweise darauf, daß die sexuelle Orientierung im Mutterleib festgesetzt oder zumindest angelegt wird. Ein Teil der Hinweise kommt wiederum von AGS-Mädchen und -Frauen, die durch einen genetischen Defekt im Mutterleib besonders hohen Konzentrationen an Testosteron ausgesetzt gewesen sind. AGS-Mädchen sind in der Regel eher burschikos, spielen bevorzugt mit Jungenspielzeug und scheinen mit erhöhter Wahrscheinlichkeit als Erwachsene zur Homosexualität zu neigen. In einer vor etwa zehn Jahren durchgeführten Studie mit 30 AGS-Frauen[20] beschrieben sich fünf der Frauen als homosexuell und weitere sechs bezeichneten sich selbst als bisexuell. Das sind überraschend hohe Zahlen, wenn man davon ausgeht, daß man in einer Gruppe von 30 zufällig aus der Gesamtbevölkerung ausgewählten Frauen vielleicht eine oder zwei homosexuelle oder bisexuelle Frauen erwarten kann, mit Sicherheit aber keine elf. Neuere Untersuchungen haben einen etwas schwächeren Effekt gefunden: Eine berichtet, daß 20 Prozent der AGS-Frauen[21] homosexuelle Beziehungen hatten oder sie zumindest wünschten, in einer anderen hingegen waren es nur fünf Prozent.[22] Das liegt noch immer über dem Anteil in der Normalbevölkerung, so daß es den Anschein hat, als erhöhe das zusätzliche Testosteron im Mutterleib die Wahrscheinlichkeit dafür, daß eine Frau homosexuell wird.

Eine weitere Gruppe von Frauen, die mit erhöhter Wahrscheinlichkeit homosexuell zu werden scheinen, sind jene, deren Mütter in der Schwangerschaft DES genommen haben, jenes synthetische Hormon, von dem man einst angenommen hatte, daß es das Risiko für eine Fehlgeburt herabsetze. Ein Wissenschaftler berichtete, daß Frauen, die im Mutterleib DES ausgesetzt gewesen waren, mehr homosexuelle Phantasien hatten, sich häufiger zu anderen Frauen hingezogen fühlten und über mehr homosexuelle Erfahrungen verfügten als ihre nicht behandelten Schwestern und Cousinen.[23] (Es mag widersprüchlich erscheinen, daß ein synthetisches Östrogen eine Frau hinsichtlich ihrer sexuellen Orientierung maskulinisieren sollte, aber erinnern Sie sich daran, daß ein großer Teil der maskulinisierenden Wirkung von Testosteron auf das Gehirn eigentlich durch Östrogen zustande kommt, in welches das Testosteron chemisch umgewandelt wird. Wenn man einen weiblichen Embryo ungewöhnlich hohen Mengen Östrogen aussetzt, wird er beinahe genausostark vermännlicht, als sei er statt dessen Testosteron ausgesetzt gewesen.)

In beiden Beispielen – AGS-Frauen und Frauen, die im Mutterleib DES ausgesetzt waren – scheint das weibliche Gehirn durch ungewöhnliche Hormonkonzentrationen maskulinisiert worden zu sein; mit dem Ergebnis, daß die Frauen mit erhöhter Wahrscheinlichkeit andere Frauen sexuell attraktiv finden. Aber wie ist das bei Männern? Kann männliche Homosexualität durch zu wenig Testosteron zustande kommen?

Bislang scheint die beste Antwort hierauf zu sein: Vielleicht. Bei Ratten trifft es zu, denn man kann Rattenmännchen zu »Homosexuellen« transformieren, indem man ihrem Gehirn zu einem kritischen Zeitpunkt zu wenig Testosteron zukommen läßt. (Vergessen Sie dabei aber nicht, daß sexuelle Orientierung bei Ratten nicht ganz dasselbe ist wie beim Menschen: Ein homosexuelles Rattenmännchen ist nichts anderes als ein Männchen, das auf andere Männchen wie ein Weibchen reagiert, indem es seinen Rücken krümmt, und nicht eines, das eine sexuelle Vorliebe für Männchen hegt.) Es existieren Hinweise darauf, daß der Entzug von Testosteron beim Menschen einen ähnlichen Effekt haben kann. In den fünfziger und sechziger Jahren nahmen manche Frauen zur Verhinderung von Fehlgeburten Medikamente, deren Wirkung auf einer Verringerung der männlichen Hormone beruhte, denen das Ungeborene ausgesetzt sein würde. Die Söhne dieser Frauen waren mit einer größeren Wahrscheinlichkeit homosexuell als Kinder, die diesen Medikamenten nicht ausgesetzt waren.[24] Das Bild ist allerdings deshalb nicht klar, weil die Ärzte in diesem Zeitraum viele verschiedene Medikamente gegen Fehlgeburten verschrieben, unter anderem auch DES und andere synthetische Östrogene, so daß es für die Wissenschaftler nicht leicht ist, herauszufinden, welche Mutter welches Medikament zu welchem Zeitpunkt ihrer Schwangerschaft genommen hat, beziehungsweise die Wirkung des einen Mittels von der Wirkung eines anderen zu trennen.

Andere Wissenschaftler haben festgestellt, daß sie bei männlichen Ratten Homosexualität induzieren können, indem sie die Mutter schwerem Streß aussetzen.[25] (Die übliche Methode ist hierbei, das Weibchen in eine Plastikröhre zu sperren, die so eng ist, daß es sich nicht bewegen kann, und es dann über mehrere Stunden hinweg sehr hellem Licht auszusetzen.) Dabei scheinen die von der Mutter produzierten Streßhormone den Testosteronspiegel im Mutterleib herabzusetzen. Eine andere, allerdings umstrittene Untersuchung behauptet, dasselbe geschähe möglicherweise beim Menschen.

1980 berichtete Günter Dörner, ein Forscher aus der damaligen DDR, daß deutsche Männer, die während oder kurz nach dem zweiten Weltkrieg, also in einer sehr belastenden Zeit geboren wurden, mit einer größeren Wahrscheinlichkeit homosexuell waren als früher oder später geborene.[26] In einer späteren Untersuchung[27] befragte er dann die Mütter vieler heterosexueller und homosexueller Männer nach belastenden Ereignissen wie Todesfälle, Scheidungen oder anderen traumatischen Erfahrungen während der Schwangerschaft. Bei den heterosexuellen Männern berichteten nur etwa zehn Prozent der Mütter über solche Ereignisse während der Schwangerschaft, bei den bisexuellen Männern ungefähr ein Drittel und bei den Homosexuellen nahezu zwei Drittel. Anderen Wissenschaftlern gelang die Reproduktion von Dörners Ergebnissen allerdings nicht,[28] und er selbst hat seine Glaubwürdigkeit mit Kommentaren über eine mögliche »Behandlung« der Homosexualität durch die Sicherung ausreichender Mengen Testosteron für das Ungeborene in Frage gestellt. Die meisten Wissenschaftler betrachten deshalb die Streß-Hypothese als Begründung für menschliche Homosexualität als ungesichert.

Selbst wenn man davon ausgeht, daß Dörners Arbeit unzutreffend ist, so gibt es trotzdem genügend Hinweise, die viele Wissenschaftler davon überzeugen, daß sexuelle Präferenzen von den Geschlechtshormonen im Mutterleib geformt werden[29] und daß Homosexualität zumindest teilweise auf die Einwirkung ungewöhnlicher Hormonkombinationen während der Entwicklung zurückzuführen ist. In einem 1978 erschienenen Artikel hatten Lee Ellis und M. Ashley Ames es folgendermaßen formuliert:»Bei allen Säugetieren wird die sexuelle Orientierung vor allem dadurch bestimmt, inwieweit das Nervensystem Testosteron [und anderen Geschlechtshormonen] ausgesetzt war.« Die kritische Periode hierfür liegt beim menschlichen Embryo zwischen dem zweiten und fünften Schwangerschaftsmonat. Kurz gesagt, wenn jemand während der Entwicklung eine geringe Dosis Testosteron erhält, wird er sich zu Männern hingezogen fühlen, eine hohe Dosis Testosteron hingegen sorgt für eine sexuelle Orientierung zu Frauen.

Indirekte Unterstützung hat diese Hypothese in den letzten Jahren erfahren. Ellis und Ames argumentierten, daß Homosexualität eine starke genetische Komponente haben müßte, wenn die sexuelle Orientierung tatsächlich durch den Einfluß von Testosteron auf das Ungeborene zustande käme; denn es sind ja in erster Linie die von den Eltern ererbten Gene, die kontrollieren, welchen Hormonen der Embryo ausgesetzt sein wird. Dies wiederum bedeutet, daß Homosexualität in Familien gehäuft auftreten müßte. Und genau das haben verschiedene neuere Studien bestätigt.

Die erste wirklich überzeugende Untersuchung, die zeigen konnte, daß Homosexualität erblich ist,[30] wurde 1991 von Michael Bailey von der Northwestern University in Evanston, Illinois, und von Richard Pillard von der Boston University School of Medicine veröffentlicht. Bailey und Pillard befragten 161 homosexuelle Männer mit Zwillings- oder Adoptivbrüdern und stellten fest, wie häufig die Brüder ebenfalls homosexuell waren. (Ein »Adoptivbruder« ist jemand, der mit dem Betreffenden nur durch Adoption verwandt ist, das heißt, daß einer von beiden oder beide adoptiert wurden.) Die beiden Forscher stellten fest, daß 52 Prozent der eineiigen Zwillinge homosexueller Männer selbst homosexuell waren. Im Vergleich dazu waren es bei zweieiigen Zwillingen nur 22 Prozent und bei den Adoptivbrüdern nur 11 Prozent.

Die Tatsache, daß eineiige Zwillinge Homosexueller mit großer Wahrscheinlichkeit ebenfalls homosexuell sind, stellte keine besondere Überraschung dar. Zwei frühere Untersuchungen[31] hatten festgestellt, daß ungefähr die Hälfte der eineiigen Zwillingsbrüder Homosexueller ebenfalls homosexuell sind. Da aber eineiige Zwillinge in sehr ähnlicher Umgebung aufwachsen, war es unmöglich festzustellen, ob diese gleiche sexuelle Orientierung nun auf Genen oder auf Umwelteinflüssen beruht. Baileys und Pillards Studie ging darüber hinaus. Dadurch, daß die beiden Forscher zweieiige Zwillingsbrüder und Adoptivbrüder einschlossen, war es ihnen möglich, genetische Einflüsse von umweltbedingten zu trennen. Eineiige Zwillinge haben exakt dieselben Gene, zweieiige Zwillinge haben etwa die Hälfte ihrer Gene gemeinsam und Adoptivbrüder überhaupt keine, sie alle aber wachsen in derselben Umgebung auf. Wenn also Gene bei der Festlegung eines Merkmals eine Rolle spielten, sollten eineiige Zwillinge sich in diesem Merkmal stärker ähneln, gefolgt von den zweieiigen Zwillingen und leiblichen Brüdern und schließlich von Adoptivgeschwistern. Und genau das stellten Bailey und Pillard fest: Ob ein Mann homosexuell ist oder nicht, hängt in hohem Maße von seinen Genen ab. 1993 schlossen Bailey und Pillard dieser Studie eine ähnliche über Lesbierinnen an[32] und legten vergleichbare Zahlen vor. Unter den Schwestern von 147 Lesbierinnen waren 48 Prozent der eineiigen Zwillingsschwestern homosexuell, im Vergleich zu 16 Prozent der zweieiigen Zwillingsschwestern und 6 Prozent der Adoptivschwestern. Die Schlußfolgerung ist dieselbe: Auch bei den Frauen spielt die Genetik eine wichtige Rolle bei der Festlegung der sexuellen Orientierung.

Man darf jedoch nicht vergessen, daß die Gene bei dieser Geschichte nicht alles sind. Die Kehrseite der Tatsache, daß die Hälfte der eineiigen Zwillinge Homosexueller ebenfalls homosexuell ist, lautet, daß die andere Hälfte es eben nicht ist. Wäre die sexuelle Orientierung ausschließlich von Genen bestimmt, müßten eineiige Zwillinge immer entweder beide homosexuell oder beide heterosexuell sein. Was also könnte den einen Zwillingsbruder heterosexuell und den anderen homosexuell werden lassen? Schwer zu sagen, meint Bailey. Es könnte sich um unterschwellige Unterschiede in der Erziehung der beiden handeln, aber das scheint eher unwahrscheinlich, denn die Psychologie kann bisher mit keinem sozialen Faktor aufwarten, der Jungen dafür prädisponiert, homosexuell zu werden. Vielleicht entsteht der Unterschied bereits im Mutterleib, gibt Bailey zu bedenken. Sogar wenn zwei Embryos dieselben Gene haben und im selben Mutterleib heranwachsen, mag es unter Umständen lokale Schwankungen der Hormonkonzentrationen geben, die das eine Baby auf den homosexuellen und das andere auf den heterosexuellen Weg bringen.

Diese beiden Wege gehen im übrigen in vieler Hinsicht auseinander, nicht nur, was die sexuelle Orientierung betrifft. Wissenschaftler haben festgestellt, daß Homosexuelle und Heterosexuelle sich in zahlreichen geistigen und psychologischen Merkmalen unterscheiden, welche umgekehrt wiederum einen weiteren Hinweis darauf liefern, daß am Beginn der sexuellen Orientierung Hormone stehen. Wenn Homosexualität tatsächlich durch eine ungewöhnliche hormonelle Umgebung im Mutterleib zustande kommt, dann sollte sich die Wirkung dieser Hormone nicht nur an der sexuellen Orientierung, sondern auch bei anderen Charakteristika bemerkbar machen. Insbesondere sollten männliche Homosexuelle, wenn sie im Mutterleib tatsächlich ungewöhnlich wenig Testosteron ausgesetzt waren, in vielen Eigenschaften mit typischen geschlechtsspezifischen Unterschieden, wie zum Beispiel dem räumlichen Vorstellungsvermögen, eher Frauen ähneln. Genau das aber haben Sexualitätsforscher festgestellt.

Es beginnt in der Kindheit. Bei zahlreichen Studien wurden Homosexuelle nach ihrem Verhalten im Kindesalter gefragt,[33] und mit großer Beständigkeit war das Ergebnis, daß sie sehr viel häufiger »wie Mädchen« gespielt haben. In einer Untersuchung[34] wurden 600 homosexuelle Männer und 300 heterosexuelle Männer nach ihren geschlechtstypischen Spielweisen im Kindesalter befragt. Man stellte fest, daß sich 70 Prozent der heterosexuellen Männer daran erinnerten, viel für Baseball, Football und andere Jungen-Aktivitäten übrig gehabt zu haben. Das galt aber nur für 11 Prozent der homosexuellen Männer. Umgekehrt hatten ungefähr die Hälfte aller Homosexuellen

Gefallen an typischen Mädchenspielen wie »Himmel und Hölle« oder »Haus und Garten« gehabt, verglichen mit nur 11 Prozent der heterosexuellen Männer. Außerdem berichtete ein Drittel der Homosexuellen, daß sie sich gerne als Mädchen verkleidet und weibliche Rollen gespielt hätten, doch nur einer von zehn Heterosexuellen hatte daran Gefallen gehabt.

Eine gemeinsame Erinnerung vieler Homosexueller ist, daß man sie als Jungen »weibisch« genannt hatte. Eine groß angelegte Studie ergab, daß dies für die Hälfte der homosexuellen, aber nur für ein Neuntel der heterosexuellen Männer zutraf.[35]

Nach einer fünfzehnjährigen Studie, in der er unter anderem die Frage klären wollte, ob Homosexuelle im Kindesalter tatsächlich mädchenhafter agiert haben oder ob sie sich einfach im Erwachsenenalter mit einer erhöhten Wahrscheinlichkeit an solche Vorfälle erinnern, gab der Psychologe Richard Green diesem Verhaltensmuster den Spitznamen »Sissy-Boy-Syndrom«[36] [in der englischen Umgangssprache bezeichnet man einen Homosexuellen auch als »sissy«; Anm. d. Übers.]. 1968 stellte er zwei Gruppen von Jungen im Alter zwischen vier und zwölf Jahren zusammen. Eine Gruppe aus 66 Jungen bestand aus extremen »sissys«: Die meisten hatten geäußert, sie wären lieber Mädchen, 70 Prozent von ihnen kleideten sich regelmäßig in Mädchenkleider, 60 Prozent spielten mit Puppen und 85 Prozent spielten mit Mädchen statt mit anderen Jungen. Die andere Gruppe aus 55 Jungen bestand aus typischen Jungen, die Sport trieben, mit anderen Jungen herumstromerten und sich nur selten mit irgendwelchen Mädchenspielen abgaben. 15 Jahre später konnte Green mit zwei Drittel beider Gruppen erneut Kontakt aufnehmen. Er stellte fest, daß dreiviertel der »sissy«-Jungen zu Homosexuellen oder Bisexuellen herangewachsen waren, in der anderen Gruppe war es nur einer.

Umgekehrt sind weibliche Homosexuelle im Kindesalter in aller Regel maskuliner als andere Mädchen. Sie waren mit hoher Wahrscheinlichkeit burschikos, hatten Spaß an Sport, verabscheuten das Spiel mit Puppen und Rollenspiele wie »Vater, Mutter, Kind« und wären lieber Jungen gewesen. In einer Befragung von 56 Lesbierinnen und 43 heterosexuellen Frauen[37] stellte sich heraus, daß zwei Drittel der Lesbierinnen in ihrer Kindheit sehr jungenhaft gewesen waren, verglichen mit nur einer von sechs heterosexuellen Frauen. Auch die Bereitschaft, mit Puppen zu spielen, erwies sich im Nachhinein als möglicher Indikator für die sexuelle Ausrichtung der Frauen: Von den Lesbierinnen, die als Kind jungenhaft gewesen waren, hatten zwei Drittel es abgelehnt, mit Puppen zu spielen, von den heterosexuellen Frauen aber, die im Kindesalter burschikos gewesen waren, hatten nur vierzehn Prozent Puppen gemieden. All das erscheint uns inzwischen schon sehr vertraut. Die Untersuchungen an AGS-Mädchen stellten ja ganz Ähnliches fest: Die betreffenden Mädchen waren eher burschikos gewesen, hatten sich mehr für Sport interessiert und mit typischen Jungen-Spielsachen wie Autos und Bausätzen statt mit Puppen gespielt. Es hat den Anschein, als hinge es ganz allgemein sehr stark von den Hormonen ab, denen ein Kind im Mutterleib ausgesetzt ist, welche Vorlieben es einmal haben wird.

Im Hinblick auf solche Unterschiede im Kindesalter sollte man erwarten, daß Homosexuelle und Heterosexuelle im Erwachsenenalter ebenfalls unterschiedliche psychologische Merkmale haben. Und diese Unterschiede bestehen tatsächlich, obgleich sie bei weitem nicht so groß sind, wie man es dem Stereotyp des verweiblichten homosexuellen Mannes und der vermännlichten homosexuellen Frau zufolge erwarten würde. 1991 untersuchte Brian Gladue von der North Dakota University die Aggressivität in Gruppen homosexueller und heterosexueller Männer und Frauen.[38] Er ließ jede Testperson auf eine Reihe von Aussagen antworten wie »Wenn jemand auf einen Kampf mit mir aus ist, schlage ich zurück« oder »Wenn jemand mir schräg kommt, habe ich das Gefühl, daß es besser ist, still zu sein, statt Krach zu schlagen«. Danach bewertete er bei jeder Person deren physische und verbale Aggressivität, Impulsivität, Ungeduld und ihre Haltung bei Konflikten. Er stellte fest, daß Homosexuelle beider Geschlechter mit einer leicht erhöhten Wahrscheinlichkeit Konfrontationen aus dem Weg gingen (keine Überraschung, wenn man bedenkt, daß sie sehr häufig eine diskriminierte Minderheit darstellen). Davon abgesehen gab es jedoch nur wenige Unterschiede. Homosexuelle Männer waren in physischer und verbaler Hinsicht ebenso aggressiv wie heterosexuelle Männer, und der einzige Unterschied zwischen homosexuellen und heterosexuellen Frauen war dem stereotypen Vorurteil genau entgegengesetzt – Lesbierinnen zeigten weniger physische Aggressivität als heterosexuelle Frauen. In einer früheren Studie hatte Gladue heterosexuelle und homosexuelle Männer und Frauen anhand einer Männlichkeitsskala (mit Eigenschaften wie Wettbewerbsbereitschaft, Dominanz, Unabhängigkeit und Aggression) und einer Weiblichkeitsskala (mit Eigenschaften wie Fürsorglichkeit, Mitgefühl oder Schadensvermeidung) getestet. Homosexuelle Männer erwiesen sich als weniger stereotyp maskulin als heterosexuelle Männer,[39] nicht aber als femininer, und zwischen homosexuellen und heterosexuellen Frauen bestand wenig oder überhaupt kein Unterschied, was deren maskuline oder feminine Eigenschaften betraf.

Diese psychologischen Unterschiede können unter Umständen das Resultat umweltbedingter Einflüsse sein. Es wird von homosexuellen Männern beispielsweise geradezu erwartet, daß sie weniger »maskulin« sind als ihre heterosexuellen Altersgenossen. Es existiert aber kein stereotypes Vorurteil, demzufolge männliche Homosexuelle auch bei Eigenschaften wie dem räumlichen Vorstellungsvermögen oder der Sprachgewandtheit eher wie Frauen abschneiden müßten. Genau das aber haben verschiedene Forscher festgestellt.

1986 berichteten Geoff Sanders und Lynda Ross-Field[40] von der City of London Polytechnic von einem deutlichen Unterschied zwischen homosexuellen und heterosexuellen Männern bei zwei Tests, die das räumliche Vorstellungsvermögen ansprechen. In einem Experiment präsentierten sie acht heterosexuellen Männern, acht heterosexuellen Frauen und acht homosexuellen Männern einen Test, bei dem die Testpersonen auf einer gekippten Flasche dort eine Linie einzeichnen sollten, wo der Wasserspiegel verliefe, wenn die Flasche zu einem Drittel gefüllt wäre. Es gab zehn Versuche mit verschiedenen Kippwinkeln. Anschließend bestimmten die Forscher, wie weit die Angaben (in Grad) jeder Testperson von der richtigen Position entfernt lagen und ermittelten dann die Ergebnisse innerhalb der Gruppe. Die heterosexuellen Frauen waren nur ein Zehntel so genau wie die heterosexuellen Männer – das heißt, ihr durchschnittlicher Fehler war zehnmal so groß –, und homosexuelle Männer schnitten ungefähr genauso ab wie die Frauen. Nur drei homosexuelle Männer lagen besser als der schlechteste heterosexuelle Mann.

Sanders und Ross-Field stellten darauf eine zweite Gruppe von Testpersonen zusammen – je 13 homosexuelle und heterosexuelle Männer und 13 heterosexuelle Frauen – und präsentierten jedem zwei andere Tests auf räumliches Vorstellungsvermögen: eine andere Version des bereits beschriebenen »Wasserspiegel-Tests« und eine mechanische Darstellung, bei der die Testpersonen wählen mußten, welcher von mehreren Mechanismen aus verschiedenen Kombinationen von Zahnrädern, Flaschenzügen und Hebeln eine gewünschte Bewegung bewirken würde. Bei dem Wasserspiegeltest schnitten die homosexuellen Männer wiederum wie die Frauen und weit schlechter als die heterosexuellen Männer ab. Bei der mechanischen Konstruktion schnitten sie besser ab als die Frauen, aber schlechter als die heterosexuellen Männer.

Vier Jahre später wiederholte Gladue zusammen mit einer Gruppe von Wissenschaftlern in North Dakota[41] den Wasserspiegeltest, schloß aber zusätzlich eine Gruppe homosexueller Frauen ein und fügte einen Test mit dreidimensionalen Rotationsproblemen hinzu. Beim Wasserspiegeltest schnitten die homosexuellen Männer wiederum wesentlich schlechter ab als die heterosexuellen Männer, und man stellte fest, daß auch die Lesbierinnen schlechter abschnitten als die heterosexuellen Frauen. Bei den dreidimensionalen Rotationsproblemen schnitten die heterosexuellen Männer sogar doppelt so gut ab wie die Mitglieder der anderen drei Gruppen.

Im darauffolgenden Jahr führten Cheryl McCormick und Sandra Witelson von der McMaster University in Hamilton, Ontario, bei drei Gruppen mit 38 Testpersonen – heterosexuelle und homosexuelle Männer und heterosexuelle Frauen – Tests auf sprachliche und räumliche Fähigkeiten durch. Bei den Tests, die das räumliche Vorstellungsvermögen ansprachen, schnitten die heterosexuellen Männer besser ab als die heterosexuellen Frauen, die homosexuellen Männer lagen genau dazwischen.[42] Bei den Sprachtests fanden McCormick und Witelson keine signifikanten Unterschiede zwischen den drei Gruppen. Doch nicht in allen Untersuchungen ergaben sich Unterschiede zwischen homosexuellen und heterosexuellen Männern. Bailey und Gladue testeten gemeinsam das räumliche Vorstellungsvermögen von 60 homosexuellen und 60 heterosexuellen Männern und konnten bei der Lösung dreidimensionaler Rotationsaufgaben keine signifikanten Unterschiede zwischen beiden Gruppen feststellen. Diese letzte Studie gilt bis heute als die umfassendste und sorgfältigste, und ihre Ergebnisse weisen darauf hin, daß die Unterschiede zwischen homosexuellen und heterosexuellen Männern nicht so groß beziehungsweise nicht so eindeutig sind wie die zwischen Männern und Frauen.[43]

Dennoch: Wenn sich in einer wissenschaftlichen Untersuchung Unterschiede im räumlichen Vorstellungsvermögen oder bei anderen Fähigkeiten ergeben, so weisen diese in der Regel alle in die gleiche Richtung. Männliche Homosexuelle liegen mit ihren Leistungen näher an Frauen als an heterosexuellen Männern. Das entspricht genau dem, was man erwarten würde, wenn männliche Homosexuelle im Mutterleib tatsächlich sehr viel geringeren Mengen an Testosteron ausgesetzt waren. Zusammen mit Ergebnissen aus anderen Forschungsgebieten überzeugt diese Tatsache die meisten Wissenschaftler davon, daß die sexuelle Orientierung bei Männern in gewissem Maße dadurch beeinflußt wird, welchen Mengen männlicher Hormone der Embryo während seiner Entwicklung ausgesetzt war.

Im Falle homosexueller Frauen ist das Bild weit weniger deutlich. Bei Lesbierinnen finden sich im Durchschnitt keine Anzeichen dafür, daß sie Männern ähnlicher seien. Wenn es überhaupt etwas festzustellen gibt, dann eher, daß sie in bestimmten Dingen ein bißchen »femininer« sind als heterosexuelle Frauen: Sie sind weniger physisch aggressiv und schneiden bei manchen Tests, die räumliches Vorstellungsvermögen verlangen, etwas schlechter ab. Trotz aller diesbezüglichen Befunde an AGS-Frauen scheint das Vorhandensein zusätzlicher männlicher Hormone die weibliche Homosexualität offenbar nicht ganz oder auch nur zu einem großen Teil erklären zu können. Die Wissenschaft geht davon aus, daß bei der sexuellen Orientierung von Frauen vermutlich noch andere Faktoren am Werk sind als nur die Hormonkonzentrationen im Mutterleib.

Aus Zwillingsstudien, psychologischen und mentalen Tests, Experimenten an Ratten und angesichts der Unterschiede in der Gehirnstruktur bei Homosexuellen und Heterosexuellen ergibt sich eine überwältigende Menge an Hinweisen darauf, daß die sexuelle Orientierung – zumindest die männliche – durch die Einwirkung von Hormonen im Mutterleib festgelegt oder zumindest stark beeinflußt sein muß. Es gibt, so würde ein Staatsanwalt es formulieren, mehr als genug Indizien. Aber, würde der Strafverteidiger protestieren, es gibt keinen handfesten Beweis dafür, daß mein Klient, Herr Testosteron, den Finger am Abzug hatte. Wo ist der rauchende Colt mit seinen Fingerabdrücken darauf?

Die Polizei konnte ihn bislang nicht ausfindig machen, aber Detective Dean Hamer ist dicht daran. Hamer, Wissenschaftler an den National Institutes of Health, hat offenbar ein Gen (oder vielleicht eine Gruppe von Genen) lokalisiert, das möglicherweise eine Prädisposition für die Homosexualität bei Männern schafft.[44] Wenn sich sein Befund bestätigt, wird das nicht nur der erste Schritt zum Verständnis der biologischen Grundlagen von Homosexualität sein, sondern er wird zu den großen Entdeckungen unseres Jahrhunderts zählen, weil sich hier erstmals menschliches Verhalten bis zu seinen chromosomalen Wurzeln zurückverfolgen ließe.[45]

Um die Homosexualitäts-Gene aufzuspüren, hatte Hamer das Erbgut von 40 Paaren homosexueller Brüder analysiert und dabei nach einem DNA-Strang auf einem der 46 menschlichen Chromosomen gesucht, der sich mit der Homosexualität in Verbindung bringen ließe. Das funktioniert so: Betrachtet man zwei homosexuelle Brüder, so sind deren Gene ungefähr zur Hälfte gleich und zur Hälfte verschieden. Die Gene für die Homosexualität sollten irgendwo in dem gemeinsamen Anteil zu finden sein. Das engt die Sache nicht übermäßig stark ein, weil das menschliche Genom aus etwa 100 000 Genen besteht. Mit einem Geschwisterpaar kann man die Zahl der möglichen Kandidaten also nur auf 50 000 verringern. Mit einem zweiten

Geschwisterpaar kann man diese Zahl wiederum auf nunmehr 25 000 halbieren und so fort. Theoretisch braucht man weniger als 20 Paare, um die Gene, nach denen man sucht, in der Hand zu haben.

So elegant klappt das in der Praxis allerdings nicht – aus verschiedenen Gründen. Zum Beispiel könnten bei verschiedenen Geschwisterpaaren verschiedene Gene für die Homosexualität verantwortlich sein, oder die Homosexualität könnte bei dem einen Bruder genetisch bedingt, bei dem anderen jedoch durch Umwelteinflüsse ausgelöst worden sein. Schließlich hat die Wissenschaft noch längst nicht alle Gene identifiziert, die der Mensch besitzt, sondern nur einen sehr kleinen Prozentsatz. Es handelt sich also nicht darum, eines oder einige wenige spezifische Gene zu finden, sondern darum, eine kleine DNA-Spanne auf einem bestimmten Chromosom ins Visier zu bekommen. Falls Hamer allerdings eine solche Spanne identifizieren sollte, die einem größeren Prozentsatz der Brüder gemeinsam ist, dann könnte er einigermaßen sicher sein, daß sich auf diesem DNA-Stück Gene für die Homosexualität befinden.

Er glaubt, daß ihm dies gelungen sei. Hamer ging bei seiner Suche vom X-Chromosom aus, da er in früheren Untersuchungen den Eindruck gewonnen hatte, daß Homosexualität über die Mutter weitergegeben wird. Befindet sich in einer Familie ein homosexueller Mann, dann findet man nicht nur mit erhöhter Wahrscheinlichkeit homosexuelle Brüder, sondern auch homosexuelle Onkel mütterlicherseits und homosexuelle Cousins unter den Söhnen von Schwestern der Mutter. In manchen Familien, berichtet Hamer, scheint Homosexualität jedoch auch durch die väterliche Linie weitergegeben zu werden, was aber nicht annähernd so häufig vorkomme wie die Weitergabe durch die Mutter. Und wenn Homosexualität tatsächlich durch die Frauen in einer Familie weitergegeben wird, so Hamer, dann müßten die Gene dafür auf dem X-Chromosom zu finden sein.[46] (Ein Mann mit einem X-Chromosom und einem Y-Chromosom erhält das X immer von der Mutter und das Y vom Vater. Gene auf dem X-Chromosom sind die einzigen, die ein Sohn von seiner Mutter und nicht von seinem Vater ererbt haben muß.)

An einem Ende des X-Chromosoms fand Hamer ein Stück genetisches Material, das 33 der 40 Brüderpaare gemeinsam war. Die Chancen, daß dies purer Zufall ist, stehen nach Hamer 200 zu eins. Falls Hamers Ergebnisse sich von anderen Wissenschaftlern reproduzieren lassen, werden wir sagen können, daß die sexuelle Orientierung eines Mannes zumindest zu einem Teil von einem Gen oder einer Gruppe von Genen auf dem X-Chromosom festgelegt wird.

Niemand kann genau sagen, was dieses Gen eigentlich tut. Ja, Hamer weiß nicht einmal genau, um welches Gen es sich handelt. Seine Methode bedient sich »genetischer Marker«, kleiner DNA-Stücke (DNA ist das Material, aus dem Gene bestehen), die man verwendet, um bestimmte Chromosomenabschnitte zu identifizieren, so daß er zwar weiß, welcher Bereich auf dem X-Chromosom die sexuelle Orientierung zu beeinflussen scheint, nicht aber, welches Gen, und auch nicht, wie viele Gene daran beteiligt sind.

Dennoch kann Hamer eine recht gute Vermutung darüber anstellen, was geschieht: Das Gen hat wahrscheinlich etwas damit zu tun, wie männliche Hormone das Gehirn organisieren. Sicher ist es nicht etwas so Simples wie ein Signal an die embryonalen Gonaden, das diese zur Produktion von mehr oder weniger Testosteron veranlaßt. Denn das würde auch solche Dinge wie das Wachstum der männlichen Geschlechtsorgane beeinträchtigen, die aber bei Homosexuellen völlig normal sind. Es ist wahrscheinlicher, daß dieses Gen Einfluß darauf nimmt, wie verschiedene Teile des Gehirns auf die männlichen Hormone reagieren, vielleicht in ähnlicher Art und Weise wie bei XY-Frauen. Wie wir in Kapitel 3 gesehen haben, sind diese Frauen in genetischer Hinsicht Männer, werden jedoch zu Frauen, weil ihre Rezeptoren für männliche Hormone – die Mittelsmänner zwischen Hormonen und den Zellen des Körpers – defekt sind und Testosteron und andere männliche Hormone nicht mehr wahrnehmen können. Nun kann das Gehirn eines homosexuellen Mannes mit Sicherheit männliche Hormone entdecken, aber vielleicht reagieren in diesem Falle die Rezeptoren anders auf Testosteron als die Rezeptoren im Gehirn eines heterosexuellen Mannes, oder vielleicht haben homosexuelle Männer einfach eine andere Verteilung von Rezeptoren im Gehirn.

Derzeit können die Forscher nicht mehr tun als darüber spekulieren, wie ein Gen möglicherweise die sexuelle Orientierung festlegt. Vermutlich aber wissen sie bald mehr. Nachdem Hamer festgestellt hat, daß ein bestimmter Teil des X-Chromosoms eine Rolle bei der männlichen Homosexualität spielt, dürfte es lediglich eine Frage der Zeit sein, bis das Gen (oder die Gene) genau lokalisiert, dessen Struktur bestimmt und herausgefunden wurde, wie es funktioniert. Danach wird die Wissenschaft eine weitaus bessere Vorstellung davon haben, wodurch wirklich festgelegt wird, ob ein Mann sich eher zu Frauen oder eher zu Männern hingezogen fühlt.

All das gilt, wie Hamer bemerkt, nur für Männer. Er hat zwar damit begonnen, nach Genen zu suchen, die mit der weiblichen Homosexualität zusammenhängen könnten, doch niemand weiß, ob sich die sexuelle Orientierung bei Frauen überhaupt auf das X-Chromosom zurückführen läßt. Hamer hält es für unwahrscheinlich, daß es genau dieselben Gene sind, die für die Homosexualität bei Männern und Frauen verantwortlich sind. Bei Familienstudien hatte er festgestellt, daß zwar 14 Prozent der Brüder homosexueller Männer ebenfalls homosexuell waren (im Vergleich mit zu zwei Prozent in der Gesamtbevölkerung, wenn man die relativ enge Definition von Homosexualität zugrunde legt), aber nur fünf Prozent ihrer Schwestern. In ähnlicher Weise gilt dies im umgekehrten Falle: Nur fünf Prozent der Brüder lesbischer Frauen sind homosexuell. Wäre bei beiden Geschlechtern dasselbe Homosexualitäts-Gen involviert, so meint er, dann müßte das Bruder/Schwester-Verhältnis weit höher liegen.

Wir stellen also wieder einmal fest, daß wir vom Verständnis der sexuellen Orientierung einer Frau weiter entfernt sind als vom Verständnis der sexuellen Orientierung beim Mann. Anders ausgedrückt, die Wissenschaft ist näher daran zu erklären, weshalb (die meisten) Männer Frauen attraktiv finden, als daran, zu erklären, weshalb (die meisten) Frauen Männer mögen.

Kapitel 7

Variationen über ein Thema

Wenn man sich umsieht, glaubt man, in das Bühnenbild eines zweitklassigen Science-fiction-Streifens geraten zu sein. In der Mitte des Raumes liegt ein Mann auf einem Tisch, den Kopf in einem bizarren Motorradhelm, aus dem mindestens ein Dutzend Röhren sprießen, jede davon mit Drähten verbunden, die das Ganze an einen Computer anschließen. Der Mann mit dem Helm atmet durch eine Maske, die sein Gesicht bedeckt, schließt die Augen und versucht, sich zu entspannen. Über Kopfhörer instruiert ihn eine Stimme: »Sie werden eine Liste von Wörtern hören. Jedesmal wenn Sie ein Wort mit genau vier Buchstaben entdecken, signalisieren Sie das, indem Sie den rechten und den linken Zeigefinger leicht anheben. Bewegen Sie keinen anderen Körperteil ...« Abseits steht ein wahnsinniger Wissenschaftler, kichert und reibt sich mit irrer Miene triumphierend die Hände. Also gut, den wahnsinnigen Wissenschaftler habe ich dazugedichtet. Aber der Rest stimmt. Es handelt sich um eine Szene aus dem wirklichen Leben, besser gesagt aus dem Labor von Cecile Naylor, einer Neurologin an der Bowman Gray School of Medicine an der Wake Forest University in Winston-Salem, North Carolina. Naylor ist keineswegs verrückt, und sie kichert auch so gut wie nie; sie verwendet das Gebilde aus Helm, Maske und Kopfhörer, um herauszufinden, welche Teile des Gehirns bei einer Testperson in Aktion treten, wenn sie mit ihrem Verstand verschiedene Aufgaben bewältigt. Bei diesem schlichten Unternehmen stolperte Naylor über eine außergewöhnliche Tatsache: Männer und Frauen benutzen verschiedene Teile des Gehirns, um dieselben Aufgaben zu bewältigen,[1] selbst wenn die Aufgabe so einfach ist wie das Erkennen von Wörtern mit vier Buchstaben. Alles begann, erzählt Naylor, als sie und ihre Kollegen beschlossen, das Gehirn dyslexischer Patienten unter die Lupe zu nehmen – Menschen von normaler Intelligenz, die große Schwierigkeiten haben, lesen zu lernen –, um Hinweise darauf zu finden, was diese Leseschwäche verursacht. Nach einem geschlechtsspezifischen Unterschied hatte Naylor überhaupt nicht gesucht. Sie hatte lediglich überlegt, daß man eine mögliche Auffälligkeit bei der Arbeitsweise des Gehirns dyslexischen Patienten vielleicht mit Hilfe ihres Apparates an einem ungewöhnlichen Aktivitätsmuster erkennen könnte. Sie suchte deshalb nach Leuten, die bereit waren, jenen irrsinnig verkabelten Motorradhelm aufzusetzen, durch eine Maske zu atmen und auf einem Tisch liegend einfache Aufgaben zu lösen, während sie ihre Gehirne überwachte.

Der Schlüsseltest – die Frage, welche Wörter von einer gesprochenen Liste aus genau vier Buchstaben bestehen – ist für einen normalen Leser sehr leicht zu lösen, stellt für einen dyslexischen Menschen jedoch eine ziemlich große Schwierigkeit dar. Aus irgendeinem Grund ist das Gehirn eines Dyslexikers weniger gut in der Lage, ein Wort zu hören, zu visualisieren und dessen Buchstaben zu zählen. Naylor ging von der Vermutung aus, daß sich die Gehirnaktivität dyslexischer Patienten von der Gehirnaktivität anderer Menschen unterscheidet.

Um diese Aktivität beobachten zu können, verwandte Naylor jenen Apparat, der trotz seines komplizierten Aussehens eigentlich ganz einfach ist. Er funktioniert folgendermaßen: Sobald die Testperson bequem mit aufgesetztem Helm auf dem Tisch liegt, fügt Naylor der Luft, die der Betreffende einatmet, ein wenig radioaktives Xenon zu – ein harmloses, geruchloses Gas. Es wird über die Lungen aufgenommen und gelangt mit dem Blutstrom zum Gehirn. Sobald es dort angelangt ist, kann Naylor es mit 16 Strahlungsdetektoren aufspüren, die sich – jeweils über einer genau ausgewählten Gehirnregion – auf der Innenseite des Helms befinden. Je mehr eine Gehirnregion arbeiten muß, um so mehr Blut fließt durch sie hindurch und um so mehr Xenon registriert der Detektor über der entsprechenden Region. Am Ende des Tests hat Naylor eine Aufzeichnung über die Aktivität in jeder der 16 Gehirnregionen.

Wenn Naylor aber Anomalien im Aktivitätsmuster dyslexischer Patienten feststellen wollte, mußte sie zunächst einmal wissen, wie ein normales Gehirn in Aktion aussieht. Deshalb ließ sie eine Reihe männlicher und weiblicher Testpersonen ohne Leseschwäche diesen Test durchführen. Da ihre dyslexischen Patienten in erster Linie männlichen Geschlechts waren, teilte sie die Testergebnisse nach Männern und Frauen auf und analysierte diese getrennt – eigentlich nur, um sicherzugehen, daß es keine unerwarteten Unterschiede zwischen beiden Geschlechtern gab. Es gab sie.

Bei den normalen Testpersonen, so berichtet Naylor, »leuchtet« ein Teil des Gehirns stärker auf als alle anderen, wenn der Betreffende Buchstaben in Wörtern zählt. Dabei handelt es sich um eine Gehirnregion dicht neben dem linken Ohr, die den Namen Wernickesches Sprachzentrum trägt und von der man weiß, daß sie für Sprache und Sprechen unerläßlich ist. Sowohl bei Männern als auch bei Frauen stellte Naylor fest, daß die Testpersonen mit um so größerer Wahrscheinlichkeit die richtige Antwort beim Buchstabenzähltest gaben, je aktiver das Wernickesche Sprachzentrum bei ihnen war. Bei Gehirnen von dyslexischen Patienten war während des Tests diese Region nicht annähernd so aktiv wie bei normalen Gehirnen.

Also, schloß Naylor daraus, mußte das Wernickesche Sprachzentrum beim Buchstabieren eines Wortes eine besondere Rolle spielen und die Dyslexie in irgendeinem Zusammenhang mit Schwierigkeiten bei der Aktivierung dieser Region stehen. Nach Naylors Erkenntnissen sind weibliches und männliches Gehirn gleichermaßen auf das Wernickesche Sprachzentrum angewiesen, wenn sie ein Wort buchstabieren wollen. Als sie jedoch als nächstes analysierte, welche anderen Gehirnregionen außerdem daran beteiligt waren, unterschieden sich männliches und weibliches Gehirn plötzlich wie Tag und Nacht.

Das Wernickesche Sprachzentrum ist bei der Lösung von Buchstabierungsproblemen zwar führend, doch andere Gehirnregionen tragen dazu ebenfalls bei, so Naylor. Sobald ein Problem angegangen wird, leuchtet in Wirklichkeit das ganze Gehirn auf. Manche Bereiche scheinen jedoch miteinander enger zusammenzuarbeiten, während andere eher unabhängig voneinander agieren. Naylor betrachtete deshalb, welche Teile des Gehirns mit dem Wernickeschen Sprachzentrum am engsten kooperieren, wenn die Testpersonen den einfachen Buchstabiertest angingen. Die Antwort darauf, so fand sie heraus, hängt ganz davon ab, welches Geschlecht buchstabiert.

Bei Männern gab es nur einen Bereich, der bei dem Test eng mit dem Wernickeschen Sprachzentrum zusammenarbeitete: eine Region auf der linken Gehirnseite, die sich unmittelbar vor dem Ohr befindet und als Brocasches Feld bezeichnet wird. Die Aktivitäten in diesen beiden, nur wenige Zentimeter voneinander entfernten Bereichen der linken Gehirnhälfte waren eng miteinander verknüpft – allerdings nur bei den Männern.

Bei den weiblichen Testpersonen funktionierte das Gehirn ganz anders. Als Naylor untersuchte, welche Bereiche des weiblichen Gehirns mit dem Wernickeschen Sprachzentrum zusammenarbeiten, war vom Brocaschen Feld überhaupt keine Rede. Statt dessen gab es zwei andere kooperative Bereiche, einen davon auf der linken Seite des Gehirns, direkt hinter dem Wernickeschen Sprachzentrum, den anderen in der rechten Hemisphäre, dem Wernickeschen Sprachzentrum direkt gegenüber.

Die Vernetzung des weiblichen Gehirns war eine ziemliche Überraschung, berichtet Naylor, denn sie widerspricht der Ansicht der meisten Wissenschaftler über die Verarbeitung von Sprache. Die enge Zusammenarbeit zwischen dem Wernickeschen Sprachzentrum und dem Brocaschen Feld, die sie bei den männlichen Testpersonen festgestellt hatte, gilt als das »klassische Sprachprofil« des Gehirns, erklärt sie, aber ihre Ergebnisse deuten an, daß dieses Bild des Gehirns vielleicht nur für die eine Hälfte der Menschheit stimmt. »In der Vergangenheit hat ein Großteil der Forschung sich auf die Betrachtung männlicher Gehirne gestützt«, erklärt sie, und die Wissenschaftler haben angenommen, daß für das weibliche Gehirn dasselbe Muster gelten würde. Derzeit sieht es allerdings so aus, als ob – zumindest beim Buchstabieren – männliches und weibliches Gehirn mit meßbaren Unterschieden arbeiten.

Im Moment ist Naylors Experiment die konkreteste und überzeugendste Demonstration eines möglichen Unterschieds bei der Anlage von männlichem und weiblichem Gehirn. Höchstwahrscheinlich jedoch handelt es sich bei diesem Unterschied nur um den ersten einer langen Reihe.

Erst vor kurzem wurden Techniken entwickelt, um das Gehirn in Aktion zu beobachten. Allerdings sind diese noch so kompliziert und geheimnisvoll, so daß nur wenige Forscher sie beherrschen. Wenn aber immer mehr Wissenschaftler diese Techniken anwenden lernen und immer mehr nutzbringende Methoden entwickelt werden, dürfte in den nächsten Jahren ein regelrechter Boom bei der direkten Beobachtung des Gehirns im Verlaufe von Denkprozessen entstehen. Zur Zeit befindet sich Naylor beispielsweise inmitten eines Experiments, das sich die Technik der Positronenemissions-Tomographie PET zunutze macht, um die Gehirnaktivität bei einer Testperson zu messen, während diese zwischen Buchstaben des Alphabets und anderen, buchstabenähnlichen Formen unterscheidet. Mit Hilfe der PET, so Naylor, wird sie ein wesentlich detaillierteres Bild von den Aktivitäten im Gehirn gewinnen können als in den früheren Experimenten. Sie hofft, die Ergebnisse von 80 bis 100 Männern und Frauen vergleichen zu können – ihrer Meinung nach mehr als ausreichend, um einen geschlechtsspezifischen Unterschied im Aktivitätsmuster des Gehirns bei einfachen Sprachtests darzustellen. Die Ergebnisse werden leider erst vorliegen, wenn dieses Buch bereits gedruckt ist.

Nichtsdestotrotz haben andere Wissenschaftler bereits eine recht gute Vorstellung von der unterschiedlichen Arbeitsweise des männlichen und weiblichen Gehirns zusammengetragen. Und trotz vieler Ungereimtheiten wird allmählich eine große Linie erkennbar.

Diese große Linie besteht – wie man in der Musik sagen würde – aus Variationen über ein Thema. In diesem Fall ist das Thema die Gesamtanlage des menschlichen Gehirns, die bei Männern und Frauen ungefähr dieselbe ist: der innere »primitive« Teil des Gehirns, der Instinkte, Triebe und automatische Körperfunktionen wie Atmung und Herzschlag reguliert; das limbische System, zu dem Hippocampus, Hypothalamus und Amygdala gehören und das dem Gehirn als emotionales Zentrum dient; und das riesige Großhirn samt Großhirnrinde, die dem Menschen seine Denkfähigkeit verleihen.

Basierend auf diesem Grundthema wirken die Geschlechtshormone als Schöpfer von zahllosen Variationen dieser Melodie, lassen sie in Myriaden kleiner Abstufungen weiblicher oder männlicher klingen, wobei die Melodie aber stets erkennbar menschlich bleibt. Oder, um die musikalische Metapher weiterzuspinnen: Man kann sich das »maskuline Gehirn« und das »feminine Gehirn« als Thema und Kontrapunkt vorstellen – zwei voneinander unabhängig/abhängige Melodien, die sich häufig der Phrasen der jeweils anderen bedienen und die im Zusammenspiel wunderbare Harmonien erzeugen können. Die Grundidee ist, daß das »männliche Gehirn« und das »weibliche Gehirn« zwei verschiedene Variationen desselben menschlichen Gehirns darstellen – obgleich, wie wir sehen werden, diese beiden Versionen der menschlichen Melodie eher eine Idealvorstellung sind, als daß sie der Realität entsprechen. Ihr oder mein Gehirn besteht aus einer Mischung männlicher und weiblicher Wesenszüge, die sich miteinander verbinden, um eine ganze eigene Melodie zu erzeugen, die weder vollkommen männlich noch vollkommen weiblich ist.

Das meiste, was wir heute über den Zusammenhang von Gehirn und Geschlecht wissen, verdanken wir zwei Forscherinnen, die sich schon seit den sechziger Jahren mit geschlechtsspezifischen Unterschieden befassen und die man durchaus als die »Grandes Dames« auf diesem Gebiet bezeichnen kann.

Doreen Kimura und Sandra Witelson begannen ihre Karriere am selben Ort – an der McGill University in Montreal unter der Anleitung eines Pioniers der Neurowissenschaften, Donald Hebb,[2] einem der ersten Psychologen, die sich damit beschäftigten, wie Verhalten in der Gehirnstruktur verwurzelt ist. Kimura war in den späten fünfziger Jahren Doktorandin bei Hebb (mit Brenda Milner vom Montreal Neurological Institute als Zweitbetreuerin), Witelson stieß einige Jahre später zu ihnen, um ebenfalls für Hebb zu arbeiten. Beide landeten schließlich an zwei nahe beieinanderliegenden kanadischen Universitäten: Kimura an der University of Western Ontario in London und Witelson an der McMaster University in Hamilton.[3]

Trotz ihres ähnlichen Hintergrunds und ihrer ähnlichen wissenschaftlichen Interessen haben Kimura und Witelson sehr wenig gemeinsam – sowohl, was ihre Persönlichkeit betrifft, als auch, was ihren Forschungsansatz angeht. Doreen Kimura ist schwungvoll, sehr direkt und häufig eher unpersönlich. Ein Forscher, mit dem ich sprach, bemerkte, er fühle sich geehrt, daß sie ihn als Kollegen betrachte – was bedeutet, daß es viele andere Forscher gibt, denen sie nicht dieselbe Ehre angedeihen läßt. Ein anderer Wissenschaftler, der sie mag und bewundert, spricht von ihrer »scharfen Zunge«. Sie sagt gewiß, was sie denkt, besonders, wenn es um ihre Überzeugung geht, daß männliches und weibliches Gehirn von Natur aus verschieden sind. »Ich würde nicht erwarten«, so schrieb sie in einem Artikel, »daß Männer und Frauen bei Aktivitäten oder Berufen, bei denen wie in den Ingenieurwissenschaften oder in der Physik räumliches Vorstellungsvermögen oder mathematische Fähigkeiten im Vordergrund stehen, notwendigerweise in gleichem Maße vertreten sind.«[4] Eine Ansicht, die vielen Leuten zu schaffen macht,[5] unter anderem einigen ihrer Kollegen, die auch an geschlechtsspezifischen Unterschieden arbeiten. Kimura hat über ihre Forschungsarbeiten in Magazinen wie *Scientific American* (*Spektrum der Wissenschaften*) und *Psychology today* (*Psychologie heute*) berichtet, aber zu meinem Pech steht sie Journalisten für Interviews über ihre Arbeit nicht zur Verfügung. (Sie war allerdings ausgesprochen hilfsbereit, wenn es darum ging, schriftliches Material von ihr zu bekommen.)

Kaum 70 Meilen von ihr entfernt lebt und arbeitet Sandra Witelson, die in ihrer Persönlichkeit das genaue Gegenteil von Kimura darstellt. Witelson macht zwar keinen weniger engagierten Eindruck als Kimura, ihr öffentliches Auftreten ist jedoch weit weniger provokant. Fragt man sie direkt nach der gesellschaftlichen Tragweite der Forschung zum Thema geschlechtsspezifische Unterschiede, dann klingen ihre Antworten im großen und ganzen wie die von Kimura, doch vertritt sie diese Meinung nicht in Veröffentlichungen über ihre Arbeit. Sie verfaßt nur selten populärwissenschaftliche Publikationen, aber sie spricht mit Journalisten, falls diese sie zu fassen bekommen. Das einzige Mal, das sie innerhalb mehrerer Wochen Zeit für mich fand, war nach Dienstschluß an einem Freitag. Nachdem sie Anrufe und Papierkram erledigt hatte, sprach sie jedoch mehrere Stunden sehr offen mit mir, bis es höchste Zeit für sie wurde, sich für ein Sinfoniekonzert fertig zu machen. Ebenso wie Kimura wird auch Witelson aufgrund ihrer mehr als zwei Jahrzehnte währenden kreativen und sorgfältigen Forschung von Kollegen aufs höchste respektiert.

Kimura und Witelson haben beide laufende Projekte etabliert, um Gehirndaten von Krankenhauspatienten zusammenzutragen. Doch genau wie die beiden Forscherinnen selbst sind auch ihre Projekte sehr unterschiedlich, was ihre Zielsetzung und ihre Gewichtung anbelangt. Witelson führt Autopsien an den Gehirnen von Krebspatienten durch, Kimura untersucht Patienten, die einen Schlaganfall, einen Hirntumor oder eine andere Hirnschädigung erlitten haben. Die beiden Ansätze liefern komplementäre Ansichten der Unterschiede zwischen männlichem und weiblichem Gehirn.

Seit 1974 hat Kimura an einer von ihr gegründeten Neuropsychologieabteilung am University Hospital in London, Ontario, Daten von hirngeschädigten Patienten gesammelt. Ihr Ziel ist, zu verstehen, welche Teile des Gehirns welche Verstandesfunktionen lenken. Zu diesem Zweck untersucht sie, wie die Schädigung einer bestimmten Gehirnregion verschiedene Hirnfunktionen beeinträchtigt. Im Laufe der Jahre hat sie festgestellt, daß Hirnschäden Männer und Frauen in unterschiedlicher Art und Weise beeinträchtigen.

Kimuras Technik ist nicht neu. Sie wird seit mehr als einem Jahrhundert angewandt und geht zurück auf Paul de Broca, jenen französischen Chirurgen und Hirnforscher, dem wir zuletzt in Kapitel 5 beim Größenvergleich zwischen weiblichem und männlichem Gehirn begegnet sind. Im Jahre 1861 untersuchte de Broca Gehirne verstorbener Patienten, die irgendwann in ihrem Leben die Fähigkeit zu sprechen verloren hatten. Er stellte fest, daß bei vielen von ihnen eine bestimmte Region geschädigt war: eine kleine Stelle ungefähr auf halbem

Weg zwischen dem oberen Ende der Ohrmuschel und dem äußeren Ende der Augenbraue, heute als Brocasches Feld bezeichnet. Er schloß daraus zu Recht, daß diese Region eine elementare Rolle bei der Spracherzeugung besitzt.

Grundsätzlich könnte man diese Technik einsetzen, um das gesamte Gehirn relativ gründlich zu kartieren, aber in der Praxis ist das nicht annähernd so einfach. Ein großer Teil der Hirnschädigungen, mit denen sich die Forscher befassen müssen, wird durch Schlaganfälle verursacht, durch eine Unterbrechung der Blutzufuhr zu bestimmten Teilen des Gehirns also, deren Auswirkungen sich nur sehr selten auf einen kleinen Bereich des Gehirns beschränken. Und selbst dann, wenn die Schädigung stärker lokalisiert ist, was bei Tumoren der Fall sein kann, ist es oft schwer, genau zu wissen, welche Teile des Gehirns betroffen sind und welche nicht.

Dennoch haben hirngeschädigte Patienten die Ärzte ein Menge darüber gelehrt, wie das Gehirn arbeitet, und ihnen erstaunliche Erkenntnisse darüber vermittelt, wie hochspezialisiert verschiedene Teile des Gehirns sein können. Ein Ärzteteam berichtete zum Beispiel von einem Patienten, der sich nicht mehr an die Namen von Obst und Gemüse erinnern konnte.[6] Er hatte überhaupt keine Probleme mit Menschen, Dingen und Orten, aber Wörter wie »Pfirsich« oder »Orange« fielen ihm nicht ein, auch dann nicht, wenn man ihm Bilder davon zeigte. Offenbar war ein bestimmtes System in seinem Gehirn für das Behalten der Namen von Obst und Gemüse, nicht aber für andere Substantive zuständig. Eine andere Gruppe von Wissenschaftlern berichtet über Hinweise darauf, daß Substantive und Verben von verschiedenen Teilen des Gehirns verarbeitet werden.[7] Sie stellten fest, daß manche Patienten beim Anblick einer auf dem Wasser schwimmenden Ente sagen konnten, daß es sich um eine »Ente« handelte, nicht aber, was diese tat, während andere wußten, daß »sie schwimmt«, aber nicht in der Lage waren, das Tier beim Namen zu nennen.

1980 hatte ich Gelegenheit, aus erster Hand etwas über einen solchen Sprachverlust zu lernen, als mein Vater einen schweren Schlaganfall erlitt. In den ersten Tagen danach konnte er überhaupt nicht sprechen, aber im Verlauf des nächsten Jahres erlangte er Teile seiner sprachlichen Fähigkeiten zurück, wenn auch nicht in vollem Maße. Unsere Familie lernte allmählich, sich seinen Defiziten anzupassen, die ein genau definiertes Muster hatten. So konnte er zum Beispiel nie mehr richtig mit Pronomina umgehen, wie sehr er sich auch anstrengte: »er« und »sie« waren für ihn austauschbar, ebenso »du« und »ich«. Dadurch wurden Gespräche über Dritte einigermaßen verwirrend. Wenn er »er« sagte, konnte ich nie ganz sicher sein, ob er meinen Bruder, meine Schwester oder meine Mutter meinte. Zahlen waren ein anderes entscheidendes Problem. Mit sehr viel Konzentration konnte er »eins, zwei, drei ...« zählen, wenn er aber versuchte, eine einzelne Zahl zu benennen, war es reiner Zufall, wenn er die richtige traf. Sah er zum Beispiel auf einem Stück Papier die Ziffer 6, dann sagte er sehr klar »drei«, wobei er dies mehrfach wiederholte und sich selbst dabei zuhörte, so als wäre er sich dessen, was seine Zunge sagte, nicht ganz sicher.

Mein Vater wurde von keinem Wissenschaftler zu Studienzwecken herangezogen, aber viele Schlaganfallopfer wie er haben dazu beigetragen, daß Ärzte erfahren konnten, wie das menschliche Gehirn organisiert ist. Die wesentlichste Erkenntnis war, daß das Gehirn in seiner linken und seiner rechten Hemisphäre sehr unterschiedliche Arten von Funktionen ausführt.

Sprachliche Fähigkeiten – hören und sprechen, lesen und schreiben – sind normalerweise ebenso wie die übergeordnete Kontrolle von Hand- und Armbewegungen auf die linke Hemisphäre konzentriert. (Wie bei vielen anderen linksseitig betroffenen Schlaganfallpatienten waren auch die Sprachschwierigkeiten meines Vaters von einer allgemeinen Ungeschicklichkeit begleitet. Der Mann, der noch im Jahr zuvor ein wundervolles, unglaublich detailgetreues Modell eines Segelschiffes gebaut hatte, war nun nicht mehr in der Lage, ohne Schwierigkeiten einen Bissen Essen mit der Gabel aufzunehmen.) Die rechte Seite des Gehirns ist im Gegensatz dazu für eine Reihe von nichtsprachlichen Funktionen verantwortlich, zum Beispiel für das Erkennen von Gesichtern, die Reaktion auf Emotionen – auch auf Emotionen, die sprachlich ausgedrückt werden – und das Erfassen räumlicher Verhältnisse, zum Beispiel beim Lesen von Karten oder Bauplänen.

Soweit das allgemeine Muster. Doch bereits in den sechziger Jahren begannen Wissenschaftler festzustellen, daß dieses für Männer und Frauen nicht in exakt derselben Weise zutrifft.[8] Im Falle linksseitiger Schlaganfälle beziehungsweise Hirnschädigungen sind Männer mit einer sehr viel höheren Wahrscheinlichkeit von einer sogenannten Aphasie, das heißt von einer Sprachstörung betroffen als Frauen.[9] Wäre statt meines Vaters meine Mutter von dem Schlaganfall betroffen gewesen, so hätte für sie eine größere Chance bestanden, ihre sprachlichen Fähigkeiten zu erhalten. Solche geschlechtsspezifischen Unterschiede, folgerten die Hirnforscher, lassen mit einiger Sicherheit auf Unterschiede in der Organisation von weiblichem und männlichem Gehirn schließen, und in den vergangenen 15 Jahren hat man versucht, diesen auf den Grund zu gehen.

In den späten siebziger Jahren stellte Jeanette McGlone, Psychologin am University Hospital in London, Ontario, eine einfache Hypothese auf: Weibliche Gehirne sind symmetrischer organisiert als männliche.[10] McGlone, die bei Kimura promoviert hatte, äußerte die Vermutung, daß sowohl Sprachfunktionen als auch nichtsprachliche Funktionen bei Frauen gleichmäßiger über beide Hemisphären verteilt seien. Bei den Männern sei das Gehirn stärker von Asymmetrie geprägt, wobei die Sprache großenteils auf der linken Seite kontrolliert würde, die rechte Seite hingegen für Funktionen wie räumliches Vorstellungsvermögen und für die Wahrnehmung von Erkennungsmustern reserviert sei.

Das war eine verführerische These. Sie würde nicht nur erklären, weshalb Frauen mit geringerer Wahrscheinlichkeit nach einer Schädigung der linken Hemisphäre unter Aphasie litten – sie können im Gegensatz zu den Männern immer noch auf die rechte Hemisphäre zurückgreifen –, sondern sie könnte auch die männliche Überlegenheit beim räumlichen Vorstellungsvermögen und die weibliche Überlegenheit auf sprachlichem Gebiet erklären. An der University of Chicago hatte die Psychologin Jerre Levy in der Tat bereits spekuliert, daß dies der Fall sein könnte.[11] Im Sinne ihrer »cognitive crowding hypothesis«, über die in Kapitel 5 bereits berichtet wurde, müßte wegen der immensen Bedeutung der Sprache für den Menschen das räumliche Vorstellungsvermögen immer dann ins Hintertreffen geraten, wenn ein Teil des Gehirns versuchen würde, beide Fähigkeiten gleichermaßen zu verarbeiten. Levy äußerte die Vermutung, daß bei Männern möglicherweise die rechte Seite des Gehirns auf das räumliche Vorstellungsvermögen, die linke dagegen auf sprachliche Fähigkeiten spezialisiert sei. Das würde bedeuten, daß Männer über ein besseres räumliches Vorstellungsvermögen verfügen, weil ihre »räumlichen Überlegungen« nicht durch die Sprachverarbeitung beeinträchtigt werden. Bei Frauen dagegen verarbeiten beide Hemisphären gemeinsam Sprache, wodurch sie in sprachlicher Hinsicht einen Vorteil vor den Männern hätten, bei denen nur eine einzige Hemisphäre der Sprachverarbeitung dient.

Die Theorie hatte auch den Vorteil, daß sie sich der breiten Öffentlichkeit leicht erklären ließ: Das männliche Gehirn ist stärker unterteilt, das weibliche Gehirn hat eher etwas Ganzheitliches. Allerdings sollte sich schon bald herausstellen, daß die Theorie einfach zu schön gewesen war, um auch wahr zu sein.

Die ersten Widersprüche wurden 1980 sichtbar, als man sich etwas genauer damit beschäftigte, wie Schlaganfälle in verschiedenen Teilen des Gehirns Männer und Frauen betreffen, erklärt McGlone heute.[12] Wäre die rechte Seite des männlichen Gehirns wirklich stärker auf das räumliche Vorstellungsvermögen und andere nichtsprachliche Funktionen spezialisiert, dann müßte eine Schädigung der rechten Hemisphäre solche nichtsprachlichen Fähigkeiten bei Männern stärker beeinträchtigen als bei Frauen. Verschiedene Untersuchungen hätten aber gezeigt, daß dies nicht der Fall sei, so McGlone. Andererseits müßte, wenn die weiblichen Sprachzentren gleichmäßig verteilt wären und die rechte Hemisphäre eine wichtigere Rolle im Rahmen der Sprachentstehung spielte, eine Schädigung der rechten Seite die sprachlichen Fähigkeiten bei Frauen stärker schädigen. Auch das sei nicht der Fall, erklärt sie.

Aber was sonst könnte die Tatsache erklären, daß Frauen mit

einer geringeren Wahrscheinlichkeit nach einem Schlaganfall oder einer anderen Schädigung der linken Hemisphäre ihre sprachlichen Fähigkeiten verlieren? Kimura, die mit einer Datenbank von mittlerweile Hunderten von Patienten arbeitet, glaubt, die Antwort zu kennen. Nicht alle linksseitigen Schädigungen seien gleich, erklärt sie. Bei manchen Patienten erstrekke sich die Schädigung über die gesamte linke Hemisphäre, bei anderen sei sie unter Umständen auf eine kleine Region beschränkt. In einer Studie an 216 Patienten, bei denen die linke Hemisphäre durch einen Schlaganfall, einen Tumor oder eine andere Erkrankung geschädigt worden war, fand Kimura 81 Fälle, bei denen die Schädigung ganz genau auf entweder die vordere oder die hintere Hälfte der Hemisphäre begrenzt war. Und bei diesen Patienten fand sie den Schlüssel zu dem beschriebenen Unterschied.

Die Wahrscheinlichkeit, daß eine der Frauen in dieser Gruppe unter Aphasie oder Sprachproblemen zu leiden hatte, war größer, wenn der Schaden in der vorderen Hälfte lag, stellte Kimura fest. Das bedeutet, daß sich die für das Sprechen kritischen Regionen bei Frauen im vorderen Teil der linken Hemisphäre befinden. Die Männer hingegen waren stärker betroffen, wenn der Schaden in der hinteren Hälfte der Hemisphäre lag. Das heißt, bei ihnen wird ein größerer Teil der Sprache dort kontrolliert. Für sich allein genommen kann dieser Umstand noch nicht erklären, weshalb Frauen bei einem linksseitigen Schlaganfall weniger stark betroffen sind. Doch Kimura stellte darüber hinaus auch fest, daß Schlaganfälle häufiger die hintere Gehirnhälfte betreffen als die vordere – und das gilt für Männer und Frauen.

Das war ihrer Ansicht nach der Schlüssel: Wenn ein Schlaganfall die hintere Hälfte der linken Hemisphäre häufiger trifft als die vordere Hälfte und wenn sich bei Männern ein größerer Teil der wichtigen Sprachregionen in der hinteren Hälfte befindet als bei Frauen, dann verlieren Männer zwangsläufig bei einem linksseitigen Schlaganfall ihre sprachlichen Fähigkeiten häufiger als Frauen. Das Ganze ist also nicht darauf zurückzuführen, daß bei Frauen die Sprachregionen weiträumiger verteilt sind als bei Männern, sondern schlicht darauf, daß sich die Teile des

Gehirns, die die Sprache kontrollieren, bei Frauen an einem sichereren Ort befinden.[13]

Seit der Veröffentlichung dieser Befunde im Jahre 1983 hat Kimura unaufhörlich weitere Informationen über die unterschiedlichen Auswirkungen von Hirnschädigungen bei Männern und Frauen zusammengetragen und verfügt inzwischen über Ergebnisse, die die ursprüngliche Hypothese über geschlechtsspezifische Unterschiede im Gehirn auf den Kopf stellen. Es seien die Männer und nicht die Frauen, so erklärt sie, bei denen die Sprachzentren weiträumiger über das Gehirn verteilt wären und es seien die Frauen, bei denen sich die wichtigen Sprachregionen in einem kleinen Bereich konzentrierten.

Um eine solche Aussage treffen zu können, teilte Kimura die linke Hemisphäre, von vorne nach hinten gesehen, in fünf Abschnitte: den anterioren, den zentralen, den temporalen, den parietalen und den occipitalen. Dann untersuchte sie, welche Auswirkungen eine Schädigung in jedem dieser Bereiche auf Männer und Frauen hatte. Man braucht allerdings eine Menge Patienten, um eine solche Studie durchzuführen, denn meist erstrecken sich Schlaganfälle über einen größeren Teil einer Hemisphäre. Bei weniger als der Hälfte von Kimuras linksseitig betroffenen Schlaganfallopfern war der Schaden tatsächlich auf ein kleines Gebiet beschränkt. Die Analyse dieser Minderheit von Patienten mit lokal begrenzten Schädigungen ergab jedoch, daß das Gehirn bei Männern und Frauen höchst unterschiedlich auf einen Schlaganfall an einer bestimmten Stelle der linken Hemisphäre reagiert.

Frauen sind am stärksten betroffen, wenn sich die Schädigung in der anterioren (oder vorderen) Region befindet, berichtet sie. Von den Patientinnen, die in diesem Bereich von einer Schädigung betroffen waren, verloren etwa zwei Drittel einen Teil ihrer sprachlichen Fähigkeiten. Schädigungen der übrigen Hemisphäre dagegen beeinträchtigten die Sprache bei Frauen so gut wie gar nicht. Keine der Frauen mit Verletzungen in der zentralen, parietalen oder occipitalen Region verlor die Fähigkeit, zu sprechen und Sprache zu verstehen, und nur wenige der Frauen mit einer Schädigung in der temporalen Region entwikkelten eine Aphasie. Männer hingegen waren bei einer Schädigung in jeder der fünf Regionen von einem Sprachverlust betroffen. Am empfänglichsten dafür war die parietale Region – ein Bereich, der bei Frauen nur wenige sprachliche Funktionen zu haben scheint –, deren Schädigung bei 50 Prozent aller männlichen Patienten zum Sprachverlust führte.

Kimura schloß daraus, daß sich die Sprachregionen bei Männern und Frauen an sehr unterschiedlichen Stellen im Gehirn befinden.[14] Bei Frauen sind die sprachlichen Fähigkeiten zum größten Teil im vorderen Bereich der linken Hemisphäre lokalisiert, bei Männern sind sie über die gesamte linke Seite weiträumig verteilt, wobei sich der größere Teil in der hinteren Hälfte befindet.

Ähnliches gelte für jene Gehirnregionen, die die Bewegungen der Gliedmaßen steuern, berichtet Kimura. Sie untersuchte die »Bewegungsprogrammierung« ihrer hirngeschädigten Patienten, indem sie sie eine einfache Serie von Hand- und Armbewegungen nachahmen ließ – jemandem eine Kußhand zuwerfen oder zuerst mit dem einen Handrücken den anderen Unterarm berühren, die Hand drehen und den Unterarm mit der Handfläche berühren. Die meisten Menschen haben mit solchen Bewegungen keine Schwierigkeiten, doch einige von Kimuras Patienten können ihre Bewegungen nicht mehr koordinieren. Statt die Finger an die Lippen zu heben, führen sie unter Umständen die Faust an die Nase oder die Handfläche ans Kinn.

Nahezu all ihre Patienten mit dieser sogenannten Apraxie – der Schwierigkeit, Arm und Hand zu bestimmten Bewegungen zu veranlassen – litten unter einer Schädigung der linken Hemisphäre. Das galt sowohl für Männer als auch für Frauen. Als Kimura aber die Auswirkungen von Schädigungen im vorderen Teil der linken Hemisphäre mit den Auswirkungen der Schädigungen im hinteren Bereich verglich, unterschieden sich beide Geschlechter erheblich.[15] 71 Prozent der im vorderen Teil der linken Hemisphäre betroffenen Frauen litten unter Apraxie, bei den im hinteren Teil betroffenen waren es nur 7 Prozent. Bei den Männern war es genau umgekehrt: nur 12 Prozent der Männer mit einer frontalen Schädigung hatten Schwierigkeiten, die Hände kompliziertere Bewegungen ausführen zu lassen, bei den im hinteren Bereich betroffen waren es 44 Prozent. Bei Frauen, so schloß Kimura, scheint die Kontrolle komplizierter Handbewegungen in einem kleineren Bereich im vorderen Teil der linken Hemisphäre zusammengefaßt zu sein, bei Männern ist diese weiträumiger verteilt, wobei sich ein größerer Anteil an Kontrollfunktionen im hinteren Teil der Hemisphäre befindet. Diese unterschiedliche Gehirnorganisation hat möglicherweise praktische, sichtbare Auswirkungen auf die Fähigkeiten von Männern und Frauen, spekuliert Kimura.[16] Bei Frauen scheinen sich die kritischen Bereiche für die Organisation von Handbewegungen im vorderen Teil der linken Hemisphäre zu befinden. Das bedeutet, sie liegen in der Nähe des Motorcortex, jenes Teils des Gehirns, von dem aus Signale zu den Muskeln im Körper ausgesendet werden, die diese aktivieren. Vielleicht, so Kimura, erklärt diese räumliche Nähe, weshalb Frauen über eine bessere Kontrolle kleiner, präziser Handbewegungen verfügen. Männer dagegen sind bei Muskelbewegungen im Vorteil, die entfernte Objekte zum Ziel haben – beim Werfen eines Baseballs zum Beispiel oder beim Schießen auf ein bewegliches Ziel. Da dies eine Koordination von Muskelkontrolle und Sehvermögen verlangt, erscheint es logisch, daß Männer einen größeren Teil der Kontrollzentren für ihre Gliedmaßenbewegungen im hinteren Teil der Hemisphäre, also näher an der Sehrinde sitzen haben.

Kimuras Arbeit mit hirngeschädigten Patienten ist bisher die ausführlichste Analyse geschlechtsspezifischer Unterschiede bei bestimmten Gehirnfunktionen, und sie wird es für die nächste Zeit auch bleiben. Sie hat nahezu zwei Jahrzehnte gebraucht, um die Daten von Hunderten von Patienten mit Schlaganfällen, Tumoren oder anderen Hirnschäden zu sammeln, und es würde Jahre dauern, eine vergleichbare Informationsfülle zusammenzutragen. Es gibt jedoch einige andere Experimente, an denen sich Kimuras Ergebnisse überprüfen lassen.

1989 stellten Richard Lewis und Lois Christiansen vom Pomona College eine Möglichkeit vor, Kimuras Überlegungen an gesunden Menschen zu testen.[17] Angenommen, im weiblichen Gehirn befinden sich, wie Kimura sagt, sowohl Sprachzentren als auch Kontrollfunktionen für Muskelbewegungen in der vorderen Hälfte der linken Hemisphäre, während sie beim Mann über die gesamte linke Gehirnseite verteilt sind. Wenn man nun eine Person bittet, beides gleichzeitig zu tun – zu reden und gleichzeitig eine Hand oder einen Arm auf bestimmte Weise zu bewegen –, dann müßte das Frauen schwerer fallen als Männern. Die beiden Handlungen müßten einander im weiblichen Gehirn stärker gegenseitig beeinflussen, denn hier muß ein Teil des Gehirns versuchen, zwei Dinge zugleich auszuführen.

Lewis und Christiansen testeten das an jeweils 14 Studenten und Studentinnen. Zuerst ließen sie jede Testperson einen Tipptest mit den Fingerspitzen durchführen. Dabei sollte man mit vier Fingern einer Hand 30 Sekunden lang vier Knöpfe immer wieder so rasch wie möglich hintereinander drücken, in immer der gleichen Reihenfolge – Zeigefinger, Mittelfinger, Ringfinger, kleiner Finger. Gewertet wurde, wie viele Durchgänge die Testperson mit jeder Hand erreichte. Dann ließen die beiden Wissenschaftler die Testpersonen das Ganze wiederholen, wobei sie aber entweder eine Textpassage aus einem Buch vorlesen oder so viele Wörter wie möglich nennen mußten, die mit einem bestimmten Buchstaben begannen. Danach wurden die Ergebnisse dieser beiden Durchläufe miteinander verglichen.

Sowohl bei Männern als auch bei Frauen verlangsamte sich die Tippgeschwindigkeit, wenn gleichzeitig ein Text gelesen oder Wörter aufgezählt werden mußten. Doch bei der Art und Weise, wie das geschah, gab es Unterschiede. Bei den Männern spielte es keine Rolle, ob sie mit der rechten oder mit der linken Hand die Tastatur bedienten – die Verzögerung war ungefähr dieselbe. Bei den Frauen war die Verzögerung der linken Hand ungefähr gleich der bei den Männern, das Tippen mit der rechten Hand dagegen wurde erheblich langsamer. Da die Muskeln der rechten Körperseite von der linken Gehirnhälfte kontrolliert werden, entsprach das Verhalten der Testpersonen genau der Annahme von Kimura: Die Frauen waren bei der gleichzeitigen Durchführung der sprachlichen Aufgabe und dem rechtshändigen Tippen stärker beeinträchtigt, und zwar vermutlich deshalb, weil die Kontrolle beider Fertigkeiten bei Frauen in einem wesentlich kleineren Gebiet der linken Hemisphäre konzentriert ist als bei Männern.

1982 überprüfte eine Wissenschaftlerin, die bei Kimura promoviert hatte, deren Überlegungen auf völlig andere Weise: Sie schaltete vorübergehend einzelne Bereiche des menschlichen Gehirns aus und beobachtete, was dann geschah.[18] Catherine Mateer suchte in Zusammenarbeit mit Samuel Polen und George Ojemann nach geschlechtsspezifischen Unterschieden bei der Sprachverarbeitung. Sie machten sich dabei die Eigentümlichkeiten einer bestimmten Form der Hirnchirurgie zunutze, die bei Epileptikern eingesetzt wird.

Bei manchen schwer epileptischen Patienten schlagen Medikamente nicht an, und die einzig mögliche Behandlung ist die Entfernung des Gehirnbereichs, in dem die epileptischen Anfälle entstehen. Erstaunlicherweise können Menschen trotz des Fehlens relativ großer Gehirnstücke ein normales Leben führen, so daß die Chirurgie hier sehr wirksam ist. Voraussetzung ist allerdings, daß bei dem Eingriff keine vitalen Strukturen verletzt werden. Vor allem wenn man an der linken Hemisphäre operiert, muß man sehr behutsam vorgehen, damit man die für die Sprache wichtigen Bereiche umgeht. Die einzige Möglichkeit, solche Bereiche sicher zu erkennen, besteht darin, jeden einzelnen Patienten daraufhin zu testen.

Genau hier setzten Mateer und ihre Kollegen an. Bei zehn Frauen und acht Männern sollten Teile der linken Hemisphäre entfernt werden, um epileptische Anfälle zu unterbinden. Zu Beginn einer jeden Operation, wenn der Patient noch bei Bewußtsein war, die Ärzte das Gehirn aber bereits freigelegt hatten, präsentierten die Wissenschaftler den Patienten kurze Sprach- und Gedächtnistests, wobei sie gleichzeitig einen schwachen elektrischen Strom durch verschiedene Teile des Gehirns laufen ließen. (Das Gehirn besitzt keine Schmerzsensoren, so daß dieses Vorgehen für den Patienten nicht unangenehm ist.) Bei einem »Benennungstest« etwa wurden den Patienten Dias mit der Zeichnung eines geläufigen Gegenstands plus einer kurzen Phrase (wie »Dies ist ein ...«) vorgeführt, und der Patient mußte den Gegenstand dann benennen. Wenn ihm der Name nicht einfiel, solange Strom durch einen bestimmten Bereich des Gehirns floß, gingen die Ärzte davon aus, daß sie diesen Bereich meiden mußten.

Mateer, Polen und Ojemann analysierten dann, welche Bereiche des Gehirns für die Benennung ausschlaggebend waren, und ihre Schlußfolgerungen bestätigten im großen und ganzen Kimuras Arbeit: Die Sprachregionen waren bei Frauen auf engerem Raum konzentriert als bei Männern. Bei den acht männlichen Patienten störte der elektrische Strom die Sprache bei 63 Prozent aller getesteten Bereiche, bei den weiblichen Patienten waren nur 38 Prozent der untersuchten Bereiche für den Benennungstest unerläßlich.

Die Forscher stimmten auch mit Kimura überein, was die Region mit dem größten Unterschied zwischen Männern und Frauen betraf, nämlich die parietale, also den hinteren oberen Bereich der linken Hemisphäre. Bei den Männern wurden zwei Drittel der in der parietalen Region getesteten Bereiche im Benennungstest durch elektrischen Strom beeinträchtigt; bei den Frauen waren es weniger als 20 Prozent.

Allerdings deckten sich die Ergebnisse nicht völlig mit denen Kimuras. Mateer und ihre Mitarbeiter fanden keinen Hinweis darauf, daß der vordere Teil der linken Hemisphäre bei Frauen für die Sprache von größerer Bedeutung ist als bei Männern. In einem bestimmten Bereich im vorderen Teil des Gehirns zum Beispiel veranlaßt der Stromfluß sowohl die männlichen als auch die weiblichen Patienten dazu, beim Benennungstest Fehler zu machen. In einem anderen frontalen Bereich waren die Männer sogar sensitiver gegenüber Strom als die Frauen. Die Forscher haben keine Erklärung dafür, weshalb ihre Ergebnisse von denen Kimuras abweichen, aber vielleicht hat diese Diskrepanz etwas mit der Größe der jeweils untersuchten Regionen zu tun. Die elektrische Stimulation während der Operation betrifft nur sehr begrenzte Gehirnregionen, Kimura hingegen untersucht die Auswirkungen von Schlaganfällen, die sehr viel größere Bereiche betreffen.

Solche scheinbaren Unstimmigkeiten sind in der heutigen Hirnforschung relativ häufig. So kann zum Beispiel niemand sagen, wie sich Naylors Befunde, daß Frauen einen Teil ihrer rechten Hemisphäre zur Sprachverarbeitung verwenden, mit Kimuras Ergebnissen vereinbaren lassen, daß bei Frauen die sprachlichen Fähigkeiten im vorderen Bereich der linken Hemisphäre konzentriert sind. Im Grunde genommen ist das aber nicht sehr verwunderlich: Die beiden Wissenschaftlerinnen arbeiten möglicherweise am gleichen Puzzle, setzen ihre Teile aber an völlig verschiedenen Stellen zusammen. Eines Tages, wenn wir mehr über das menschliche Gehirn wissen, werden wir in der Lage sein zu erkennen, wie Naylors Puzzleteil mit dem von Kimuras verbunden ist. Für den Augenblick müssen wir uns allerdings mit den einzelnen Details zufriedengeben. Es ist zu einem großen Teil Kimura zu verdanken, daß wir hinsichtlich der linken Gehirnhälfte eine Fülle von Details haben, über die wir nachdenken können; insbesondere darüber, auf welche Weise Sprach- und Muskelkontrolle bei Männern und Frauen von verschiedenen Bereichen dieser Hemisphäre gehandhabt werden. Die rechte Seite dagegen ist bei weitem nicht so gut erforscht. Auf der Grundlage einiger weniger Studien vermutet Kimura, daß das Bild der rechten Hemisphäre dem der linken ähnlich ist, so daß auch hier eine bei Männern und Frauen unterschiedlich organisierte Arbeitsteilung zwischen den vorderen und den hinteren Regionen stattfindet. So hat Kimura beispielsweise Männer und Frauen mit einer rechtsseitigen Hirnschädigung getestet, indem sie sie mit Bauklötzen vorgegebene Muster legen ließ. Sie stellte fest, daß Frauen schlechter abschnitten, wenn die Schädigung sich im vorderen Teil der Hemisphäre befand, Männer hingegen, wenn die Schädigung im hinteren Teil der Hemisphäre lag. Dies sind jedoch einstweilige Ergebnisse, die durch weitere Tests bestätigt werden müssen.

Nach Kimuras Ansicht bestehen möglicherweise auch geschlechtsspezifische Unterschiede bei der Art und Weise, wie das Gehirn seine Aufgaben auf die rechte und linke Seite aufteilt,[19] wenn auch nicht in der simplen Weise, wie einst angenommen: daß nämlich das Gehirn bei Frauen symmetrischer, bei Männern dagegen spezialisierter sei. Mit Sicherheit deutet Cecile Naylors Forschung eine solche Richtung an. Man erinnere sich ihrer Befunde, daß ein männliches Gehirn zum

Buchstabieren zwei Teile der linken Hemisphäre benötigt, das Wernickesche Sprachzentrum und das Brocasche Feld, während ein weibliches Gehirn dazu das Wernickesche Sprachzentrum und zwei andere Bereiche heranzieht, von denen sich einer auf der rechten Seite des Gehirns befindet.

Kimura stellt die Hypothese zur Diskussion, daß Unterschiede bei der Rechts-links-Organisation, auch wenn sie für solche Dinge wie die grundlegenden Sprachfertigkeiten oder die Koordination von Hand- und Armbewegungen keine größere Rolle zu spielen scheinen, vielleicht für abstraktere Denkprozesse von Bedeutung sind. Sie stellt zum Beispiel fest, daß bei Frauen die Leistungen in Wortschatztests sowohl durch Schädigungen der linken als auch durch Schädigungen der rechten Hemisphäre beeinträchtigt werden, während Männer nur dann schlechter abschneiden, wenn die Schädigung sich auf der linken Seite befindet.

Richard Lewis vom Pomona-College schließlich fand in Zusammenarbeit mit Laura Kamptner Hinweise darauf, daß das räumliche Vorstellungsvermögen bei Männern stärker auf die rechte Hemisphäre konzentriert zu sein scheint als bei Frauen.[20] Ebenso wie Kimura untersuchten sie Männer und Frauen, die in einer der beiden Hirnhälften eine Verletzung erlitten hatten. Sie legten den Testpersonen zwei Arten von Tests vor: Im einen Falle mußte der Betreffende herausfinden, wie ein Bild, in dem bestimmte Teile fehlten, im vollständigen Zustand aussah, im anderen Falle sollte die Versuchsperson eine Reihe von Würfeln mit bestimmten geometrischen Mustern auf den Seiten so zusammensetzen, daß ein vorgegebenes Muster entstand. Am Ende wurden die Leistungen der Patienten mit denen von gesunden Personen verglichen.

Bei dem »Vervollständigungstest« besteht normalerweise kein geschlechtsabhängiger Leistungsunterschied, und die Wissenschaftler stellten fest, daß Männer und Frauen durch eine Schädigung der rechten oder linken Hemisphäre in ähnlicher Weise beeinträchtigt waren. Linksseitige Schädigungen beeinträchtigten beide Geschlechter nur zu einem gewissen Grad, rechtsseitige Schädigungen hingegen weitaus stärker. Das war zu erwarten gewesen, denn das räumliche Vorstellungsvermögen ist zum großen Teil auf die rechte Seite beschränkt.

Bei dem Test mit den geometrischen Mustern schneiden Männer in der Regel besser ab als Frauen. Hier gab es einen dramatischen Unterschied. Die Männer schienen durch eine Schädigung der linken Hemisphäre nicht im geringsten beeinträchtigt zu werden, jene aber, die eine Verletzung der rechten Hemisphäre erlitten hatten, erreichten Testergebnisse von nur wenig mehr als 50 Prozent dessen, was gesunde Männer erreichen. Frauen hingegen waren durch Schädigungen der linken wie der rechten Hemisphäre in ungefähr gleichem Maße beeinträchtigt. Lewis und Kamptners Schlußfolgerung: Jene Form von räumlichem Vorstellungsvermögen, die der Test mit den geometrischen Mustern anspricht, ist bei Männern besser ausgeprägt und hier offenbar in der rechten Hemisphäre konzentriert, während diese Fähigkeit bei Frauen weiträumiger über beide Hemisphären verteilt vorliegt. Für andere Formen von räumlichem Vorstellungsvermögen muß dies jedoch nicht notwendigerweise ebenso sein.

Auch 15 Jahre nach Jeanette McGlones Vermutung, daß sich der geschlechtsspezifische Unterschied bei der Reaktion auf einen Schlaganfall mit der größeren Symmetrie des weiblichen Gehirns erklären läßt, ist das Thema Symmetrie noch immer unübersichtlich. Es hat den Anschein, als seien an manchen Funktionen, die bei Männern in nur einer Hemisphäre vertreten sind, im weiblichen Gehirn eher beide Hemisphären beteiligt. In anderen Fällen wiederum finden die Wissenschaftler keinen Unterschied zwischen beiden Geschlechtern, was die Arbeitsteilung zwischen den beiden Hemisphären betrifft. In der unerschöpflichen Datenfülle, die sich mit den Jahren angesammelt hat, zeichnet sich dennoch eine Tatsache deutlich ab: So gut wie immer, wenn sich bei einer Untersuchung ein geschlechtsspezifischer Unterschied zeigen läßt, geht er in dieselbe Richtung: Das weibliche Gehirn ist symmetrischer.[21] Nur sehr wenige Experimente haben eine Verstandesfunktion nachweisen können, die beim Mann über beide Hemisphären verteilt ist, bei der Frau jedoch nur auf eine.

Sandra Witelson hat einen ganz anderen Weg als Kimura eingeschlagen. Sie beharrt sogar darauf, daß ihr primäres Interesse niemals geschlechtsspezifischen Unterschieden gegolten habe. Sie versucht statt dessen zu verstehen, ob und wie Verhalten sich in der Struktur des Gehirns niederschlägt – ob zum Beispiel anatomische Unterschiede zwischen dem Gehirn eines Rechts- und dem eines Linkshänders bestehen. Doch die Geschlechts- zugehörigkeit gerät bei ihren Untersuchungen unausweichlich immer wieder ins Rampenlicht.

Als Doktorandin hatte Witelson sich mit Lernproblemen bei hirngeschädigten Kindern beschäftigt, und am Anfang ihrer wissenschaftlichen Laufbahn galt ihr Hauptinteresse dyslexi- schen Kindern. Um zu verstehen, weshalb diese Kinder von normaler Intelligenz solche Probleme hatten, lesen zu lernen, untersuchte sie das Zusammenspiel von rechter und linker Hemisphäre mittels eines Experiments, bei dem die Testperson gleichzeitig mit beiden Ohren unterschiedliche Dinge zu hören bekommt; getestet wird dann, welche der beiden Informationen sie wahrgenommen hat. Im allgemeinen wird ein Ohr das dominante sein. Das Gehirn schenkt dem, was von dem einen Ohr kommt, größere Aufmerksamkeit als dem, was von dem anderen kommt, was die Dominanz der einen oder der anderen Hemisphäre widerspiegelt.

Vom Gehör wechselte Witelson zum Tastsinn. Dort stieß sie zum erstenmal auf einen geschlechtsspezifischen Unterschied. Es war noch immer ihr Ziel, die Funktionen beider Hemisphä- ren und ihr Verhältnis zueinander zu vergleichen, und dazu entwarf sie einen einfallsreichen Test. Eine junge Testperson greift hinter einen Wandschirm und bekommt in jede Hand einen anderen Gegenstand von ungewöhnlicher Form. Die Testperson hat zehn Sekunden Zeit, den Gegenstand zu befüh- len und soll dessen Form dann aus sechs Zeichnungen heraus- finden. Da die Informationen über den Gegenstand in der linken Hand von der rechten Hemisphäre aufgenommen werden und umgekehrt und da außerdem angenommen wird, daß die rechte Hemisphäre Informationen über Formen verarbeitet, hatte Wi- telson angenommen, die Testpersonen würden die Objekte in der linken Hand vielleicht besser identifizieren. Zwar waren bei allen Kindern mit zunehmendem Alter Fortschritte bei der

Erkennung von Formen festzustellen, aber der Vorteil der linken Hand war nur bei Jungen aller Altersstufen zu beobachten, bei Mädchen hingegen nie. Witelson schloß daraus, daß die rechte Hemisphäre offenbar nur bei Männern einen größeren Teil der Arbeit bei der Formerkennung übernimmt.[22] (Eine andere Möglichkeit wäre, daß auch bei Frauen die rechte Hemisphäre diese Aufgabe übernimmt, daß die beiden Hemisphären aber besser miteinander kommunizieren, so daß die rechte Hemisphäre genauso viele Informationen über einen Gegenstand in der rechten Hand erhält wie die linke.)

Nach dieser Untersuchung aus dem Jahre 1976 fragte sich Witelson, ob man einen strukturellen Unterschied zwischen weiblichem und männlichem Gehirn feststellen könnte, der dieser Beobachtung zugrunde liegt. Vielleicht konnte sie durch einen Vergleich von rechter und linker Gehirnhälfte im männlichen und weiblichen Gehirn etwas finden, das erklären konnte, weshalb bei Männern das räumliche Vorstellungsvermögen auf einer Seite konzentriert ist.

Sie begann deshalb ein Projekt, das nun seit mehr als 15 Jahren fortgeführt wird. Es gilt neben Kimuras Untersuchungen an hirngeschädigten Patienten als eine der am längsten andauernden Erhebungen von Daten über geschlechtsspezifische Unterschiede. Witelson arbeitet mit Krebspatienten, deren Tumore bereits Metastasen gebildet haben, ohne jedoch das Gehirn in Mitleidenschaft zu ziehen. Solange die Patienten noch bei relativ guter Gesundheit sind, läßt sie sie eine umfangreiche Testserie bearbeiten, die sich hauptsächlich auf kognitive Fähigkeiten bezieht und speziell die »Seitigkeit« des Gehirns zum Ziel hat: welche Seite des Gehirns für verschiedene Faktoren die dominante ist, unter anderem für Links- oder Rechtshändigkeit und für das bereits beschriebene »dichotische« Hören. Die Patienten erteilen ihr außerdem die Erlaubnis zu einer Autopsie nach ihrem Tode, zu der auch eine sehr genaue Analyse ihrer Gehirnanatomie gehört. (Nachdem der Patient verstorben ist, muß der dem Patienten am nächsten stehende Verwandte seine endgültige Zustimmung geben.) Auf diese Art und Weise kann Witelson nach Zusammenhängen zwischen Gehirnstruktur und Gehirnfunktion suchen.

Auf den ersten Blick mag dies als eine Form von Leichenfledderei erscheinen – auf den Tod eines Krebspatienten zu warten, um dann sein Gehirn zu untersuchen –, aber Witelson erklärt, daß diese Patienten wissen, daß sie ohnehin nicht mehr lange zu leben haben, und äußerst bereitwillig an diesem Experiment teilnehmen. Da Wissenschaftler in aller Regel nur sehr wenig über die Menschen wissen, deren Gehirne sie bei einer Autopsie untersuchen, bietet Witelsons Studie die seltene Gelegenheit, die Gehirne von Menschen zu untersuchen, über deren Eigenschaften man etwas weiß.

Witelson hatte diese Gelegenheit Mitte der achtziger Jahre ergriffen, um Licht in die Kontroverse zu bringen, die um das Corpus callosum entstanden war. Nachdem Marie-Christine de Lacoste 1982 berichtet hatte, daß nach ihren Erkenntnissen das Splenium, die hinteren 20 Prozent des Corpus callosum, bei Frauen größer und stärker verdickt sei als bei Männern, hatten sich viele Forscher bemüht, diese Entdeckung zu bestätigen. Witelson untersuchte die Corpora callosa ihrer Krebspatienten und fand bei deren Größe ebenfalls keinen geschlechtsspezifischen Unterschied, dafür aber ein anderes, erstaunliches Detail, das anderen entgangen war: Das Corpus callosum ist bei Links- und »Beidhändern« größer als bei Rechtshändern.[23] Diese Entdeckung war nur möglich, weil Witelson die Betreffenden vor ihrem Tod gekannt hat, denn Autopsieberichte enthalten keine Aussagen darüber, ob jemand Rechts- oder Linkshänder war, und auch die Befragung der Familie im nachhinein erweist sich meist als nicht sehr zuverlässig. (Die Kernspinresonanztomographie, mit deren Hilfe man heute das Gehirn von lebenden Menschen betrachten kann, gab es damals noch nicht.)

Witelson fuhr fort, Daten über Corpora callosa zu sammeln, und stolperte über eine andere, sogar noch unerwartetere Tatsache: Der Größenunterschied bei den Corpora callosa von Links- oder Rechtshändern gilt nur für Männer.[24] Bei Frauen hat das Corpus callosum bei Rechtshänderinnen und Nichtrechtshänderinnen (zu denen sowohl Links- als auch »Beidhänderinnen« gehören) dieselbe Größe. Bei Männern hingegen war es in der nichtrechtshändigen Gruppe im Durchschnitt um 15 Prozent größer.

Weshalb sollte die Tatsache, ob jemand Rechtshänder ist oder nicht, etwas mit der Größe des Corpus callosum zu tun haben? Und weshalb sollte diese Korrelation nur für männliche Gehirne gelten? Nach Witelsons Ansicht hat die Antwort etwas damit zu tun, wie Geschlechtshormone die Gehirnentwicklung beeinflussen.

Die Wissenschaft ist sich zwar noch immer nicht darüber im klaren, weshalb manche Leute Rechts- und andere Linkshänder sind, man weiß aber, daß sich in dieser Eigenschaft die Gehirnorganisation des Betreffenden widerspiegelt, welche Gehirnhälfte beispielsweise die Kontrolle von Muskelbewegungen dominiert. Zudem besteht eine Korrelation zwischen Geschlecht und Rechts- beziehungsweise Linkshändigkeit, denn es gibt mehr männliche als weibliche Linkshänder.[25]

Die Tatsache, daß man Rechts- oder Linkshänder ist, hat keineswegs nur Einfluß darauf, mit welcher Hand man schreibt oder sich die Zähne putzt und welches Bein man beim Fußball bevorzugt, sondern sie betrifft auch die Verstandesfunktionen. Nahezu alle Rechtshänder haben ihre Sprachregionen beispielsweise in der linken Hemisphäre konzentriert,[26] bei den Linkshändern sind dies nur etwa 70 Prozent. Die übrigen 30 Prozent haben ihre Sprachkontrolle in der rechten Hemisphäre oder auf beide Gehirnhälften verteilt. (Viele Wissenschaftler, unter anderem Kimura, führen ihre Experimente deshalb nur mit Rechtshändern durch, so daß viele Berichte über geschlechtsspezifische Unterschiede nur für Rechtshänder gelten.) Aus Gründen, die bislang keiner versteht, sind Linkshänder nicht nur besonders stark unter den Menschen mit den höchsten IQ-Werten vertreten,[27] sondern leiden auch mit erhöhter Wahrscheinlichkeit unter schweren Leseschwächen.

Witelson ist der Ansicht, daß es für Frauen und für Männer jeweils etwas anderes bedeutet, Rechts- oder Linkshänder zu sein. Das Gehirn eines rechtshändigen Mannes verteilt nach ihren Überlegungen seine Aufgaben relativ streng auf die rechte und die linke Hälfte. Im Gegensatz dazu haben linkshändige Männer eine anders gestaltete Gehirnorganisation, bei der die Dinge gleichmäßiger über beide Hälften verteilt werden. Ein weibliches Gehirn schließlich ist immer von einer höheren

Symmetrie als das eines rechtshändigen Mannes, unabhängig davon, ob die Frau nun Rechts- oder Linkshänderin ist. Wenn dem so ist, dann würde das Witelsons Befunde am Corpus callosum erklären: Bei rechtshändigen Männern kann diese Struktur kleiner sein, weil der Kommunikationsbedarf der beiden Hälften geringer ist.

Da mehr Männer Linkshänder sind als Frauen, haben die meisten Forscher angenommen, daß irgendein Zusammenhang besteht zwischen dem Testosteronspiegel im Mutterleib und der Tatsache, ob jemand Rechts- oder Linkshänder wird. Der kürzlich verstorbene Norman Geschwind hatte 1982 in einem maßgeblichen Artikel die Vermutung geäußert, daß hohe Testosteronkonzentrationen das Wachstum der linken Hemisphäre im Mutterleib verlangsamen, so daß die rechte Hemisphäre dominant und die betreffende Person damit zum Linkshänder wird.[28] Witelson hingegen geht davon aus, daß es genau umgekehrt ist: Zumindest bei Männern sorgen ihrer Ansicht nach niedrige Testosteronkonzentrationen dafür, daß jemand eher zum Linkshänder wird.[29] Was linkshändige Frauen betrifft, hat sie allerdings keine Erklärung anzubieten. Doch da befindet sie sich in guter Gesellschaft, denn niemand scheint hierzu irgendwelche Ideen zu haben.

Was die Vorgänge anbetrifft, die ein Gehirn im Laufe seiner Entwicklung durchmacht, so bietet Witelson folgendes Schema an, dem die meisten ihrer Kollegen im großen und ganzen zustimmen:

Ebenso wie beim übrigen Körper scheint auch beim Gehirn die Grundanlage zunächst einmal weiblich in dem Sinne zu sein, daß sich das Gehirn beim Fehlen männlicher Hormoneinflüsse in die weibliche Richtung entwickeln wird. Vergessen Sie dabei aber nicht, daß dieser weibliche Weg nicht nur ein einziges Ziel hat. Wie im Falle des Körpers gibt es eine große Variationsbreite von einem Gehirn zum anderen, die mit Geschlechtshormonen überhaupt nichts zu tun hat. Zwei Frauen, die im Mutterleib genau denselben Mengen Östrogen und Testosteron ausgesetzt waren, können bezüglich ihrer IQ-Werte, ihrer sprachlichen Fähigkeiten, ihres räumlichen Vorstellungsvermögens und ihrer psychologischen Charakterzüge wie Fürsorglichkeit oder

Aggressivität völlig verschieden sein. Menschliche Gehirne unterscheiden sich zunächst einmal von Natur aus.

Diese normale Variabilität wird durch die Wirkung des Testosterons überlagert, das eine weitere Ebene von Unterschieden schafft: Es drängt ein Gehirn in die männliche Richtung. Der Einfluß von Testosteron im Mutterleib läßt Kinder jungenhafter spielen, Autos den Puppen vorziehen und erhöht ihre Aggressivität und ihr räumliches Vorstellungsvermögen im späteren Leben. Vielleicht verlangsamt es die Reifung des Gehirns beim Menschen genauso wie beim Rhesusaffen. Es beeinflußt höchstwahrscheinlich auch die sexuelle Orientierung. Möglicherweise hat es auch Einfluß darauf, wo in einem Gehirn bestimmte Verstandesfunktionen wie Sprache und räumlich orientiertes Denken ablaufen, und wahrscheinlich spielt es auch eine Rolle dabei, ob jemand Rechts- oder Linkshänder wird; doch letzteres ist noch ungesichert. Vergessen Sie wiederum nicht, daß diese hormonbedingten Veränderungen nur zu bereits existierenden Unterschieden im Gehirn hinzukommen. Wenn ein Mann ein besseres räumliches Vorstellungsvermögen besitzt als ein anderer, so heißt das nicht notwendigerweise, daß ersterer im Mutterleib mehr Testosteron ausgesetzt war als letzterer. Im Vergleich zu der höchst aktiven Beteiligung des Testosterons an der Gestaltung des Gehirns ist die Rolle weiblicher Hormone bei weitem nicht so klar. Manche Wissenschaftler, zum Beispiel Dominique Toran-Allerand von der Columbia University, sind der Ansicht, daß das ursprüngliche menschliche Gehirn im Grunde ein »Neutrum« ist und daß es einer gewissen minimalen Östrogenmenge bedarf, damit ein weibliches Gehirn entsteht; anders ausgedrückt, daß die Feminisierung ein ebenso aktiver Prozeß ist wie die Maskulinisierung. Toran-Allerand konnte beispielsweise zeigen, daß sich mit Östrogen das Wachstum bestimmter Neurone im Rattenhirngewebe stimulieren läßt.[30] Die Tatsache schließlich, daß Frauen mit dem Turner-Syndrom, die über eine ungewöhnlich geringe Östrogenkonzentration verfügen, Schwierigkeiten mit Gedächtnis und Wortgewandtheit haben, läßt sich als Hinweis darauf werten, daß möglicherweise Östrogen für die Entwicklung dieser Fähigkeiten wichtig ist.

Östrogen ist möglicherweise sogar lebensnotwendig. Testosteron jedenfalls ist es bestimmt nicht. Denn schließlich gibt es Leute, die wohlauf sind und deren Körper keine männlichen Hormone wahrnehmen kann: XY-Frauen beispielsweise, die in genetischer Hinsicht Männer sind, aber weiblich erscheinen, weil ihr Körper nicht auf männliche Hormone reagiert. Abgesehen davon, daß ihnen Eierstöcke und Gebärmutter fehlen, sind sie in jeder anderen Hinsicht völlig normal. Aber, so Toran-Allerand, es sind keine Fälle bekannt, bei denen der Körper kein Östrogen wahrnimmt beziehungsweise auf dieses Hormon nicht reagiert. Das aber bedeutet: Wenn Östrogen seine Aufgabe nicht erfüllen kann, ist man tot. Man wird nicht einmal geboren. Die Frage also, ob das menschliche Gehirn im Prinzip zunächst weiblich oder neutral ist, wird damit vielleicht mehr als alles andere zu einer Frage der Semantik. Toran-Allerand sieht Östrogen als etwas, das ein neutrales Gehirn feminisiert. Andere Forscher halten Östrogen bei der Entstehung eines normalen weiblichen Gehirns für unerläßlich. Wie man es auch betrachtet, das Bild bleibt dasselbe: Wenn das Gehirn männlichen Hormonen ausgesetzt wird, so wird gleichsam ein Schalter betätigt. Ohne diese Hormone entwickelt sich das Gehirn auf dem weiblichen Weg, gibt man aber ein bißchen Testosteron dazu, macht es sich auf in die männliche Richtung.

Das bedeute jedoch nicht, so Witelson, daß das Gehirn entweder völlig männlich oder aber völlig weiblich sei. Im Unterschied zu den Geschlechtsorganen, die sich im Verlauf eines kurzen Zeitraums im Mutterleib ausbilden, entwickelt sich das Gehirn über viele Monate hinweg. Während dieser Zeit können die Konzentrationen der Geschlechtshormone in dramatischer Weise schwanken. Da verschiedene Teile des Gehirns zu verschiedenen kritischen Perioden für diese Hormone anfällig sind, kann es geschehen, daß ein Bereich des Gehirns maskulinisiert wird, ein anderer hingegen nicht. Außerdem scheinen die Testosteronkonzentrationen nicht überall im Gehirn gleich zu sein, so daß verschiedene Bereiche unterschiedliche Mengen erhalten. Und schließlich reagieren möglicherweise verschiedene Teile des Gehirns bei verschiedenen Personen unterschiedlich stark auf die Präsenz von Geschlechtshormonen.

Eine Gehirnregion wird unter Umständen großenteils maskulinisiert, während eine andere davon relativ unberührt bleibt.

All das zusammen ergibt das, was Witelson ein »neurales Geschlechtsmosaik« nennt – ein Patchwork-Gehirn, dessen Teile in jeweils unterschiedlichem Maße maskulinisiert (und vielleicht auch feminisiert) sind. Es ist so, als gäben Sie einem Dreijährigen ein paar Buntstifte und ein Malbuch mit einer Zeichnung vom Gehirn darin und sagten zu ihm: »Mal das einmal schön an.« Hätten sie einen Siebenjährigen darum gebeten, wäre das Gehirn am Ende vielleicht ganz rosa oder blau, jedenfalls schön gleichmäßig gefärbt, aber Dreijährige malen nicht monochrom. Ein bißchen Blau hier, jede Menge Rosa dort, alles mit einer genialen Verachtung jeglicher Ordnung und Gefälligkeit durcheinandergewürfelt – das ist Ihr Gehirn.

Da bei männlichen Embryos die Testosteronkonzentrationen relativ hoch sind, sind ihre Gehirne zumeist von blauer Färbung, aber hier und da kann schon mal ein rosafarbener Fleck dazwischengeraten. Weibliche Embryos, in deren Gehirn weit weniger Testosteron zirkuliert, sind im allgemeinen mehr rosafarben, doch nichts kann verhindern, daß auch ein kleines bißchen oder auch sehr viel Blau dabei ist.

Die Vorstellung eines »neuralen Geschlechtsmosaiks« paßt genau zu dem, was wir über Menschen wissen. Männer und Frauen sind Mischungen maskuliner und femininer Charakterzüge, ein bißchen hiervon, jede Menge davon. Insgesamt betrachtet haben Frauen bessere verbale Fähigkeiten, sind manuell geschickter, fürsorglicher, stärker an anderen Menschen interessiert und suchen nach Problemlösungen, die jedermanns Interessen berücksichtigen, während Männer im allgemeinen ein besseres räumliches Vorstellungsvermögen besitzen, aggressiver, kompetitiver und anfälliger für Gewalt sind, sich mehr für Dinge und Tatsachen interessieren als für Menschen und die Tendenz haben, Lösungen unter dem Gesichtspunkt richtig oder falsch zu sehen. Doch Männer und Frauen jeweils als Mitglieder dieser beiden sich gegenseitig ausschließenden Gruppen zu betrachten, hieße eine künstliche Unterscheidung treffen, die im groben Durchschnitt stimmen mag, aber nicht notwendigerweise für jeden einzelnen Mann oder jede einzelne Frau Geltung besitzt.

Während ich für dieses Buch recherchiert und an ihm geschrieben habe, ist es mir zur Gewohnheit geworden, ständig all das, was ich von den Wissenschaftlern erfahren habe, mit dem zu vergleichen, was ich über die Frau und den Mann weiß, die ich am besten kenne – über meine Frau und mich. Zu Zeiten erfüllen wir die Stereotypen so genau, daß ich schon darüber lachen muß; in anderen Fällen wiederum sind wir Ausnahmen. Doch wenn ich alles zusammenrechne, wird mir klar, daß wir beide ein Mosaik aus maskulinen und femininen Zügen sind.

Im Hinblick auf die meisten Eigenschaften würde ich mich als stereotyp männlich betrachten. Ich bin gut in Mathematik, habe ein sehr gutes räumliches Vorstellungsvermögen und besitze eine ausgeprägte Vorliebe für Karten, Konstruktionspläne und Diagramme aller Art. Meine Lieblingsbeschäftigung ist es, herauszufinden, wie etwas funktioniert. Andererseits bin ich nicht physisch aggressiv, und als Junge ging ich Raufereien möglichst aus dem Wege. Meine Frau behauptet, ich sei ausgesprochen kompetitiv. Mein weiblichster Zug ist vielleicht meine Vorliebe für Sprache und Worte, vor allem für das Lesen und Schreiben. Im Gespräch bin ich ein bißchen schwerfällig und kann oft das rechte Wort nicht finden. Ich lasse mich nicht sehr bereitwillig auf emotionale Kontakte zu anderen Leuten ein, und meine Frau ist der Ansicht, ich könne mich kein bißchen in jemand anderen hineinversetzen, was vermutlich stimmt.

Amy dagegen ist eine Mischung aus extrem femininen und extrem maskulinen Zügen. Sie ist überaus mütterlich und mit jedem Kind aus der Nachbarschaft gut Freund. Jedes von ihnen weiß, daß es in Amy Pools Haus willkommen ist. Sie ist mitfühlend, versteht Menschen ganz intuitiv und legt großen Wert darauf, von vielen Freunden und ihrer Familie umgeben zu sein. Sie kann sich außerordentlich gut artikulieren und übertrifft mich im Reden um ein mehrfaches. Was die maskuline Seite betrifft, ist Amy, vor allem in beruflichen Situationen, sehr aggressiv. Sie beurteilt Handlungen, ihre eigenen ebenso wie die anderer, nach einem strengen Maßstab von richtig oder falsch und hat keine Hemmungen, jemandem zu sagen, daß er nicht fair oder gerecht gehandelt habe. Der ideale Job für sie wäre eine Tätigkeit beim FBI im Rahmen irgendwelcher Anti-terrormaßnahmen oder in einer psychologischen Abteilung, ganz wie Jodie Foster in dem Film *Das Schweigen der Lämmer*. Letzten Endes aber zog sie einen Beruf auf einem weniger gefährlichen Gebiet vor, der sich mit einer Familie vereinbaren ließ.

Bei uns zu Hause wird Amy ein »er/sie« genannt, denn es gibt eigentlich keinen treffenden Ausdruck, mit dem sich jemand beschreiben läßt, der so viele maskuline und feminine Züge in sich vereint. Der technische Begriff ist »androgyn«, und das Lexikon definiert ihn als »sowohl männliche als auch weibliche Merkmale besitzend«, aber dieses Wort hat uns nie gefallen, weil damit in der Umgangssprache Personen bezeichnet werden, bei denen die Trennlinie zwischen Mann und Frau völlig verwischt ist. Das aber trifft auf Amy garantiert nicht zu. Niemand hat je bezweifelt, daß sie eine Frau ist. Man ist lediglich überrascht, so viele Merkmale, die man eigentlich von einem Mann erwartet, in einen weiblichen Körper verpackt zu sehen.

Diese Überraschung resultiert aus der allgemein akzeptierten Vorstellung, daß »maskulin« das Gegenteil von »feminin« ist.[31] Je mehr die Wissenschaft aber über die Geschlechter lernt, um so weniger scheint dieser Gegensatz zu stimmen. Wenn Psychologen Personen daraufhin testen, wie maskulin oder wie feminin sie sind, dann verwenden sie eigentlich zwei Maßstäbe: eine Männlichkeitsskala, die physische Aggressivität, Dominanz und Risikobereitschaft mißt, und eine Weiblichkeitsskala für Mütterlichkeit, emotionale Ansprechbarkeit und ähnliche Merkmale. Die Werte, die jemand in diesen beiden Tests erreichen kann, sind relativ unabhängig voneinander. Ein typischer Mann würde zum Beispiel hohe Werte auf der Männlichkeitsskala und niedrige auf der Weiblichkeitsskala erreichen, doch viele Menschen erreichen auf beiden Skalen hohe oder niedrige Werte. Mit hohen Werten auf beiden Skalen würde man Sie der Kategorie »androgyn« zuordnen, mit niedrigen Werten auf beiden Skalen dagegen würde man Sie als

»undifferenziert« bezeichnen. Statt maskulin und feminin als gegensätzliche Kategorien in dem Sinne aufzufassen, daß jemand entweder der einen oder der anderen zuzurechnen ist, sehen Psychologen sie als unabhängige, fast komplementäre Züge an.

Dasselbe gilt für andere Merkmale, bei denen es geschlechtsspezifische Unterschiede gibt. Auf Orientierungspunkte in der Landschaft zu achten bedeutet nicht das Gegenteil vom Einsatz eines Kompasses, es handelt sich einfach um zwei Arten, dasselbe Problem anzugehen. Und wenn jemand beide Arten kombinieren kann, um so besser. Räumliches Vorstellungsvermögen mag insofern ein maskuliner Zug sein, als Männer bei Tests, in denen es dreidimensionale Rotationsprobleme zu lösen gibt, die höheren Punktzahlen erreichen, aber Sie würden sicher nicht sagen, daß ein schlechteres räumliches Vorstellungsvermögen eine Frau femininer macht. Frauen verfügen über bessere verbale Fähigkeiten, aber es macht einen Mann nicht weniger maskulin, wenn er ein guter Schriftsteller oder Redner ist. Alle diese Charakterzüge können friedlich in einer Person vereint sein.

In diesem Sinne sehe ich Amy inzwischen als die *menschlichste* Person an, der ich je begegnet bin. Ihre Eigenschaften – Mütterlichkeit, Aggressivität, Mitgefühl, Wettbewerbsbereitschaft und vieles mehr – sind zuallererst und vor allem menschliche Eigenschaften, und sie hat sie alle in seltener Fülle. Darin steckt eine wichtige Lehre, finde ich. Es ist einfach und bequem, sich die Menschheit als in zwei Geschlechter aufgeteilt vorzustellen, was ja im körperlichen Sinne auch korrekt ist. Frauen können Kinder gebären und stillen, Männer können Frauen schwängern. Aber manchmal können uns die körperlichen Unterschiede auch dazu verleiten, die Geschlechter in geistiger und psychologischer Hinsicht als stärker voneinander getrennt zu sehen, als sie es in Wirklichkeit sind. Bei sehr vielen Menschen bestehen viel zu viele Überschneidungen und Verknüpfungen von männlichen und weiblichen Merkmalen, als daß Begriffe wie »maskulin« und »feminin« mehr sein könnten als nur schwache Annäherungen an Gehirn und Verstand einer Person. Ist eine aggressive mütterliche Person maskulin oder feminin? Was ist mit jemandem, der über ein sehr gutes räumliches Vorstellungsvermögen verfügt, gleichzeitig aber über ebenso außerordentliche sprachliche Fähigkeiten? Und wie würden Sie beispielsweise eine weibliche Homosexuelle bezeichnen, die nicht aggressiv ist, über gute sprachliche Fähigkeiten verfügt und keine Kinder mag?

Alle diese Variationen und noch viele mehr sind unter dem hormonellen System möglich, das das menschliche Gehirn bereits im Mutterleib mit Farben versieht. Ein komplexes, delikates und unberechenbares System, das garantiert, daß wir niemals wirklich wissen, was uns erwartet, wenn wir die Worte hören: »Es ist ein Junge« oder: »Es ist ein Mädchen«.

Kapitel 8

Aufruhr der Hormone

Das Äquivalent für weiße Ratten sind dem Psychologen Studenten. Sie sind billig, man kann (relativ) leicht mit ihnen arbeiten, und es gibt sie zu Tausenden. Gehen Sie einmal in ein Psychologiegebäude auf irgendeinem Universitätsgelände: Sie werden allenthalben kleine Annoncen finden, in denen Studenten für Experimente gesucht werden. »Gesucht: 20 Rechtshänder und 20 Linkshänder zwecks Studie über sprachliche Fähigkeiten«; oder: »Gesucht: 15 Testpersonen für eine Untersuchung über die Auswirkungen großer Mengen Alkohol auf Koordination, Gedächtnis und sexuellen Antrieb. Bewerbungen von Burschenschaftlern werden nicht berücksichtigt.« Die Bezahlung für die Teilnahme an den ein- oder zweistündigen Experimenten ist meist ziemlich schlecht, oft nicht mehr als zehn oder 20 Dollar, aber Studenten scheinen ständig in Geldnöten zu sein.

So war es auch im Frühling 1992: Die Psychologin Elizabeth Hampson von der University of Western Ontario und ihre Studentin Christine Szekely hatten eine Idee für ein neues Experiment und hängten eine Notiz aus. Sie lautete etwa folgendermaßen: »Gesucht: weibliche Testpersonen, welche die Pille einnehmen, für eine Untersuchung über den Einfluß von Hormonen auf die Leistungsfähigkeit in psychologischen Tests.« Sie boten den »normalen Satz« für psychologische Experimente und köderten damit 60 Freiwillige, meist Studentinnen der Universität.

Es waren leicht verdiente zehn Dollar. Jede Testperson füllte einen kurzen Fragebogen aus und bearbeitete einige Papier-und-Bleistift-Tests. Einer davon war der Vandenberg-Test mit dreidimensionalen Rotationsproblemen, bei dem die Testperson zu entscheiden hatte, ob eine gezeichnete dreidimensionale Figur identisch war mit einer zweiten Figur, die aus einem anderen Blickwinkel dargestellt war. Um die Antwort zu finden, mußte man die eine Figur im Geiste rotieren lassen, um zu sehen, ob sie zur anderen paßte. Das Ganze mußte jedoch sehr schnell gehen, da die Testpersonen nur acht Minuten Zeit hatten, um 20 Fragen mit jeweils vier Rotationsproblemen zu lösen. Der Vandenberg-Test ist ein Standardmaß für das räumliche Vorstellungsvermögen und ein Lieblingskind aller Wissenschaftler, die an geschlechtsspezifischen Unterschieden arbeiten. Denn er zeigt mit großer Konsistenz einen sehr deutlichen Unterschied zwischen Männern und Frauen, wobei hier Männer weit besser abschneiden. Statistisch ausgedrückt: Die durchschnittliche Punktzahl von Männern liegt in diesem Test drei Viertel bis eine ganze Standardabweichung über der durchschnittlichen weiblichen Punktzahl. Das ist ein großer Unterschied. Er bedeutet, daß nur eine von sechs Frauen besser abschneidet als ein durchschnittlicher Mann beziehungsweise fünf von sechs Männern besser abschneiden als eine durchschnittliche Frau.

Hampson und Szekely wollten untersuchen, ob und wie die in der Pille enthaltenen Hormone das räumliche Vorstellungsvermögen bei Frauen beeinflussen. Sie gaben deshalb der einen Hälfte der Testpersonen den Test während der Woche im Zyklus, in der die Menstruation stattfand und keine Pille eingenommen wurde, und der anderen Hälfte irgendwann innerhalb der übrigen drei Wochen, wenn sie die Pille einnahmen. Da Antibabypillen ein synthetisches Hormon enthalten, das dem Östrogen sehr ähnlich ist, hatte die zweite Gruppe von Testpersonen bei der Bearbeitung des Tests weitaus größere Mengen weiblicher Hormone im Blut als die erste Gruppe, die sich gerade in der Menstruation befand. Im übrigen bestand kein Unterschied zwischen den beiden Gruppen.

Hampson und Szekely ließen beide Gruppen einen Test mit dreidimensionalen Rotationsproblemen bearbeiten und stellten bei der Analyse der Ergebnisse einen deutlichen Unterschied fest: Die Frauen, die den Test während ihrer Periode absolviert hatten, schnitten weitaus besser ab als die andere Hälfte der Testpersonen. Der Unterschied bestand in ungefähr einer halben Standardabweichung, oder anders ausgedrückt, in fast zwei Drittel des bei diesem Test festgestellten durchschnittlichen Abstands zwischen Männern und Frauen.[1]

Worauf ist das zurückzuführen? Der Unterschied ist nicht nur überraschend groß, sondern er geht auch anscheinend in die falsche Richtung. Wenn die Gruppe, die die Aufgaben während der Menstruation zu bearbeiten hatte, *schlechter* abgeschnitten hätte, so hätte man dies dem Unwohlsein zuschreiben können, von dem manche Frauen während ihrer Periode berichten. Ausgerechnet diese Frauen aber lagen weit vorne.

Hierfür scheint es nur eine Erklärung zu geben, so Hampson: Die weiblichen Hormone in der Pille bewirken offenbar etwas im Gehirn, das dem räumlichen Vorstellungsvermögen im Wege steht. Frauen lösen dreidimensionale Rotationsprobleme rascher und genauer, wenn sie diesen hohen Hormonkonzentrationen nicht ausgesetzt sind.

Eine unangenehme Vorstellung, gibt Hampson zu. Viele Millionen Frauen nehmen tagtäglich die Pille. Wie sollte etwas, das so sehr Teil des täglichen Lebens geworden ist, sein Spiel mit dem weiblichen Verstand treiben können, ohne daß dies jemals irgend jemandem aufgefallen wäre? Zum Teil liege das daran, meint Hampson, daß die Wirkungen der Hormone in Antibabypillen nicht übermäßig groß seien. Zugegeben, eine Frau, die die Pille nimmt, schneidet während bestimmter Zyklusphasen im Vandenberg-Test schlechter ab, sie kann diese Rotationsprobleme aber immer noch lösen. Jede der getesteten Frauen befand sich durchaus im Normalbereich, bemerkt Hampson, und einige von ihnen schnitten sogar besser ab als viele Männer. Die Frauen wurden lediglich ein wenig langsamer und machten mehr Fehler, wenn sie die Pille nahmen. Und schließlich, so Hampson, hätte kaum jemand tagtäglich mit dreidimensionalen Rotationsaufgaben zu tun.

Eine zweite, viel wichtigere Erklärung dafür, daß Frauen eine solche Wirkung der Pille vielleicht nicht bemerken, besteht darin, daß die synthetischen Hormone in der Pille mit dem Gehirn im Grunde nichts Unnatürliches anstellen. Wenn sie im

Verlauf des Menstruationszyklus ansteigen und wieder abfallen, tun sie im Grunde genau dasselbe wie die natürlichen weiblichen Hormone auch. Hampson und andere Forscher haben gezeigt, daß dieselben Geschlechtshormone, die im Mutterleib dafür sorgen, daß ein Junge oder ein Mädchen entsteht, Jahrzehnte später auf das Gehirn einwirken und an der Einstellung des Männlich/weiblich-Schalters herumdrehen.

Während des gesamten menschlichen Lebens, so hat die Forschung entdeckt, bewirken Geschlechtshormone eine Art »Feinabstimmung« des Gehirns. Bei Frauen werden durch die Östrogen- und Progesteronkonzentrationen im Gehirn eine ganze Reihe von Fertigkeiten beeinflußt. Dazu gehörten die Fähigkeit zum Lösen dreidimensionaler Rotationsprobleme, die Gedächtnisleistung, die Fingerfertigkeit und die Wortgewandtheit. Manche dieser Fähigkeiten verschlechtern sich durch hohe Dosen weiblicher Hormone, andere dagegen verbessern sich. Bei Männern scheint Testosteron eine ähnliche Rolle zu spielen. Es fördert oder beeinträchtigt räumliches Vorstellungsvermögen, mathematisches Denken und vielleicht auch andere Fähigkeiten. Diese Erkenntnisse haben nicht nur Bedeutung für Frauen, die die Pille nehmen, sondern auch für Frauen nach der Menopause, die sich einer Östrogentherapie unterziehen, und für Männer, die eine Testosteronbehandlung erhalten oder Steroide einnehmen. Alles in allem für fast alle Männer und Frauen jenseits der Pubertät.

Das ist eine ganz neue Seite an den Geschlechtshormonen, eine, die wir bisher noch nicht betrachtet haben. Im Mutterleib und auch nach der Geburt lenken die Geschlechtshormone die Entwicklung von Körper und Gehirn und weisen ihnen entweder den männlichen oder den weiblichen Weg. Wissenschaftler bezeichnen diese Funktion der Geschlechtshormone als »organisatorisch«. Wenn die männlichen Hormone dafür sorgen, daß einem Jungen im Mutterleib ein Penis wächst, dann ist dies ein organisatorischer Effekt. Und wenn Testosteron den geschlechtsdimorphen Nucleus SDN im sich entwickelnden Rattengehirn bei Männchen fünfmal so groß werden läßt wie bei Weibchen, dann ist auch das ein organisatorischer Effekt. Solche Effekte sind ganz allgemein dauerhafte Veränderungen.

Die andere Seite der Geschlechtshormone, das, was Elizabeth Hampson bei Frauen beobachten konnte, die unter dem Einfluß der Pille standen, ist wesentlich weniger gut greifbar. Hier verursachen die Hormone bestimmte vorübergehende Veränderungen, die je nach Hormonkonzentration kommen und gehen. Das wichtigste und am besten untersuchte Beispiel ist die Art und Weise, wie die Zu- und Abnahme bestimmter Hormone den weiblichen Körper allmonatlich in die Bereitschaft für eine mögliche Schwangerschaft versetzen: Sie geben der Uterusschleimhaut ein Signal, damit diese sich zur Einnistung eines befruchteten Eies verdickt, und steuern im Verlauf des Zyklus auch andere physiologische Veränderungen im Körper.

Die Hormone sprechen aber nicht nur den Körper an, sondern wirken auch auf das Gehirn. Die Menge an Testosteron beeinflußt unter anderem das sexuelle Verlangen eines Mannes,[2] und Forscher wie Hampson sind im Begriff, eine immer länger werdende Liste von Möglichkeiten anzulegen, wie Geschlechtshormone Denken und Verhalten des Menschen beeinflussen. Am deutlichsten zeigt sich die aktive Rolle der Hormone immer noch bei der weißen Ratte.

Eine weibliche Ratte hat alle vier bis fünf Tage einen Eisprung, und ihr Sexualverhalten untersteht vollständig der Regulation durch ihren Hormonspiegel. Und nur in den wenigen Stunden ihrer Fruchtbarkeit ist sie auch sexuell empfänglich. In der übrigen Zeit ignoriert sie Männchen. Entfernt man bei ihr die Eierstöcke, also die Quelle der verhaltensregulierenden Hormone, dann bekommt sie nicht nur keinen Eisprung mehr, sondern sie verliert außerdem jegliches Interesse an Männchen. Man kann dies rückgängig machen, indem man ihr Östrogen und ein paar Tage darauf Progesteron spritzt. Innerhalb weniger Stunden wird sie sich wie ein ganz normales brünstiges Weibchen verhalten: Ihr Gehirn wird das Signal für den Beginn des Eisprungs geben (obgleich keine Eierstöcke mehr vorhanden sind, die auf dieses Signal reagieren könnten), und die Ratte wird auf ein Männchen, das sie begatten will, reagieren, indem sie den Rücken krümmt, den Kopf nach hinten beugt und den Schwanz aus dem Weg nimmt. Auf ein bei der Geburt kastriertes

Männchen hat diese Hormonbehandlung genau dieselbe Wirkung und macht es einen Tag lang zum Weibchen.

Während die Hormone diese Verhaltensänderung bewirken, ändern sie in Wirklichkeit die Feinstruktur des Gehirns[3]: Sie erhöhen in den Teilen des Gehirns, die das Sexualverhalten regulieren, die Synapsenzahl und führen dort zu verschiedenen anderen Veränderungen. (Synapsen sind die Kommunikationsstellen, an denen ein Neuron ein von ihm weitergeleitetes Signal an ein anderes Neuron übermittelt.) Sobald der Östrus vorüber ist, gehen die Veränderungen im Gehirn des Rattenweibchens zurück, bis sie einige Tage später, im Verlauf des nächsten Zyklus erneut entstehen.

Rattenmännchen haben keinen Fortpflanzungszyklus – sie sind stets zur Paarung bereit, doch auch ihr Sexualverhalten steht unter der Kontrolle von Hormonen. Kastriert man ein Rattenmännchen, um dessen Testosteronquelle zu beseitigen, so wird es im Verlauf eines Monats Stück für Stück seine Männlichkeit verlieren. Zuerst wird es aufhören zu ejakulieren, dann kopuliert es nicht mehr, und schließlich gibt es ganz auf und macht sich nicht einmal mehr die Mühe, ein bereitwilliges Weibchen zu besteigen. Unterzieht man das Rattenmännchen jedoch zwei Wochen lang einer Behandlung mit Testosteron-Injektionen, ist es wieder ganz das alte und gewinnt seine Männlichkeit peu à peu in umgekehrter Reihenfolge zurück. Mit genügend Testosteron kann man sogar Weibchen dazu bringen, andere Weibchen zu besteigen.

Ein weiteres bekanntes Beispiel für den Einfluß der Sexualhormone ist die Aggression. Laborratten sind keine besonders aggressiven Tiere, aber es gibt eine Reihe von Arten, bei denen Testosteron die Männchen aggressiver macht. Aus eben diesem Grunde kastrieren Landwirte einige ihrer Tiere. Ochsen und Wallache sind ohne ihre testosteronproduzierenden Hoden weit friedfertiger und umgänglicher als Bullen und Hengste.

Verschiedene Wissenschaftler haben gezeigt, daß weibliche Hormone das Brutpflegeverhalten bei Labortieren verstärken.[4] Ein Rattenweibchen beginnt, unmittelbar nachdem es seine Jungen geworfen hat, mit deren Pflege. Es leckt sie ab, trägt sie zurück ins Nest, wenn sie herumstromern, und so weiter. Ein Weibchen, das bereits einmal geworfen hat, wird auch fremde Junge betreuen. Jungfräuliche Ratten und Männchen dagegen ignorieren Junge im allgemeinen zuerst einmal (Männchen töten die Jungen sogar häufig), lernen aber das Pflegeverhalten allmählich, wenn sie häufig genug Junge um sich haben. Das bedeutet nichts anderes, als daß eine Ratte durch Übung das Brutpflegeverhalten erlernen kann. Hormone schaffen hier eine Abkürzung: Injiziert man einem jungfräulichen Rattenweibchen weibliche Hormone, wird sie Junge kurz darauf genau wie eine Mutter betreuen, die selbst bereits viele Würfe hatte.

Östrogen läßt eine weibliche Ratte offenbar auch den Appetit verlieren, berichtet Roger Gorski von der University of California in Los Angeles, einer der Experten für geschlechtsspezifische Unterschiede im Rattengehirn. An dem Tag, an dem die Östrogenkonzentrationen bei einem Rattenweibchen vor dem Eisprung ansteigen, bewegt sie sich lebhafter als sonst, erklärt er, »an ihrem Futter jedoch nagt sie nur ein bißchen herum.« (Bei Rhesusaffen gilt dasselbe[5]: Je höher die Östrogenkonzentration, um so geringer der Appetit.)

Mit diesen Details über Ratten und andere Labortiere im Hinterkopf vermuten Sie jetzt vielleicht, daß Geschlechtshormone möglicherweise auch das menschliche Sexualverhalten beeinflussen, und damit haben Sie recht. Männer, die entweder aufgrund einer Kastration oder durch eine Erkrankung zu wenig Testosteron produzieren, verlieren oft einen großen Teil ihres normalen sexuellen Interesses, obwohl sie nach wie vor in der Lage sind, Geschlechtsverkehr zu haben.[6] (Bei einer Kastration werden nur die Hoden entfernt, der Penis bleibt jedoch intakt und funktionsfähig.) Behandelt man einen solchen Mann jedoch mit Testosteron, so wird er bald wieder sexuell aktiv.[7]

Bei Frauen liegt die Sache komplizierter. Ebenso wie bei Männern ist auch bei Frauen ein Anstieg der Testosteronkonzentration mit erhöhtem sexuellem Verlangen und mit verstärkten sexuellen Gedanken verbunden[8] (auch ein weiblicher Körper produziert Testosteron, lediglich die Mengen sind geringer). Doch auch Östrogen und Progesteron scheinen hierbei eine Rolle zu spielen. Manche Frauen berichten beispielsweise, daß sie allmonatlich um die Zeit herum, wenn ihr Östrogenspiegel am höchsten ist, nämlich unmittelbar vor der Ovulation, ein verstärktes sexuelles Verlangen empfinden. Diese Frauen sind allerdings in der Minderheit. Andere Frauen berichten über maximales sexuelles Interesse direkt vor oder nach der Menstruation. Man hat noch längst nicht alle Faktoren entschlüsselt, die hier am Werk sind.[9]

Natürlich gibt es einen großen Unterschied zwischen Ratten und Menschen, und die Argumentation auf der Grundlage von Ratten ist eine riskante Angelegenheit. Setzen Sie Rattenmännchen und -weibchen zusammen in einen Käfig, und sie werden sich ohne Umschweife paaren, vorausgesetzt, die Hormone stimmen. Es gibt kein Nachdenken, die Hormone haben die Kontrolle über das Verhalten. Menschliches Handeln jedoch ist sehr viel stärker durch Erfahrung und den jeweiligen kulturellen Hintergrund geprägt, und Menschen verfügen im Gegensatz zu Ratten über eine bewußte Kontrolle ihres Verhaltens. Schikken Sie einen Studenten und eine Studentin in einen Raum, und sie werden – auch wenn die Hormone toben – zumindest erst einmal die Tür schließen: »Wir kontrollieren unsere Hormone«, sagt Gorski.

Der Einfluß der Sozialisation macht es schwierig, genau zu bestimmen, wieviel die Hormone beim Menschen wirklich zu sagen haben. Wenn eine Mutter ihr Neugeborenes stärker umsorgt als der Vater: kommt das durch das Östrogen oder sind es einfach jene frühen Erfahrungen beim Puppenspiel, beim Aufpassen auf den kleinen Bruder und beim Hüten von Nachbars Kindern? Über diese Frage tagt die Jury noch. Vor kurzem wurde allerdings ein vorläufiges Urteil in einem verwandten Fall gefällt: Aggression gegen Testosteron.

Da der Einfluß des Testosterons auf das Entstehen von Aggressivität bei anderen Säugetieren so deutlich ist, suchen Wissenschaftler schon seit langem auch beim Menschen nach einer Verbindung zwischen Testosteron und aggressivem oder gewalttätigem Verhalten.[10] Oberflächlich betrachtet erscheint das durchaus plausibel. Schließlich werden die meisten Gewaltverbrechen in jeder Gesellschaft von Männern begangen, bei denen der Testosteronspiegel um ein vielfaches höher ist als bei

Frauen. Hinzu kommt, daß das Alter, in dem Männer mit der höchsten Wahrscheinlichkeit ein Gewaltverbrechen begehen, jene Jahre sind, in denen der Testosteronspiegel am höchsten ist, nämlich zwischen 15 und 18 Jahren und irgendwann Anfang 20. Bodybuilder und andere Sportler, die unter dem Einfluß von synthetischen Steroidhormonen stehen, welche Testosteron in Struktur und Wirkung sehr ähnlich sind, leiden oft unter Persönlichkeitsveränderungen und werden jähzorniger und aggressiver.[11] Amerikanische Gewichtheber bezeichnen diese Veränderung als »Hormonkoller«. (Abgesehen davon, daß Steroidanwender sehr muskulös werden, neigen sie auch zu einer Art Sexbesessenheit. In einer Untersuchung wurde zum Beispiel festgestellt, daß Sportler, die Steroid-Anabolika einnahmen, verstärkt sexuelle Gedanken, häufiger morgendliche Erektionen, mehr sexuelle Begegnungen und mehr Orgasmen hatten als eine Gruppe von Sportlern, die unter dem Einfluß steroidfreier Medikamente standen. Ironischerweise führt der dauerhafte Mißbrauch von Steroiden häufig dazu, daß es schwierig werden kann, Erektionen zu bekommen.)

Trotz aller Steroidbefunde ist der Zusammenhang von Testosteron und Aggression nicht ganz so einfach. Mehr Testosteron ist nicht unbedingt gleichbedeutend mit mehr Aggression.[12] Man könnte zum Beispiel erwarten, daß männliche Gewaltverbrecher im Durchschnitt einen höheren Testosteronspiegel haben als friedfertige Männer, aber die Befunde in dieser Richtung sind uneinheitlich und widersprüchlich. Manche Wissenschaftler berichten, daß männliche Gewaltverbrecher tatsächlich einen höheren Testosteronspiegel haben als Täter, die keine Gewalt anwenden, andere Studien können einen solchen Unterschied nicht feststellen.

Die unterschiedlichen Befunde hängen vermutlich auch damit zusammen, daß der Testosteronspiegel in bestimmten Situationen steigt und fällt. Ein Kampf, der für den Betreffenden siegreich ausgeht, läßt seinen Testosteronspiegel hochschnellen. Das gilt zum Beispiel für Rhesusaffenmännchen: Wenn zwei Gruppen von Affen kämpfen, geht bei den Gewinnern der Testosteronspiegel in die Höhe und fällt bei den Männchen, die von den anderen verprügelt wurden, steil ab.[13] Und das gilt auch für den Menschen: Eine Untersuchung an Mitgliedern des Harvard Ringerteams kam zu dem Schluß, daß während eines Matches der Testosteronspiegel anstieg, daß aber am Ende des Matches die Gewinner einen höheren Testosteronspiegel hatten als die Verlierer.[14] Die Niederlage läßt den Hormonspiegel wieder absinken. Auch in einem Tennisspiel konnte man je nach Ausgang Anstieg oder Fall des Testosteronspiegels nachweisen.[15] Der Zusammenhang von Testosteron und Aggression ist also eindeutig keine Einbahnstraße.

Einige Wissenschaftler haben sich mit der Korrelation von Testosteron und Aggressivität bei normalen nichtkriminellen Testpersonen beschäftigt. In aller Regel gibt man den Testpersonen dazu einen Aggressions-Fragebogen, in dem gefragt wird, wie sie sich in bestimmten Situationen verhalten würden. Verschiedene solcher Studien berichten davon, daß ein Mann sich selbst für um so aggressiver hält, je höher sein Testosteronspiegel ist.[16] Doch niemand vertraut darauf, daß ein solcher Papier-und-Bleistift-Test ein wirklich guter Maßstab für die Aggressivität eines Menschen ist. Angenommen, Sie wären ein Student mit Macho-Image, würden Sie zugeben, daß Sie sich vermutlich eher umdrehen und weggehen, wenn jemand ihre Freundin beleidigt hat, statt dem Kerl eins zu verpassen? Deshalb war es eine aufsehenerregende Angelegenheit, als Mitch Berman und Stuart Taylor von der Kent State University und Brian Gladue von der North Dakota State University eine Methode vorstellten, mit der sich Testosteron und Aggression direkt vergleichen ließen.[17]

Ihre Versuchsanordnung war einigermaßen kompliziert und kombinierte Elemente aus zwei unterschiedlichen psychologischen Standardexperimenten: einem Wettbewerb zwischen zwei Personen und einem Schockanwendungstest, bei dem die Testperson sich in dem Glauben befindet, sie würde das Niveau eines Elektroschocks regulieren, der einer anderen (realiter nicht vorhandenen) Person versetzt wird. Die Wissenschaftler fügten dieser Mischung noch einen dritten, ein wenig ungewöhnlichen Teil hinzu: Die Testperson sollte im Verlauf des Experiments selbst Schocks erhalten.

Das Ganze lief folgendermaßen ab: 38 Männer hatten sich als

Teilnehmer für eine – wie man ihnen erzählt hatte – Studie zur Auswirkung von Wettbewerbssituationen auf Reaktionszeit und Hormonproduktion freiwillig gemeldet. Jede Testperson mußte einzeln in einer Kabine Platz nehmen, und man teilte ihr mit, sie würde mit einem (nicht sichtbaren) Gegenspieler in einer anderen Kabine darum wetteifern, wer als erster einen Knopf drücken könnte, sobald ein bestimmtes Licht aufleuchtete. Verliere die Testperson, erhielte sie einen leichten Elektroschock, dessen Stärke ihr Gegner festgesetzt hatte; gewinne sie, erhielte der Gegner den Schock. Vor jedem Durchgang wählte jede Testperson die Schockstärke, die dem Gegner jeweils zugedacht war. Jeder hatte die Wahl zwischen den Graden eins bis zehn. Die Schocks waren nicht gefährlich, aber angenehm waren sie – vor allem im oberen Bereich der Skala – auch nicht.

Vor dem Beginn der Versuchsreihe hatte der Experimentator der Testperson eine Reihe von allmählich stärker werdenden Schocks verabreicht, wobei die Testperson jeweils sagen mußte, wann die Schockstärke »definitiv unangenehm« wurde. Dieser Wert wurde dann als Schockstärke zehn gesetzt, Stärke neun bestand in 95 Prozent dieses Maximums, Stärke acht in 90 Prozent etc. Es war also kein Vergnügen, eine Reihe von Schocks der Stärke zehn zu bekommen.

Die Idee war natürlich, herauszufinden, wie aggressiv die Testperson gegen einen Gegenspieler würde, das heißt, welche Schockstärke sie ihm verabreichen würde. Nach jedem Versuch bekam der Betreffende über ein Rückmeldelicht mitgeteilt, welche Schockstärke sein Gegenspieler für ihn gewählt hatte, so daß er diese Information bei der Festsetzung der Schockstärke für den kommenden Versuch anwenden konnte. Es gab 21 Versuche. Vor und nach jedem Versuch wurde der Testperson eine Speichelprobe zur Bestimmung des Testosterongehalts entnommen.

Was die Versuchsperson nicht wußte, war, daß es keinen Gegenspieler gab. Sie spielte gegen einen Computer, und Gewinner und Verlierer waren für jeden Versuch von den Experimentatoren im voraus festgesetzt, so daß die Testperson in etwa der Hälfte der Fälle »gewann«, egal, wie schnell oder wie langsam sie war. Außerdem hatten die Experimentatoren die Schockstärken vorherbestimmt, so daß die Betreffenden annehmen mußten, daß ihr Gegner mit niedrigen Schockstärken begänne und sich allmählich zum Ende hin steigerte, bis er fast das Maximum erreichte. Dadurch, daß Berman, Gladue und Taylor alle Details im voraus festgesetzt hatten, war garantiert, daß jede Testperson auf genau dieselbe Situation zu reagieren hatte.

Das Ziel war, nach einer Korrelation zwischen dem Testosteronspiegel und der dem imaginären Gegner verabreichten Schockstärke zu suchen. Wären Männer mit einem hohen Testosteronspiegel boshafter? Diese Methode mit simulierten Elektroschocks kommt für die Psychologen unter Laborbedingungen echter Aggression am nächsten, denn man will schließlich nicht, daß einer anderen Person oder auch einem Tier wirklicher Schaden zugefügt wird. Das Experiment ist aber als Maß für Aggressivität recht gut geeignet, da die Testpersonen ernstlich der Ansicht sind, daß sie jemanden verletzen (beziehungsweise, im Falle dieser relativ harmlosen Schocks, zumindest verärgern).

Als die Wissenschaftler jeweils den Hormonspiegel mit der Schockstärkenregelung bei ihren Testpersonen verglichen, stellten sie fest, daß Männer mit hohem Testosteronspiegel signifikant aggressiver waren. Wenn man die Testpersonen auf der Basis ihres Testosteronspiegels in zwei gleiche Gruppen einteilte, so stellte man fest, daß die Gruppe mit niedrigerem Testosteronspiegel im Durchschnitt eine Schockstärke von 42 Prozent der maximalen Schockstärke gewählt hatte, diejenige mit hohem Testosteronspiegel hingegen lag im Durchschnitt bei 57 Prozent.

Unerwarteterweise entdeckten die Forscher einen zweiten Faktor, der ebenfalls Einfluß darauf hatte, wie aggressiv die Testpersonen sich schließlich verhielten. Mit Hilfe eines Persönlichkeitstests bestimmten sie, ob der Betreffende eine Persönlichkeit vom »Typ A« oder eine vom »Typ B« war. Typ-A-Menschen sind die typischen Leistungsmenschen. Sie sind hochgradig wettbewerbsbereit, wenn es um das Erreichen eines Ziels geht, versuchen Ereignisse zu kontrollieren, und reagieren oft feindselig, wenn sich die Dinge anders entwickeln als geplant. Typ-B-Menschen sind gelassener, weniger kontrollierend. Wenn man nun die Testpersonen in vier Gruppen einteilte – in Typ-A- oder Typ-B-Menschen mit jeweils hohem oder niedrigem Testosteronspiegel –, stellte man fest, daß es Typ-A-Menschen mit hohem Testosteronspiegel waren, die mit der höchsten Wahrscheinlichkeit die größere Schockstärke wählten. »Sie tun gern anderen weh«, meint Gladue. Typ-A-Menschen mit niedrigem Testosteronspiegel dagegen wählten die maximale Schockstärke mit einer Wahrscheinlichkeit, die der von Typ-B-Menschen durchaus vergleichbar war. Vielleicht, so vermuten die Forscher, ist es das Testosteron in Kombination mit einer feindseligen, kompetitiven Persönlichkeit, das jemanden dafür prädestiniert, auf eine vermeintliche Herausforderung aggressiv zu reagieren.

Wie dem auch sei, das Experiment hat deutlich gezeigt, daß Männer mit einem höheren Testosteronspiegel mit erhöhter Wahrscheinlichkeit aggressiver sind, zumindest, wenn es zum Austausch von Elektroschocks kommt, aber vermutlich auch bei anderen Gelegenheiten. Im Hinblick auf das, was wir über Testosteron und Aggression bei Tieren wissen, ist diese Schlußfolgerung keineswegs überraschend.

Was hingegen überrascht, ist die ständig wachsende Anzahl von Hinweisen darauf, daß Geschlechtshormone mehr manipulieren als nur emotionales Verhalten wie Aggression oder sexuelles Verlangen. Sie formen offenbar auch Verhalten, das wir als eher menschlich und weniger tierisch betrachten – »kognitive Fähigkeiten« im Jargon der Psychologen. Vor etwas weniger als zehn Jahren noch wäre dies nur schwer zu glauben gewesen, heute aber ist es schwer zu leugnen, was großenteils den Bemühungen von Elizabeth Hampson zu verdanken ist.

Jene Bemühungen, die schließlich zu der eingangs erwähnten Untersuchung über den Einfluß der Pille auf das räumliche Vorstellungsvermögen führten, begannen in den frühen achtziger Jahren. Damals schrieb Hampson sich als Doktorandin an der University of Western Ontario ein. Zu jener Zeit, so erinnert sie sich, gab es in den Wissenschaftszeitschriften »verführerische Hinweise«[18] darauf, daß der schwankende Hormonspiegel bei Frauen die kognitiven Fähigkeiten im Verlauf des monatlichen Zyklus irgendwie beeinflussen würde. Es war allerdings schwierig, Beweise dafür zu finden. Außerdem war es etwas, das die meisten Leute nur ungerne glauben würden. »Es gab nichts Schlüssiges«, erinnert sie sich, »und viele Leute erklärten, es gäbe keine kognitiven Fluktuationen im Verlauf des Zyklus.«

Ihr Gefühl sagte ihr allerdings etwas anderes. Sie überlegte, daß es am logischsten wäre, jene Fähigkeiten zu testen, bei denen deutliche geschlechtsspezifische Unterschiede bestehen. Falls ein schwankender Östrogenspiegel tatsächlich eine merkliche Änderung irgendeiner Verstandesleistung mit sich brachte, dann mußte diese Fähigkeit bestimmt auch bei beiden Geschlechtern in unterschiedlichem Maße vorhanden sein, denn männliches und weibliches Gehirn sind unterschiedlichen Östrogenkonzentrationen ausgesetzt. Oder anders herum, wenn sich männliches und weibliches Gehirn in einer bestimmten Fähigkeit nicht unterscheiden, ist es eher unwahrscheinlich, daß Geschlechtshormone bei dieser Eigenschaft eine größere Rolle spielen.

Hampsons Betreuerin für ihre Doktorarbeit war Doreen Kimura, jene Forscherin, die bereits so viele Unterschiede zwischen männlichem und weiblichem Gehirn aufgespürt hatte. Unter Kimuras Leitung begann Hampson herauszufinden, ob Frauen tatsächlich einem monatlichen Auf und Ab ihrer Verstandesleistungen unterworfen sind. Sie stellte sehr bald fest, daß zwei Dinge für eine erfolgreiche Untersuchung maßgeblich waren: erstens, die richtigen Tests zu finden, und zweitens die Wahl des richtigen Zeitpunkts, an dem man die Frauen mit dem Test konfrontierte, nämlich an den kritischen Terminen im Zyklus, an dem die Hormone auf ihrem niedrigsten beziehungsweise ihrem höchsten Stand sind.

Die Einzelheiten der monatlichen Hormonschwankungen variieren von einer Frau zur anderen, ja sogar von Monat zu Monat bei derselben Frau. Das allgemeine Muster aber ist gleich: Der Östrogenspiegel ist am niedrigsten während der Menstruation und während der ersten zehn Tage des Zyklus; anschließend steigt er kurz vor dem Eisprung schlagartig für wenige Tage auf seinen maximalen Stand im Zyklus an und fällt danach ebenso rasch wieder ab; nach dem Eisprung erfolgt ein erneuter allmählicher Anstieg des Östrogens, der in einem zweiten niedrigeren Maximum etwa eine Woche vor dem Einsetzen der Menstruation gipfelt; danach fällt das Östrogen zu Beginn der Menstruation und des neuen Zyklus auf sein Minimum ab. Das Muster der Progesteronfluktuation ist dem der Östrogenschwankungen relativ ähnlich, allerdings gibt es unmittelbar vor dem Eisprung kein Maximum. Während der Menstruation ist das Progesteron niedrig, es bleibt niedrig über den Eisprung, steigt zusammen mit dem Östrogen bis zu einem Maximum etwa eine Woche vor dem Einsetzen der Menstruation und fällt dann allmählich wieder ab.

Eine Frau an verschiedenen Punkten ihres Zyklus zu testen ist insofern schwierig, als man genau wissen sollte, in welcher Zyklusphase die Frau sich gerade befindet. Die menstruelle Phase ist natürlich leicht zu bestimmen, aber es ist nicht einfach, den Anstieg vor dem Eisprung genau zu treffen, da er nur so kurz ist. Deshalb beschloß Hampson, für die ersten Untersuchungen Frauen zum Zeitpunkt der Menstruation mit Frauen in der »Mitte der Gelbkörperphase« zu vergleichen, das heißt ungefähr eine Woche vor dem Ende des Zyklus, wenn sowohl Progesteron als auch Östrogen beide ein Maximum erreichen. Das hormonelle Hoch in der Mitte der Gelbkörperphase hält über mehrere Tage an, und so konnte Hampson sicher sein, Frauen am gewünschten Zeitpunkt im Zyklus vor sich zu haben, auch wenn der Östrogenspiegel in dieser Phase nicht ganz so hoch ist wie kurz vor dem Eisprung. Sie bat die Frauen einfach, etwa eine Woche vor dem erwarteten Beginn ihrer nächsten Periode zu kommen, und versicherte sich eine Woche später durch einen Anruf, ob der Zeitpunkt gestimmt hatte.

Ebenso wichtig wie der richtige Zeitpunkt war die richtige Testform. Weil das räumliche Vorstellungsvermögen einen größeren geschlechtsspezifischen Unterschied aufweist als die meisten anderen Fähigkeiten, beschloß Hampson, einen räumlichen Standardtest zu verwenden, der folgendermaßen abläuft: Die Testperson schaut in das eine Ende eines rechteckigen Tunnels von etwa einem Meter Länge und einem halben Meter Breite. Am Ende des Tunnels befindet sich ein Stab, den die Testperson nun so ausrichten soll, daß dieser genau senkrecht steht. (Die Testperson bewegt den Stab nicht selbst, sondern gibt dem Experimentator entsprechende Anweisungen.) Der Trick dabei ist, daß der Tunnel ein wenig verdreht ist, so daß die Wände nicht exakt vertikal stehen. Dadurch wird es sehr schwierig festzustellen, wann der Stab senkrecht steht. Frauen liegen bei diesem Test meist im Durchschnitt um fünf bis sechs Grad daneben, etwa zwei bis drei Grad schlechter als der Durchschnitt bei Männern.

Hampson gab den Testpersonen darüber hinaus drei Tests auf manuelle Geschicklichkeit, eine Fähigkeit, bei der Frauen in der Regel besser abschneiden. Zuerst wurden sie gebeten, eine Telegraphentaste einige Sekunden lang so rasch wie möglich zu betätigen. Die Gesamtzahl der Anschläge wurde elektronisch aufgezeichnet. Dann mußten Bolzen in ein Brett mit dafür vorgesehenen Löchern gesteckt werden, wobei die Bolzen gezählt wurden, die innerhalb einer bestimmten Zeit einsortiert worden waren. Schließlich wurden sie an einem pfiffigen Gerät trainiert, an dem man drei verschiedene manuelle Tätigkeiten nacheinander ausführen muß: Die Testperson muß mit dem Zeigefinger einen Knopf drücken, mit allen vier Fingern einen Griff ziehen und dann die Hand drehen, um mit der Daumensei-te eine Metallplatte anzutippen. Gemessen wurde, wie lange der Betreffende benötigte, um diese Bewegungen zu lernen, und wie rasch er sie am Ende zehnmal hintereinander fehlerlos durch-führen konnte. Frauen sind sowohl beim Einsortieren im zweiten Test als auch bei der Sequenz von manuellen Bewegun-gen im dritten Test schneller als Männer.

Jede Testperson machte die Testreihe zweimal: einmal am dritten bis fünften Zyklustag während der Menstruation und einmal in der Mitte der Gelbkörperphase, sieben Tage vor dem erwarteten Einsetzen der Menstruation. Die eine Hälfte führte die Tests zuerst während der Menstruation und danach wäh-rend der Gelbkörperphase durch, die andere Hälfte in umge-kehrter Reihenfolge: zuerst in der Gelbkörperphase, dann während der Menstruation.

Am Ende der Testreihen mittelte Hampson die Ergebnisse aller 34 Testpersonen für die menstruelle Phase und für die Gelb-körperphase und verglich diese miteinander. Dieses Mal erhielt sie mehr als nur einen »verführerischen Hinweis«. Ihre Daten boten einen soliden Beweis dafür, daß das Leistungsvermögen im Verlauf des Zyklus durch Hormone modifiziert wird.[19]

Beim Test mit dem Tunnel und dem Stab schnitten die Frauen während der menstruellen Phase, also dann, wenn Östrogen und Progesteron niedrig sind, sehr viel besser ab. Bei der ersten Testsitzung übertrafen die Frauen, die sich gerade in der Menstruation befanden, die Frauen in der Gelbkörperphase um durchschnittlich ein bis zwei Grad; das entspricht etwa drei Viertel des Unterschieds, den man bei diesem Test zwischen Männern und Frauen beobachtet. Anders ausgedrückt bedeutet das: Frauen in der Menstruation schneiden ungefähr genauso ab wie eine durchschnittliche Gruppe von Männern. Der Unterschied zwischen beiden Gruppen nahm ab, wenn man die Ergebnisse der zweiten Sitzung mit hinzunahm, so Hampson. Der Grund hierfür ist vermutlich ein gewisser Trainingseffekt gegenüber der ersten Sitzung, doch die Ergebnisse der Menstruationsgruppe waren noch immer besser. In den Tests auf manuelle Geschicklichkeit aber schnitten Frauen in der Mitte der Gelbkörperphase, also mit hohem Hormonspiegel, besser ab. Bei der manuellen Sequenz im dritten Test betrug der Unterschied zwei Drittel des normalerweise vorhandenen Unterschiedes zwischen Männern und Frauen.

Hampson und Kimura schlossen daraus, daß hohe Konzentrationen weiblicher Hormone die manuelle Geschicklichkeit verbessern, bei der Frauen normalerweise überlegen sind, daß sie aber das räumliche Vorstellungsvermögen, bei dem Männer in der Regel vorne liegen, beeinträchtigen. Hampson und Kimura gingen sogar noch weiter und zogen den nunmehr logischen Schluß, was die geschlechtsspezifischen Unterschiede selbst betraf. Frauen haben allgemein mehr Östrogen und Progesteron im Körper als Männer. Vielleicht sind also die unterschiedlichen Mengen an Geschlechtshormonen bei Männern und Frauen für einen Teil der unterschiedlichen Fähigkeiten verantwortlich, schlugen sie vor. Bei der manuellen Geschicklichkeit verschafft Östrogen Frauen einen Vorteil, beim Lösen räumlicher Probleme bringt es sie ins Hintertreffen.

Hampson war klar, daß diese provokanten Thesen sowohl von Kollegen als auch von Feministinnen auf das genaueste überprüft werden würden. Deshalb hatte sie, noch bevor die erste Studie veröffentlicht wurde, eine größere Untersuchung zur Überprüfung ihrer Ergebnisse in Angriff genommen.

Diesmal war die Stichprobe etwas größer – 45 Frauen statt 34 –, und sie hatte ihre Testserie erweitert. Die Ergebnisse waren dieselben.[20] Während der Gelbkörperphase, also zu einem Zeitpunkt hoher Konzentrationen an weiblichen Hormonen, schnitten die Frauen in solchen Tests besser ab, bei denen sie normalerweise einen Vorteil haben: Manuelle Koordination, Artikulation (rasches, fehlerfreies Sprechen) und Wortgewandtheit (die Fähigkeit, mit passenden Worten, Phrasen oder Sätzen aufzuwarten). Während der Menstruation, wenn die Hormonkonzentrationen niedrig sind, zeigten die Frauen bessere Leistungen beim Lösen räumlich orientierter Probleme.

Das war zwar ermutigend, aber Hampson wollte diese Befunde noch erhärten. Deshalb entwarf sie eine Studie, in der sie Frauen während der Menstruation und während des Hormonhochs vor dem Eisprung testete. Das war zwar weniger leicht durchzuführen, hatte aber den Vorteil, daß in diesem Hormonhoch nur das Östrogen erhöht war, nicht aber das Progesteron, so daß sie einen eventuell auftretenden Effekt allein diesem zuschreiben konnte. Um sicherzugehen, daß sich die getesteten Frauen auch wirklich in dem kurzen Hormonhoch vor dem Eisprung befanden, führte sie jeweils einen Bluttest durch und verwendete nur die Ergebnisse von Frauen, bei denen das Östrogen tatsächlich erhöht war. Von den 88 Frauen, die sich für das Experiment gemeldet hatten, blieben am Ende 50 übrig. Die Ergebnisse waren mit denen der zweiten Studie nahezu identisch.[21] Die Wirkungen kommen also durch Östrogen und nicht durch Progesteron zustande.

In jüngster Zeit haben Irwin Silverman von der York University in Toronto und Steve Gaulin von der University of Pittsburgh ähnliche Untersuchungen an Frauen während und außerhalb der Menstruation durchgeführt und zum Vergleich auch Männer in die Studie mit einbezogen.[22] Sie konzentrierten sich nur auf die Vandenberg-Rotationsprobleme, da hier die geschlechtsspezifischen Unterschiede so deutlich und beständig sind. Bei der Analyse ihrer Daten stellten sie fest, daß, wie Hampson und Kimura vermutet hatten, die hohen Östrogenkonzentrationen bei Frauen für einen großen Teil der geschlechtsspezifischen Unterschiede verantwortlich sind, zumindest was diesen Test betrifft.

Bei einer Gruppe von 86 Männern und 108 Frauen lag das durchschnittliche männliche Testergebnis bei 14,9 Punkten, das durchschnittliche Ergebnis für Frauen außerhalb der Menstruation betrug 7,5 Punkte, also die Hälfte des männlichen Ergebnisses. Bei Frauen aber, die sich zum Zeitpunkt des Tests in der Menstruation befunden hatten, das heißt, bei denen Östrogen und Progesteron auf ihrem niedrigsten Niveau im Zyklus angelangt waren, betrug der Durchschnitt 10,8 Punkte. Der geschlechtsspezifische Unterschied zwischen Frauen während der Menstruation und Männern war also nur noch halb so groß wie der zwischen Männern und Frauen außerhalb der Menstruation.

Die Ergebnisse von Silverman und Gaulin ähneln sehr denen der Untersuchung, die Hampson und Szekely mit Frauen durchgeführt hatten, die die Antibabypille nahmen. Bei den damals untersuchten Testpersonen, so berichtet Hampson, lagen diejenigen, die sich zum Zeitpunkt des Tests in der Menstruation befanden, 25 bis 30 Prozent höher als jene, die zum Zeitpunkt des Tests die Pille einnahmen. Offenbar hat das synthetische Östrogen in der Pille dieselbe Wirkung auf das räumliche Vorstellungsvermögen wie natürliches Östrogen und verringert die Ergebnisse im Vandenberg-Test merklich.

Räumliches Vorstellungsvermögen, manuelle Geschicklichkeit, Artikulation und Wortgewandtheit: Hampson gesteht zu, daß Frauen vielleicht nicht besonders glücklich über die wissenschaftliche Erkenntnis sind, daß all diese Fähigkeiten während des Menstruationszyklus variieren. In der Tat klingt das alles sehr verdächtig nach jener Platitüde, die Frauen so oft zu hören bekommen: Ihr monatlicher Zyklus mache sie sprunghaft und unberechenbar. Ist das nicht einfach eine neue Version der Aussage, Frauen seien Sklaven ihrer Hormone?

Im Gegenteil, meint Hampson. Für die einzelne Frau ist die

praktische Bedeutung dieser Ergebnisse vermutlich ziemlich gering. Es stimmt zwar, daß man mit Tests, die sich ausschließlich an das räumliche Vorstellungsvermögen oder an die Wortgewandtheit wenden, den Einfluß von Hormonen nachweisen kann, doch nur wenige Dinge, die wir im täglichen Leben tun, verlangen den Einsatz von nur einer einzelnen Fertigkeit. Die meisten Herausforderungen wie das Lösen praktischer Probleme, die effiziente Interaktion mit anderen Menschen oder das Fällen von Entscheidungen auf der Basis unvollständiger Informationen verlangen den Einsatz vieler verschiedener Verstandesfunktionen, von denen nur einige wenige unter Umständen positiv oder negativ von Hormonkonzentrationen beeinflußt werden. Bei den meisten Aufgaben also wird der Östrogenspiegel einer Frau weniger Einfluß auf sie haben als etwa ihr Mittagessen. Im allgemeinen variiert der mögliche Einfluß der Hormone von einer Frau zur anderen beträchtlich, und vermutlich variiert er auch von Monat zu Monat und kann nur durch solche speziellen Tests nachgewiesen werden, wie sie Hampson und andere Wissenschaftler in diesem Zusammenhang verwenden.

Den Arbeiten einiger anderer kanadischer Forscher zufolge ist es unter Umständen sogar möglich, daß nur bestimmte Frauen durch die Östrogenschwankungen innerhalb ihres Zyklus beeinflußt werden. Barbara Sherwin von der McGill University in Montreal und ihre Studentin Susana Phillips haben an 25 Frauen untersucht, wie sich das Kurzzeitgedächtnis zwischen Menstruation und Gelbkörperphase (19. bis 24. Zyklustag) verändert.[23] Bei einem der Tests wurden den Testpersonen beispielsweise einfache Zeichnungen gezeigt, die sie später aus dem Gedächtnis nachzeichnen sollten. Sherwin stellte fest, daß Frauen in der Gelbkörperphase, wenn die Östrogen- und Progesteronkonzentrationen hoch sind, insgesamt besser abschneiden. Als sie jedoch die Zahlen genauer analysierte, stellte sie fest, daß dies nur für einige der Frauen galt. Zwölf der 25 Frauen schnitten in der Gelbkörperphase besser ab, zehn lagen zu beiden Zeitpunkten ungefähr gleich und drei schnitten während der Menstruation besser ab.

Als Sherwin sich mit jenen zwölf Frauen beschäftigte, deren

Leistungen sich durch den erhöhten Östrogen- und Progesteronspiegel verbessert hatten, erkannte sie ein Muster zwischen Hormonspiegel und Leistung: Je mehr Progesteron in der Gelbkörperphase vorhanden war, um so besser schnitten die Frauen bei dem Test auf visuelles Erinnerungsvermögen ab. Dies traf allerdings nur für jene zwölf zu, obwohl andere Frauen ebensoviel Progesteron produzierten und dabei keine Leistungssteigerung zu verzeichnen hatten. Vielleicht, so Sherwin, sind manche Frauen für eine Änderung ihres Hormonspiegels empfänglicher oder reaktionsbereiter als andere, so daß bei diesen Frauen im Verlauf des Zyklus das Leistungsvermögen bei verschiedenen psychologischen Tests schwankt.

Das stimmt mit dem überein, was man zu Stimmungsschwankungen während des Zyklus weiß, berichtet Sherwin: Nur etwa 20 bis 40 Prozent aller Frauen berichten über körperliche oder psychische Symptome während des Östrogen- und Progesteronabfalls unmittelbar vor der Menstruation.[24] Dieses sogenannte prämenstruelle Syndrom (PMS) ist eines der umstrittensten Forschungsgebiete bei der Untersuchung weiblicher Hormonschwankungen; vermutlich deshalb, weil die Wirkungen des PMS schon zu oft übertrieben und effektvoll ausgeschlachtet wurden: von Autoren, die ihre Bücher verkaufen wollen, von der Pharmaindustrie, die entsprechende Medikamente verkaufen will und sogar von Strafverteidigern, die ihre Mandantinnen vor einer Verurteilung bewahren wollen. Einmal zumindest hat letzteres funktioniert: In England wurde eine Frau, die ihren Freund mit dem Auto überfahren und getötet hatte, auf Bewährung freigesprochen, nachdem sie die Tat dem PMS zugeschrieben hatte.[25]

Trotz aller Übertreibung gibt es keine übereinstimmenden Erkenntnisse darüber, was das PMS wirklich ist oder wodurch es entsteht, obwohl einige Forscher, die an geschlechtsspezifischen Unterschieden arbeiten, anmerken, daß bei manchen Frauen ein Zusammenhang zwischen der Menge an weiblichen Hormonen und ihrer seelischen Verfassung zu bestehen scheint.[26] Allgemein scheinen hohe Konzentrationen zu besserer Stimmung zu führen, während man sich bei geringen Konzentrationen unter Umständen ziemlich niedergeschlagen fühlt. In Hampsons Studie, in der sich Frauen während der Menstruation und während der Gelbkörperphase testen ließen, wurde zum Beispiel jeder Testperson vor den eigentlichen Tests ein Fragebogen über ihre seelische Verfassung präsentiert. Im Durchschnitt, so stellte Hampson fest, berichteten die 50 Frauen der Studie während der Menstruation über verstärkte Anspannung und Depression, Neigung zum Zorn, Müdigkeit und mangelnde Energie, kurz vor dem Eisprung dagegen war das Gegenteil der Fall. Der steile Anstieg des Östrogens unmittelbar vor dem Eisprung scheint manchen Frauen seelischen und körperlichen Auftrieb zu geben, schließt Hampson daraus.

Was immer das PMS auch ist oder tut, Hampson, Sherwin und andere Wissenschaftler sind der Ansicht, daß es nichts mit den Änderungen der Verstandesleistungen zu tun hat, die sie bei Frauen im Verlauf des Zyklus beobachten. Zwar scheinen manche Fähigkeiten wie Kurzzeitgedächtnis, manuelle Geschicklichkeit und Sprachgewandtheit zu derselben Zeit in Bestform zu sein, zu der die Frauen auch über ihre beste seelische Verfassung berichten, also wenn die Östrogen- und Progesteronkonzentrationen hoch sind. In aller Regel jedoch präsentieren die Forscher ihren Testpersonen »Stimmungsfragebögen«, bevor sie die Tests durchführen, und überprüfen bei der Auswertung, ob die Frauen, die am besten abschneiden, auch diejenigen sind, die sich am besten gefühlt haben. Dies aber ist nicht grundsätzlich der Fall.[27]

Wenn die Unterschiede bei den Testleistungen tatsächlich auf Stimmungsschwankungen zurückzuführen wären, ist natürlich auch schwer zu erklären, weshalb Frauen bei Tests auf räumliches Vorstellungsvermögen besser abschneiden, wenn ihr Östrogenspiegel – und ihre Energie und ihr subjektives Wohlbefinden – minimal sind. Dafür, so Hampson, findet sie mit Sicherheit keine Erklärung.

Ein großer Teil der Forschung über die Wirkungen weiblicher Hormone auf Testleistungen hat Frauen mit normalem Zyklus und Frauen unter dem Einfluß von Kontrazeptiva zum Ziel gehabt. Barbara Sherwin und Susana Phillips aber haben sich auch mit Frauen beschäftigt, die eine Östrogentherapie erhalten.[28] Für eine Studie standen Sherwin und Phillips 19 Frauen im Durchschnittsalter von 48 Jahren zur Verfügung, bei denen die Eierstöcke chirurgisch entfernt werden sollten. Sie teilten die Frauen in zwei beliebige Gruppen ein: Zehn Frauen gab man nach der Operation Östrogen, den anderen neun ein Placebo. Keine der Testpersonen wußte, wer Östrogen erhielt und wer nicht, so daß die Ergebnisse nicht durch die Erwartungen beeinflußt wurden. Kurz vor der Operation und noch einmal zwei Monate danach ließen Sherwin und Phillips die Frauen eine kurze Testreihe durchführen.

Bei deren Auswertung stellten sie fest, daß zwar vor der Operation keine Unterschiede zwischen beiden Gruppen bestanden hatten, daß aber die Frauen, die nach der Operation mit Östrogen behandelt wurden, bei verschiedenen Gedächtnistests besser abschnitten als jene, die nur Placebos bekommen hatten. Bei einem dieser Tests hörte die Testperson zuerst eine Liste von Wortpaaren (»Keks/Krawatte«, »Apfel/Obst«) und mußte dann aus dem Gedächtnis das zweite Wort aus dem Paar nennen, wenn ihr das erste gegeben wurde. Nach der Operation, durch die der Östrogenspiegel steil abgefallen war, schnitt die Gruppe, die nur Placebos erhielt, signifikant schlechter ab; die Frauen unter Östrogenbehandlung jedoch lagen mit ihren Leistungen genau wie vor der Operation. Und bei einem Texterfassungstest, bei dem die Testpersonen einen gehörten Textabsatz aus dem Gedächtnis wiederholen mußten, übertrafen mit Östrogen behandelte Frauen sogar die Leistungen, die sie vor der Operation erbracht hatten. Die Frauen, die Placebos erhielten, verbesserten sich jedoch nicht. Diese Verbesserung könnte nach Sherwins Ansicht darauf zurückzuführen sein, daß der Östrogenspiegel bei Frauen unter Östrogenbehandlung etwa fünfmal so hoch ist wie der natürliche.

Dieses Experiment ist nach Sherwins Ansicht möglicherweise für Frauen jenseits der Menopause von Bedeutung, zu dem Zeitpunkt also, wenn Eierstöcke kein Östrogen mehr produzieren. Die Ärzte bekommen von diesen Frauen immer wieder Beschwerden über Gedächtnisprobleme zu hören, die sich ihrer Meinung nach vielleicht mit den sehr viel geringeren Östrogenmengen erklären lassen, die der Körper erhält. Ihre Ergebnisse sagen allerdings nur aus, daß bei Frauen mit niedrigem Östrogenspiegel das verbale Gedächtnis leidet; beim visuellen Gedächtnis, dem Erinnerungsvermögen für Bilder und Zeichnungen, konnte sie keinen Effekt feststellen.

Sherwin ist mit Hampson einer Meinung, wenn sie betont, daß diese hormonellen Wirkungen auf das Gedächtnis – die zwar vom wissenschaftlichen Standpunkt aus interessant und wichtig sind – vermutlich eine nur geringe praktische Bedeutung haben. Vielleicht kann man manchen Frauen in der Menopause mit einer Hormontherapie helfen, ihr Gedächtnis wieder zu verbessern, sagt sie, aber der leichte Abfall der Testergebnisse, der bei Frauen nach der Operation beobachtet wurde, »führt nach allem, was wir bisher wissen, nicht zu einer Beeinträchtigung im täglichen Leben«.[29]

Für Hampson liegt die wahre Bedeutung dieser Ergebnisse in der Erkenntnis, daß die Geschlechtshormone tatsächlich mit der Großhirnrinde – dem »denkenden Teil« des Gehirns – kommunizieren. Daß die »emotionalen Gehirnregionen«, die Sexualität, Aggression und andere Leidenschaften kontrollieren, die Signale dieser Hormone vernehmen, ist keine besondere Überraschung. Aber vor zehn Jahren noch hätte kaum jemand daran gedacht, daß Geschlechtshormone sich auch in den Gehirnregionen bemerkbar machen könnten, die sozusagen für einen klaren Kopf sorgen. Nach all dem, was wir inzwischen über den Einfluß wissen, den Geschlechtshormone auf das sich entwickelnde Gehirn ausüben, sollten andererseits die Auswirkungen im späteren Leben keine übermäßige Überraschung darstellen. In den Neurowissenschaften hat man erkannt, daß ein großer Teil derselben chemischen Substanzen, die die Entwicklung des fetalen Gehirns steuern, auch beim erwachsenen Gehirn eine wichtige Rolle spielt. Angesichts der Arbeiten von Leuten wie Sheri Berenbaum, deren Untersuchungen an AGS-Mädchen gezeigt haben, daß Geschlechtshormone im Mutterleib die denkenden Teile des Gehirns beeinflussen, passen Hampsons Ergebnisse genau ins Bild. In diesem Sinne ist der Einfluß von Geschlechtshormonen auf das Lösen dreidimensionaler Rotationsprobleme oder auf das verbale Erinnerungsvermögen nur ein weiterer Teil unseres hormonellen Erbes.

Wie steht es mit den Männern? Sicher sind sie nicht immun gegen dieses Erbe. Wenn das Testosteron im Mutterleib solche Verstandesleistungen wie das räumliche Vorstellungsvermögen formt, müßte es dann nicht im späteren Leben genau wie das Östrogen ebenfalls eine Rolle spielen?

Die Antwort lautet, daß Testosteron bei Männern eine Rolle zu spielen scheint, die der des Östrogens bei Frauen vergleichbar ist. Doch lassen sich seine Auswirkungen nur sehr schwer nachweisen. Testosteron nimmt beim Mann im Tagesverlauf zu und ab und schwankt außerdem mit dem Wechsel der Jahreszeiten.[30] Die Veränderungen sind jedoch im Vergleich zu denen bei Frauen relativ geringfügig. Bei letzteren ist der Östrogenspiegel kurz vor der Ovulation fünf- bis sechsmal so hoch wie während der Menstruation. Bei manchen Männern liegt der Testosteronspiegel über dem Durchschnittswert, bei anderen darunter, aber jenseits der Pubertät bleibt er bei jedem einzelnen relativ stabil.

Trotz alledem haben einige Forscher sich bemüht, nach Veränderungen kognitiver Fähigkeiten im Laufe von Hormonschwankungen zu suchen. Die vorläufigen Ergebnisse besagen, daß manche Fähigkeiten, insbesondere das räumliche Vorstellungsvermögen, Schwankungen des Testosteronspiegels gegenüber möglicherweise ebenso empfindlich sind wie gegenüber Schwankungen des Östrogenspiegels. In einem Experiment ließ Doreen Kimura Männer an zwei verschiedenen Zeitpunkten im Jahr einen Test mit dreidimensionalen Rotationsproblemen bearbeiten – im Frühling, wenn der Testosteronspiegel niedrig ist, und im Herbst, wenn er hoch ist.[31] Die im Herbst getesteten Männer schnitten weitaus schlechter ab als die im Frühling getesteten, stellte Kimura fest. Der Effekt ist immerhin so stark, daß im Herbst getestete Männer mit hohem Testosteronspiegel in einem Test mit dreidimensionalen Rotationsaufgaben nicht besser abschneiden als Frauen, die diesen Test während der Menstruation, bei niedrigem Östrogenspiegel also, bearbeiten.

Sicherlich haben Sie bemerkt, daß der Zusammenhang, den Kimura zwischen Testosteron und dem räumlichen Vorstellungsvermögen festgestellt hat, in die verkehrte Richtung zu weisen scheint. Da Männer beim räumlichen Vorstellungsvermögen Frauen übertreffen, würden Sie vielleicht darauf tippen, daß ein Mann um so besser bei Rotationsproblemen und ähnlichen Tests abschneidet, je höher sein Testosteronspiegel ist. Doch auch andere Experimente, in denen der männliche Hormonspiegel mit den Testergebnissen in Bezug gesetzt wird, weisen darauf hin, daß Kimura unter Umständen trotzdem recht hat: Zuviel Testosteron behindert möglicherweise einige Verstandesleistungen. Das ist eine der wirklichen Ironien bei der Erforschung geschlechtsspezifischer Unterschiede: Die »maskulineren« Männer – das heißt die Männer, die über mehr Testosteron verfügen – haben möglicherweise ein schlechteres räumliches Vorstellungsvermögen als ihre Altersgenossen mit weniger Testosteron.

Die meisten Untersuchungen zum Einfluß von Testosteron verfolgen einen anderen Ansatz als Kimura: Statt zu messen, wie sich die Testergebnisse unter dem Einfluß eines schwankenden Hormonspiegels mit der Zeit verändern, untersuchen diese Studien einfach verschiedene Männer. Da bei manchen Männern die Menge an männlichen Hormonen zwei bis dreimal so hoch ist wie bei anderen, ist es möglich, eine große Anzahl von Männern zu testen, ihren Hormonspiegel zu bestimmen und dann zu untersuchen, ob eine Korrelation zwischen Testosteron und der Testleistung besteht. Ein solcher Ansatz hat den Vorteil, daß man auch Frauen in die Untersuchung einschließen und auch bei ihnen die Korrelation von Testosteronspiegel und Testleistung untersuchen kann. Die Ergebnisse haben sich als Überraschung erwiesen.

1990 konnte Catherine Gouchie, eine andere Studentin von Kimura an der University of Western Ontario, 42 Männer und 46 Frauen dafür gewinnen, mit ihr zusammen dem Testosteron nachzuspüren.[32] Sie ließ jede Testperson eine Testserie bearbeiten und nahm gleichzeitig eine Speichelprobe, die später auf die Testosteronkonzentration jeder einzelnen Person untersucht werden sollte. Zu der Testserie gehörten einige Tests, bei denen in der Regel die Männer glänzen (dreidimensionale Rotationsprobleme, ein weiterer räumlicher Test, bei dem es um Faltstrukturen von Papier ging, und ein Test, der sich an das mathematische Denkvermögen wandte), einige Tests, bei denen Frauen in der Regel besser abschneiden (Tests, welche die

Wahrnehmungsgeschwindigkeit beurteilen – zum Beispiel die rasche Entscheidung, ob zwei Bilder identisch sind oder nicht –, und einige grundlegende mathematische Probleme) und ein Test, bei dem es keinen geschlechtsspezifischen Unterschied gibt (Wortschatz).

Zur Analyse der Relation zwischen männlichen Hormonen und Testergebnissen teilten Gouchie und Kimura die Männer und Frauen auf der Grundlage ihres jeweiligen Testosteronspiegels in je zwei gleiche Gruppen: »High-T«-Männer, »Low-T«-Männer, »High-T«-Frauen und »Low-T«-Frauen. Die durchschnittliche Testosteronkonzentration in jeder Gruppe, gemessen in Picogramm pro Milliliter, betrug: 211, 138, 69 und 33, das heißt, daß selbst Frauen mit einem hohen Testosteronspiegel im Durchschnitt über nur halb soviel Testosteron wie Low-T-Männer verfügen. Anschließend ermittelten Gouchie und Kimura die Testergebnisse für jede Gruppe.

Bei den Männern stimmten die Ergebnisse mit Kimuras Studie über das räumliche Vorstellungsvermögen im Laufe der Jahreszeiten überein. Männer mit einem niedrigeren Testosteronspiegel schnitten bei jedem Test, der normalerweise Männer bevorzugt, besser ab als Männer mit hohem Testosteronspiegel. Besonders groß war der Unterschied beim Papierfalttest, er galt aber auch für Rotationsprobleme. Außerdem übertrafen die Low-T-Männer ihre High-T-Altersgenossen bei dem Test auf mathematisches Denkvermögen.

Die Frauen dagegen zeigten ein genau entgegengesetztes Muster: High-T-Frauen übertrafen die Low-T-Gruppe signifikant beim Papierfalttest und hatten einen kleineren Vorsprung bei den Rotationsproblemen und den mathematischen Schlußfolgerungen. Auf den ersten Blick scheint das nicht viel Sinn zu ergeben. Wenn weniger Testosteron für Männer bei diesen Tests von Vorteil ist, weshalb sollte es für Frauen dann von Nachteil sein? Doch Gouchie und Kimura vertrauen ihren Ergebnissen, vor allem deshalb, weil sie mit einer älteren Untersuchung von Anne Petersen übereinstimmt. Petersen untersuchte Jungen und Mädchen im Teenageralter und verglich deren körperliche Erscheinung jeweils mit deren Ergebnissen in räumlich orientierten und verbalen Tests.[33] Sie stellte fest, daß die am männlichsten wirkenden Jungen mit der stärkeren Gesichtsbehaarung, den breiteren Schultern und den besser entwickelten Muskeln bei verbalen Aufgaben besser abschnitten als bei räumlichen Problemen, und die weniger männlich wirkenden waren bei räumlichen Aufgaben besser als bei sprachlichen. Bei den Mädchen schnitten diejenigen mit gut entwickeltem Busen, breiteren Hüften und wenig entwickelten Muskeln beim Lösen räumlicher Probleme etwas schlechter ab als die mit einer eher androgynen Erscheinung.

Man kann die körperliche Erscheinung in diesem Alter als grobes Maß für den zugrundeliegenden Hormonspiegel werten, und Petersens Ergebnisse deuten auf denselben Zusammenhang hin, den auch Gouchie und Kimura feststellten: High-T-Männer haben ein schlechteres räumliches Vorstellungsvermögen als Low-T-Männer, und für Frauen gilt das Umgekehrte. Natürlich handelt es sich hier nur um Durchschnittswerte, die nicht notwendigerweise auf jeden einzelnen zutreffen. Sehr maskulin wirkende Männer können durchaus ein gutes räumliches Vorstellungsvermögen besitzen, ebenso sehr feminine Frauen.

Ein weiterer Hinweis entstammt einer Reihe jüngerer Untersuchungen der deutschen Forscherin Marianne Hassler zum Thema Musiker und Testosteronkonzentrationen.[34] Sie stellte zum Beispiel fest, daß der Testosteronspiegel bei Komponisten am unteren Ende der Skala für Männer lag, während er sich bei Komponistinnen am oberen Ende der weiblichen Skala befand. Hassler zog aus ihren Experimenten den Schluß, daß es offenbar einen optimalen Bereich für den Testosteronspiegel geben muß und daß zuviel oder zuwenig Testosteron kreativem musikalischem Talent abträglich ist.

Gouchie und Kimura sind der Ansicht, daß es sich mit dem räumlichen Vorstellungsvermögen ähnlich verhält: Es scheint einen optimalen Testosteronspiegel für die Entwicklung eines guten räumlichen Vorstellungsvermögens zu geben, vielleicht sogar für die Fähigkeit zu mathematischen Schlußfolgerungen. In ihrem Experiment besaßen die High-T-Männer zuviel Testosteron, während Low-T-Frauen und sogar High-T-Frauen zuwenig davon hatten. Die optimale Konzentration scheint ungefähr die bei Low-T-Männern vorhandene Menge zu sein, denn diese schnitten von allen vier Gruppen sowohl bei den räumlich orientierten Tests als auch bei den mathematischen Schlußfolgerungen am besten ab.

Bei anderen Tests konnten Gouchie und Kimura keine signifikante Korrelation zwischen Testosteronspiegel und Performanz feststellen, weder bei Männern noch bei Frauen. Es sieht so aus, als hätten männliche Hormone keinen oder nur wenig Einfluß auf jene Fertigkeiten, die Frauen ebensogut oder gar besser als Männer beherrschen.

Alles das bedeutet, daß das Gehirn zwar sowohl bei Männern als auch bei Frauen durch die Konzentration der im Körper vorhandenen Geschlechtshormone beeinflußt wird, daß aber die Wirkungen von männlichen und weiblichen Hormonen durchaus unterschiedlich sind. Bei Frauen scheinen die Schwankungen von Östrogen und Progesteron viele »feminine« Eigenschaften zu beeinflussen: Sprachgedächtnis, manuelle Geschicklichkeit und Wortgewandtheit funktionieren am besten, wenn die Konzentration an weiblichen Hormonen hoch ist, am schlechtesten, wenn diese niedrig ist. Bei der »maskulinen« Eigenschaft räumliches Vorstellungsvermögen verhält es sich umgekehrt. Der Testosteronspiegel aber scheint nur mit Fähigkeiten korreliert zu sein, bei denen Männer einen Vorteil haben; ein Hinweis darauf, daß Testosteron möglicherweise anders auf das Gehirn wirkt als die weiblichen Hormone.

Die Wissenschaft diskutiert und spekuliert noch immer darüber, worin dieser Unterschied bestehen könnte. Gouchie und Kimura zum Beispiel haben die Vermutung geäußert, daß Östrogen und Testosteron in verschiedenen Teilen des Gehirns für die Feinabstimmung sorgen. Vielleicht erhöht Östrogen die Leistungsfähigkeit der linken Gehirnhälfte, die viele Sprachfunktionen kontrolliert, während Testosteron möglicherweise die Funktionstüchtigkeit der rechten Hemisphäre verbessert, die eine entscheidende Rolle beim räumlichen Vorstellungsvermögen spielt.

Möglicherweise ist der Unterschied aber auch viel grundlegender und spiegelt die unterschiedlichen Rollen von Östrogen und Testosteron bei der Gestaltung von Mann und Frau wider. In mancher Hinsicht ist Östrogen das essentiellere Hormon, notwendig für die Grundfunktionen des Gehirns, während Testosteron eine Zugabe ist und dem Gehirn zusätzliche Eigenschaften verleiht, ohne die es letztendlich auch auskäme.

Der Einfluß von Östrogen etwa auf das Sprachgedächtnis rührt unter Umständen von dessen Fähigkeit her, im erwachsenen Gehirn Kontakte zwischen Nervenzellen zu schaffen, meint Barbara Sherwin.[35] Eine Reihe von Experimenten an Ratten in Bruce McEwens Labor an der Rockefeller University in New York City hat gezeigt, daß Östrogen die Synapsendichte[36] und die Anzahl dendritischer Spines[37] auf Neuronen erhöht. Bei beiden handelt es sich um Kommunikationsstellen zwischen zwei Neuronen. Deshalb, so vermutet Sherwin, ist es vielleicht den Wirkungen von Östrogen auf bestimmte Neurone im Hippocampus (dem Bereich, in dem Erinnerung entsteht) zu verdanken, wenn durch eine Östrogenbehandlung das Gedächtnis von Frauen jenseits der Menopause verbessert wird.

Ein ähnlicher Vorgang mag erklären, weshalb ein höherer Östrogenspiegel bessere Ergebnisse bei der Artikulationsfähigkeit, der Wortgewandtheit und der manuellen Geschicklichkeit zur Folge hat, wie Hampson in ihren Untersuchungen an Frauen in verschiedenen Zyklusphasen festgestellt hat. Schwer verständlich ist, weshalb ein höherer Östrogenspiegel die weiblichen Leistungen bei räumlichen Problemen verschlechtern sollte, gibt Hampson zu, aber es ist vorstellbar, daß Östrogen auf verschiedene Teile des Gehirns unterschiedlich wirkt, also manchmal hilft und manchmal stört.

Die Korrelation von Testosteronspiegel und räumlichem Vorstellungsvermögen könnte ebenfalls durch Hormonwirkungen auf Hirnzellen zustande kommen. Ganz so einfach scheint es aber nicht zu sein, wenn man die Untersuchungen an Männern mit idiopathischem Hypogonadismus bedenkt, über die wir in Kapitel 4 berichteten. Diese Männer haben bereits vor der Geburt ungewöhnlich niedrige Konzentrationen an männlichen Hormonen und konsequenterweise ein sehr schlechtes räumliches Vorstellungsvermögen. Eine Hormontherapie aber, die den Testosteronspiegel auf ein normales Niveau anhebt, verbessert ihre räumlichen Fähigkeiten nicht.[38] Für ein gutes räumliches Vorstellungsvermögen muß also noch mehr vorhanden sein als nur die richtige Menge Testosteron.

Dieses Etwas ist aller Wahrscheinlichkeit nach die richtige hormonelle Umgebung während der Entwicklung, meinen Gouchie und Kimura.[39] Vermutlich gibt es im Verlauf der Gehirnentwicklung einen optimalen Testosteronspiegel für die Entwicklung eines guten räumlichen Vorstellungsvermögens. Zuviel Testosteron oder zuwenig, und das räumliche Vorstellungsvermögen ist, wenn der Betreffende erwachsen wird, nicht so gut, wie es sein könnte. Wenn das stimmt, dann hat ein großer Teil der Korrelation von Testosteron und räumlichem Vorstellungsvermögen ihren Ursprung sicher irgendwann vor der Geburt, so meinen die Forscher. Da jemand mit einem hohen (oder niedrigen) Testosteronspiegel im Mutterleib vermutlich auch als Erwachsener über einen hohen (oder niedrigen) Testosteronspiegel verfügen wird, ist der Vorteil, den Low-T-Männer bei der Lösung räumlicher Testaufgaben haben, vielleicht nicht mehr als ein Echo der Hormone, denen sie im Mutterleib ausgesetzt waren.

Kapitel 9

Angeboren oder erlernt?

Acht Kapitel und beinahe dreihundert Seiten lang haben wir etwas über Hormone gehört und darüber, wie sie Männern und Frauen unterschiedliche Wege weisen. Doch niemand, am allerwenigsten jene Wissenschaftler, die für dieses Buch Rede und Antwort standen, würde je behaupten, daß ausschließlich Hormone für den Unterschied zwischen den beiden Geschlechtern verantwortlich sind. Jungen und Mädchen, Männer und Frauen leben in einer Welt, in der die Geschlechter bereits von Geburt an sehr unterschiedlich behandelt werden. Das erste, was man frischgebackene Eltern fragt, ist: »Junge oder Mädchen?« – und von da an nehmen die Dinge ihren Lauf. Jungen zieht man blaue Matrosenanzüge an und gibt ihnen Bauklötze zum Spielen, Mädchen bekommen rosafarbene Blümchenkleider und Puppen, damit sie lernen, wie man füttert, anzieht und bemuttert. In der Schule schenken die Lehrer den Jungen im allgemeinen mehr Aufmerksamkeit, während man von den Mädchen erwartet, daß sie sich besser benehmen. Wenn sie erwachsen sind, steht nahezu jeder Aspekt ihres Lebens unter dem Diktum ihres Geschlechts.

Jan Morris, jener transsexuelle britische Reiseschriftsteller, der im Alter von 40 Jahren sein Geschlecht vom männlichen zum weiblichen hatte ändern lassen, beschreibt, wie sich das Leben einer Frau von dem eines Mannes unterscheidet:

> Es heißt immer, der soziale Unterschied zwischen den Geschlechtern nehme heutzutage ständig ab. Doch meine Erfahrungen in beiden Geschlechtern haben mich gelehrt, daß es offenbar keinen Bereich unseres Daseins,

keinen Augenblick, keinen Kontakt, keine Abmachung und keine Reaktion gibt, die nicht für Mann und Frau verschieden sind. Schon allein der Ton, in dem man nun zu mir sprach, die bloße Körperhaltung eines Menschen, der neben mir in derselben Schlange stand, die ganze Atmosphäre, wenn ich einen Raum betrat oder mich in einem Restaurant an den Tisch setzte, brachten mir meine veränderte Stellung zu Bewußtsein.

Aber nicht nur die Reaktionen der anderen Menschen änderten sich, sondern auch meine eigenen. Je mehr man mich als Frau behandelte, desto mehr wurde ich zur Frau. Ich paßte mich wohl oder übel an. Hielt man mich für außerstande, ein Auto richtig einzuparken oder eine Flasche zu öffnen, dann merkte ich, daß mir das merkwürdig schwerfiel. Hieß es, ich könne doch den Koffer oder die Kiste nicht heben, kam mir das auch so vor. Und da ich jetzt viel häufiger mit Frauen zusammenkam, fand ich die Unterhaltungen mit Frauen im großen ganzen sympathischer. ... Ich stellte fest, daß auch heute noch Männer es lieber sehen, wenn Frauen schlechter informiert, weniger tüchtig, weniger gesprächig und vor allem weniger selbstbewußt sind als Männer, und dementsprechend verhielt ich mich im allgemeinen auch.[1]

Morris drückt es besonders treffend aus, aber man muß nicht auf beiden Seiten der Geschlechterkluft gelebt haben, um all das selbst festzustellen. Gehen Sie ins Kino, betrachten Sie die Werbung in Magazinen, oder beobachten Sie einfach Leute im Büro oder auf der Straße. Es ist nicht zu übersehen: Von Männern und Frauen werden unterschiedliche Dinge erwartet, und die Menschen reagieren auf die beiden Geschlechter unterschiedlich. Und es entspricht der menschlichen Natur, in jene Verhaltensmuster zu fallen, die von einem erwartet werden. Nur wenige haben das Bestreben oder die Stärke, den Erwartungen ihrer Zeitgenossen beständig zu widerstehen.

Wenn aber die Umwelt, in der die beiden Geschlechter aufwachsen und leben, so dramatische Unterschiede aufweist, könnte dann nicht sie für die Unterschiede zwischen Mann und Frau verantwortlich sein? Müssen wir wirklich Hormone dazu heranziehen? Vor 20 Jahren wären vielleicht noch die meisten Psychologen der Ansicht gewesen, daß die Umwelteinflüsse allein schon genügend dazu beitragen. Noch heute glauben viele, daß die meisten wichtigen Unterschiede zwischen Männern und Frauen verschwänden, wenn die Gesellschaft nur beide Geschlechter gleich behandelte. Vereinfacht ausgedrückt handelt es sich hier um die eine Seite der Debatte darüber, ob Verhaltensweisen angeboren oder erlernt sind. Ein Streit, der sich im übrigen nicht nur um geschlechtsspezifische Unterschiede dreht, sondern der sich schon seit mehreren Jahrhunderten mit der grundsätzlichen Frage befaßt: »Was ist menschlich?«

An eine bestimmte Episode dieser immer noch anhaltenden Debatte kann ich mich sehr lebhaft erinnern. Es war am ersten Abend einer von der NATO geförderten Konferenz über geschlechtsspezifische Unterschiede, die in einem Schlößchen in den südfranzösischen Bergen stattfand. Das Wetter war traumhaft schön und die Landschaft atemberaubend. Das Schlößchen selbst thronte über baumumsäumten Weizen- und Sonnenblumenfeldern, die sich bis zum Horizont erstreckten. Wir hatten den Aperitif bereits hinter uns und begaben uns zu Tisch. Dort fand ich mich zwischen Camilla Benbow von der Iowa State University und Rhoda Unger von der Montclair State University in New Jersey wieder. Sie hatten sich soeben kennengelernt, stritten aber bereits – angeregt vielleicht durch den Wein und die Atmosphäre – wie gute alte Bekannte.

Benbow beschrieb ihre Arbeiten über mathematisch frühreife Kinder, jene Siebtkläßler, die Oberstufenschüler im SAT übertreffen. Im mathematischen Teil schneiden die Jungen trotz gleicher Vorkenntnisse mit großer Regelmäßigkeit besser ab als die Mädchen, und bei den Kindern mit den besten Testergebnissen wird dieser Unterschied immer größer. Da dieser geschlechtsspezifische Unterschied bereits seit über 15 Jahren unverändert existierte, schloß Benbow daraus, daß ein großer Teil des männlichen Vorsprungs angeboren und vermutlich durch die Einwirkung von Testosteron auf das sich entwickelnde Gehirn verursacht worden war.

Einen Augenblick, erwiderte Unger. Es gibt eine Menge andere Dinge, die das verursachen könnten. Jungen werden viel mehr als Mädchen zu guten Leistungen in Mathematik ermuntert. Vielleicht verbringen die Jungen deswegen auch außerhalb des Unterrichts mehr Zeit mit Mathematikaufgaben und bekommen auf diese Weise mehr Übung, während die Mädchen entmutigt werden und deshalb nicht allzuviel freie Zeit mit Mathematik verbringen wollen. Mädchen hören bereits von klein auf, daß Jungen in Mathematik besser seien, vielleicht spiegeln Ihre Ergebnisse nur einen Mangel an Selbstvertrauen wider. Oder vielleicht strengen sich die Mädchen bei einem Test auch gar nicht so sehr an, weil sie gelernt haben, daß man die Jungen besser gewinnen läßt.

Nein, entgegnete Benbow. Ich habe die Ermutigung seitens der Eltern untersucht und sehe da keinen Unterschied zwischen Mädchen und Jungen. Es handelt sich jeweils um die Besten an einer Schule. Sie bringen gute Leistungen und wissen das auch. Da gibt es keinen Mangel an Selbstvertrauen. Und wenn Mädchen die Jungen in Mathematik gewinnen ließen – wie erklären Sie dann, daß Mädchen im allgemeinen die besseren Noten haben? Nicht nur das, in vielen Schulen steht in Mathematik ein Mädchen an der Spitze. Das Muster wird nur sichtbar, wenn man Dutzende oder Hunderte von Schulen betrachtet.

Außerdem, bemerkte sie und gewann leicht an Boden, haben Zwillingsstudien an getrennt aufgewachsenen eineiigen Zwillingen gezeigt, daß deren IQ-Werte in einem solchen Maße übereinstimmen, als wären sie zusammen aufgewachsen. Das bedeutet, daß das Umfeld nur sehr wenig mit der Intelligenz eines Menschen zu tun hat, und es ist deshalb eine ziemliche Zeitverschwendung, wenn man versucht, alle möglichen Erklärungen dafür zu ersinnen, wie das Umfeld den geschlechtsspezifischen Unterschied bei mathematisch frühreifen Kindern beeinflussen könnte.

Stimmt nicht, wandte Unger ein. Es gibt mehr als eine Möglichkeit, diese Zwillingsstudien zu interpretieren. Andere Untersuchungen haben gezeigt, daß es sehr stark von der Erscheinung eines Menschen abhängt, wie er behandelt wird. Eineiige Zwillinge sehen gleich aus und werden deshalb vermutlich, wo immer sie sich befinden, ähnlichen Reaktionen ausgesetzt sein. Jungen und Mädchen aber sehen nicht gleich aus.

Und so ging es weiter. Was mich an der Debatte am meisten beeindruckte, war, daß es zwei vernunftbegabten Wissenschaftlerinnen mit jeweils wohldurchdachten Argumenten möglich war, das gleiche Phänomen diametral entgegengesetzten Ursachen zur Last zu legen, wobei jede von ihnen zahlreiche Untersuchungen und Statistiken zitieren konnte, die ihren jeweiligen Standpunkt untermauerten. Zwar wird die Debatte darüber, ob Verhaltensweisen angeboren oder erlernt sind, häufig übertrieben oder bis hin zur Karikatur vereinfacht, vor allem von Reportern, die sie der allgemeinen Öffentlichkeit nahebringen wollen, doch seien Sie vorsichtig: Zwischen denen, die der Ansicht sind, daß die Biologie eine bedeutende Rolle bei der Entstehung geschlechtsspezifischer Unterschiede spielt, und jenen, die glauben, daß dem nicht so ist, tobt ein wirklicher Kampf.

Ein Teil dieses Kampfes besteht schlicht im Zusammenstoß verschiedener wissenschaftlicher Disziplinen. Wissenschaftler mögen kluge, hochgebildete Leute sein, aber sie sind Menschen. Und Menschen sind unweigerlich befangen und haben Vorurteile, die manchmal begründet sind, oftmals aber auch nicht. Die bedeutendste Voreingenommenheit liegt weniger in der politischen Einstellung des einzelnen Wissenschaftlers begründet, als vielmehr in der Wahl seiner oder ihrer »Werkzeuge«, der Theorien und Untersuchungsmethoden, die er oder sie jeweils heranzieht, um die Welt zu verstehen, und in der Tatsache, daß die meisten Wissenschaftler ein Problem aus einer ganz bestimmten Richtung angehen. Sozialpsychologen sind zum Beispiel dazu ausgebildet, ihr Augenmerk darauf zu richten, welche Spuren das soziale Umfeld beim Menschen hinterläßt. Ihre Ausbildung, ihr Kontakt zu anderen, die Art von Experimenten, die sie durchführen, die Art von Zeitschriften, die sie lesen – alles stärkt in ihnen die Vorstellung, daß man dem Gang der Welt vom umweltbedingten Standpunkt aus auf die Spur kommen muß. Wenn Ihr einziges Werkzeug ein Hammer ist, sieht eben alles wie ein Nagel aus.

Und wenn Sie Jahre Ihres Lebens damit zugebracht haben, die

Dinge aus einer bestimmten Richtung zu betrachten, dann sind Sie in Ihren Ansichten unter Umständen festgefahren. Versetzen Sie sich einmal in die Lage eines (hypothetischen) Wissenschaftlers, der ein halbes Dutzend Artikel darüber verfaßt hat, wie geschlechtsspezifische Unterschiede bei Spielzeugpräferenzen durch unterschwelligen elterlichen Druck zustande kommen, und der soeben Sheri Berenbaums Bericht gelesen hat, welcher besagt, daß AGS-Mädchen – normal aussehende Mädchen, die im Mutterleib Testosteron ausgesetzt waren – Jungenspielsachen bevorzugen. Sagen Sie dann: »Also gut, dann hat das alles wohl doch seine Ursache im Mutterleib, und ich werfe die fünf Jahre Arbeit in den Papierkorb«? Nicht sehr wahrscheinlich. Wenn Sie Berenbaums Artikel nicht ganz und gar ignorieren, dann werden Sie nach Fehlern darin suchen und nach irgendeinem noch so geringen Aspekt, der Ihre eigene Arbeit weiterhin gültig erscheinen läßt.

Ich will hier jedoch nicht auf Sozialpsychologen herumhacken. Eine beschränkte Sichtweise ist auf jedem Gebiet problematisch. Zwar versuchen manche Wissenschaftler, auch auf anderen Fachgebieten auf der Höhe zu bleiben, aber das ist schwer. In der Wissenschaft unseres Jahrhunderts passiert so viel, daß man vollauf beschäftigt ist, wenn man auch nur in einem winzigen Bereich Schritt halten will. In den allermeisten Fällen wird ein Wissenschaftler den größten Teil seiner Energie jeweils einem ganz speziellen Gebiet widmen.

Und das Fehlen einer fächerübergreifenden Zusammenarbeit führt zwangsläufig dazu, daß Wissenschaftler aus verschiedenen Gebieten aneinander vorbeireden. Daß aber der Streit darüber, ob bestimmte Verhaltensweisen angeboren oder erlernt sind, besonders heftig geführt wird, hat seinen Grund vor allem in der Anfälligkeit dieses Themas für politische Ideologien. Als Anne Fausto-Sterling ihr legendäres *Myths of Gender* schrieb, bekannte sie sich höchst freimütig zu ihren ideologischen Vorurteilen. Aus politischen Gründen, so schrieb sie, sei sie von der Gleichheit der Geschlechter überzeugt (und meinte damit »Gleichsein«). Deshalb verlangt sie für die Behauptung, an der Entstehung geschlechtsspezifischer Unterschiede sei die Biologie beteiligt, eine wasserdichte Beweisführung.[2]

So offen und direkt artikulieren aber nur wenige Wissenschaftler ihre Voreingenommenheit gegenüber ihrem Arbeitsgebiet. In der Regel entscheiden sie an irgendeinem Punkt in ihrer Laufbahn, welche Werkzeuge sie zum Verständnis der Welt heranziehen wollen; dabei wählt natürlich jeder die Werkzeuge, von denen er – bewußt oder unbewußt – glaubt, daß sie ihm am besten liegen. Wenn Sie der Ansicht sind, daß die Biologie kaum eine oder gar keine Rolle bei der Entwicklung menschlichen Verhaltens spielt, dann werden Sie mit großer Wahrscheinlichkeit nicht an einer Untersuchung darüber teilnehmen, wie Hormone im Mutterleib Verhalten beeinflussen. Sie werden in die Sozialpsychologie oder in ein verwandtes Gebiet gehen. Wenn Sie der Ansicht sind, die Biologie spiele eine große Rolle, werden Sie eine andere Laufbahn einschlagen: Psychobiologie, Neuroendokrinologie oder Verhaltensgenetik. Die eigene Orientierung entwickelt schließlich eine gewisse Eigendynamik und führt zu einer Bestärkung der eigenen Position: Sobald Sie mit der Arbeit auf einem bestimmten Gebiet beginnen, haben Sie vor allem mit Leuten zu tun, die die Welt genauso sehen wie Sie, was wiederum Ihren ursprünglichen Eindruck bestätigt, daß dieser Ansatz der richtige sei.

Die eigene innere Einstellung zum Thema angeboren oder erlernt ist nur selten von den politischen Konsequenzen dieser Überzeugungen zu trennen. 300 Jahre lang diente die Vorstellung, daß die Erziehung menschliches Handeln maßgeblich beeinflusse, als Argumentationsgrundlage für alle möglichen sozialen Programme. Wenn wir nur das Umfeld der Menschen verändern könnten, so das Argument, könnten wir die Menschheit verbessern: Verbrechen verhindern, Armut bekämpfen und den geschlechtsspezifischen Unterschied in Mathematik loswerden. Dieses Credo wird in aller Regel mit linksorientierter Politik assoziiert. Wenn nun andererseits die Natur für einen Großteil unserer Eigenschaften verantwortlich ist, indem sie Dinge wie Intelligenz, Persönlichkeitsmerkmale, vielleicht sogar den Hang zu Verbrechen massiv beeinflußt, dann sind den sozialen Programmen zur Verringerung der individuellen Unterschiede zwischen den Menschen Grenzen gesetzt. Diese Überzeugung gilt im allgemeinen als politisch konservativ.

(Dabei ist es allerdings wichtig, sich darüber klar zu sein, daß trotz dieser traditionellen Einstellung der Glaube an den Einfluß der Natur nicht notwendigerweise eine konservative Einstellung bedeutet, ebensowenig wie der Glaube an den Einfluß der Erziehung eine Garantie für liberale Ansichten ist. Das wird zum Beispiel an der derzeit geführten Debatte zum Thema Homosexualität deutlich. Die Vertreter einer eher konservativen Richtung befürchten offenbar, daß der Nachweis einer genetischen Grundlage für Homosexualität zu einer neuen, liberaleren Schwulengesetzgebung führen könnten, und sind deshalb nicht besonders glücklich darüber, daß die sexuelle Orientierung eventuell der Natur zuzuschreiben ist, während liberale Kräfte die Vorstellung einer biologischen Unterscheidung lebhaft begrüßen – zumindest in diesem einen Bereich. Außerdem sind viele der Forscher, die sich mit den biologischen Wurzeln geschlechtsspezifischer Unterschiede beschäftigen, selbst in ihren politischen Überzeugungen liberal und mit Sicherheit nicht der Ansicht, daß ihre Arbeit konservative Positionen stützt.)

Kurz, die Debatte darüber, ob Verhaltensweisen angeboren oder erlernt sind, ist weit mehr als ein rein wissenschaftlicher Streit. Hier prallen verschiedene Fachrichtungen, Ideologien und politische Strömungen aufeinander.

Einige Kritiker – darunter auch Wissenschaftler – haben argumentiert, daß man der Forschung auf einem so umstrittenen Gebiet nicht trauen könne, reflektiere die Arbeit doch unausweichlich die persönlichen Voreingenommenheiten des betreffenden Forschers.[3] Doch das Gegenteil ist der Fall: Gerade weil das Gebiet so umstritten ist, müssen Wissenschaftler hier mit extrem objektiven Ergebnissen aufwarten, die jeder kritischen Überprüfung standhalten. Und die natürliche Skepsis der Wissenschaftler gegenüber den Ergebnissen anderer tut ein übriges, um in diesem Falle ein gehöriges Maß an Objektivität zu gewährleisten. Es sieht also ganz so aus, als erhielten wir doch noch einige Antworten auf die Frage, welche unserer Verhaltensweisen angeboren und welche erlernt sind.

* * *

Das erste, was Sie lernen, wenn Sie sich auf die Debatte um angeborenes oder erlerntes Verhalten einlassen, ist, daß es hier keine Gewinner gibt. Jede Seite kann Siege für sich in Anspruch nehmen. Die Biologietruppe mag ihre AGS-Mädchen haben, aber das Sozialisationslager kann auf eine hautnahe Erfahrung in nächster Nähe verweisen: Die seit 20 Jahren ständig zunehmende Zahl promovierender Frauen ist ein Beweis dafür, daß die traditionelle männliche Dominanz auf wissenschaftlichem Gebiet etwas mit der Sozialisation zu tun hat und nicht mit weiblichem Versagen.

Aber das zweite – und wichtigere –, das Sie lernen werden, ist, daß es völlig unsinnig ist, diese Debatte als einen Wettbewerb anzusehen, bei dem es darum geht, hier der Natur, dort der Erziehung einen Punkt anzukreiden. Hier sind keine Rivalen am Werk, sondern Kollegen. Beide Lager sind unlösbar miteinander verknüpft und so eng miteinander verwoben, daß schwer zu sagen ist, wo das eine beginnt und das andere aufhört. Die Natur schafft ein Gehirn und legt Grenzen fest, was und wie dieses Gehirn lernen kann. Die Erziehung gestaltet das Lernen selbst, ohne das ein Gehirn ein Nichts ist; ihre Wirkungen bestehen in Veränderungen des Gehirns.

Um ein extremes Beispiel anzuführen: Wenn ein kleines Kind grauen Star bekommt und dadurch auf einem Auge nicht richtig sehen kann, so besteht das Risiko, daß es auf diesem Auge erblindet, wenn der Star nicht sehr rasch chirurgisch behandelt wird.[4] Das liegt daran, daß die Nervenzellen in der Sehrinde des Babys noch immer wachsen und Verbindungen zu anderen Nervenzellen herstellen. Ohne die Stimulation durch von außen einfallendes Licht verkabeln sich die Neurone, die normalerweise die Signale des einen Auges verarbeiten würden, neu und arbeiten nun für das andere Auge. Nach einer bestimmten kritischen Zeitspanne ist die Verkabelung so festgelegt, daß das eine Auge niemals sehen wird. Man lernt daraus, daß die Entwicklung der Sehrinde nicht nur von irgendwelchen vorprogrammierten biologischen Plänen des Gehirns abhängt, sondern auch von Einflüssen aus der Umgebung. Angeborenes und Erlerntes arbeiten zusammen.

Diese wechselseitige Abhängigkeit von Angeborenem und

Erlerntem ist unter Wissenschaftlern kein Geheimnis. Selbst der eifrigste Verfechter der Biologie erkennt an, daß ein Mensch zumindest zum Teil ein Produkt seiner Umgebung ist, und der dickschädeligste Sozialisationsverfechter gibt zu, daß das Gehirn mehr ist als eine leere Tafel, die darauf wartet, beschrieben zu werden. Meist ist es allerdings leichter und bequemer für einen Wissenschaftler, den einen oder anderen Faktor isoliert zu betrachten. Es gibt selten Forscher, die die Biologie und die Einflüsse der Umgebung gleichzeitig im Auge haben. Janice Juraska ist eine solch seltene Wissenschaftlerin.

»Es macht mir Spaß zu zeigen, daß Dinge kompliziert liegen. Mir fällt es schwer, einfache Erklärungen zu schlucken.« Juraska spricht vom Sofa aus zu mir. Wir befinden uns in einem Raum in der Nähe ihres Büros im Psychologischen Institut der University of Illinois in Champaign. Es ist Samstag. Um zehn Uhr vormittags war ich in ihrem Büro eingetroffen; von dort aus dirigierte mich ein Zettel in diesen Raum. Hier analysiert sie normalerweise Ergebnisse oder trifft sich mit Studenten. Sie kann das Gespräch nicht in ihrem Büro führen, erklärt sie, weil sie sich am Rücken verletzt hat und weder für längere Zeit zu sitzen noch zu stehen vermag. Aber sie hat nichts dagegen, das Gespräch hier zu führen, wo sie sich hinlegen kann.

»Es stört Sie doch nicht?« fragt sie.

»Nicht im geringsten«, antworte ich, stelle allerdings insgeheim fest, daß mich die Tatsache, daß ich – den Notizblock auf den Knien – auf einem Stuhl sitze, während sie auf der Couch liegt und meine Fragen beantwortet, nahezu unwiderstehlich dazu drängt, zu sagen: »Nun erzählen Sie mir noch einmal ganz genau, weshalb Sie Ihren Vater gehaßt haben.«

Juraska, eine jener jungen Frauen, die die Forschung an geschlechtsspezifischen Unterschieden in den letzten zehn Jahren neu definiert haben, hat die Sichtweise revolutioniert, mit der man heute den Einfluß der Umgebung auf männliche und weibliche Gehirne betrachtet. Ihre Arbeit hat sie zwar an Ratten durchgeführt, aber das menschliche Gehirn lag ihren Gedanken nie sehr fern. »Geschlechtsspezifische Unterschiede sind der Menschen wegen interessant«, stellt sie fest. Ihre Arbeit enthüllt ein komplexes Wechselspiel zwischen Angeborenem und Erworbenem und – immer vorausgesetzt, sie läßt sich auf den Menschen übertragen – läuft darauf hinaus, daß Jungen und Mädchen, sogar wenn man sie tatsächlich in identischer Weise großziehen könnte, sich niemals als identisch erweisen würden. Außerdem ist es unter Umständen so, daß der geschlechtsspezifische Unterschied um so größer wird, je reichhaltiger und stimulierender die Umgebung ist.

Für manche Leute ist das ein unbehaglicher Gedanke, erklärt Juraska. »Wenn ich mich auf einer Party oder bei anderer Gelegenheit mit Leuten unterhalte, weiß ich sofort, ob jemand sich bei dem, was ich tue, unwohl fühlt oder gar entsetzt darüber ist. Man wird fragen: ›Haben Sie denn gar keine Bedenken, daß es mißbraucht wird?‹« Jawohl, sagt sie, darüber macht sie sich manchmal schon Gedanken und hält sich insgesamt einigermaßen bedeckt, denn: »Ich würde lieber zu Recht überhaupt nicht gebraucht als mißbraucht.« Aber ihrer Ansicht nach ist es zu spät, um zu den Tagen zurückzukehren, als man davon ausging, daß die Geschlechter völlig gleich sein könnten, wäre nur die Umgebung dementsprechend. »Wir wissen zu viel, als daß wir umkehren könnten.«

Juraska hatte als Doktorandin in den frühen siebziger Jahren begonnen, umweltbedingte Einflüsse auf die Entwicklung von Ratten zu untersuchen. Damals wußten die Wissenschaftler bereits seit einem Vierteljahrhundert, daß Ratten, die in einer stimulierenden Umgebung aufgezogen worden waren, in Labyrinthversuchen und bei anderen Aufgaben besser abschnitten als Ratten, die in der Isolation aufgewachsen waren. Es gab Berichte, daß Ratten, die zusammen mit anderen Ratten und vielen Spielgegenständen in einem großen Gehege aufgezogen wurden, einen Vorteil hatten gegenüber Ratten, die in einem kleinen Drahtkäfig allein gehalten wurden. In den sechziger und siebziger Jahren hatten die Forscher physische Unterschiede im Cortex, dem denkenden Teil des Gehirns festgestellt, die diesen Verhaltensunterschied zu reflektieren schienen: Ratten, die in einer komplexen Umgebung aufgewachsen waren, wiesen nicht nur größere Neurone auf, sondern die synaptischen Kontakte zwischen den Neuronen waren auch größer, und die Neuronen besaßen stärker ausgeprägte Verästelungen. (Ein Neuron ist im wesentlichen wie ein Baum aufgebaut: Es besitzt ein Bündel Äste (Dendriten), welche Signale von anderen Neuronen aufnehmen, und eine lange Wurzel, das Axon, welches verwendet wird, um Nachrichten auszusenden.) Hier gab es also einen klaren Beweis dafür, daß sich die Biologie durch die Umwelt beeinflussen ließ: Eine interessante Umgebung regte das Gehirn dazu an, größere Neurone mit mehr Verbindungen zu bilden.[5]

Aber, so Juraska, während der gesamten 20 Jahre, in denen man die Wirkungen der Umgebung auf das Gehirn untersucht hatte, hatte man immer nur männliche Ratten analysiert. »Es hat mich eigentlich immer verblüfft, daß man immer nur Männchen betrachtete und niemand darüber nachdachte, ob für weibliche Gehirne dasselbe zutrifft.« Die Standarderklärung lautete, daß weibliche Gehirne wegen der Hormonschwankungen zu unsicher für diese Untersuchungen seien und daß auf Weibchen ohnehin dasselbe zuträfe wie auf Männchen. Juraska hatte da allerdings ihre Zweifel, und nach ihrer Promotion an der University of Colorado im Jahre 1978 begann sie, die Auswirkungen einer isolierten Umgebung auf das Gehirn weiblicher und männlicher Ratten im Vergleich zu den Einflüssen einer abwechslungsreicheren Umgebung zu untersuchen.

Ihre Ergebnisse überraschten jedermann.[6] Die weiblichen Gehirne waren keine bloßen Kopien der männlichen. Sie verfügten über eigene Reaktionsmuster. In ihrer ersten Versuchsreihe bestimmte Juraska für drei verschiedene Neuronenarten in der Rattengroßhirnrinde (Cortex) die »totale Dendritenlänge«, die Summe der Längen aller einzelnen Neuronenäste. Bei Rattenmännchen waren die Werte bei denen, die in einer interessanten Umgebung aufgewachsen waren, erwartungsgemäß grundsätzlich größer. Als Reaktion auf die verstärkte Informationszufuhr aus der Umgebung bildeten die Neurone entweder mehr oder längere Äste. Doch bei den weiblichen Rattengehirnen konnte Juraska bei zwei der drei Neuronengruppen keinen Unterschied zwischen der isoliert aufgewachsenen und der abwechslungsreicher aufgewachsenen Gruppe feststellen. Bei den Weibchen schuf erhöhte Stimulation kein erhöhtes Neuronenwachstum.

Es trat klar zutage, daß die Umgebung weibliche und männliche Gehirne unterschiedlich beeinflußte. Juraska tat also den naheliegenden nächsten Schritt und verglich beide Geschlechter direkt, um herauszufinden, worin der Unterschied bestand. Bei den Gehirnen der in der Isolierung aufgewachsenen Ratten fand sie keinen Unterschied zwischen Weibchen und Männchen, doch bei den Ratten aus der abwechslungsreicheren Umgebung waren die Neuronen»bäume« bei den männlichen Gehirnen größer als bei den weiblichen. *Bei den Ratten war durch die Aufzucht in einer abwechslungsreicheren Umgebung ein geschlechtsspezifischer Unterschied entstanden, der ohne die Stimulation durch diese Umgebung nicht vorhanden gewesen war.* Die Natur hatte einen geschlechtsspezifischen Unterschied erfunden, der sich nur mit Hilfe der Umwelteinflüsse entwickelte.

Nach diesen ersten überraschenden Befunden befaßte sich Juraska mit anderen Teilen des Gehirns, um festzustellen, ob anderenorts ähnliche Dinge stattfinden. Sie finden statt. Sowohl das Corpus callosum als auch der Hippocampus entwikkeln sich beim weiblichen und männlichen Gehirn unterschiedlich, je nachdem, ob eine Ratte isoliert oder in abwechslungsreicher Umgebung aufgewachsen ist. Juraskas Artikel gehören zu den am schwersten verständlichen Arbeiten über geschlechtsspezifische Unterschiede. Denn sie beschäftigen sich mit der Feinstruktur einzelner Neurone, einem Gebiet, auf dem sich nur Gehirnspezialisten zurechtfinden. Aus demselben Grund jedoch sind ihre Ergebnisse auch so unwiderlegbar. Die Geheimnisse der Gehirnfunktionen befinden sich auf Neuronenebene, und wenn man hier einen geschlechtsspezifischen Unterschied feststellt, dann kann man sicher sein, daß es sich nicht um einen Zufall handelt.

Am Corpus callosum, jenem Gewebestück, das die beiden Gehirnhälften miteinander verbindet, stieß Juraska auf eine Umkehrung ihrer ursprünglichen Befunde am Cortex.[7] Im hinteren Drittel des Corpus callosum gab es keinen geschlechtsspezifischen Unterschied. Es war sowohl bei Männchen als auch bei Weibchen, die in einer abwechslungsreichen Umgebung aufgewachsen waren, vergrößert. Im vorderen und mittleren Drittel jedoch wurde bei Weibchen das Corpus callosum durch eine abwechslungsreiche Umgebung vergrößert, bei Männchen hingegen nicht. Und als Juraska ihr Augenmerk auf einzelne Axone des Corpus callosum richtete und diese in myelinisierte und unmyelinisierte Axone aufschlüsselte (Myelin umgibt verschiedene Arten von Axonen und erleichtert die Weitergabe elektrischer Signale), beobachtete sie bei den beiden Geschlechtern ein komplexes Muster von Unterschieden, was die Beeinflussung durch die Umgebung betraf. Bei Männchen nahm zum Beispiel durch die abwechslungsreiche Umgebung die Größe der myelinisierten Axone zu, bei Weibchen hingegen deren Anzahl.

Die unterschiedlichen Reaktionsmuster angesichts verschiedener Umgebungen haben ihre Wurzeln ebenfalls aller Wahrscheinlichkeit nach in den unterschiedlichen Hormoneinflüssen, denen das männliche und das weibliche Gehirn im Laufe seiner Entwicklung jeweils ausgesetzt ist, so Juraska. Im Hippocampus entdeckte sie zum Beispiel einen komplexen Unterschied in der Art und Weise, wie die Umwelt die Dendritenbäume von Männchen und Weibchen formt.[8] Als sie das Experiment mit normalen Männchen wiederholte und mit Männchen, die gleich nach der Geburt kastriert worden waren, fand sie bei den kastrierten Männchen dieselbe Form von Dendritenwachstum, die sie auch bei normalen Rattenweibchen hatte beobachten können.[9] Die Hormone legen also fest, wie sich ein Gehirn der Umwelt gegenüber verhalten wird.

Diese Ergebnisse sind nicht ohne Konsequenzen für den Menschen, meint Juraska. Als die Forscher vor mehr als 30 Jahren feststellten, daß die Stimulation durch die Umwelt das Wachstum im Rattengehirn beeinflußt, »hatte das großen Einfluß auf unsere Einstellung zum Menschen«, bemerkt sie. Psychologen waren plötzlich davon überzeugt, daß es von vitaler Bedeutung sei, Kindern eine Fülle von Stimulationen zu präsentieren, damit das Wachstum von Neuronen angeregt und dazu beigetragen würde, daß das Gehirn eines Kindes sein Leistungsvermögen voll ausschöpft. Das gilt noch immer, ist aber vielleicht nur ein Teil des Ganzen. Falls das menschliche Gehirn auf ähnliche Art und Weise auf seine Umgebung reagiert wie das Rattengehirn, dann entlockt die umweltbedingte Stimulation bei Jungen und Mädchen vielleicht auch verschiedenen Teilen des Gehirns verschiedene Arten von Wachstum.

Juraskas Arbeiten könnten auch den biologischen Unterbau dafür liefern, was viele Forscher beim Menschen und insbesondere bei Kindern beobachtet haben: Beide Geschlechter reagieren unterschiedlich auf ihre Umgebung. Sie finden unterschiedliche Dinge interessant und gehen mit derselben Umgebung auf verschiedene Weise um.

Es beginnt in der frühen Kindheit, erklärt Diane McGuinness von der University of South Florida.[10] Bereits im Alter von wenigen Monaten achten Mädchen mehr auf Klänge, vor allem auf Stimmen und Musik, und reagieren bereitwilliger darauf als Jungen. Möglicherweise, so spekuliert sie, nimmt der weibliche Vorsprung der sprachlichen Fähigkeiten hier seinen Anfang. Wenn Mädchen Sprache als stimulierender empfinden als Jungen, verbringen sie unter Umständen mehr Zeit mit Zuhörern und stimulieren dadurch die verbalen Bereiche ihres Gehirns stärker.

Sehen dagegen scheint beide Geschlechter gleichermaßen anzuregen, berichtet McGuinness, aber Mädchen und Jungen unterscheiden sich darin, worauf sie reagieren. Alle Säuglinge betrachten gerne menschliche Gesichter, aber Mädchen können bereits im Alter von vier Monaten die Merkmale eines Gesichtes besser unterscheiden als Jungen. Sie können zwei Gesichter leichter auseinanderhalten und unterscheiden besser zwischen realistischen und unrealistischen Strichzeichnungen von Gesichtern. Dieser Vorteil führt möglicherweise dazu, daß Mädchen sich ausdauernder mit Gesichtern beschäftigen. Da sie mehr Details wahrnehmen, verschafft ihnen das eine stärkere Stimulation als den Jungen. Jungen hingegen sind stärker als Mädchen an Gegenständen interessiert, an geometrischen Mustern, dreidimensionalen Formen, flackernden Lichtern und Farbphotographien von Gegenständen.

Ähnlich unterschiedliche Vorlieben beobachtete McGuinness bei Erwachsenen. Zusammen mit John Symonds testete sie Männer und Frauen mit einem Tachistoskop, einem Gerät, das zur gleichen Zeit jedem Auge ein anderes Bild zeigt. Zeigt man die Bilder nur sehr kurz, dann wetteifern sie um die Aufmerksamkeit des Gehirns, und das Gehirn nimmt nur das Bild wahr, welches es als das interessantere empfindet. McGuinness und Symonds testeten die Wahrnehmung ihrer Testpersonen, wenn das eine Bild eine Person, das andere einen Gegenstand darstellte. Fragte man hinterher, was die Testperson jeweils gesehen hatte, dann berichteten die Frauen häufiger, daß sie Personen, die Männer, daß sie Gegenstände wahrgenommen hätten.[11]

McGuinness äußert die Vermutung, daß dieser oder ein ähnlicher geschlechtsspezifischer Unterschied hinter zumindest einigen der unterschiedlichen Spielzeugpräferenzen bei Jungen und Mädchen steckt. Sie glaubt, daß Mädchen Spielsachen mögen, die wie Puppen einen »menschlichen« Reiz für sie bedeuten, während Jungen eher Spielsachen wählen, die ihr räumliches Vorstellungsvermögen ansprechen, zum Beispiel Autos, Laster und Bauklötze. Vor allem bevorzugen Jungen Spiele, bei denen etwas manipuliert wird – zum Beispiel einen Gegenstand mit der Hand zu bewegen und zu beobachten, was mit ihm während der Bewegung geschieht.

Aufgrund solcher Interessenunterschiede und solch unterschiedlicher Vorlieben lernen Jungen und Mädchen unter Umständen sehr verschiedene Dinge, auch wenn sie in ein- und derselben Umgebung aufwachsen. Sie »schaffen sich ihre eigene Umgebung«, um es mit den Worten der Psychologin Sandra Scarr von der Yale-University auszudrücken.[12] Bietet man ihnen dieselben Spielsachen an, dann wählen sie zum einen, womit sie spielen wollen, zum anderen, wie sie damit spielen wollen. Ein Junge wird zum Beispiel auch zuweilen mit Puppen spielen, meist jedoch nicht, um sie in ein Puppenhaus oder zum Teetrinken an einen Tisch zu setzen. Viel wahrscheinlicher ist, daß er die Puppe auf einen Laster setzt und diesen gegen die Wand rasen läßt, um zu beobachten, wie die Puppe durch die Luft fliegt.

Ich erinnere mich an den letzten Besuch bei meinem Bruder und dessen Familie. Um Mama eine kleine Pause zu gönnen, war ich mit den drei ältesten Kindern zum Spielen nach draußen gegangen. Der sechsjährige Richard hat eine Vorliebe für Baseball, und so warf ich ihm einen Ball nach dem anderen zum Schlagen zu. Die vierjährige Abigail rannte ein oder zwei Bällen nach, die meiste Zeit aber war sie vollauf damit zufrieden, daneben zu stehen und zuzusehen, auch dann, als ich sie fragte, ob sie nicht selbst einmal den Ball schlagen wolle. Der zweijährige Timothy dagegen war nicht davon abzubringen, immer wieder den Ball zu werfen und den Plastikschläger zu schwingen – mit wenig Erfolg zwar, doch mit viel Vergnügen. (Alle drei hatten übrigens viel für das Spiel übrig, bei dem Onkel Robert sie an den Knöcheln packt und so lange herumschleudert, bis ihm so schwindlig geworden ist, daß er nicht mehr stehen kann.) Jedes der drei Kinder hat sehr verschiedene – und stereotype – Vorstellungen davon, was es am liebsten spielt. Ja, es ist möglich, daß Abigail bereits mit vier Jahren gelernt hat, daß Baseball nur etwas für Jungen ist, aber ich glaube das nicht. Mit einem Schläger nach einem Ball zu zielen scheint ihr einfach keinen besonderen Spaß zu machen.

Kinder formen aber nicht nur ihre physische Umgebung. Sie spielen auch eine sehr aktive Rolle bei der Gestaltung ihres sozialen Umfelds: der Umgang mit Mama und Papa, das Spiel mit Freunden (und Onkeln), die Aufmerksamkeit gegenüber Lehrern. Wissenschaftler haben festgestellt, daß Kinder sich schon von Geburt an so verhalten, daß sie bei anderen bestimmte Reaktionen auslösen. Diese die Umwelt gestaltenden Verhaltensweisen unterscheiden sich häufig bei Jungen und Mädchen.

Bereits vom ersten Lebenstag an gibt es Dinge, die ein Baby tun kann, um die Aufmerksamkeit eines Erwachsenen zu erregen. Es kann schreien. Wenn man seine Handfläche mit einem Finger berührt, kann es ihn umfassen. Es kann Augenkontakt herstellen, indem es sich dem Gesicht des anderen zuwendet. Und bereits mit diesem beschränkten Repertoire ernten Jungen und Mädchen unterschiedliche Reaktionen seitens der Erwachsenen.

1979 berichteten Joan Hittelman und Robert Dickes vom Downstate Medical Center der State University of New York über eine Untersuchung an 15 neugeborenen Jungen und 15 neugeborenen Mädchen im Alter von 24 bis 36 Stunden. Da Augenkontakt das vielleicht erste Sozialverhalten ist, zu dem Babys fähig sind, und da andere Wissenschaftler festgestellt hatten, daß der Augenkontakt mit ihrem Neugeborenen für die Mutter äußerst befriedigend ist, beschlossen sie zu klären, ob ein Unterschied besteht zwischen der Art und Weise, wie Jungen sich dem Gesicht einer Person zuwenden und wie Mädchen dies tun.

Das Experiment wurde stets durchgeführt, wenn das Baby satt und hellwach war, und der Beobachter versuchte, in vier verschiedenen Positionen mit dem Kind einen Augenkontakt herzustellen – wenn das Baby im Kinderbett auf dem Rücken lag, wenn der Beobachter das auf dem Rücken liegende Baby in den Armen hielt, wenn es halbaufrecht gehalten wurde und wenn es aufrecht gehalten wurde. Über einen Zeitraum von vier Minuten wurde gezählt, wie häufig das Kind den Beobachter ansah und wie lange dies jeweils der Fall war. Bei der Analyse der Augenkontaktdauer am Ende des Experiments stellten Hittelmann und Dickes einen gravierenden Unterschied fest: Die Mädchen hielten den Augenkontakt über eine 50 Prozent längere Zeitspanne als die Jungen, sieben Jungen lagen unterhalb der Untergrenze der weiblichen Werte. Die Jungen sahen den Beobachter zwar genauso häufig an wie die Mädchen, stellten Hittelmann und Dickes fest, aber die Mädchen hielten den Kontakt länger.[13]

Das Wichtige an diesem Experiment, so die Forscher, ist die Erkenntnis, daß Jungen und Mädchen bereits in den ersten Lebenstagen unterschiedlich mit Erwachsenen interagieren, selbst wenn dies nur darauf zurückzuführen ist, daß das visuelle System bei Mädchen zum Zeitpunkt der Geburt etwas weiter entwickelt ist. Da aus anderen Forschungen hervorgegangen war, daß der Blickkontakt zwischen Eltern und Kind eine Schlüsselinteraktion der frühen Kommunikation ist, lösen Jungen und Mädchen möglicherweise bereits nahezu vom Zeitpunkt ihrer Geburt an unterschiedliches Verhalten bei den Eltern aus.

Dieses Muster zieht sich durch die gesamte Kindheit. Michael Lewis vom Educational Testing Service in Princeton, New Jersey, beobachtete zum Beispiel Kleinkinder und ihre Mütter und stellte dabei fest, daß die Frauen ihren drei Monate alten

Söhnen mehr körperliche Zuwendung zuteil werden ließen als ihren Töchtern.[14] Sie berührten die Jungen häufiger und hielten sie mehr im Arm, während sie die Mädchen mehr ansahen und mit ihnen sprachen. Dies ist vermutlich keine unbewußte Voreingenommenheit der Mutter, denn Lewis stellte auch fest, daß die Mädchen sehr viel stärker auf ihre Mütter reagierten als die Jungen, so daß sich die Mütter bei den Jungen verstärkt um eine Reaktion bemühen mußten. Und das wiederum könnte weitere Folgen für das kindliche Verhalten nach sich ziehen. Judith Rubenstein von der Boston University stellte beispielsweise fest, daß Kinder, die mehr körperliche Geborgenheit von der Mutter empfangen, mit erhöhter Wahrscheinlichkeit unternehmungslustiger sind und von Mama fortstreben.[15]

Den vielleicht stärksten Einfluß auf die Gestaltung seines sozialen Umfelds nimmt ein Kind durch die Wahl seiner Freunde. Bereits in den ersten Lebensjahren entwickeln Jungen und Mädchen den Hang, ihre Zeit mit Geschlechtsgenossen oder -genossinnen zuzubringen. Allem Anschein nach ist dieser Hang angeboren. Junge Primaten zum Beispiel verbringen sehr häufig mehr Zeit mit Altersgenossen desselben Geschlechts.[16] Bei Kindern, die im Mutterleib ungewöhnlichen Hormonkonzentrationen ausgesetzt waren, kehrt sich dieses Verhalten manchmal um. Homosexuelle beiden Geschlechts erinnern sich beispielsweise oft daran, in ihrer Kindheit den Umgang mit dem jeweils anderen Geschlecht vorgezogen zu haben, und in einer neueren Untersuchung berichtet Sheri Berenbaum, daß ein signifikanter Anteil von AGS-Mädchen sich bei der Wahl ihrer Spielkameraden eher wie Jungen verhielt. Die meisten AGS-Mädchen in ihrer Stichprobe verhielten sich in ihrer Wahl wie andere Mädchen, zehn Prozent von ihnen bevorzugten jedoch Jungen zum Spielen, was keines der anderen Mädchen in der Studie tat.[17] Die Trennung der Geschlechter ist in der menschlichen Kultur ein universelles Phänomen. Sogar in der westlichen Welt mit all ihren stereotypen Vorurteilen und Verhaltensmustern gibt es kaum Hinweise darauf, daß Eltern ihre Kinder dazu anhalten, mit Geschlechtsgenossen zu spielen. Die Kinder tun das von sich aus.

Hier wird die Frage nach angeborenem oder anerzogenem

Verhalten einmal anders betrachtet. Statt passiv aufzunehmen, was immer ihm die Umgebung anbietet, ist das Kind ein aktiver Teil dieser Umgebung – es entscheidet selbst (bewußt oder unbewußt), worauf es achten und reagieren will, und beeinflußt auf diese Weise sogar, wie andere Menschen mit ihm umgehen. Eine ganze Reihe von Wissenschaftlern ist der Ansicht, daß die geschlechtsspezifischen Unterschiede bei Erwachsenen ihre Wurzeln in der unterschiedlichen Art und Weise haben, wie Mädchen und Jungen beim Heranwachsen mit ihrer Umgebung interagieren.

Der männliche Vorteil beim räumlichen Vorstellungsvermögen zum Beispiel könnte zu einem Teil dadurch zustande kommen, daß Jungen mit Vorliebe etwas mit Gegenständen anstellen. Einen Baustein von allen Seiten und aus verschiedenen Winkeln zu betrachten und dann zu einem Gemäuer zusammenzufügen könnte die Entwicklung solcher Hirnbereiche unterstützen, die räumliche Fertigkeiten verarbeiten. Es gibt tatsächlich einige Hinweise darauf, daß dem so ist. Nora Newcombe von der Temple University in Philadelphia testete in einer Studie das räumliche Vorstellungsvermögen bei einigen Dutzend Studenten und verglich deren Testleistungen mit ihren Erfahrungen in verschiedenen entsprechenden Tätigkeitsbereichen, angefangen von der Schreinerei und dem Bauen von Modellflugzeugen bis hin zum Weben und zum Eiskunstlaufen. Im Durchschnitt war das räumliche Vorstellungsvermögen um so höher, je mehr dieser Aktivitäten ein Student ausübte.[18] Besonders stark war die Korrelation bei der weiblichen Hälfte.

Die Schwierigkeit bei solchen Untersuchungen ist allerdings, daß man nicht weiß, ob jemand sein gutes räumliches Vorstellungsvermögen deshalb hat, weil er viele Aktivitäten betrieben hat, die diese Fähigkeit trainieren, oder ob er diese Aktivitäten gewählt hat, weil er bereits über ein gutes räumliches Vorstellungsvermögen verfügt. Was man gut kann, tut man gern. Wenn Ihr Verstand räumliche Informationen mit Leichtigkeit verarbeitet, ist es wahrscheinlicher, daß Sie Spaß daran haben, mit Bausätzen zu spielen oder Hauspläne zu entwerfen. (Das heißt allerdings nicht, daß sich das räumliche Vorstellungsvermögen nicht durch Übung verbessern läßt.[19] Man hat festgestellt, daß das sowohl bei Jungen als auch bei Mädchen mit speziellem Training möglich ist. Eltern, die sicherstellen wollen, daß ihre Töchter ein gutes räumliches Vorstellungsvermögen entwikkeln, müssen allerdings unter Umständen mehr tun, als nur Bauklötze und Bausätze anzuschaffen.)

Bei Kindern, deren Gehirn für ein gutes räumliches Vorstellungsvermögen prädestiniert ist, hängt dieser Vorgang vermutlich von einem Wechselspiel zwischen Angeborenem und Angelerntem ab. Kinder mit einem von Natur aus guten räumlichen Vorstellungsvermögen spielen mit einiger Wahrscheinlichkeit gerne mit Bauklötzen und Legos, weil sie das befriedigt. Umgekehrt schärft das Spiel mit diesen Dingen wiederum diese Eigenschaft. Doch ähnlich wie das Baby mit dem grauen Star auf einem Auge wird ein Kind, das mit der Kapazität für ein gutes räumliches Vorstellungsvermögen geboren wurde und nie an entsprechenden Aktivitäten teilhat, dieses Talent niemals entwickeln können.

Und genau hier kommt womöglich die Trennung der beiden Geschlechter ins Spiel. Da ein großer Teil kindlichen Spiels nicht allein stattfindet, sondern zusammen mit anderen Kindern erfolgt, wird die Neigung eines Kindes, Spielkameraden vom selben Geschlecht zu wählen, auch die Art von Spiel beeinflussen, mit dem es sich beschäftigt. Julia Sherman vom Women's Research Institute of Wisconsin gab diesen Überlegungen den Namen »bent twig«-Hypothese[20]: »Wie der Ast geformt wird, so wächst der Baum.« Sie erklärt damit beispielsweise, wie ein natürlicherweise vorhandener männlicher Vorteil beim räumlichen Vorstellungsvermögen durch Sozialisationsprozesse verstärkt werden kann: Jungen beteiligen sich an Gruppenaktivitäten, und was die Gruppe zu tun hat, legt eine Art grob demokratischer Regeln fest. Wenn die Mehrheit der Jungen etwas tun will, dann werden das alle tun. Sogar die Abweichler nehmen das in Kauf, um in der Gruppe zu bleiben. Da die meisten Jungen gerne Dinge tun, die ihr räumliches Vorstellungsvermögen ansprechen, werden auch Jungen mit solchen Aktivitäten konfrontiert, die eine solche Veranlagung nicht haben. Als ich Teenager war, hatten die Jungen Spaß daran, an Autos herumzumontieren, meist in Gruppen zu zweit

317

oder zu mehreren, und die Notwendigkeit, sich vorstellen zu müssen, wie Kolben, Zylinder und Nockenwelle zusammengehörten, schulte bestimmt das räumliche Vorstellungsvermögen. Heute freilich sind Autos allem Anschein nach zu komplex und zu »computerisiert«, als daß eine Horde Teenager sie auseinandernehmen und wieder zusammenbauen könnte. Doch sicher haben andere Dinge (Videospiele?) ihren Platz eingenommen. Nach der »bent twig«-Hypothese wird ein kleiner angeborener geschlechtsspezifischer Unterschied durch ein solches Gruppenverhalten vergrößert. Wenn Jungen zu Beginn vielleicht ein bißchen mehr Spaß an räumlich orientierten Aktivitäten und einen minimalen Vorteil an räumlichem Vorstellungsvermögen haben, so kann sich dieser schlußendlich zu einem massiven Vorsprung auswachsen, weil sie Dinge unternehmen, die diese Fähigkeit schulen. Je besser die Fertigkeiten werden, um so wahrscheinlicher werden sie solche Aktivitäten in der Zukunft noch stärker bevorzugen, und so schließt sich der Kreis wieder. Die Neigung der Gesellschaft, die Geschlechter mit Stereotypen zu belegen, kann diesen Schneeballeffekt weiter verstärken: Wenn Jungen mit größerer Wahrscheinlichkeit Autos auseinandernehmen, dann wird das zur »Männersache«, und die Mädchen ziehen sich diesbezüglich zurück.

Im Mindestfalle garantiert diese Form von Geschlechtstypisierung verschiedener Aktivitäten, daß die meisten Jungen irgendwie mit Dingen wie beispielsweise Videospielen in Kontakt kommen, ob sie diese nun mögen oder nicht, während manche Mädchen, die daran vielleicht Spaß hätten, das niemals feststellen können. In Sex Differences in Cognitive Abilities schreibt die Psychologin Diane Halpern, daß ihre Tochter beim Eintritt in die achte Klasse vor der Wahl stand, technisches Zeichnen oder Hauswirtschaft zu belegen.[21] Beide Kurse waren für beide Geschlechter offen. Hätte sie jedoch technisches Zeichnen belegt, wäre sie das einzige Mädchen in dieser Klasse gewesen. Es gab keine Wahl, so Halpern: In einem Alter, in dem Kinder in einem besonderen Maße dem Druck der Altersgenossen ausgesetzt sind, gab es für ihre Tochter keine Möglichkeit, technisches Zeichnen zu wählen, obwohl sie dieses Fach vorgezogen hätte.

Betrachten Sie es als »stunted twig«-Hypothese: Hindert man einen Ast am Wachsen, so verkümmert er schließlich. Wenn ein Kind Wünsche oder Fähigkeiten hat, die seiner Geschlechtsnorm nicht entsprechen, dann besteht eine weit geringere Wahrscheinlichkeit, daß es diese verwirklicht, weil der positive Rückhalt durch die Altersgenossen fehlt. Ein Mädchen mit einem Talent für Dinge, die räumliches Vorstellungsvermögen voraussetzen, wird dieses Talent möglicherweise nie entwikkeln, weil keine ihrer Freundinnen dasselbe tut.

Die Trennung der Geschlechter ist natürlich keine absolute Regel, und so manches Mädchen spielt mit Jungen (Jungen spielen allerdings nur selten mit Mädchengruppen). Meine Frau erzählt, daß sie als kleines Kind mit den Jungen aus der Nachbarschaft Basketball und Football gespielt habe; die Jungen klingelten an der Haustür und fragten: »Darf Amy zum Spielen kommen?« In der vierten Klasse war sie schneller als jeder Junge, und in der sechsten Klasse gewann sie einen Sportwettkampf an ihrer Schule, an dem Jungen und Mädchen teilnehmen.

Sobald die Kinder jedoch älter werden, verbringen sie mehr Zeit in eingeschlechtlichen Gruppen, und das erzeugt, wie Janet Lever von der Northwestern University berichtet, einen Unterschied bei jenen Fähigkeiten, die sie nunmehr entwickeln.[22] Das betrifft vor allem soziale Fähigkeiten. Lever hatte das Spielverhalten bei Fünftkläßlern untersucht und dabei festgestellt, daß Jungen durch Baseball und andere Jungensportarten lernten, in großen Gruppen auf ein gemeinsames Ziel hinzuarbeiten, nach festen Regeln zu spielen und mit anderen Jungengruppen in Wettstreit zu treten. Die Mädchen wurden durch ihre Spiele stärker zur Interaktion in kleinen Gruppen vorbereitet, in denen die einzelnen Mitglieder sich nach den Bedürfnissen der anderen richteten und den offenen Wettkampf so gering wie möglich hielten. Die unterschiedlichen Fertigkeiten, die sich beide Geschlechter auf diese Weise aneignen, so Lever, können durchaus Unterschiede hinsichtlich der Fähigkeiten zur Folge haben, mittels derer sie später als Erwachsene ihren Beruf und soziale Interaktionen bewältigen werden.

All das macht es unmöglich, das Angeborene vom Angelernten

zu trennen, wenn man herauszufinden versucht, weshalb Mädchen und Junge, Mann und Frau so verschieden sind. Mit Sicherheit sind die beiden Geschlechter beim Heranwachsen einem unterschiedlichen Umfeld ausgesetzt, doch das ist zumindest teilweise ihr eigenes Werk. Janice Juraska hatte es bei ihren Ratten festgestellt: Eine identische Umgebung kann Männchen und Weibchen dazu bringen, sich unterschiedlich zu entwickeln.

* * *

Eine der häufigsten Fragen, die mir von Leuten gestellt wurden, die erfahren hatten, daß ich ein Buch über geschlechtsspezifische Unterschiede schrieb, war: »Wieviel ist denn nun angeboren, und wieviel ist erlernt?« Ich erklärte dann immer, daß es unmöglich sei, beides voneinander zu trennen, und versuchte, die Wechselwirkung von Biologie und Umwelt zu erklären. So wies ich beispielsweise darauf hin, daß Jungen und Mädchen viel Zeit mit gleichgeschlechtlichen Spielkameraden verbringen und auf welche Weise das die Sozialisation in unterschiedliche Richtungen lenken kann. Doch oft genügt diese Erklärung nicht. Der Betreffende verlangt eine viel praxisorientiertere Antwort, denn eigentlich stellt er im Grunde die wirklich praxisnahe Frage: Wenn wir Männer und Frauen genau gleich behandelten – wie viele von den geschlechtsspezifischen Unterschieden wären dann noch vorhanden?
Sogar viele Wissenschaftler, die sich damit beschäftigen, sind sich darüber uneins, vor allem, wenn es um spezielle Unterschiede geht: Wieviel von dem männlichen Vorsprung in Mathematik an Schule und Universität würde verschwinden, wenn wir uns nur von der Idee befreien könnten, daß Mathematik eine Jungenangelegenheit ist? Wieviel der weiblichen Fürsorglichkeit fiele in andere Hände, würde man Jungen nur lehren, daß es keine reine Frauensache ist, Kinder zu versorgen? Wären Männer weiterhin soviel aggressiver als Frauen, versuchte man Jungen und Mädchen in gleichem Maße vom Kämpfen abzuhalten? Verlören Frauen ihre verbale Überlegenheit, wenn Eltern es nur fertigbrächten, mit Jungen und Mädchen in gleichem Maße zu reden?

Natürlich ist es unmöglich, auf irgendeine dieser Fragen genau zu antworten. Doch die Forschung der vergangenen zehn Jahre läßt zumindest einige grobe Schlüsse zu. Die meisten Wissenschaftler, mit denen ich gesprochen habe, würden sicher der eher vorsichtigen Stellungnahme beipflichten: Würden Jungen und Mädchen in einer Welt aufwachsen, in der Eltern, Lehrer und Gesellschaft sie als Individuen behandelten und nicht als Vertreter ihres jeweiligen Geschlechts, dann bestünden noch immer einige offensichtliche Unterschiede zwischen den Geschlechtern. Sie wären kleiner als heute, aber sie gingen nicht verloren.

Angesichts dieses ziemlich heiklen Themas möchte ich noch einmal betonen, daß ich lediglich über geschlechtsspezifische Unterschiede bei geistigen und psychologischen Merkmalen spreche, nicht aber über die Anzahl der Männer und Frauen in verschiedenen Berufszweigen, nicht darüber, wie Männer und Frauen bezahlt werden, und nicht darüber, wer die Hausarbeit macht und die Kinder versorgt. Diese sozialen und ökonomischen Gesichtspunkte stehen auf einem ganz anderen Blatt. Ich ziehe auch nicht die Möglichkeit in Betracht, daß Eltern oder die Gesellschaft als Ganzes Jungen und Mädchen unterschiedlich behandeln könnten, um gemeinsam geschlechtsspezifische Unterschiede auf immer verschwinden zu lassen – zum Beispiel indem man Mädchen Kurse zur Förderung des räumlichen Vorstellungsvermögens anbietet und Jungen lehrt, fürsorglicher und weniger aggressiv zu werden.

Hinweise darauf, daß es natürliche Unterschiede zwischen beiden Geschlechtern gibt, die auch in einer nichtsexistischen Welt bestehen blieben, kommen aus verschiedenen Richtungen. In Kapitel 4 haben wir den wohl überzeugendsten Beweis kennengelernt: die Untersuchungen an den AGS-Frauen, die im Mutterleib einer ungewöhnlichen hormonellen Umgebung ausgesetzt waren. AGS-Mädchen zum Beispiel werden genau wie andere Mädchen großgezogen, dennoch bevorzugen sie Jungenspielzeug gegenüber Mädchenspielsachen, erweisen sich häufig als burschikos, und ihre Leistungen beim Lösen jener oft zitierten dreidimensionalen Rotationsprobleme liegen mit denen der Jungen nahezu gleichauf. Da sich dies

allem Anschein nach mit den Überlegungen der Sozialisationstheorie nicht erklären läßt, schließen Forscherinnen wie Sheri
Berenbaum daraus, daß die Einwirkung von Testosteron im
Mutterleib eine bedeutende Rolle dabei spielt, das Spielverhalten von Jungen anders zu gestalten als das von Mädchen,
und vermutlich auch für die männliche Überlegenheit hinsichtlich des räumlichen Vorstellungsvermögens bewirkt.

Die AGS-Studien geben keine Auskünfte darüber, ob Testosteron das räumliche Vorstellungsvermögen unmittelbar, durch
die Veränderung von Regelkreisen im Gehirn also, oder eher
mittelbar beeinflußt, etwa dadurch, daß es das Vergnügen
erhöht, das ein Kind beim Umgang mit Gegenständen empfindet. Andere Arbeiten deuten darauf hin, daß ersteres zutreffen
könnte: daß Testosteron das Gehirn während der Entwicklung
umgestaltet und ihm einen »räumlichen Schubs« versetzt. Bei
Studien mit AGS-Frauen konnten Berenbaum und andere
Wissenschaftler keine Korrelation zwischen dem räumlichen
Vorstellungsvermögen und einem entsprechenden Spielverhalten im Kindesalter feststellen, das diese Fähigkeit geschult
haben könnte.[23]

Zwei Wissenschaftlerinnen aus Boston, Beth Casey und Mary
Brabeck, arbeiteten mit einer Gruppe von Studentinnen, die
beim Lösen dreidimensionaler Rotationsaufgaben ebensogut
abschnitten wie Männer, und stellten fest, daß Erfahrungen in
Schreinerei oder Modellbau das räumliche Vorstellungsvermögen nicht per se verbesserten. Vielmehr sei es so, erklärten sie,
daß solche Tätigkeiten nur bei jenen Frauen zu einem besseren
räumlichen Vorstellungsvermögen beitrugen, die ohnehin allem Anschein nach eine biologische Prädisposition dafür
besaßen.[24] Zusammen mit Berenbaums Arbeiten ergibt sich aus
diesen Berichten, daß es zwar nicht ausreicht, mit Bausätzen zu
spielen oder Autos zu reparieren, um ein räumliches Vorstellungsvermögen zu entwickeln, daß aber solche Tätigkeiten bei
Menschen, die bereits über ein natürliches Talent in dieser
Richtung verfügen, durchaus dazu beitragen können, diese
Fähigkeit zu vertiefen.

Zusätzlich zu den sogenannten »Experimenten der Natur«, wie
AGS-Mädchen, XY-Frauen und Frauen mit dem Turner Syn-

drom, liefert die Natur selbst noch einige weitere direkte Hinweise auf geschlechtsspezifische Unterschiede, und zwar bei den nächsten Verwandten des Menschen, den Affen. Primaten stehen in genetischer Hinsicht dem Menschen sehr nahe. Die DNA von Mensch und Schimpanse ist beispielsweise zu mehr als 98 Prozent identisch,[25] und abgesehen von den psychischen Ähnlichkeiten (wer hat noch nicht im Zoo einem Schimpansen in die Augen geblickt und das Gefühl enger Verbundenheit verspürt?) gleichen sich Affe und Mensch auch in verschiedenen Verhaltensweisen. Auch wenn die Existenz paralleler Verhaltensweisen kein Beweis dafür ist, daß sie auf denselben Faktoren beruhen, so gehen Wissenschaftler doch davon aus, daß es vielleicht einfach einen biologischen Grund hat, wenn Menschen sich wie Affen benehmen.

Spielerische Raufereien und Balgereien sind das beste Beispiel. Bei nahezu allen Affenarten krakeelen junge Männchen weit mehr herum als junge Weibchen, jagen einander und raufen sich im Spiel. Die Beständigkeit, mit der man dieses Muster beobachtet, und die nahe Verwandtschaft mit dem Menschen legen nahe, daß es vermutlich das Testosteron im Mutterleib ist, das für manch schrecklichen sechsjährigen Rabauken verantwortlich zeichnet.

Doch selbst bei den Affen ist Testosteron nicht der einzige Auslöser der Rauflust: Wie beim Menschen haben auch hier die Spielkameraden etwas damit zu tun. David Goldfoot und Deborah Neff von der University of Wisconsin beobachteten junge Rhesusaffen, die in Fünfergruppen lebten.[26] Bestand eine solche Gruppe nur aus Weibchen, gab es kaum Raufereien. Befanden sich in einer Gruppe zwei oder mehr Männchen, balgten diese untereinander, und die Weibchen hielten sich mehr oder weniger heraus. Gab es jedoch nur ein Männchen und vier Weibchen, beteiligten sich die Weibchen bis zu einem gewissen Grad an Balgereien. Offenbar zetteln also die Männchen solche Kämpfe an, und wenn sie die Wahl haben, raufen sie lieber mit anderen Männchen. Wenn aber nur Weibchen zur Verfügung stehen, versucht ein einzelnes Männchen, diese in seine Art zu spielen hineinzuziehen, und bis zu einem gewissen Grad kommen sie ihm entgegen.

Ausgewachsene Affenmännchen sind im allgemeinen weit aggressiver als Weibchen. Gruppen von Schimpansenmännchen töten häufig einen einzelnen Außenseiter, den sie in ihrem Revier antreffen. Jane Goodall berichtet von einem Fall, in dem eine Schimpansengruppe eine zweite vollständig auslöschte, indem sie einen nach dem anderen allein abpaßte und tötete.[27] Wiederum sind die Beständigkeit des Verhaltensmusters und die Nähe zum menschlichen Verhalten starke Hinweise darauf, daß Gewalt und Aggressivität bei Männern mehr ist als ein reines Sozialisationsprodukt.

Die Kehrseite der Aggressivität bei Affenmännchen ist die Tatsache, daß die Weibchen um so fürsorglicher sind und sehr viel mehr Verantwortung bei der Aufzucht der Jungen übernehmen. Bei den Jungen ist das »spielerische Bemuttern« ein wichtiger Aspekt des weiblichen, nicht aber des männlichen Spielverhaltens. In der Regel sind es die jungen Weibchen, welche die Säuglinge knuddeln und herumtragen.[28] Bei einjährigen Rhesusaffen nähern sich Weibchen den Säuglingen drei bis fünfmal so häufig und berühren sie.[29] Man kann durch die Beobachtung des spielerischen Pflegeverhaltens bei den Jungen einer Spezies tatsächlich Rückschlüsse darauf ziehen, wie stark die Väter sich an der Aufzucht beteiligen: bei Tierarten, in denen die Väter tatsächlich beteiligt sind, zeigen auch junge Männchen Pflegeverhalten.[30]

Ebenso wie das spielerische Raufen kann auch das Pflegeverhalten bei Affen den sozialen Umständen entsprechend variieren.[31] In einem Experiment setzte man ein Rhesusaffenmännchen in einen Käfig, der mit einem zweiten Käfig durch einen Gang verbunden war. In diesen zweiten Käfig legte man ein »verlassenes« Neugeborenes. Erwachsene Rhesusaffenmännchen erwiesen sich als ebenso fürsorglich wie erwachsene Weibchen: Sie durchquerten den Gang zum anderen Käfig genauso schnell und nahmen das Junge ebenso rasch auf wie die Weibchen. Setzte man aber Männchen und Weibchen in den Käfig, dann war es stets das Weibchen, das sich um das Junge bemühte. Sogar Männchen, die das Junge getröstet hatten, solange kein Weibchen anwesend war, nahmen es dann nicht mehr zur Kenntnis. (Diese Affen sind ganz schön menschlich, nicht wahr? Ich muß allerdings hinzufügen, daß, soweit ich das bislang beobachten konnte, viele Väter der gegenwärtigen Generation die Verantwortung für ihre Kinder teilen und ihre Babys auch dann auf den Arm nehmen oder mit ihnen herumalbern, wenn Mama im Zimmer ist. Vielleicht fangen die Menschen ja an, sich über Affen hinauszuentwickeln.)

Falls Menschen dem Verhaltensmuster der Affen folgten, müßten Mädchen eine größere Veranlagung zum »Bemuttern« der Kleinen haben als Jungen. Einer der größten Unterschiede zwischen kleinen Jungen und kleinen Mädchen besteht darin, daß Mädchen mit Puppen spielen, ein Verhalten, das dem spielerischen Bemuttern bei Affen stark ähnelt. Ist das nun angeboren oder angelernt? Zweifellos sind Eltern eher bereit, ihren Töchtern Puppen zu schenken, und bringen Jungen vielleicht eher davon ab, damit zu spielen, doch die Hinweise von AGS-Mädchen zeigen, daß das Spiel mit Puppen sehr stark von Hormoneinflüssen im Mutterleib abhängig ist und daß Eltern damit nur einen geschlechtsspezifischen Unterschied verstärken, der bereits vorhanden ist. Diese Vorstellung ist für viele Feministinnen ein Graus, aber eine Reihe von Wissenschaftlern – darunter auch Frauen – nehmen sie durchaus ernst.[32]

Der Unterschied im Pflegeverhalten scheint besonders deutlich beim Umgang mit Säuglingen in Erscheinung zu treten. Väter geben sich häufig gerne mit anderthalbjährigen oder größeren Kindern ab, aber wie die Soziologin Alice Rossi feststellte, sind es auch in Familien, in denen die Erziehungspflichten aufgeteilt sind, meist die Mütter, die im ersten Lebensjahr das Baby am innigsten betreuen und auch den meisten Spaß daran haben.[33]

Trotz allem zeigt die Forschung auch, daß Männchen lernen können, Junge zu betreuen und dies auch gerne zu tun. Zahlreiche Untersuchungen an Ratten, Affen und Menschen kommen zu dem Schluß, daß männliches Pflegeverhalten zunimmt, wenn die Männchen den Jungen verstärkt ausgesetzt sind.[34] Das Pflegeverhalten scheint stärker noch als das räumliche Vorstellungsvermögen oder sogar die Aggression durch die

Umwelt beeinflußt zu werden. Der elterliche Antrieb ist bei Frauen allem Anschein nach stärker als bei Männern, was jedoch nicht heißt, daß sie die bessere Elternhälfte sind.

Um von den Primaten wieder zum Menschen zu kommen: Es gibt eine einigermaßen indirekte, aber dennoch sehr wirkungsvolle Möglichkeit, die Beteiligung von Angeborenem und Angelerntem an der Entstehung geschlechtsspezifischer Unterschiede zu vergleichen. In Kapitel 6 haben wir darüber schon etwas erfahren, und zwar bei den Studien von Michael Bailey und Richard Pillard mit ein- beziehungsweise zweieiigen Zwillingen und Adoptivgeschwistern, anhand derer sie eine Vorstellung davon bekommen wollten, inwieweit Homosexualität erblich ist. Die Verhaltensgenetik vergleicht Menschen, die miteinander verwandt sind, und solche, die nicht miteinander verwandt sind, um Aussagen darüber zu bekommen, wieviel von der menschlichen Variabilität auf der Biologie beruht und wieviel auf das Umfeld zurückzuführen ist.

»Alles ist zu 50 Prozent Genetik«, meint Bailey.[35] »Ich nenne das ›Baileys Gesetz‹.« Er beruft sich dabei auf eine Berechnung der Verhaltensgenetiker, derzufolge die Variationsbreite bei zahlreichen geistigen und psychischen Eigenschaften zu ungefähr 50 Prozent auf Gene zurückzuführen ist, die andere Hälfte auf die Umwelt. Manchmal ist es ein bißchen mehr, manchmal weniger, doch wenn man die genaue Zahl nicht kennt, kann man getrost 50 Prozent vermuten und liegt damit recht gut.

Dabei handelt es sich um die Resultate eines breiten Spektrums an Untersuchungen. Die aussagekräftigsten und die bekanntesten sind die sogenannten Zwillingsstudien an getrennt aufgewachsenen Zwillingen.[36] Dabei testet man eineiige und zweieiige Zwillinge, die als Babys getrennt und in verschiedene Hände gegeben wurden. Da eineiige Zwillinge dieselben Gene haben, ist es möglich, deren genetischen Einfluß einzuschätzen: Man untersucht eineiige Zwillinge, die in verschiedenen Umgebungen aufgewachsen sind, und vergleicht sie zum Beispiel mit zweieiigen Zwillingen, die gemeinsam oder getrennt aufgewachsen sind, oder mit eineiigen Zwillingen, die gemeinsam aufgewachsen sind. Die Verhaltensgenetiker untersuchen auch Adoptivgeschwister, um ein Maß dafür zu bekommen, welchen

Effekt ein gemeinsames familiäres Umfeld auf Kinder hat, die keine gemeinsamen Gene besitzen.

Diese Zwillingsstudien haben zum Teil so gespenstische Ähnlichkeiten aufgedeckt, daß sie sogar in die Schlagzeilen des *National Enquirer* gerieten. Zum Beispiel der Fall der beiden Zwillinge namens Jim, die vier Wochen nach der Geburt getrennt wurden.[37] Die beiden Jims waren 39 Jahre alt, als sie sich wiedertrafen, beide waren ein zweites Mal verheiratet, beider Ehefrauen hießen Betty. Der Name der ersten Frau war in beiden Fällen Linda gewesen. Beide hatten einen Sohn namens James – James Allan und James Alan. Beide gaben an, Mathematik sei ihr Lieblingsfach in der Schule gewesen, beide hatten im Keller eine Hobby-Schreinerwerkstatt, und beide sahen gerne Autorennen, rauchten Salems und bevorzugten die Biersorte Miller Lite.

Nun wird niemand behaupten wollen, es gäbe »Namengene« – eines für die Namen der Kinder, eines für den Namen des Ehepartners und noch ein weiteres für den Namen des zweiten Ehepartners –, aber die anderen Details könnten mehr sein als bloßer Zufall. Vermutlich gibt es eine genetische Veranlagung zum Rauchen und Trinken,[38] und die Gene für die Geschmacksknospen haben sicher Einfluß darauf, welche Marken einem am besten schmecken. Die meisten Wissenschaftler würden der Vorstellung zustimmen, daß die Vorliebe eines Menschen für Mathematik oder Holzarbeiten in gewissem Maße von Genen kontrolliert wird, und aus neueren Untersuchungen geht hervor, daß sogar die Wahrscheinlichkeit für eine Scheidung von Genen beeinflußt sein könnte.[39]

Doch abgesehen von solch haarsträubenden Übereinstimmungen wie der Tatsache, daß beide Jims in ihren jeweiligen Heimatgemeinden in Ohio als Teilzeit-Stadträte beschäftigt gewesen waren und denselben kleinen Strand in der Nähe von St. Petersburg, Florida, für ihre Ferien bevorzugten, bieten getrennt aufgewachsene Zwillinge den Forschern Gelegenheit, bei Menschen mit gleichen Genen, aber unterschiedlicher Erziehung objektive Werte zu vergleichen: beispielsweise den IQ oder bestimmte Persönlichkeitszüge. Thomas Bouchard von der University of Minnesota hat beispielsweise die Jim-Zwillinge getestet und festgestellt, daß ihre Ergebnisse bei vielen Tests so dicht beieinanderliegen, daß man annehmen könnte, es handle sich um ein- und dieselbe Person.

Aus den Daten von Dutzenden getrennt aufgewachsener Zwillinge in Kombination mit anderen genetischen Untersuchungen können Bouchard und andere Wissenschaftler ihrer Ansicht nach in vielen Bereichen dem Angeborensein und dem Erlerntsein grobe Werte zuordnen. Am intensivsten wurde in diesem Zusammenhang die Intelligenz untersucht. Die IQ-Werte getrennt aufgewachsener Zwillinge stimmen nach einigen neueren Studien zu etwa 80 bis 90 Prozent überein. Mit anderen Worten: Wenn Sie mit einem eineiigen Zwilling zusammen aufwachsen, wird dessen IQ-Wert im Normalfall mit dem Ihren identisch sein.

Wieviel davon ist nun das Ergebnis gemeinsamer Gene, und wieviel ist das Ergebnis eines gemeinsamen Umfelds?[40] Untersuchungen an getrennt aufgewachsenen Zwillingen stellen eine Übereinstimmung von mehr als 70 Prozent fest – beinahe so hoch wie die Übereinstimmung bei zusammen aufgewachsenen Zwillingen. In zwei verschiedenen Familien aufzuwachsen, verschiedene Schulen zu besuchen, verschiedene Freunde zu haben und dergleichen mehr hat also bei den Leistungen in IQ-Tests kaum eine Wirkung. In Zahlen ausgedrückt: Wissenschaftler schätzen, daß bei Menschen, die in Amerika oder in anderen westlichen Ländern aufgewachsen sind, etwa drei Viertel der Variationsbreite bei der Intelligenz auf Gene zurückgeführt werden können.

Sprachliche und räumliche Fähigkeiten sind weit weniger erblich als der IQ, zeigen aber immer noch eine starke Abhängigkeit von Genen.[41] Eine neuere schwedische Studie über getrennt aufgewachsene Zwillinge stellt fest, daß nahezu 60 Prozent der individuellen Variabilität hinsichtlich sprachlicher Eigenschaften, nahezu die Hälfte des räumlichen Vorstellungsvermögens und ungefähr 60 Prozent der Perzeptionsgeschwindigkeit sich den Genen zuschreiben lassen. Das Gedächtnis scheint eine geringere genetische Komponente zu besitzen: Hier lag die Vererbbarkeit bei weniger als 40 Prozent.[42]

Charaktereigenschaften sind weniger biologisch bedingt und

stärker umweltabhängig als kognitive Fähigkeiten.[43] Die Vererbbarkeit liegt hier bei 40 bis 50 Prozent, wobei Geselligkeit, Emotionalität und Vitalität am stärksten vererbbar zu sein scheinen. Eine neuere Zwillingsstudie von Wissenschaftlern der University of Southern California setzt die Vererbbarkeit von Maskulinität bei 40 bis 50 Prozent und von Femininität etwas geringer, bei 20 bis 30 Prozent, an.[44] (In dieser Untersuchung bedeutete Maskulinität das Vorhandensein von Eigenschaften wie Dominanz und Selbstsicherheit, während Femininität auf Fürsorglichkeit, zwischenmenschliche Wärme und ähnlich expressive Eigenschaften hinauslief. Psychologen definieren Maskulinität und Femininität unterschiedlich, und die Begriffe beziehen sich oft auf nichts anderes als auf solche psychologischen Eigenarten, die mit einer größeren Wahrscheinlichkeit bei Männern vorkommen als bei Frauen und umgekehrt.)

Für viele Leute sind diese Zahlen überraschend, wenn nicht gar schockierend. In der westlichen Gesellschaft ging man lange Zeit davon aus, daß sich ein großer Teil der Variabilität bei geistigen und psychologischen Eigenschaften des Menschen auf unterschiedliche Umwelteinflüsse zurückführen läßt. Nun aber gibt es Hinweise darauf, daß ein Großteil der Variabilität hinsichtlich der Intelligenz auf Gene zurückzuführen ist. Selbst so persönliche Eigenschaften wie Extrovertiertheit oder Introvertiertheit sind genau zur Hälfte genetisch bedingt.[45]

Das ist noch nicht alles. Die übrigen 25 oder 50 Prozent der tatsächlich auf Umweltfaktoren beruhenden Variabilität haben ihre Wurzeln nicht dort, wo die meisten Leute sie vermuten würden, nämlich in der Familie, die Brüder und Schwestern gleichermaßen beeinflußt. Vergleicht man zusammen und getrennt aufgewachsene Zwillinge oder nicht miteinander verwandte Kinder (adoptierte Geschwister), die in der gleichen Familie aufgewachsen sind, mit Leuten, die nicht verwandt und in verschiedenen Familien aufgewachsen sind, bekommt man ein Maß für das, was die Verhaltensgenetiker als »gemeinsam erlebte Umweltfaktoren« bezeichnen. Darunter versteht man alle Einflüsse, denen Geschwister im selben Haus ausgesetzt sind: die intellektuelle Anregung durch die Eltern, die zu Hause vermittelten Werte, physische Faktoren wie Ernährung etc.

Die Wissenschaft ist sich darüber einig: Diese Faktoren tragen so gut wie nichts zur Verstandesleistung eines Menschen bei.[46] Die IQ-Werte nicht miteinander verwandter Adoptivgeschwister, die in derselben Familie aufgewachsen sind, korrelieren zu etwa zwei Prozent, liegen also nicht wesentlich dichter beisammen als die IQ-Werte einander völlig fremder Menschen. Bei Charaktereigenschaften beträgt die Übereinstimmung zwischen biologisch nicht miteinander verwandten Geschwistern im Durchschnitt etwa fünf Prozent.

Es trifft zwar zu, daß Kinder zu Beginn ihres Lebens den Einfluß des Elternhauses reflektieren, diese Effekte verschwinden aber mit zunehmendem Alter. Das Texas Adoption Project, in dessen Rahmen man die Entwicklung von einigen hundert Adoptivkindern von der Kindheit bis zum Erwachsensein verfolgt hat, kam zu dem Schluß, daß die IQ-Werte von Adoptivgeschwistern im Kindesalter eine Korrelation aufwiesen, die stärker war, als man vermutet hatte. In einer Nachfolgeuntersuchung zehn Jahre später aber, als die Kinder im Durchschnitt 18 Jahre alt waren, bestand so gut wie überhaupt keine Korrelation mehr zwischen ihnen und ihren Adoptivgeschwistern.[47] Der elterliche Einfluß auf die Leistungen eines Kindes bei Intelligenz- und Persönlichkeitstests ist im Kindesalter am stärksten[48] und verblaßt beinahe vollständig, bis die Kinder selbst erwachsen sind. Was immer die umweltbedingten Faktoren auch sein mögen, die Verstand und Gefühle eines Menschen beeinflussen, »gemeinsam erlebte Umweltfaktoren« sind es jedenfalls nicht.

Die Wissenschaft diskutiert noch, welche Faktoren es dann sein könnten. Aller Wahrscheinlichkeit nach gehören dazu Einflüsse von außerhalb (Freunde, Lehrer, das Fernsehen) ebenso wie Erfahrungen innerhalb des Elternhauses, die von Kind zu Kind unterschiedlich sind. Natürlich behandeln Eltern Kinder nicht genau gleich. Das erstgeborene Kind wird allem Anschein nach grundsätzlich sehr viel anders behandelt als seine Geschwister, die erst folgen, wenn Mama und Papa ihre Elternrolle souverän im Griff haben. Und es ist ein großer Unterschied, ob man als Erstgeborener das Haus die ersten Lebensjahre für sich hat und keine älteren Geschwister da sind, von denen man etwas lernen kann, ob man als mittleres Kind aufwächst oder gar als Nesthäkchen. Es könnten auch biologische Einflüsse außerhalb der Genetik sein, meint Michael Bailey. Das Milieu im Mutterleib ist von Kind zu Kind verschieden, selbst Zwillinge haben unter Umständen je nach ihrer Lage im Mutterleib ein unterschiedliches embryonales Umfeld. Solche Faktoren können unter Umständen die Gehirnentwicklung beeinflussen.

Keines der verhaltensgenetischen Ergebnisse läßt sich direkt auf die Diskussion um angeborenes oder erlerntes Verhalten anwenden, aber sie vermitteln einige allgemeine Richtlinien. Sie sagen uns, daß bei einer Gruppe von Menschen, die in einem relativ ähnlichen Umfeld aufwachsen, beispielsweise Amerikaner des Mittelstandes, die Gene für mindestens die Hälfte der Variabilität ihrer sprachlichen Leistungen oder ihres räumlichen Vorstellungsvermögens verantwortlich sind, während das Umfeld weniger als die Hälfte der zwischen ihnen bestehenden Unterschiede erklärt. Betrachtet man aber Menschen aus einem sehr unterschiedlichen Umfeld – Amerikaner und Japaner zum Beispiel oder die Kinder wohlhabender Eltern im Vergleich zu Kindern, die mitten in der Großstadt von alleinerziehenden Eltern großgezogen werden –, dann würde man einen größeren Unterschied erwarten und der Umgebung bei dessen Entstehung eine größere Bedeutung beimessen. Doch selbst dann wären immer noch Gene für einen Großteil der Variabilität verantwortlich. Für die Entstehung geschlechtsspezifischer Unterschiede läßt sich daraus lernen, daß bei Menschen mit ähnlichem Hintergrund die Biologie die Hauptrolle bei der Entstehung von Fähigkeiten sprachlicher Art oder des räumlichen Vorstellungsvermögens spielt, während die Umgebung dabei nur unterstützende Funktion hat. Selbst bei einem Kind aus einer Familie mit einer wohlausgestatteten Bibliothek und einem anderen aus einer Familie, in der die Fernseh-Illustrierte die einzige Lektüre ist, wird, wenn beide erwachsen sind, der Unterschied zwischen ihnen mehr biologischer als erzieherischer Natur sein.

Es ist immer noch möglich, daß sich ein gewisser Prozentsatz des geschlechtsspezifischen Unterschieds bei sprachlichen

Fertigkeiten oder beim räumlichen Vorstellungsvermögen auf die unterschiedliche Behandlung von Mädchen und Jungen zurückführen läßt. Die Verhaltensgenetik lehrt uns jedoch, daß, solange Menschen in einer relativ ähnlichen Umgebung aufwachsen, der größte Teil der Variabilität ihrer geistigen Eigenschaften und auch ein großer Teil ihrer psychologischen Eigenschaften angeboren ist. Damit die Erziehung einen großen Unterschied zwischen einzelnen Individuen erzeugen könnte, müßten die Unterschiede zwischen den jeweiligen Umfeldern erheblich sein. Maßnahmen wie eine unterschiedlich starke Ermutigung seitens der Eltern oder unterschiedliches Spielzeug mögen zwar im Einzelfall etwas bewirken, aber insgesamt gesehen fallen sie nicht sonderlich ins Gewicht.

Hier kommt nun die Frage ins Spiel, wie groß der Unterschied bei der Erziehung von Mädchen und Jungen nun wirklich ist. Sind die Unterschiede zwischen den beiden Umfeldern so groß, als ob es sich um zwei völlig verschiedene Länder wie beispielsweise Schweden und den Sudan handelte? Oder sind sie nicht größer als der Unterschied zwischen den Smiths und den Johnsons am Ende der Straße?

In den vergangenen 40 Jahren haben Hunderte von Wissenschaftlern Berichte darüber verfaßt, wie Eltern Söhne und Töchter behandeln, angefangen von den Disziplinierungsmaßnahmen, die jedem Geschlecht zuteil werden, bis hin zur Ermunterung, die sie bei ihrer schulischen Arbeit erfahren und wofür sie von den Eltern belohnt werden. Es gleicht einer Herkulesarbeit, das alles zu einem Bild zusammenzufügen. Aber zwei Forscher von der University of Calgary in Alberta haben das tatsächlich geschafft.

1991 veröffentlichten Hugh Lytton und David Romney einen Artikel, der einen Überblick über 172 Arbeiten enthielt, die seit 1952 publiziert worden waren und sich alle mit der Untersuchung geschlechtsspezifischer Sozialisationsunterschiede in Nordamerika, Europa und Australien befaßten.[49] Mit einem speziellen statistischen Verfahren kristallisierten sie aus dieser riesigen Datenmasse eine Gesamtaussage heraus, die allerdings Zweifel an der Vorstellung aufkommen läßt, daß Mädchen und Jungen in unterschiedlichen Umfeldern heranwachsen.

Nur in einem einzigen Punkt, so stellten Lytton und Romney fest, behandeln Eltern Jungen und Mädchen wirklich sehr unterschiedlich: Sie lehren ihre Kinder, daß Mädchen und Jungen sich entsprechend den gesellschaftlichen Vorstellungen von adäquatem Rollenverhalten benehmen sollen. In den Vereinigten Staaten bedeutet das, daß Mädchen in Kleider gesteckt werden, die Haare lang wachsen lassen und Make up tragen dürfen, Jungen hingegen nicht. Kleine Jungen lehrt man, durchzuhalten, nicht zu weinen, Anführer zu sein. Mädchen nicht. Töchter helfen kochen, nähen und putzen. Söhne tragen Müll hinaus und helfen im Garten. Jungen werden zu Jungenspielen ermutigt, vor allem beim Sport, und erhalten mit größerer Wahrscheinlichkeit Jungenspielzeug geschenkt. Mädchen schenkt man Puppen, Teegeschirr und Küchenutensilien. Mädchen wachsen in der Erwartung auf, zu heiraten und Kinder zu bekommen, Jungen lernen, daß sie eine Arbeit finden und Karriere machen müssen. Diese Unterschiede bestanden schon in den fünfziger Jahren und gelten – wenn auch weniger kategorisch – im großen und ganzen noch heute.

Über diese Ermunterung zu jeweils adäquatem Rollenverhalten hinaus konnten Lytton und Romney jedoch wenig Unterschiede feststellen. In Nordamerika werden Söhne mit etwas größerer Wahrscheinlichkeit geschlagen oder in anderer Form körperlich gezüchtigt als Töchter. Jungen werden stärker zu Leistungen angespornt, schärfer diszipliniert und mehr Restriktionen unterworfen, Mädchen werden wärmer behandelt und stärker zur Unselbständigkeit erzogen. Doch alle diese Unterschiede sind geringfügig. In jeder Sparte finden manche Wissenschaftler Unterschiede, andere hingegen nicht, und manchmal kommen sie auch zu völlig entgegengesetzten Ergebnissen. So fanden zum Beispiel einige Wissenschaftler, daß Unselbständigkeit im Grunde bei Jungen stärker gefördert wird als bei Mädchen, andere stellten fest, daß Mädchen stärker zu Leistungen angespornt wurden als Jungen. Das Bild der Ergebnisse war alles andere als konsistent. Trotz aller Stereotypen aber, so folgerten Lytton und Romney, behandeln die Eltern einer westlichen Gesellschaft ihre Töchter und Söhne mit Ausnahme dessen, daß sie ihnen die gesellschaftlichen Erwartungen hinsichtlich des jeweiligen Rollenverhaltens vermitteln, nicht allzu unterschiedlich.

Reicht das aus, um die beobachteten geschlechtsspezifischen Unterschiede bei kognitiven und psychologischen Fähigkeiten zu erzeugen? Viele Wissenschaftler bezweifeln das angesichts der Tatsache, daß sämtliche umweltbedingten Einflüsse, geschlechtsbelastet oder nicht, weniger als die Hälfte der Variabilität von kognitiven Fähigkeiten ausmachen. »Im Hinblick auf alle vorliegenden Befunde«, so formulierten es Lytton und Romney sehr vorsichtig, »können wir unsere Augen nicht vor der Möglichkeit verschließen, daß biologische Prädispositionen einen Teil der bestehenden geschlechtsspezifischen Unterschiede erklären könnten.«

Der Großteil der Forschung zum Thema geschlechtsspezifische Unterschiede hat eine Schwäche: Er beschäftigt sich, ebenso wie Lytton und Romney, nur mit der westlichen Gesellschaft. Aus anderen Kulturkreisen, zum Beispiel aus östlichen Ländern wie Japan, China und Korea liegen nur wenige Untersuchungen vor, und noch weniger gibt es aus der Dritten Welt. Haben Frauen in Bangladesch ein besseres räumliches Vorstellungsvermögen als Männer? Übertreffen auch in Botswana die Männer beim Lösen dreidimensionaler Rotationsprobleme die Frauen? Wir wissen es nicht.

Es wäre äußerst aufschlußreich, Männer und Frauen in verschiedenen Kulturkreisen miteinander zu vergleichen. Wir wissen zum Beispiel, daß es sehr gewalttätige Völker gibt, zum Beispiel die Yanomamo aus Venezuela, und ausgesprochen friedfertige wie die Semai aus Malaysia.[50] Gibt es in einem dieser Stämme geschlechtsspezifische Unterschiede bei der Aggression? Falls nicht, sollten wir fragen, welche Aspekte unserer Kultur für einen solchen Unterschied verantwortlich sind. Und falls die Anthropologen jemals eine Gruppe von Menschen finden sollten, bei der die Frauen deutlich aggressiver sind als die Männer, würden wir annehmen, daß geschlechtsspezifische Unterschiede bei der Aggression nicht durch die Biologie zustande kommen, sondern durch die Art und Weise, wie Männer und Frauen erzogen werden.

Das ist die Grundüberlegung bei kulturübergreifenden Untersuchungen. Falls ein bestimmtes menschliches Verhalten kulturell bedingt ist, müßte es sich von einer Gesellschaft zur nächsten unterscheiden. Um ein reichlich törichtes Beispiel zu geben: Angenommen, man habe Ihnen erzählt, daß es einen biologischen Grund dafür gebe, daß Frauen Kleider tragen und Männer Hosen, und der Betreffende würde behaupten, dabei handle es sich um einen natürlichen hormonbedingten Unterschied. Um diese Behauptung zu überprüfen, muß man lediglich die Daten von verschiedenen menschlichen Kulturen aus der ganzen Welt sammeln und vergleichen. Falls Sie feststellen, daß in einer Reihe von Kulturen die Männer rockähnliche Kleidung tragen, können Sie den Zusammenhang von Kleidung und Hormonen vergessen.

Umgekehrt, wenn Sie feststellen, daß ein bestimmtes Verhalten quer durch die Kulturen mehr oder minder universell zu finden ist, dann können Sie ziemlich sicher sein, daß dafür eine biologische Disposition besteht. So bedienen sich zum Beispiel alle menschlichen Kulturen einer gesprochenen Sprache. Das heißt, daß Sprechen offenbar etwas ist, das Menschen von Natur aus tun.

Andererseits verfügen aber nicht alle Kulturen über eine geschriebene Sprache, was heißt, daß Schreiben bei weitem nicht so naturgegeben ist.

Wie naturgegeben sind die geschlechtsspezifischen Unterschiede?

Davon können wir eine brauchbare Vorstellung bekommen, wenn wir das anhand eines Beispiels quer durch die Kulturen verfolgen.

Der beständigste kulturübergreifende Unterschied betrifft die Aggression. In allen bekannten Kulturen sind Männer gewalttätiger als Frauen.[51] In den Vereinigten Staaten und in anderen westlichen Gesellschaften sind die Männer für den Löwenanteil an Morden und Totschlagsdelikten verantwortlich. Etwa 86 bis 88 Prozent aller wegen Mord und Totschlag verhafteten und angeklagten Personen sind Männer.[52] Und wenn eine Frau jemanden tötet, dann ist es fast immer ein Ehemann oder ein Freund, aber nie ein Fremder. Das nahezu rein männliche

Monopol bei Mord ist kein westliches Phänomen. Lassen Sie uns die friedlichen !Kung San der Kalahari-Wüste betrachten, einen Stamm von Jägern und Sammlern, die ziemlich genauso leben, wie nach Ansicht der Anthropologen vor zehn- bis zwanzigtausend Jahren die gesamte Menschheit gelebt haben dürfte. (Das »!« ist ein phonetisches Symbol für einen schnalzenden Klang, der in unserer Sprache keine Entsprechung hat.) Bei den !Kung San, die für sexuelle Gleichberechtigung bekannt sind, wurde von 22 Morden berichtet, die ausnahmslos von Männern begangen worden waren. Auch die Opfer waren, außer in drei Fällen, Männer.[53] Manche Gesellschaften sind gewalttätiger und aggressiver als andere, aber innerhalb der Gesellschaften ist das Muster dasselbe: Männer sind das barbarischere Geschlecht.

Solch einhellige Übereinstimmung kann nur bedeuten, daß ein biologischer Mechanismus am Werk ist. Man kann darüber streiten, ob eine bestimmte Gesellschaft den natürlicherweise vorhandenen geschlechtsspezifischen Unterschied bei der Aggression verstärkt oder dämpft, doch er bleibt in jedem Fall bestehen.

Andere soziale geschlechtsspezifische Unterschiede sind weniger stark kulturübergreifend ausgeprägt, doch einige davon sind sehr beständig. Eine der besten kulturübergreifenden Untersuchungen geschlechtsspezifischer Unterschiede ist ein 1973 von Beatrice Whiting und Carolyn Pope Edwards verfaßter Bericht über das Verhalten von Kindern im Alter von drei bis elf Jahren in sechs verschiedenen Ländern der Erde: Kenia, Okinawa, Indien, den Philippinen, Mexiko und den Vereinigten Staaten.[54] Außer der Tatsache, daß Jungen auf der ganzen Welt körperlich und verbal aggressiver waren, fanden Whiting und Pope einige andere verläßliche Muster.

Mädchen waren unselbständiger als Jungen. Kleinere Mädchen im Alter von drei bis sechs Jahren fragten mit größerer Wahrscheinlichkeit um Hilfe als Jungen. Dieser Unterschied verschwand jedoch mit zunehmendem Alter. Alle Mädchen waren stärker als Jungen auf physischen Kontakt aus: auf Berührung und Umarmungen. Die Jungen hatten ihre eigene Form von Anhänglichkeit, berichten Whiting und Edwards. Sie buhlten, insbesondere als sie älter wurden, mehr um Aufmerksamkeit und Zuwendung und versuchten, in ihrer Umgebung positive oder negative Reaktionen zu provozieren. Kurz: Jungen und Mädchen haben unterschiedliche Formen der Interaktion. Diese Unterschiede treten bereits in jungen Jahren in Erscheinung und sind quer durch die verschiedensten Kulturen mit großer Regelmäßigkeit zu finden.

Der andere deutliche Unterschied bestand darin, daß Mädchen sich gegenüber anderen Menschen fürsorglicher verhielten als Jungen. Sie waren stets sehr viel bereitwilliger, ihre Hilfe in Form von Essen, Werkzeugen oder Spielsachen anzubieten oder Trost und Unterstützung zu gewähren. Der Unterschied nahm mit zunehmendem Alter der Kinder zu, und Whiting und Edwards schrieben diesen Trend der Tatsache zu, daß die Gesellschaften Mädchen als Vorbereitung auf die spätere Mutterschaft stärker auf Fürsorglichkeit gegenüber Säuglingen trainierten. Als Beweis dafür wiesen die Forscher auf zwei Ausnahmen von dieser Regel hin: Gesellschaften, in denen Jungen und Mädchen gleichermaßen Hilfe und Unterstützung anboten. Dabei handelte es sich um Kenia, wo kleine Jungen genauso halfen, wie die Mädchen, Säuglinge zu betreuen, und eine kleine Stadt in Neuengland, in der die Familien klein waren und die Mädchen sich nur wenig mit Kleinkindern abgaben.

Whiting und Edwards schlossen daraus, daß geschlechtsspezifische Unterschiede, die die Aggression und das Berührungsverhalten betreffen, mit größter Wahrscheinlichkeit biologische Ursachen haben. Der geschlechtsspezifische Unterschied bei der Fürsorglichkeit aber wird ihrer Ansicht nach durch kulturbedingte Erwartungen zumindest verstärkt und ist vielleicht sogar insgesamt nur darauf zurückzuführen, daß von jungen Mädchen einfach erwartet wird, daß sie bei der Kinderbetreuung helfen.

Zu geschlechtsspezifischen Unterschieden bei kognitiven Fähigkeiten gibt es nur wenige kulturübergreifende Untersuchungen. Eine davon wurde kürzlich in den Vereinigten Staaten und in Japan durchgeführt.[55] Gemeinsam mit drei japanischen Kollegen entwarf Virginia Mann von der University of California in Irvine eine Testserie in englischer und japanischer Sprache, die sie Highschool-Schülern beider Länder präsentierte. In beiden Ländern übertrafen die Jungen die Mädchen im Lösen dreidimensionaler Rotationsprobleme, während die Mädchen die Jungen in ihrer Wortgewandtheit ebenso übertrafen wie beim Wiedergeben von Geschichten. Auch bei einem Test auf Erinnerungsvermögen schnitten die Mädchen besser ab.

Diese Untersuchung machte aber vor allem auch deutlich, welche große Rolle die Erziehung für spätere Leistungen haben kann: Die japanischen Studenten – von Lehrern und Eltern zu Höchstleistungen angespornt – übertrafen die Amerikaner mit großer Beständigkeit. Bei den Rotationsproblemen war der Unterschied so groß, daß die Leistungen der japanischen Mädchen sogar über denen der amerikanischen Jungen lagen. Im übrigen aber zeigte sich auch hier sehr deutlich, wo die Natur ihre Hand im Spiel hat: Obwohl Kinder in Amerika und Japan sehr unterschiedlich erzogen werden, war bei den Studenten beider Länder das Muster der geschlechtsspezifischen Unterschiede bei den kognitiven Fähigkeiten sehr ähnlich.

Welche geschlechtsspezifische Unterschiede also blieben bestehen, wenn unsere Gesellschaft alle Menschen ohne Ansehen ihres Geschlechts einfach nur als Individuen behandeln würde? Jungen blieben immer noch Jungen, mit ihrem rauhbeinigen Spiel und ihrer Faszination für den Umgang mit Gegenständen, angefangen vom Spiel mit Bauklötzen und Autos bis hin zum Anfertigen von Modellflugzeugen und dem Wettstreit im Videospiel. Mädchen wären immer noch mehr an Menschen als an Dingen interessiert und würden weiterhin gerne mit Puppen spielen. Die von Carol Gilligan und Deborah Tannen definierten psychologischen Unterschiede – denen zufolge Frauen mehr Aufmerksamkeit den Bedürfnissen anderer und dem Netz von Beziehungen widmen, Männer hingegen eher auf Regeln von richtig und falsch und auf Hierarchien eingeschworen sind – blieben womöglich unangetastet.

Frauen behielten den größten Teil oder gar ihre gesamte verbale Überlegenheit, und Männer hätten noch immer einen Vorteil beim räumlichen Vorstellungsvermögen. Ein Teil des männlichen Vorsprungs in höherer Mathematik würde vermutlich schwinden, denn er hat allem Anschein nach in den letzten Jahrzehnten bereits abgenommen, aber Jungen würden vermutlich noch immer unter den besten Mathematikschülern die Führung beanspruchen. Männer blieben hinsichtlich ihrer Intelligenz von höherer Variabilität als Frauen.

Männer wären noch immer aggressiver und verübten mehr Gewaltverbrechen als Frauen. Frauen wären weiterhin fürsorglicher zu Säuglingen, auch wenn sich in mancher Hinsicht die beiden Geschlechter in ihren fürsorgenden Eigenschaften ähnlicher würden. Alles weist darauf hin, daß Hilfsbereitschaft sowohl bei Männern als auch bei Frauen erlernt ist, daß aber Mädchen mehr darauf hingewiesen werden.

Es sieht so aus, als würde sich die Welt nicht besonders dramatisch verändern, wenn man beide Geschlechter gleich behandeln würde. Doch so möchte ich mich nicht verstanden wissen. Zwar blieben diese statistischen Unterschiede vorhanden, doch viele von ihnen, wenn nicht sogar alle, wären vermutlich kleiner.

Die Konsequenzen daraus könnten für den einzelnen von sehr großer Bedeutung sein. Es gibt bestimmt viele Mädchen mit einem guten räumlichen Vorstellungsvermögen und guten Anlagen zur Mathematik, die diese Interessen niemals weiterverfolgen und ihr Talent niemals entwickeln, weil sie die Vorstellung einschüchtert, sich auf ein »männliches« Gebiet zu wagen.

Ich habe auch nichts darüber gesagt, wie viele Unterschiede zwischen beiden Geschlechtern durch aktives Eingreifen beseitigt werden könnten. Wir wissen, daß sich räumliches Vorstellungsvermögen durch Trainieren verbessern läßt. Das heißt, daß sich dieser geschlechtsspezifische Unterschied durchaus verringern ließe, wenn Mädchen und Jungen ein solches Training erhielten. Dasselbe gilt mit großer Wahrscheinlichkeit auch für andere Gebiete. In einer gewaltfreien Gesellschaft wären die Männer unter Umständen noch immer aggressiver als die Frauen, aber wahrscheinlich wäre der Unterschied längst nicht mehr so kraß.

Wenn ich relativ wenig über die Rolle der Umwelteinflüsse auf Jungen und Mädchen geschrieben habe, so nicht etwa, weil das unwichtig wäre, sondern einfach deshalb, weil das ein anderes Buch wäre. Die Frage hier ist, welche Rolle die Natur bei der Entstehung von Unterschieden zwischen Mann und Frau spielt. Die Antwort ist: eine entscheidende.

Kapitel 10

Echos der Vergangenheit

Weshalb sind Mann und Frau verschieden? Janice Juraska, Sheri Berenbaum, Elizabeth Hampson, Laura Allen, Christina Williams und alle anderen, denen wir bis hierher begegnet sind, liefern uns eine bestimmte Art von Antworten. Sie fragen nach geschlechtsspezifischen Unterschieden im Gehirn, danach, wie Hormone den Verstand in weibliche oder männliche Richtungen lenken. Das ist ein Ansatz, der einem Ingenieur gefallen würde: Wie sieht der Entwurf für ein Gehirn aus? Und wie unterscheidet sich dieser Entwurf bei Männern und Frauen?

Aber es gibt auch eine andere Art zu fragen, eine, die über das »Wie« hinausgeht und danach fragt, was all das zu bedeuten hat, eher eine Frage für Philosophen denn für Ingenieure. Gibt es einen Grund dafür, steckt ein besonderer Sinn dahinter, daß Männer und Frauen so verschiedene Wesen sind? Was sagt uns das Vorhandensein geschlechtsspezifischer Unterschiede über Herz und Seele der Menschheit?

Auch auf diese Fragen gibt es Antworten, die in den vergangenen Jahren an Kontur gewonnen haben – wenn sie auch spekulativer sind. Zugegeben, diese Antworten sind nicht von kosmischer Bedeutung und bergen keine metaphysische Wahrheit. Diese finden wir nach wie vor noch am ehesten in der Bibel, im Koran oder einer anderen religiösen Schrift. Wenn Sie aber nur ein bißchen besser verstehen wollen, weshalb wir sind, wer wir sind und was dazu geführt hat, daß Mann und Frau so verschiedene Geschöpfe sind, dann lesen Sie weiter.

Meine eigene Suche nach einer Antwort führte mich zu Steve Gaulin, einem Evolutionsbiologen von der University of Pittsburgh. Gaulin verbrachte einen großen Teil seiner Laufbahn damit, die Evolution geschlechtsspezifischer Unterschiede zu betrachten, und hat in den vergangenen zehn Jahren eine Reihe von Experimenten durchgeführt, um herauszufinden, weshalb sich in manchen Spezies ein geschlechtsspezifischer Unterschied beim räumlichen Orientierungsvermögen herausbildet, in anderen hingegen nicht. An einem Winternachmittag saß ich bei ihm zu Hause in Pittsburgh am Eßzimmertisch und sprach mit ihm über jene Kräfte, die Mann und Frau verschieden machen.

Unser Gespräch begann langsam und gemächlich. Gaulin erzählte mir ein bißchen aus seinem Leben – wie er mit 16 Jahren die Highschool verließ, um zu heiraten, im Alter von 18 Jahren Vater zweier Kinder war und die Familie als Vermessungsgehilfe einer großen Tiefbau-Firma ernährte. Doch er wollte mehr vom Leben, holte seinen Abschluß nach und schrieb sich mit 21 Jahren im Long Beach State College ein. Zwei Jahre später wechselte er zur University of California in Berkeley und erhielt dort seinen Bachelor of Arts in Anthropologie und Psychologie. Er vollendete seine Ausbildung in Harvard mit einer Dissertation über das Freßverhalten von Brüllaffen. Heute ist er 45 Jahre alt, ordentlicher Professor der University of Pittsburgh, hochangesehener Evolutionsforscher und Großvater.

Nach diesem biographischen Exkurs sprachen wir kurz über einige Studien zu geschlechtsspezifischen Unterschieden, mit denen er sich beschäftigt hatte, und auch über ein von ihm erworbenes Stück Land in Arizona. Und hin und wieder sahen wir aus dem Fenster zu den vier Vogelhäuschen in seinem Garten und betrachteten ihren steten Besucherstrom – Spatzen, Juncos, Meisen, Goldzeisige, Zaunkönige und ein ungewöhnlich farbenprächtiges Spechtpärchen. Gaulin, ein leidenschaftlicher Vogelbeobachter, unterwies mich in der feineren Kunst der Vogelbestimmung. Er wies mich auf das leuchtende Weiß eines auffliegenden Juncos hin und erklärte mir, daß ich zu früh gekommen sei, um die Goldzeisige in ihrem schönsten Kleid anzutreffen. Jetzt (Anfang Februar) war ihr Gefieder von einem dunklen Senfbraun, in einem Monat aber, sobald die Paarungszeit beginnt, würden sie leuchtend gelb sein – allerdings nur die Männchen. Wie so viele Vögel weisen auch die Goldzeisige einen deutlichen geschlechtsspezifischen Unterschied im Gefieder auf, und ebenso wie die meisten Arten mit geschlechtsspezifischen Unterschieden befolgen auch sie die »Florida-Rentner-Regel«: Die bunten Jacken tragen immer die Männchen.

Doch so sehr Gaulin auch Vögel liebt, seinen Ruf erwarb er sich mit der Arbeit an einem ganz anderen Getier. Somit verlassen wir das Thema Vogelhäuschen und beginnen über räumliches Orientierungsvermögen zu reden, über geschlechtsspezifische Unterschiede und über Wühlmäuse.

Zu den Wühlmäusen rechnet man kurzbeinige, kleine, stämmige Mäuse und Mäuseartige. Gaulin hatte sie für seine Studien ausgewählt, weil die verschiedenen Arten in ihrem Paarungsverhalten ein breites Spektrum an Verhaltensmustern aufweisen. Bei manchen Arten stecken die Männchen größere Reviere als die Weibchen ab, bei anderen ist das nicht der Fall. Gaulin ging von der Annahme aus, daß das räumliche Orientierungsvermögen mit der Größe des Territoriums in Zusammenhang stehen müsse. Er stellte die Hypothese auf, daß dann ein geschlechtsspezifischer Unterschied beim räumlichen Orientierungsvermögen bei solchen Spezies bestehen müßte, bei denen die Männchen mehr Gelände beanspruchten als die Weibchen, nicht aber bei jenen Spezies, bei denen das Revier von Männchen und Weibchen gleich groß ist.

Gaulin konzentrierte sich zur Überprüfung dieser Hypothese auf zwei häufig vorkommende Wühlmausarten. Die Wiesenwühlmaus ist im wesentlichen ein Einzelgänger. Beide Geschlechter leben für sich, stecken sich ihre eigenen Reviere ab und versuchen, Wühlmäuse des eigenen Geschlechts daraus fernzuhalten. Im typischen Falle beansprucht das Männchen ein großes Revier, in dem die Reviere mehrerer Weibchen enthalten sind; mit diesen Weibchen wird er sich paaren. Die zweite Art, die Kiefernwühlmaus, lebt in Gruppen aus einem trächtigen Weibchen, mehreren geschlechtsreifen Männchen und verschiedenen Mitgliedern einer ausgedehnten Familie. Alle Gruppenmitglieder, Männchen wie Weibchen, haben dasselbe Revier. Falls Gaulins Hypothese stimmte, dann müßte es bei der Wiesenwühlmaus einen geschlechtsspezifischen

Unterschied bezüglich des räumlichen Orientierungsvermögens geben, bei der Kiefernwühlmaus hingegen nicht.

Zusammen mit seinem Kollegen Randy FitzGerald untersuchte Gaulin zunächst Populationen der beiden Wühlmausarten in freier Wildbahn. Sie fingen rund 20 Vertreter jeder Spezies und statteten sie mit Miniatursendern aus, um die jeweilige Reviergröße zu bestimmen. Ihre Daten standen im Einklang mit den Berichten anderer Forscher: Bei der Wiesenwühlmaus gab es zwischen Weibchen und Männchen einen großen Unterschied bei der Reviergröße, bei der Kiefernwühlmaus hingegen keinen. Danach fingen Gaulin und FitzGerald die Mäuse erneut und brachten sie ins Labor, um ihr räumliches Orientierungsvermögen zu testen. Sie verwendeten dazu ein Labyrinth, das so angelegt war, daß es dieselbe Form von Richtungssinn voraussetzte, den die Wühlmäuse auch in freier Wildbahn benötigten, um herumzustreifen, nach Futter Ausschau zu halten und doch immer wieder nach Hause zu finden. Man trainierte die Wühlmaus zunächst darin, einem Zickzackpfad von einem zentralen Punkt aus bis zu seinem Ende zu folgen, wo ein Stückchen Futter bereitlag. Dann wurde das Labyrinth verändert, so daß die Wühlmaus, wenn sie sich an dem zentralen Punkt befand, nunmehr mit 18 Armen konfrontiert war, die von dort in verschiedenen Winkeln ausgingen. Einer der Arme wies genau auf die Stelle, an der vorher das Futter gelegen hatte. Der ursprüngliche Weg wurde blockiert, und so bestand die Aufgabe für die Wühlmaus darin, herauszufinden, welcher der 18 Arme in die richtige Richtung wies. Die Leistung wurde jeweils danach beurteilt, wie nahe die Maus der richtigen Richtung mit zwei Versuchen gekommen war.

Als Gaulin schließlich die Leistungen der Mäuse im Labyrinthversuch getrennt nach Geschlecht und Spezies analysierte, fand er genau das, was er vorhergesagt hatte: Bei den Wiesenwühlmäusen, bei denen das Männchen das größere Revier besitzt, hatten die Männchen einen besseren Richtungssinn als die Weibchen. Bei den Kiefernwühlmäusen gab es zwischen den beiden Geschlechtern keinen Unterschied.[1] Gaulin und FitzGerald haben dieses Experiment auch mit einer anderen Art von Labyrinth und mit einer weiteren monogamen Spezies, den

Präriewühlmäusen unternommen.[2] Die Ergebnisse waren dieselben. Bei der Spezies, bei der das Männchen einen größeren Bereich beanspruchte als das Weibchen, schnitten die Männchen im Laborlabyrinth besser ab, während es bei der anderen Spezies keinen solchen Unterschied gab.

Dieser geschlechtspezifische Unterschied ist nach Gaulins Ansicht angeboren und nicht dadurch verursacht, daß die Männchen mancher Spezies mehr navigatorische Praxis erwerben als die Weibchen, weil sie ein größeres Revier abdecken. Er verglich, wie sich Wühlmäuse aus freier Wildbahn im Vergleich zu im Labor gezüchteten Wühlmäusen im Labyrinth zurechtfanden.[3] Wühlmäuse, die ihr ganzes Leben im Käfig zugebracht haben, kommen ebensogut zurecht wie ihre frei lebenden Verwandten. Das heißt, daß die Leistungen im Laborlabyrinth nicht dadurch verbessert werden, daß sich die Maus zuvor in ihrem natürlichen Habitat hatte bewegen können.

Hinzu kommt, daß eine von Gaulins Mitarbeiterinnen, Lucy Jacobs, im Gehirn weiblicher und männlicher Wühlmäuse einen physiologischen Unterschied nachgewiesen hat, der offenbar mit dem Unterschied beim räumlichen Orientierungsvermögen eng verbunden ist.[4] Er besteht im Hippocampus, einer kleinen Gehirnregion, die bei Nagern, Vögeln und anderen Tieren eine entscheidende Rolle beim Erlernen räumlicher Gegebenheiten spielt. »Wenn Sie den Hippocampus ausschalten, findet ein Tier nicht einmal mehr aus einer Papiertüte heraus«, berichtet Gaulin und spielt damit auf eine Reihe von Tests an, die andere Wissenschaftler zur Rolle des Hippocampus durchgeführt haben. Jacobs stellte in Zusammenarbeit mit Gaulin, David Sherry und Gloria Hoffman fest, daß der Hippocampus bei männlichen Wühlmäusen größer ist als bei Weibchen, jedoch nur bei jenen Spezies, bei denen ein Unterschied beim räumlichen Orientierungsvermögen festzustellen ist. Bei Wühlmausarten, bei denen Männchen und Weibchen einen gleich guten Richtungssinn hatten, war der Hippocampus von gleicher Größe.

Die Lehre aus Gaulins Experiment: Wenn eine Art einen geschlechtsspezifischen Unterschied entwickelt, dann deshalb, weil für Männchen und Weibchen unterschiedliche

Bedürfnisse bestehen. In diesem Falle müssen männliche Wühlmäuse mancher Spezies (jener, bei denen die Männchen sich mit mehr als einem Weibchen zu paaren suchen) in der Lage sein, sich über weitere Strecken zu orientieren als die Weibchen, und deshalb hat die Evolution in jenen Spezies dazu geführt, daß die Männchen ein besseres Orientierungsvermögen haben. Bei anderen Spezies besteht keine Notwendigkeit zu einem solchen geschlechtsspezifischen Unterschied, da Männchen und Weibchen Territorien von derselben Größe kontrollieren. Und siehe da: Bei diesen Spezies gibt es keinen geschlechtsspezifischen Unterschied.

Die Grundidee ist nicht neu, so Gaulin. Darwin selbst hatte festgestellt, daß bei manchen Spezies das eine Geschlecht größer oder farbenprächtiger ist als das andere beziehungsweise ein anderes Merkmal besitzt – Geweih, Mähne oder einen prächtigen Schwanzschmuck –, über das das andere Geschlecht nicht verfügt. Die meisten augenfälligen geschlechtsspezifischen Unterschiede stehen in irgendeinem Bezug zur Fortpflanzung, insbesondere zum reproduktiven Wettbewerb.[5] Bei vielen Vogel- und Fischarten konkurrieren die Mitglieder eines Geschlechts (in aller Regel des männlichen, gelegentlich aber auch des weiblichen) miteinander, um das andere Geschlecht anzulocken.[6] Dieses wird nun wiederum wählerischer, wenn es darum geht, das Männchen mit dem passenden Äußeren auszusuchen. Das kompetitivere Geschlecht entwickelt dann im Laufe der Evolution ins Auge springende Verzierungen, die von bloßer Farbenpracht, wie im Falle des Goldzeisig-Fracks, bis hin zu solch barocker Überladenheit wie einem Pfauenschwanz reichen.

Bei vielen Säugetieren verläuft dieser Wettstreit weitaus direkter: Die Männchen kämpfen miteinander, entweder um ein Revier oder um eine Gruppe von Weibchen.[7] Das führt zu geschlechtsspezifischen Unterschieden, die sich von den rein dekorativen der Vögel unterscheiden: Männliche Säugetiere sind im allgemeinen größer und aggressiver als die Weibchen und tragen manchmal sogar Waffen, die sie im Kampf einsetzen. Pavianmännchen zum Beispiel haben sehr viel größere Eckzähne als die Weibchen. Hirsche tragen ein Geweih zur Schau. Und

See-Elefanten-Männchen, die einen blutigen Kampf um ein Stück Strand mit Dutzenden oder Hunderten von Weibchen kämpfen, sind dreimal so groß wie diese und haben außerdem eine riesige rüsselähnliche Nase, die sie im Kampf einsetzen. Solche geschlechtsspezifischen Unterschiede, erklärt Gaulin, entstehen im Rahmen der normalen Evolution einer Spezies, wenn auch mit einem besonderen Trick. Eine Art entwickelt sich im Laufe der Evolution weiter, weil ihre einzelnen Mitglieder sich in ihren Merkmalen ein wenig unterscheiden. Einige dieser Unterschiede sind »hilfreicher« als andere, und zwar in dem Sinne, daß sie die Überlebens- und Fortpflanzungschancen eines Einzeltiers erhöhen und es ihm ermöglichen, seine Gene an die nächste Generation weiterzugeben. Mit der Zeit werden sich die Gene für die günstigeren Merkmale in der Art ausbreiten, die Gene für weniger günstige Eigenschaften hingegen werden allmählich ausgedünnt. Zufallsmutationen an den Genen sorgen dafür, daß neue Merkmale entstehen können, die entweder erhalten bleiben oder verworfen werden, je nachdem, ob sie für Überleben und Fortpflanzung nützlich sind oder nicht.

Dieser Vorgang allein reicht aber nicht aus, um eine Erklärung für die Entstehung geschlechtsspezifischer Unterschiede innerhalb einer Art zu liefern. Wenn ein Wühlmausmännchen ein Gen für ein außerordentliches Orientierungsvermögen besitzt oder ein Goldzeisig ein Gen für ein strahlenderes Gelb in seinem Gefieder, dann gibt er dieses Gen an alle seine Nachkommen weiter, an Weibchen und Männchen. (Außer natürlich, wenn das Gen sich auf dem Y-Chromosom befindet. Doch wie wir im dritten Kapitel gesehen haben, sind außer dem »Männlichkeitsschalter« und einem anderen Gen mit unbekannter Funktion bisher keine Gene auf dem Y-Chromosom gefunden worden, die nicht auch auf dem X-Chromosom vorhanden wären, so daß es recht unwahrscheinlich ist, daß geschlechtsspezifische Unterschiede auf Gene zurückzuführen sind, die auf dem Y-Chromosom lokalisiert sind. Zumindest gilt das für den Menschen, doch scheint bei den meisten anderen Säugetieren ein ähnliches Arrangement zu bestehen.)

Das ist der Punkt, an dem die Geschlechtshormone ins Spiel

kommen. Da Weibchen und Männchen im Mutterleib und auch im späteren Leben sehr unterschiedlichen Hormonkonzentrationen ausgesetzt sind, erlaubt ein einfacher Trick einer Spezies, bei beiden Geschlechtern unterschiedliche Merkmale auszuprägen: Angenommen, die Aktivität bestimmter Gene würde durch Geschlechtshormone beeinflußt. Ist viel Testosteron oder ein anderes männliches Hormon vorhanden, dann veranlaßt dies ein hormonsensitives Gen zu einer bestimmten Aktivität; gibt es wenig Testosteron oder vielleicht auch viel Östrogen, dann macht das Gen etwas anderes. Vermutlich geschieht bei der Wiesenwühlmaus genau das, bemerkt Gaulin. Wahrscheinlich besitzen Wühlmausmännchen und -weibchen dieselben Gene für die Gehirnentwicklung, aber das Männchen hat am Ende ein besseres räumliches Orientierungsvermögen, denn die Hormone haben einige dieser Gene dazu veranlaßt, im männlichen Gehirn manche Dinge anders zu strukturieren.[8]

Gaulin sieht darin den Schlüssel zur Entstehung von geschlechtsspezifischen Unterschieden im Verlauf der Evolution: Gene, deren Wirkungen durch die Menge an Geschlechtshormonen modifiziert werden. Auf diese Weise kann sich ein Merkmal – der Goldzeisig-Frack, die Größe des See-Elefanten, das räumliche Orientierungsvermögen der Wiesenwühlmaus – bei beiden Geschlechtern ganz unterschiedlich entwickeln.

Gaulins Entdeckung bei den Wühlmäusen macht deutlich, daß Tiere geschlechtsspezifische Unterschiede ihrer Intelligenzmuster – in diesem Falle des räumlichen Orientierungsvermögens – aus mehr oder minder denselben Gründen entwickeln können wie geschlechtsspezifische Unterschiede bei physischen Kriterien. Das bedeutet, daß Weibchen und Männchen sich im Laufe der Evolution dann in unterschiedliche Richtungen entwickeln, wenn es für beide Geschlechter von Nutzen ist, unterschiedliche Merkmale zu besitzen. Und genau dasselbe, so glauben die Forscher, sei beim Menschen passiert: Weil für unsere weiblichen und männlichen Vorfahren unterschiedliche Qualitäten von Nutzen waren, hat die Natur bei der Spezies Mensch einige Merkmale unterschiedlich auf beide Geschlechter verteilt.

Eine Reihe von Wissenschaftlern hat beispielsweise die Ansicht geäußert, daß die Wurzeln für das unterschiedliche räumliche Vorstellungsvermögen womöglich in einer geschlechtsspezifischen Arbeitsteilung bei unseren Vorfahren zu suchen sind. Seit seinem Erscheinen[9] vor ungefähr 100 000 Jahren lebte der in anatomischer Hinsicht moderne Mensch in kleinen Gruppen als Jäger und Sammler.[10] Die wenigen heute noch lebenden Stämme von Jägern und Sammlern lassen den Schluß zu, daß sich in solchen Kulturen Männer und Frauen die Verantwortung für den Nahrungserwerb teilen: Die Männer jagen Tiere, die Frauen sammeln Wurzeln, Beeren, Früchte, Nüsse und Gemüse. Niemand weiß, wie oder weshalb es zu dieser Form der Arbeitsteilung kam, doch als sie einmal etabliert war, benötigten beide Geschlechter sehr unterschiedliche Fertigkeiten. Und, so Irwin Silverman von der York University in Ontario, diese unterschiedlichen Fertigkeiten entsprachen ziemlich genau denen, die wir heutzutage bei Mann und Frau beobachten.

Als Jäger warfen die Männer am Anfang höchstwahrscheinlich mit Steinen nach ihrer Beute und lernten dann irgendwann, Speere herzustellen (Pfeil und Bogen kamen erst sehr viel später). In jedem Falle jedoch mußten Männer in der Lage sein, rasch und zuverlässig zu treffen. Und tatsächlich ist der männliche Körper heute noch sehr viel besser für die Wurfbewegung ausgestattet als der weibliche. Bei elfjährigen Jungen und Mädchen gibt es in den athletischen Disziplinen Weitsprung und Staffellauf kaum Unterschiede. Auch ihre Griffstärke ist dieselbe.[11] Der geschlechtsspezifische Unterschied bei der Wurfweite jedoch ist enorm: Seine Effektstärke beträgt ungefähr $d = 3,5$. (Man erinnere sich, daß die Effektstärke ein Maß für die Größe eines geschlechtsspezifischen Unterschieds ist. Die Effektstärke bei der Körpergröße im Erwachsenenalter beschreibt bereits einen relativ großen Unterschied und liegt bei ungefähr 2,6.) Eine Effektstärke von 3,5 bedeutet, daß sich bei einer durchschnittlichen Gruppe von 100 Elfjährigen, die zur Hälfte aus Jungen und zur Hälfte aus Mädchen besteht, unter den besten 50 mit dem kräftigsten Wurf 48 Jungen und nur zwei Mädchen befinden. Die Tatsache, daß ein solch großer Unterschied bereits vor dem Einsetzen der Pubertät besteht, läßt darauf schließen, daß sich der männliche Körper im Laufe der Evolution dahin entwickelt hat, Gegenstände fest und kräftig werfen zu können.

Natürlich nützte es den Jägern der Steinzeit wenig, wenn sie nur kräftig werfen konnten. Sie mußten mit dem Wurfgegenstand auch treffen, und zwar sowohl stehende als auch bewegliche Ziele. Und deshalb, so Silverman, hat sich bei Männern über viele Generationen hinweg die Fähigkeit zu zielen optimiert.[12] Oder, um es genauer auszudrücken, Männer mit besserer Wurftechnik waren die besseren Ernährer und hatten deshalb eine größere Chance, sich fortzupflanzen und ihre Gene an die nächste Männergeneration weiterzugeben. Das wiederum hat schlußendlich dazu geführt, daß sich bei Männern eine Treffsicherheit entwickelte, die davon abhängt, wieviel Testosteron während der Entwicklung auf das Gehirn eingewirkt hat.[13] Noch heute weist das dynamische räumliche Vorstellungsvermögen – die Fähigkeit, den Weg eines sich bewegenden Gegenstandes vorauszusagen – von allen kognitiven Fähigkeiten einen der größten und beständigsten geschlechtsspezifischen Unterschiede auf. Der Vorsprung, den Männer beim Keilerschießen oder bei Videospielen mit beweglichen Zielen haben, geht nach Silvermans Ansicht auf die Zeit des Menschen als Jäger zurück.

Jäger müssen auch in der Lage sein, ihrer Beute über lange Strecken zu folgen und dennoch den Weg zurückzufinden. Ein Teil des geschlechtsspezifischen Unterschieds beim räumlichen Orientierungsvermögen hat sich beim Menschen wahrscheinlich aus demselben Grund entwickelt wie bei den Wühlmäusen: Die Männer mußten ein größeres Territorium abdecken als die Frauen. Wenn Silverman recht hat (andere Forscher wie Doreen Kimura haben dieselbe Vermutung geäußert), dann läßt sich der Vorteil des heutigen Mannes beim Kartenlesen oder beim Lösen dreidimensionaler Rotationsprobleme darauf zurückführen, daß seine Urahnen in der Lage sein mußten, bergauf und bergab zu rennen, Bäume zu erklimmen, Flüsse zu durchwaten und doch immer noch zu wissen, welcher Weg sie zurück ins traute Heim bringen würde.

Unterdessen hatten die Frauen in der Steinzeit ganz andere

Pflichten.[14] Sie trugen die Hauptverantwortung für die Kinderbetreuung (jedes Kind wurde zwei bis drei Jahre lang gestillt) und hatten außerdem die Aufgabe, Nahrung zu suchen, die sie ins Lager zurückbringen konnten. Untersuchungen an einigen modernen Jäger-und-Sammler-Gesellschaften des zwanzigsten Jahrhunderts haben ergeben, daß nicht die Männer, sondern die Frauen den Löwenanteil an Nahrung herbeischafften. Die von den Frauen gesammelte Nahrung betrug 60 bis 70 Prozent dessen, was die Gruppe verzehrte, unter anderem mehr als die Hälfte des Proteins.

Die Frauen mußten also Pflanzen mit reifen Früchten und Nüssen finden und sich später daran erinnern können, wo diese waren, damit sie sie im folgenden Jahr wiederfanden. Da sich unter einer Fülle von verschiedenen Pflanzen möglicherweise nur ein einziger Baum oder Strauch mit geeigneten Früchten befand, brauchten sie ein gutes Erinnerungsvermögen dafür, wie Gegenstände zueinander angeordnet sind.

Zusammen mit seiner Studentin Marion Eals hat Silverman verschiedene Möglichkeiten entworfen, diese Art von »räumlichem Gedächtnis« – das Erinnerungsvermögen für den korrekten Standort von Dingen – zu testen.[15] In einem Experiment wurde die Testperson beispielsweise in ein Doktorandenzimmer geführt, angeblich, um dort zu warten, bis das Experiment begann. Nach einigen Minuten holte man die Testperson wieder aus dem Zimmer und bat sie, möglichst viele Gegenstände aus dem Zimmer zu benennen und deren jeweiligen Standort anzugeben. Frauen erinnerten sich an 70 Prozent mehr Einzelheiten als Männer.

In einem anderen Experiment zeigte man den Versuchspersonen ein Stück Papier mit ein paar Dutzend gezeichneten Figuren darauf – einem Hut, einem Vogel, einem Bügelbrett, einer Blume etc. Dann händigte man den Testpersonen ein zweites Blatt Papier aus, auf dem sich neben diesen Gegenständen zusätzlich noch einige andere befanden, und bat sie, alle Gegenstände durchzustreichen, die auf dem ersten Blatt nicht zu sehen gewesen waren. Schließlich bekamen die Versuchspersonen ein drittes Blatt mit denselben Gegenständen wie auf dem ersten, wobei diese aber zum Teil an anderer Stelle standen.

Diesmal sollten die Gegenstände angekreuzt werden, die sich nicht an ihrem Originalstandort befanden. Bei beiden Aufgaben schnitten die Frauen um 15 Prozent besser ab.

Silverman und Eals sind der Ansicht, daß sich die weibliche Überlegenheit bei diesen Gedächtnisaufgaben auf die Fähigkeiten zurückführen läßt, die die Frauen vor Zehntausenden von Jahren entwickelt haben, um eine Nahrungsquelle aufzutun und sich später an deren Standort zu erinnern. Frauen besitzen nicht nur ein besseres Gedächtnis für Gegenstände und deren Lokalisation, sondern achten von Natur aus stärker auf ihre Umgebung. Diese Neigung, so vermuten Silverman und Eals, mag dafür verantwortlich sein, daß es die Frauen sind, die immer wissen, wo sich was im Hause gerade befindet, selbst wenn es sich um etwas handelt, das der Mann irgendwohin gelegt hat, aber nicht mehr findet.

Doreen Kimura hatte dargelegt, daß die größere Perzeptionsgeschwindigkeit (das rasche Wahrnehmen von Kleinigkeiten) bei Frauen vielleicht dadurch entstanden ist, daß sie ihnen bei der Nahrungssuche von Vorteil war. Vielleicht war diese Fähigkeit auch wichtig, um kleine, aber bedeutsame Veränderungen bei einem Säugling zu bemerken, meint sie.[16] Und da Frauen vermutlich auch die Verantwortung für die Herstellung von Kleidung und Essen hatten, war für sie eine größere Geschicklichkeit und Feinkontrolle ihrer Muskeln vielleicht wichtiger als für die Männer, die dafür besser große Bewegungen beherrschen wie etwa das Werfen eines Balls.

Die sprachliche Überlegenheit der Frauen ist jedoch weit schwieriger zu erklären. Weshalb sollten die für Kinderbetreuung und Nahrungssuche verantwortlichen Frauen bessere sprachliche Fertigkeiten benötigen als Männer, die zur Jagd gehen? Manche Wissenschaftler haben die Überlegung geäußert, daß die Mutter-Kind-Beziehung Frauen dazu veranlaßt haben könnte, fließender zu sprechen, da verbale Fähigkeiten für den Umgang mit kleinen Kindern wichtig seien. Silverman und Eals sind dagegen der Ansicht, daß der Sprachvorteil entstanden ist, weil Sprache für die Frauen eine Erinnerungshilfe bot, wenn es darum ging, Nahrungsquellen wiederzufinden.[17] Für die Frauen wäre es leichter, sich an Örtlichkeiten zu erinnern, wenn sie über Worte verfügten, mittels derer sie diese Orte sich und anderen genau beschreiben konnten.

Einer Hypothese von Kimura zufolge ist es allerdings auch möglich, daß die sprachliche Überlegenheit vielleicht einfach ein Nebenprodukt ihrer Überlegenheit bei der Muskel-Feinkontrolle ist.[18] Da die Sprachkontrolle ungefähr in demselben Teil des Gehirns verarbeitet wird wie die übergeordnete Koordination von Muskelbewegungen, kann es ihrer Meinung nach auch so gewesen sein, daß Frauen zuerst bessere feinmotorische Fertigkeiten entwickelt haben und daß ihnen damit automatisch ein Vorsprung bei sprachlichen Fertigkeiten erwuchs, der zum Tragen kam, als der Mensch zu sprechen begann.[19]

Die Ursache für den weiblichen Sprachvorteil kann in jeder der drei genannten Möglichkeiten liegen, aber genausogut in einer Kombination aus ihnen oder auch in anderen Faktoren, an die bislang niemand gedacht hat. Eine Aussage darüber ist schwierig, weil wir nur eine sehr allgemeine Vorstellung davon haben, wie unsere frühen Vorfahren waren und wie sie tatsächlich gelebt haben. Wir wissen nicht, wie Menschen vor 50 000 Jahren kommuniziert haben, ja nicht einmal, wann sie zu sprechen begannen.

Und damit entsteht ein anderes Problem für das Bestreben, die Beschaffenheit des Verstands anhand eines jahrtausendealten Evolutionsdrucks auf die Menschheit zu erklären: Unsere Gehirne mögen verschiedene Prädispositionen aufweisen, die denen unserer Vorfahren vor 50 000 Jahren ähneln, doch im Lichte unserer heutigen Kultur sehen diese mit Sicherheit sehr viel anders aus. Der menschliche Verstand ist ein erstaunlich vielseitiges und lernfähiges Instrument, das zahllose Dinge leisten kann, die seitens der Evolution nie »geplant« waren. Klavierspielen? Hat der Steinzeitmensch nie getan. Differentialrechnung? Haben Mütter ihren Kindern damals bestimmt nicht beigebracht. Und dennoch: Wenn Sie sich mit einer Zeitmaschine 50 000 Jahre zurückversetzten, sich ein Baby schnappten und es zurück in die Gegenwart brächten – es wüchse auf wie jedes andere Kind der neunziger Jahre.[20] Es könnte Klavier spielen, wenn es Unterricht bekäme, es hätte eine gute Chance, die

Differentialrechnung ebensogut zu beherrschen wie seine Altersgenossen, und was immer an schräger Musik gerade bei den Jugendlichen heute gängig ist, es würde sie ebenso hören und mögen.

Wühlmäuse sind einfache Geschöpfe. Sie haben ein ganz bestimmtes räumliches Orientierungsvermögen, das ihnen dabei hilft, sich in einem Feld oder in einem Labyrinth zurechtzufinden. Doch dieses System ist nicht sehr flexibel: Sie können es zum Beispiel niemals anwenden, um damit ein Papier-und-Bleistift-Labyrinth zu bearbeiten oder um eine Karte zu lesen. Menschen hingegen können ihr räumliches Vorstellungsvermögen dazu verwenden, um mit einem Speer zu zielen oder um sich klarzumachen, wie sie von der Jagd nach Hause finden. Aber sie können damit auch Baupläne lesen, Videospiele spielen oder im Geiste dreidimensionale Rotationsaufgaben lösen – Dinge also, die, gemessen an der Menschheitsgeschichte, in deren Verlauf sich dieses räumliche Vorstellungsvermögen entwickelte, erst seit wenigen Augenblicken existieren. Die geschlechtsspezifischen Unterschiede, mit denen wir es heutzutage zu tun haben, sind Produkte des Zusammenspiels aus Prädispositionen, die sich vor langer Zeit bei Männern und Frauen entwickelt haben, und der Umwelt, in der Menschen heute aufwachsen.

Nehmen wir zum Beispiel den geschlechtsspezifischen Unterschied beim Lesen. Weshalb sollten Männer größere Schwierigkeiten haben, lesen zu lernen, als Frauen und mit einer dreimal so großen Wahrscheinlichkeit zu schweren Dyslexikern werden? Lesen ist eine relativ junge Errungenschaft, für die das Gehirn im Sinne der Evolution nicht »gedacht« war. Es hat sich einfach ergeben, daß die Regelkreise, die das Gehirn verwendet, um Verknüpfungen zwischen geschriebenen Symbolen und gesprochenen Wörtern herzustellen, im weiblichen Gehirn ein wenig geeigneter sind als im männlichen. Es gibt keinen einleuchtenden Grund dafür. Es hat sich einfach so ergeben.

Für die Mathematik gilt etwas Ähnliches. Wir wissen, daß Männer und Frauen jeweils unterschiedliche Ansätze haben, um mathematische Probleme zu lösen, und daß es bei den besten Mathematikschülern mehr Jungen als Mädchen gibt. Das läßt sich bestimmt nicht auf die Evolution des menschlichen Gehirns seit der Steinzeit zurückführen. Statt dessen ist nach Ansicht vieler Wissenschaftler ein Teil dieses geschlechtsspezifischen Unterschieds dem unterschiedlichen räumlichen Vorstellungsvermögen zuzurechnen, aufgrund dessen Jungen sich ein Problem mit größerer Wahrscheinlichkeit räumlich vorstellen als Mädchen. Die Grundüberlegung ist, daß sich das männliche und das weibliche Gehirn aufgrund der Lebensumstände vor Tausenden von Jahren in leicht unterschiedliche Richtung entwickelten. Ein Ergebnis davon könnte sein, daß das männliche Gehirn ein bißchen geeigneter ist, Mathematik zu lernen, zumindest in der Form, wie sie heute an den Schulen gelehrt wird.

So sieht das Grundmuster der Erklärung dessen aus, weshalb es geschlechtsspezifische Unterschiede überhaupt gibt: Im Verlaufe der Menschheitsgeschichte haben männliches und weibliches Gehirn unterschiedliche Merkmale entwickelt, weil für Überleben und Fortpflanzung bei Männern und Frauen unterschiedliche Eigenschaften wichtig waren. Diese unterschiedlichen Prädispositionen leben heute noch in uns weiter, wirken sich aber im zwanzigsten Jahrhundert ein bißchen anders aus als in der Welt um 50 000 vor Christus.

Über dieses allgemeine Muster herrscht weitgehende Übereinstimmung, nur die Einzelheiten sind zum Teil noch nicht greifbar. Gaulin zum Beispiel bietet seine eigene Version dessen, weshalb Männer ein besseres räumliches Vorstellungsvermögen entwickeln als Frauen. Ebenso wie Silverman und Kimura glaubt auch er, daß es auf das größere Territorium zurückzuführen ist, das die Männer zu kontrollieren hatten. Doch er hat eine andere Vorstellung davon, weshalb sie ein größeres Territorium benötigten. Die Arbeitsteilung bietet ihm zufolge keine ausreichende Erklärung an, weil Frauen beim Sammeln der Nahrung vermutlich ein ebenso großes Territorium abdeckten wie Männer bei der Jagd. »Wiesenwühlmäuse zeigen einen geschlechtsspezifischen Unterschied beim räumlichen Orientierungsvermögen und praktizieren keine Arbeitsteilung«, erklärt er und äußert die Vermutung, daß der geschlechtsspezifische Unterschied beim Menschen möglicherweise aus denselben Gründen entstanden ist wie bei den Wiesenwühlmäusen: durch unterschiedliches Paarungsverhalten beider Geschlechter.

Gaulin nimmt an, daß die Steinzeitmenschen »leicht polygam« waren – manche Männer hatten mehr als eine Frau, andere hatten eine Frau, und wieder andere hatten keine – und in ihrer Sozialstruktur vielleicht unseren nächsten heute noch lebenden Verwandten, den Schimpansen, sehr ähnlich waren.[21] In den Wäldern und Savannen Afrikas bilden Schimpansen Gemeinschaften von einem Dutzend bis zu 100 oder mehr Mitgliedern, jede davon mit eigenem Territorium. Innerhalb dieses Bereichs bewegen sich die Weibchen unabhängig von den Männchen, wobei ein einzelnes Weibchen oftmals mit seinen Kindern allein unterwegs ist. Es deckt im allgemeinen ein Areal ab, das kleiner ist als das der Männchen, die jeweils zu zweit, zu dritt oder zu viert das gesamte Territorium überwachen. Obgleich die Weibchen nicht wählerisch sind und sich mit jedem Männchen paaren, versuchen die ranghöchsten Männchen in der Truppe Weibchen, die sich um den Zeitpunkt des Eisprungs herum befinden, für sich allein in Anspruch zu nehmen und so Vater aller ihrer Nachkommen zu werden. Hätte es beim Menschen irgendwann in der ferneren Vergangenheit eine ähnliche Sozialstruktur gegeben, könnte der geschlechtsspezifische Unterschied beim räumlichen Orientierungsvermögen auch daraus entstanden sein.

Niemand kann die Zeit zurückdrehen, um Gaulins Überlegung zu überprüfen. Doch seine Theorie, daß männliche Schimpansen ein besseres räumliches Orientierungsvermögen aufweisen müßten, weil sie ein größeres Territorium beanspruchen als die Weibchen, läßt sich heute durch neue Testmethoden überprüfen.[22] Bestimmt wird demnächst jemand nach einem solchen geschlechtsspezifischen Unterschied suchen.

Gaulins Überlegung, daß das »natürliche« sexuelle Arrangement des Menschen darin bestanden haben könnte, daß ein Mann gelegentlich mehrere Frauen hatte, ist natürlich umstritten, und die Hinweise darauf sind nicht schlüssig. Bei den dem Menschen nahestehenden Affen sind Gibbons monogam und Gorillas polygam – dominante Männchen beherrschen eine Art

Harem aus mehreren Weibchen. Bei den monogamen Primatenspezies haben Männchen und Weibchen annähernd die gleiche Körpergröße, während in polygamen Spezies die Männchen größer als die Weibchen sind. Im Verlaufe der vergangenen zwei Millionen Jahre ist der Größenunterschied zwischen männlichen und weiblichen Primaten zunehmend kleiner geworden,[23] was nach Gaulin bedeutet, daß unsere entfernten Verwandten polygam waren und sich allmählich zur Monogamie entwickelten – ohne jemals ganz dahin zu gelangen.

Die menschliche Geschichte umfaßt beides, monogame und polygame Kulturen. Aber es gibt nur wenige Gesellschaften, in denen Frauen mehr als einen Partner haben. Gaulin weist darauf hin, daß unter den 1154 verschiedenen menschlichen Gesellschaften, die im *Ethnographic Atlas*[24] verzeichnet sind, 980 beziehungsweise 85 Prozent offiziell Polygamie praktizieren.

Mit der Evolution läßt sich so ziemlich jeder geschlechtsspezifische Unterschied erklären: Männer sind aggressiver, weil sie für die Verteidigung der Gruppe verantwortlich waren und/oder weil sie miteinander um die Dominanz oder um Frauen kämpften. Frauen sind fürsorglicher, weil sie in erster Linie für die Betreuung von Kleinkindern verantwortlich waren. Männer sind an jungen Frauen interessiert, weil diese mit größerer Wahrscheinlichkeit leichter Kinder gebären.[25] Frauen bevorzugen Männer, die gute Ernährer sind, weil diese ihnen mehr Unterstützung gewähren und das Überleben ihrer Kinder sichern. Überlegungen, die manche als »Evolutionslegenden« abtun, andere hingegen als solide Wissenschaft verteidigen.

Aber die wissenschaftlichen Details, weshalb dieser oder jener geschlechtsspezifische Unterschied entstand, sind im Grunde nicht so wichtig. Nur wenige Laien wollen wirklich genau wissen, ob Frauen ihre verbale Überlegenheit deshalb entwickelten, weil die Sprache ihnen bei der Interaktion mit ihren Kindern half, weil sie als ein Hilfsmittel zur Erinnerung an den Standort von Nahrungsquellen diente oder schlicht ein Nebeneffekt ihrer besseren Feinmotorik war. Für unsere Belange ist entscheidend, daß die geschlechtsspezifischen Unterschiede, die wir beim heutigen Menschen beobachten, Überbleibsel aus unserer Vergangenheit sind. Prädispositionen, die vor 50 000 oder vor 100 000 Jahren wichtig für das Überleben waren.

Die Unterschiede zwischen Mann und Frau, das also, was das Leben so interessant macht, hat durchaus Sinn und Zweck, doch diesen Sinn muß man in weit entfernter Vergangenheit suchen. Vor langer Zeit war es sinnvoll, daß Mann und Frau unterschiedliche Eigenschaften und unterschiedliche psychologische Merkmale besaßen, doch heute bewohnen wir eine moderne, industrialisierte Welt. Wie Steve Gaulin es formuliert: »Die Evolution hat uns für das Gestern ausgestattet, aber leben müssen wir damit heute.« Es besteht keine Notwendigkeit dafür, daß Männer einen Bauplan leichter lesen können als Frauen, aber so ist es nun einmal. Es besteht keine Notwendigkeit, daß Frauen sprachgewandter sind und leichter lesen lernen, aber so ist es nun einmal. Es besteht keine Notwendigkeit dafür, daß Männer aggressiver und Frauen fürsorglicher sind, daß Männer stärker hierarchie- und dominanzorientiert sind und Frauen Beziehungen eher als ein Netz von Freundschaften betrachten. Genaugenommen hat es den Anschein, als wären die Dinge sehr viel einfacher, wenn einige dieser Unterschiede nicht vorhanden wären, aber sie existieren nun einmal.

Die Kehrseite ist, daß diese Unterschiede uns als Spezies Mensch durchaus auch stärken können. Wie Janice Juraska feststellt: Die Menschheit war immer auf die Fähigkeit angewiesen, sich neuen Umgebungen anzupassen und neue Situationen meistern zu lernen. Das heißt, daß Verschiedenartigkeit für uns schon immer wichtig war. Und eine Möglichkeit, mit der sich die menschliche Spezies Verschiedenartigkeit sichert, ist die Existenz zweier Geschlechter. »Als Spezies haben wir es wirklich geschafft, diesen Planeten zu erobern«, sagt sie. »Und ein Großteil davon ist ›männlichen‹ Charakterzügen zu verdanken. Aber wir sind an einem Punkt angelangt, an dem es keinen Raum mehr für Eroberungen gibt; daher werden unter Umständen viele Dinge zunehmend wichtiger, die Frauen gut beherrschen: die Fähigkeit zur Kooperation, die Fähigkeit, in Gruppen zu leben und zusammenzuhalten.«

Kurz: Wenn die eine Denkweise keine Lösung findet, dann gelingt es vielleicht der anderen. Und wenn wir einmal von allen anderen Gründen für die Existenz geschlechtsspezifischer Unterschiede absehen, so verleihen sie uns immerhin Mannigfaltigkeit. Betrachten Sie sie einfach als ein weiteres Geschenk der Evolution.

Kapitel 11

Wohin steuern wir?

Im Nachbarhaus wachsen zwei wunderbare Kinder heran. Beide haben große blaue Augen, rotblondes Haar und Gesichter wie Barockengelchen. Mara Rose, die kleinere, feierte vor wenigen Monaten ihren zweiten Geburtstag, und ihr Bruder Grant wird in einigen Monaten vier Jahre alt. Sie sind oft bei uns, denn meine Frau ist der Überzeugung, daß jedes Kind aus der Nachbarschaft auch das ihre sei. (Vor wenigen Wochen erklärte Mara ihrer Mutter, daß »Amy Pool die beste Nachbarin der ganzen Welt sei«.)

Grant und Mara wachsen unter Bedingungen auf, die ihr Vater als einen »unkonventionellen Haushalt« bezeichnet. Papa, von Beruf Schriftsteller, arbeitet die meiste Zeit zu Hause, und die Kinder sehen ihre Mutter mit Kostüm und Aktenkoffer ins Büro gehen. Papa macht Frühstück für die Kinder, erledigt einen großen Teil der Kocherei und macht die Wäsche. Es kommt öfter vor, daß Mama auf eine ein- bis zweiwöchige Geschäftsreise geht. Da die beiden außerdem sensible, sozial hellhörige Eltern sind, haben sie sich nach Kräften bemüht, ihre Kinder in einer geschlechtsneutralen Umgebung aufwachsen zu lassen. Grant bekam Küchenzubehör und Mara Rose Autos zum Spielen. Keiner von beiden erhielt Spielzeugwaffen. Es gibt kein »Mädchen können nicht zur Feuerwehr gehen« und auch kein »Jungen weinen nicht«. Es gibt überhaupt keinen Druck, der stereotypes Rollenverhalten in irgendeiner Weise fördern würde.

Weshalb also wachsen diese beiden Kinder trotzdem so unterschiedlich auf – und so geschlechtstypisch? Ihr Vater erzählt, daß Mara sich eine Schürze umbindet und im »hilft«, wenn er kocht, während Grant »am Tisch sitzt und aufs Essen wartet«.

Mara probiert mit Leidenschaft Kleider an und schminkt sich. Grant hat für Kleidung nichts übrig und würde lieber sterben, als Lippenstift zu verwenden. Mara spielt gerne mit dem Telephon, Grant liebt Spielzeugautos. Die beiden haben eine Spielzeugküche mit einem großen Plastikofen. Mara verwendet ihn, um »Essen zu kochen«. Grant dreht den Ofen auf die Seite, öffnet die Tür und verwendet ihn als Höhle oder irgendeine andere Phantasiebehausung.

Vor ein paar Tagen waren die beiden mit Amy bei uns im Keller. Amy zeigte ihnen ihre Häkelarbeiten. Mara war fasziniert und wollte sehen, wie Amy das macht. Grant fand das langweilig, schnappte sich das Knäuel und rollte es ab, während er eine Runde durch das Zimmer drehte. Er legte eine Garnspur rund um den Raum und wickelte den Rest um einen Pfeiler.

Als Freunde ihr drei Monate altes Baby einige Tage in die Obhut von Grants und Maras Eltern gaben, bis sie die Tagesbetreuung geregelt hatten, war es Mara, die von dem Baby völlig hingerissen war, es füttern und wickeln wollte. Grant nahm kaum Notiz von ihm. Er setzte lieber seinen Feuerwehrhelm auf, holte seinen kleinen Löschzug und begann, imaginäre Flammen zu löschen. »Falls das Haus brennen würde«, erklärte sein Vater, »würde er das Baby ›retten‹. Ansonsten interessiert es ihn nicht.«

Grant (man erinnere sich, er ist noch keine vier Jahre alt), schwärmt für ein kleines Mädchen im Kindergarten und malt sich in seiner Phantasie bereits aus, wie er ihr Herz gewinnen könnte. »Papa«, sagte er eines Tages zu seinem Vater, »wenn Rachel von Dinosauriern gefangen würde, dann würde ich sie retten.« Und dann? fragte sein Vater. »Dann würde sie mein Essen kochen.« Papa kichert und meint, er sei sich nicht ganz darüber im klaren, woher dieser spezielle Tagtraum kommt, vor allem die Sache mit dem Essenkochen, denn in diesem Hause ist das vor allem Papas Angelegenheit. Doch eines ist klar: es ist eine Jungenphantasie. Kein kleines Mädchen würde sich so etwas von einem kleinen Jungen erträumen.

Nachdem sie es nun mit eigenen Augen gesehen haben, hegen Grants und Maras Eltern keinen Zweifel mehr daran, daß Jungen und Mädchen bereits verschieden auf die Welt kommen. Soweit ich das beurteilen kann, ist ihre Erfahrung typisch. Sie gehören jener Generation idealistischer Eltern an, die einmal geglaubt hatten, Geschlechtsunterschiede dadurch überwinden zu können, daß sie ihren Kindern eine nichtsexistische Umgebung schaffen, und die erkennen mußten, daß die Kinder ganz andere Vorstellungen haben.

Christina Williams, jene Forscherin vom Barnard-College der Columbia University, die den geschlechtsspezifischen Unterschieden beim Verhalten von Ratten in einem Labyrinth nachgegangen war, berichtet von der Feststellung, daß ihre 18 bis 21 Jahre alten Studenten den angeborenen Unterschieden stets sehr skeptisch gegenüberstehen. Wenn sie allerdings Vorträge vor Älteren und vor Seniorengruppen hält, die selbst Kinder großgezogen haben, »hat niemand Schwierigkeiten mit Berichten über geschlechtsspezifische Unterschiede. Die Leute finden es prima, daß die Wissenschaft eine Bestätigung für das gefunden hat, was sie längst wissen.« Williams erzählt von einer alten Freundin aus Hippietagen, die selbst niemals Kleider getragen oder in irgendeiner Form Wert auf ihr Äußeres gelegt hatte. Inzwischen hat sie eine kleine Tochter, die mit Begeisterung hübsche Kleidchen und Zöpfe trägt. »Sie bringt Stunden damit zu, vor dem Spiegel ihre Schleifchen so zu richten, wie sie sie haben will.« Die Ex-Hippie-Mutter ist davon nicht gerade begeistert.

Sheri Berenbaum, die sich mit AGS-Mädchen beschäftigt hatte, berichtet, daß sie eine Menge Freundinnen hat, die genau wie Williams Freundin in den sechziger Jahren zu studieren begannen und fest davon überzeugt waren, daß geschlechtsspezifische Unterschiede samt und sonders ein Produkt der Sozialisation seien, die ihre Meinung jedoch änderten, als sie ihre eigenen Kinder aufwachsen sahen. »Diese Leute sind bestimmt keine restriktiven Eltern«, erzählt sie. »Sie lassen ihre Kinder so ziemlich alles machen, was sie wollen.« Doch obwohl sie so gut wie nichts dazu tun, ihre Kinder in geschlechtsspezifische Muster zu drängen, sind die geschlechtsspezifischen Unterschiede in Spielverhalten, Spielzeugpräferenzen und Temperament allem Anschein nach genauso groß oder zumindest beinahe so groß wie vor einer Generation.

All das ist nicht weiter verwunderlich, wenn man bedenkt, zu welchen Ergebnissen die Wissenschaft im Laufe der vergangenen zehn Jahre gekommen ist. Angesichts der Fülle inzwischen verfügbarer Indizien muß man sagen, daß jeder, der heute noch darauf beharrt, daß Jungen und Mädchen mit genau denselben Veranlagungen und Entwicklungsmöglichkeiten geboren werden, ideologische Scheuklappen trägt.

Lassen Sie uns noch einmal vergegenwärtigen, was über geschlechtsspezifische Unterschiede bekannt ist. Dank der Einwirkung von Geschlechtshormonen im Mutterleib und später im Leben unterscheiden sich Männer und Frauen in einer absehbaren Reihe von Eigenschaften. In physischer Hinsicht sind Männer größer und stärker als Frauen, während Frauen gesünder sind und länger leben. Frauen verfügen über bessere manuelle Geschicklichkeit und eine bessere Kontrolle der Feinmotorik, Männer dagegen über eine besser kontrollierte Grobmotorik. Männer verfügen über eine etwas bessere Sehfähigkeit (vor allem, was bewegliche Objekte angeht), Frauen dagegen über ein schärferes Gehör, besseren Geruchs-, Geschmacks- und Tastsinn. Hinsichtlich kognitiver Fähigkeiten sind die Frauen bei sprachlichen Fertigkeiten im Vorteil, ebenso bei verschiedenen Gedächtnisformen und der Perzeptionsgeschwindigkeit (dem raschen Erkennen von Einzelheiten zum Beispiel in Zeichnungen oder in Buchstaben- und Zahlenreihen), während Männer beim räumlichen Vorstellungsvermögen führend sind und aus diesem Grund vielleicht auch hinsichtlich ihrer mathematischen Argumentationsfähigkeit.

Vom ersten Lebensjahrzehnt an sind Mädchen stärker an Menschen interessiert, Jungen an Gegenständen (ein Unterschied, der bis ins Erwachsenenalter anhält), Mädchen reifen rascher, Jungen befassen sich im Spiel verstärkt mit Raufereien und beide Geschlechter wählen unterschiedliche Dinge zum Spielen. Im Spiel konzentrieren sich kleine Mädchen stärker auf das, was sie tun, verbringen mehr Zeit mit einer Sache und vollenden diese mit einer größeren Wahrscheinlichkeit als Jungen, Jungen hingegen lassen sich leichter ablenken, sind von einer Aktivität rascher gelangweilt und hören oft mit etwas auf, bevor es vollendet ist. Später im Kindesalter bevorzugen Jungen komplexere, strukturiertere Spiele, vor allem solche mit klar erkennbaren Gewinnern und Verlierern, während Mädchen weniger komplexe, kooperativere und weniger kompetitive Spiele wählen. Im Erwachsenenalter sind Männer aggressiver, Frauen fürsorglicher, Frauen eher darum bemüht, das, was sie tun, gut zu machen, während Männer eher daran interessiert sind, wie sich ihre Leistung im Vergleich zu anderen ausnimmt. In ethischer Hinsicht gründen Männer ihre Entscheidungen eher auf ein starres Reglement von richtig oder falsch, während Frauen dazu neigen, den persönlichen Konsequenzen für alle Beteiligten Rechnung zu tragen. Im Verlauf einer Unterhaltung versuchen Frauen, Verbindungen herzustellen, während Männer Informationen austauschen und ihre eigene Position festigen.

Natürlich ist keiner dieser Unterschiede allein durch die Biologie festgelegt. Die Biologie kann bestenfalls Prädispositionen schaffen, die mit dem Umfeld in Wechselwirkung treten, um schließlich eine Persönlichkeit zu formen. Einige dieser Prädispositionen – beispielsweise der jungenhafte Hang zum Raufen – sind bestimmt sehr stark, andere dagegen – zum Beispiel die stärkere männliche Hinwendung zur Mathematik – sind schwächer und lassen sich durch die Sozialisation zu einem großen Teil beeinflussen. Hormone mögen Männer und Frauen in unterschiedliche Richtungen drängen, die Gesellschaft jedoch ist in der Lage, diese Unterschiede zu verstärken oder zu glätten, je nachdem, was wir unsere Kinder lehren und was wir von uns selbst erwarten.

Die Unterschiede sind Relikte der Vergangenheit, Echos eines Evolutionsdrucks, der Körper und Gehirn von Mann und Frau in unterschiedliche Richtungen gedrängt hat. Heute mögen sie vielleicht – außer bei den wenigen Jäger-und-Sammler-Kulturen, die auf der Welt noch existieren – keinen unmittelbaren Sinn mehr ergeben, aber wir sind ihnen nun einmal ausgeliefert. Dieses wachsende Verständnis der Geschlechter kommt allem Anschein nach zu einem sehr günstigen Zeitpunkt. In den vergangenen Jahrzehnten hat sich unsere Gesellschaft rasch verändert. Auch die Rollen von Mann und Frau haben eine sehr deutliche Metamorphose erfahren – eine Metamorphose zu was? Bestimmt entwickeln wir uns nicht zurück zum »Vater macht das schon« der fünfziger Jahre, als Papa zur Arbeit ging und Mama kuchenbackend mit den Kindern daheim blieb. Doch darüber hinaus weiß niemand, wie die Welt, an der wir derzeit arbeiten, einmal aussehen wird, wenn sich der Baustaub gesetzt hat. Hinzu kommt, daß nur wenig Übereinstimmung darüber besteht, wie die Welt einmal aussehen *sollte*. Sollte sie einge- schlechtlich sein, oder sollte es zwischen Mann und Frau Unterschiede geben? Und wenn Unterschiede, was für welche? Die Forschung an geschlechtsspezifischen Unterschieden mag diese Fragen zwar nicht beantworten, aber vielleicht gibt sie uns eine bessere Vorstellung davon, womit wir es zu tun haben.

Ich muß mich zu einem sehr persönlichen Interesse meinerseits in dieser Angelegenheit bekennen. Amy und ich erwarten demnächst unser erstes Kind. Und wie alle frischgebackenen Eltern überall auf der Welt stecken wir voller Fragen darüber, ob und wie wir diesem neuen Leben den richtigen Anfang ver- schaffen. Was erwartet uns mit einem Jungen? Was mit einem Mädchen? Welche Spielsachen sollen wir kaufen? Welche elterlichen Strategien sollen wir anwenden? Ist es schlimm, wenn wir unser kleines Mädchen rosa kleiden oder unseren kleinen Jungen blau? Sollen wir unserer Tochter zusätzliche Hilfe angedeihen lassen, damit sie nicht auf traditionellen Jungengebieten wie räumlichem Vorstellungsvermögen oder höherer Mathematik ins Hintertreffen gerät? Sollen wir den sprachlichen Fertigkeiten unseres Sohnes besondere Aufmerk- samkeit widmen, damit er gegenüber den Mädchen nicht ins Hintertreffen gerät?

Solche Fragen höre ich zuhauf von anderen Eltern. Unsere Nachbarin gegenüber hat zwei Mädchen. Das eine ist sieben, das andere vier Jahre alt. Sie macht sich jetzt schon Sorgen, daß ihre Zweitkläßlerin in Mathematik gegenüber den Jungen zurück- bleiben könnte. Die Kleine sei bisher sehr gut in Mathematik, erklärt die Mutter, aber die Jungen verbringen allem Anschein nach ihre gesamte Zeit mit Videospielen, eine Beschäftigung, die ihren Töchtern überhaupt nicht liegt. Werden die Jungen bis zur Highschool einen Vorsprung in Geometrie entwickelt haben? Und was kann sie daran ändern?

Ratsuchend wandte ich mich an einige der Forscherinnen, die an geschlechtsspezifischen Unterschieden arbeiten. Wie, so fragte ich, hat ihr Wissen um diese Unterschiede die Art und Weise beeinflußt, in der sie selbst ihre Kinder erziehen? Die Antworten bestanden zu gleichen Teilen aus mütterlicher Erfahrung, Wissenschaft und gesundem Menschenverstand.

»Ich bin mir in hohem Maße dessen bewußt, daß mein kleiner Sohn womöglich immer ein sehr unruhiger Geist sein wird, eben weil er ein kleiner Junge ist und weil das ganz natürlich und gesund ist«, erklärt Laura Allen, Entdeckerin so manchen geschlechtsspezifischen Unterschieds im Gehirn und gleichzeitig Mutter eines Jungen, der zum Zeitpunkt unseres Gesprächs drei Jahre alt war. »Ich glaube, wenn ich mir nicht dessen bewußt wäre, daß Jungen und Mädchen auf unterschiedliche Art und Weise spielen und daß es dafür vermutlich eine biologische Erklärung gibt, wäre ich womöglich ein bißchen weniger geduldig. Ich wäre womöglich skeptischer, wenn er Sachen auseinandernimmt. Im Grunde tut er damit, was für ihn höchst normal und gut ist.«

Und Allen, im sechsten Monat schwanger mit einem kleinen Mädchen, denkt bereits darüber nach, wie sie ihre Tochter einmal erziehen wird. »Ich glaube, ich werde ihr dieselben Spielsachen geben, die auch mein Sohn hatte, und werde versuchen, ihr ein Verhältnis zur Technik zu vermitteln, denn ich selbst habe keines dazu und weiß nicht, ob das vielleicht daran liegt, daß ich keine Jungenspielsachen hatte. Manche dieser Spielsachen tragen bestimmt eine Menge dazu bei, räumliche und technische Fertigkeiten zu entwickeln.« Was aber würde sie machen, fragte ich, wenn ihre Tochter keinen Spaß an Autos und Bauklötzen hätte? »Wenn ein kleines Mädchen mit solchen Spielsachen nicht spielen mag, soll man es dann dazu anhalten? Ich weiß nicht. Was geschieht, wenn man es zwingt, damit zu spielen? Wird es sich dagegen auflehnen?« Es ist noch zu früh für eine endgültige Antwort. Ihre Tochter Angela wurde im Herbst 1992 geboren und ist noch zu klein, um mit Autos und Bauklötzen umzugehen. Allen wird jedoch gewissenhaft darum bemüht sein, daß ihr jede Chance zuteil wird, die auch ihr Bruder erhalten hatte.

Als Mutter von sieben Kindern hatte die Psychologin Camilla Benbow sicher direktere, persönlichere Erfahrungen mit Kindern als jede andere Forscherin, mit der ich sprach, und ihre Philosophie ist einfach: Gib jedem einzelnen die Möglichkeit, seine Fähigkeiten bestmöglich zu entwickeln. »Nach sieben eigenen Kindern wage ich zu behaupten, daß sie ihre Persönlichkeit mit auf die Welt bringen. Jedes ist anders«, erklärt sie.

»Eine gute Mutter paßt ihr Verhalten jedem Kind an. Ich behandle meine Söhne und Töchter nicht gleich, aber ich behandle auch nicht jeden meiner Söhne wie den anderen. Ich versuche, ihre Bedürfnisse zu befriedigen, nicht aber, sie einander anzugleichen.« Einer ihrer Jungen wollte zum Beispiel Ballettunterricht haben. »In Ordnung.« Ein anderer wollte Karate lernen. »Auch in Ordnung.« Sie gab ihren Söhnen Puppen und ihren Töchtern Autos, doch viel wichtiger war ihr, daß das Spielzeug einen pädagogischen Wert besaß. Lernen wird im Benbow-Haushalt großgeschrieben, und Lernen ist etwas, das beide Geschlechter gleich gut können.

In der Schule sollte nach Benbow dasselbe Prinzip gelten: Jungen und Mädchen sollten als Individuen behandelt und jeweils dazu ermutigt werden, den eigenen Fähigkeiten und Interessen entsprechend zu lernen und zu wachsen. Benbows Untersuchungen an mathematisch frühreifen Schülern haben sie davon überzeugt, daß rein statistisch gesehen Jungen unter den echten Mathematikgenies zu einem höheren Prozentsatz vertreten sind als Mädchen und daß dieser Unterschied zu einem großen Teil biologisch bedingt ist. Das bedeutet, daß zumindest auf diesem einen Gebiet die Gleichbehandlung beider Geschlechter sicher nicht zu absolut gleichen Ergebnissen führen wird. Doch selbst unter solchen Voraussetzungen, so sagt sie, sollten Mädchen ebenso wie Jungen dazu ermutigt werden, Mathematikkurse zu belegen und mathematisch-naturwissenschaftliche Karrieren anzustreben. Falls man das versäume, würden vielleicht manche Mädchen, die von Natur aus die entsprechenden Fähigkeiten und das Interesse für eine solche Karriere mitbrächten, ihr Talent niemals entdecken.

Als Beispiel zieht sie dazu eine weniger bekannte Seite ihrer Studien an mathematisch frühreifen Jugendlichen heran. Das

Programm enthält neben dem Auffinden und Testen dieser gescheiten Schüler auch Ferien-Intensivkurse, in denen den Unterstufenschülern innerhalb von drei Wochen ein ganzes Jahr Highschool-Physik vermittelt wird. Das Ziel dabei ist, ihr Interesse an der Wissenschaft zu wecken und sie auf das College vorzubereiten. »Falls ich das Umfeld nie für wichtig gehalten hätte, wäre ich nicht hier und hielte Sommerkurse«, erklärt sie. Diese Sommerkurse, die von den Schülern im Alter von 13 oder 14 Jahren belegt werden, haben offenbar langfristige Auswirkungen auf ihre schulischen Leistungen und möglicherweise auf ihre spätere Karriere, so Benbow. Die Camp-Kinder gehen mit einer höheren Wahrscheinlichkeit in mathematische und naturwissenschaftliche Berufe als Schüler, die diese Kurse nicht besuchen.

Das ist ein Punkt, in dem ich auf seltene Einmütigkeit bei allen Forschern stieß, die an geschlechtsspezifischen Unterschieden arbeiten: Es gibt so viele Überlappungen der Fähigkeiten und Interessen beider Geschlechter, daß es lächerlich ist anzunehmen, ein Kind sei nicht in der Lage, dies oder jenes zu tun, weil es dem falschen Geschlecht angehöre. Und zweitens: Es ist ein Fehler, ein Kind von etwas abzuhalten. Geben Sie Ihrer kleinen Tochter ruhig Autos und Bauklötze zum Spielen, damit sie Gelegenheit hat, ihr räumliches Vorstellungsvermögen zu entwickeln. Falls sie damit nicht spielen mag – was verlieren Sie schon dabei? Bieten Sie Ihrem kleinen Sohn Puppen an. Wenn er eine fürsorgliche Ader hat, so heißt das nicht, daß er kein richtiger Junge ist. Und der Himmel weiß, in diesen liberalen Zeiten – in denen auch Ehemänner lernen, sich an der Kinderbetreuung zu beteiligen – brauchen sie alle Hilfe, die sie bekommen können.

Kein Kind sollte in der Schule aus Gründen der Geschlechtszugehörigkeit zu einem Fach gedrängt oder von einem anderen abgehalten werden. Meine Frau erinnert sich daran, in Mathematik bis zur siebten Klasse stets die Beste gewesen zu sein (ihr Lehrer in der fünften Klasse pflegte sie »Little Miss Perfect« zu nennen, denn sie hatte in allen Arbeiten 100 Punkte) und trotzdem schließlich aufgegeben zu haben. Der Grund: Sie wurde von ihren Eltern zwar auf jedem anderen akademischen

Gebiet bestärkt, aber was Mathematik anging, beharrte ihre Mutter darauf, daß »Mädchen in unserer Familie keine Mathematik können«. Heute, während ihrer Doktorandenzeit, versucht Amy, verlorene Zeit wettzumachen. Aber nicht nur die einzelne Frau erfährt Nachteile durch eine solche Haltung, sondern die Gesellschaft als Ganzes. In jenen längst vergangenen Zeiten, in denen man von einer Frau lediglich erwartete, daß sie heiratete und Kinder bekam, konnte die Gesellschaft es sich vielleicht leisten, Mädchen davon abzubringen, sich mit Mathematik zu beschäftigen. In einer Welt aber, in der wir in zunehmendem Maße auf gut ausgebildete Frauen angewiesen sind, bleibt eine solche Diskriminierung nicht ungestraft.

Das mindeste, was man tun kann, ist, zunächst einmal Schaden zu vermeiden. Vielleicht reicht es aber auch nicht aus, Jungen und Mädchen in der Schule einfach gleich zu behandeln. Eine der wichtigsten Erkenntnisse, die sich aus der Betrachtung geschlechtsspezifischer Unterschiede ergibt, ist die Entdeckung, daß Männer und Frauen sehr häufig unterschiedlich denken und lernen. Um also Jungen und Mädchen die bestmöglichen Voraussetzungen für ein erfolgreiches Lernen zu bieten, muß man gegebenenfalls neue Lehrmethoden entwickeln.

Diane McGuinness zum Beispiel weist darauf hin, daß sich die Verhaltensmuster von Jungen und Mädchen im Vorschul- und im frühen Grundschulalter sehr stark voneinander unterscheiden.[1] Jungen sind weitaus aktiver, zappeln mehr herum, haben kürzere Aufmerksamkeitsspannen, lassen sich leichter ablenken und gehorchen weniger bereitwillig den Anordnungen eines Erwachsenen. Die meisten Grundschulklassen, so McGuinness, scheinen jedoch mehr für kleine Mädchen eingerichtet zu sein, und so mancher Junge, der sich eigentlich ganz normal benimmt, wird vielleicht als Problemfall eingestuft, obwohl es im Grunde nur eines anderen Ansatzes bedurft hätte.

Verschiedene Wissenschaftler sind der Ansicht, daß es sinnvoll wäre, Jungen und Mädchen das Lesen auf unterschiedliche Art und Weise zu lehren. Sandra Witelson zum Beispiel argumentiert, daß für das Lesen, da es ein Zusammenspiel zwischen räumlich-visuellen Fähigkeiten (dem Erkennen von Buchstabenformen) und sprachlichen Fähigkeiten verlangt und da männliches und weibliches Gehirn die Verarbeitung räumlicher und sprachlicher Informationen auf unterschiedliche Art und Weise handhaben, Lehrmethoden wie das Buchstabieren oder die Ganzwortmethode vielleicht für das eine Geschlecht geeigneter sind als für das andere.[2] In einer Untersuchung bat man männliche und weibliche Testpersonen, sich im Geiste das Alphabet zu vergegenwärtigen und dabei jene Großbuchstaben zu zählen, in deren Gestalt ein Bogen enthalten ist (zum Beispiel im O) oder die mit einem e-Laut ausgesprochen werden (wie zum Beispiel beim T).[3] Bei der Suche nach der Form waren die Männer schneller und genauer, die Frauen aber schnitten besser ab, wenn es darum ging, den Klang zu finden. Das bedeutet, daß Männer vielleicht besser die Form eines Buchstabens verarbeiten, während Frauen sich bei der Verarbeitung von Klang leichter tun. Vielleicht führen diese unterschiedlichen Stärken dazu, daß die eine Methode leichter für Jungen zu lernen ist, die andere dagegen für Mädchen. Allerdings gibt es keine vergleichende Studie, die die jeweils beste Lehrmethode für jedes Geschlecht darstellt. Mit dem richtigen Ansatz ist es vielleicht sogar möglich, die hohe Zahl von Jungen mit Leseschwächen zu verringern, sofern diese Probleme sich auf Lehrmethoden zurückführen lassen, die dem Lernverhalten von Jungen schlecht angepaßt sind.

Es wäre vielleicht auch möglich, mathematische Lehrmethoden für weiterführende Schulen zu entwickeln, die verhindern, daß Mädchen hier so viel an Boden verlieren.[4] Da Mädchen im Grundschulalter und die Unterstufe hindurch in Mathematik bessere Leistungen erbringen als Jungen, haben viele Wissenschaftler vermutet, daß die Jungen dann einen Vorsprung bekommen, wenn es in den Mathematikkursen um Dinge geht, die eine räumliche Komponente haben wie Geometrie, Trigonometrie und Differentialrechnung. Jungen verwenden mit größerer Wahrscheinlichkeit einen räumlich orientierten Denkansatz, den in diesem Falle effizienteren Lösungsweg, während Mädchen versuchen, das Problem verbal anzugehen, was hier weniger günstig ist. Der verbale Ansatz reicht aber für Arithmetik und Algebra vermutlich aus, so daß die Schülerinnen lernen, sich auf ihn zu verlassen. Sobald sie aber mit Geometrie oder Trigonometrie konfrontiert werden, fällt es ihnen schwer, einen räumlich orientierten Denkansatz zu entwickeln, wie ihn die Jungen bereits die ganze Zeit über verwendet haben. Wenn das zutrifft, dann würden die Mädchen – und einige Jungen auch – unter Umständen davon profitieren, wenn man den räumlich orientierten Denkansatz früher stärker betonen könnte.

Viele Forscher gehen davon aus, daß Jungen und Mädchen ganz allgemein unterschiedliche Lernstile haben und auf Autorität und Lehre sehr verschieden reagieren. Zwei Wissenschaftler von der Stanford University, Robert Hess und Teresa McDevitt, untersuchten, wie Mütter ihren vierjährigen Kindern eine einfache Aufgabe vermittelten.[5] Es ging um das Einsortieren von Bauklötzen, und die Forscher werteten den Lehrstil der Mutter je nachdem, ob sie direkte Anweisungen gab (»Dieser Baustein gehört hierhin«) oder ob sie das Kind zu eigenen Überlegungen aufforderte (»Was meinst Du, wohin dieser Baustein gehört?«).

Den Kindern wurden dann Leistungstests vorgelegt, denen zwei weitere Testrunden für Kinder im Alter von fünf bis sechs Jahren und für Kinder im Alter von zwölf Jahren folgten. Grundsätzlich schnitten die Kinder, die von ihren Müttern am Lernprozeß beteiligt worden waren, besser ab. Allerdings ergab sich ein merkwürdiges Muster: Mädchen wurden weit stärker vom mütterlichen Lehrstil beeinflußt als Jungen. Mit der Zeit nahm der Einfluß bei Jungen zudem ab, bei Mädchen hingegen nicht. Im Alter von zwölf Jahren erwiesen sich die Jungen als gänzlich unbeeinflußt davon, ob ihre Mütter nun direkte Anweisungen gegeben oder ob sie einen kooperativeren Ansatz verwendet hatten. Die Moral: Wenn man als Mutter (oder Vater) einem Mädchen etwas vermittelt, sollte man besonders sorgsam darauf achten, das Kind am Lernen direkt teilhaben zu lassen, statt ihm einfach zu sagen, was zu tun ist. Bei Jungen scheint das weniger wichtig zu sein, vielleicht, weil sie dem Verhalten anderer weniger sensibel gegenüberstehen.

Eine Studie über mathematische Lehrmethoden an der Grundschule kam zu dem Schluß, daß Mädchen in solchen Klassen schlechter abschnitten, in denen der Lehrer Wert auf eine kompetitive Atmosphäre zwischen den Schülern legte, während Jungen hier eher ein wenig besser lagen.[6] Die mathematischen Leistungen der Mädchen verbesserten sich dagegen, wenn der Lehrer kooperative Methoden verwandte, bei denen die Schüler zusammenarbeiteten, um eine Lösung zu finden. Die Leistungen der Jungen dagegen blieben gleich. Eine andere Untersuchung berichtete, daß Lehrer, die die Selbständigkeit ihrer Schüler förderten, Mädchen stärker motivieren konnten als sehr restriktive Lehrer.[7] Bei Jungen ergab sich auch hier kein Unterschied.

Eine Reihe von Forschern ist der Ansicht, daß die Jungen aufgrund ihrer größeren Selbständigkeit beim Lernen in standardisierten Mathematiktests besser abschneiden, während Mädchen in der Klasse besser abschneiden.[8] Diesen Überlegungen zufolge sind Jungen von Natur aus in der Schule rebellischer und unabhängiger, während Mädchen sich mehr um gutes Benehmen bemühen. Wenn also ein Lehrer den Schülern eine ganz bestimmte Technik vermittelt, wie sie ein Problem angehen können, dann werden die Mädchen sich strikt an die Technik halten, die Jungen aber werden sich nach anderen Lösungsmöglichkeiten umtun. Bei Klassenarbeiten, in denen erwartet wird, daß die Schüler genau dieselben Aufgaben lösen, die sie vorher gelernt haben, sind demnach Mädchen im Vorteil. Bei standardisierten Tests oder in anderen Situationen, in denen der Stoff neu ist oder in anderer Form präsentiert wird, können die Jungen besser damit umgehen.

Falls das stimmt – und darauf deutet einiges hin –, dann sollten Lehrer besonders sorgsam darauf bedacht sein, Mädchen einen Sinn für selbständiges Lernen zu vermitteln. Jungen folgen hier so oder so ihrem eigenen Rhythmus, Mädchen aber sind weit stärker dazu bereit, sich so zu benehmen, wie es von ihnen verlangt wird.

Die Erkenntnis schließlich, daß Jungen und Mädchen auf unterschiedlichste Art und Weise lernen, und ein besseres Verständnis davon, worin diese Unterschiede bestehen, wird schlußendlich zu besseren Lehrmethoden für alle führen. Manche Methoden werden sich im Schnitt besser für Jungen eignen, andere besser für Mädchen, doch mit dem, was wir über Überlappungen zwischen beiden Geschlechtern wissen, ist auch klar, daß manche Jungen besser mit »weiblichen« Lehrmethoden zurechtkommen werden, manche Mädchen hingegen mit »männlichen« Techniken. Die Kunst wird aller Wahrscheinlichkeit nach darin bestehen, herauszufinden, welche Methoden sich für welches Geschlecht eignen, und sie dann allesamt in einer Mischform anzuwenden.

Über eines sind sich alle einig: Jungen und Mädchen sollten dieselben Bildungschancen erhalten, ebenso wie Männer und Frauen dieselben ökonomischen, politischen und sozialen Möglichkeiten haben sollten. Man wird kaum jemanden in diesem Lande finden, der von der Notwendigkeit zur Chancengleichheit nicht überzeugt ist. Ist es aber notwendig, daß Männer und Frauen dieselben Berufe ausüben, dieselbe Zahl an öffentlichen Ämtern innehaben und dieselbe Zahl von Windeln wechseln? Wenn man beginnt, über diese »Einsatzgleichheit« zu diskutieren, dann beginnen die Unstimmigkeiten.

Viele Feministinnen der sechziger und siebziger Jahre gingen davon aus, daß Chancengleichheit und Geichstellung im Grunde Synonyme seien. Sie waren überzeugt, daß es bis auf einige unbedeutende Äußerlichkeiten keine biologischen Unterschiede zwischen den Geschlechtern gebe und daß sich in einer nichtsexistischen Gesellschaft die Gleichstellung von selbst ergeben würde. Umgekehrt machten sie für statistische Ungleichheiten zwischen Männern und Frauen hinsichtlich der Repräsentation in verschiedenen Berufen, des Ausbildungsstandes, der ökonomischen Machtverteilung, der Besetzung öffentlicher Ämter und der Kindererziehung die sexistische Gesellschaft verantwortlich. Um die Fortschritte in Richtung Gleichberechtigung beider Geschlechter zu messen, mußte man also nur die Anzahl von Männern und Frauen in verschiedenen Berufen, politischen Ämtern und so weiter vergleichen. Ungleiche Zahlen bedeuteten, daß noch immer die eine oder andere Form von sexueller Diskriminierung existierte.

Manche Feministinnen beharren immer noch auf dieser Position, aber immer mehr von ihnen kommen zu dem Schluß, daß Chancengleichheit eben nicht automatisch dazu führt, daß beide Geschlechter überall in gleichem Maße vertreten sind. Sheri Berenbaum ist ein gutes Beispiel hierfür. Selbst Feministin, hat sie alles darangesetzt, den großen Einfluß von Hormonen im Mutterleib nachzuweisen. Ihre Untersuchungen bei AGS-Mädchen sind bis heute der vermutlich überzeugendste Beweis dafür, daß der Einfluß von Hormonen während der Entwicklung im Mutterleib bei Männern und Frauen verschiedene Prädispositionen schafft – unter anderem für bestimmte Spielzeugpräferenzen und für das räumliche Vorstellungsvermögen. Ich fragte sie deshalb einmal beim Mittagessen, ob die Gleichstellung beider Geschlechter ein gesellschaftliches Ziel sein müßte.

Sie habe keine Einwände dagegen, daß Männer und Frauen in verschiedenen Berufen unterschiedlich stark repräsentiert seien, erklärte sie mir, solange diese Berufe im gleichen Maße respektiert und geschätzt würden. Im Grunde spräche nichts dagegen, daß Ärzte häufiger Männer seien und die Krankenpflege häufiger von Frauen übernommen werde, aber »solange die Leute einen Arzt höher einschätzen als eine Krankenschwester, stehen wir vor einem Problem«. Das ist ihrer Meinung nach der eigentliche Grund dafür, daß so viele Feministinnen in verschiedenen Berufen eine gleiche Anzahl von Männern und Frauen forderten. »Es ist leichter, eine gleich starke Repräsentation zu fordern als eine gleich hohe Wertschätzung.« Solange manche Berufe in höherem Ansehen stehen, stärker respektiert und besser bezahlt werden als andere, solange sollten wir Berenbaums Ansicht nach versuchen, die geschlechtsspezifischen Unterschiede in diesen Berufen in möglichst hohem Maße auszugleichen.

Wir sprachen insbesondere über Camilla Benbows Befunde, denen zufolge Jungen einen unverhältnismäßig hohen prozentualen Anteil der allerbesten Oberstufenschüler im Fach Mathematik bilden – und daher später auch einen großen Anteil an Studenten der Natur- und der Ingenieurwissenschaften stellen. Berenbaum akzeptierte die Möglichkeit, daß dieser Unterschied zu einem Teil biologische Ursachen haben könnte, bestand aber gleichzeitig darauf, daß naturwissenschaftliche Berufe ebenso wie Ingenieurpositionen zu den prestigeträchtigen, hoch angesehenen Beschäftigungen gehören und daß es daher wünschenswert sei, die Anzahl von Männern und Frauen in diesen

Berufen anzugleichen. Dazu mag es notwendig sein, auf pädagogischem Niveau einzugreifen, um das räumliche Vorstellungsvermögen von Mädchen zu verbessern, oder einige zusätzliche Anstrengungen zu unternehmen, um Mädchen den mathematischen Stoff der Mittel- und Oberstufe zu vermitteln. Und es bedarf mit Sicherheit verschiedener Programme, um Frauen für eine natur- oder ingenieurwissenschaftliche Laufbahn zu interessieren und so den Frauenmangel in der Wissenschaft zu beheben.[9] Man weiß aus verschiedenen Untersuchungen, daß Frauen mit einem ursprünglich vorhandenen Interesse an Naturwissenschaften sich im Vergleich zu Männern mit erhöhter Wahrscheinlichkeit anderen Dingen zuwenden. »Auf Jungen und Mädchen wirkt vermutlich ein sehr unterschiedlicher Selektionsdruck«, so Berenbaum. Worin auch immer die Ursache des Ungleichgewichts bestehen mag, eine gleichmäßigere Verteilung beider Geschlechter in diesen Berufen wäre ein erstrebenswertes gesellschaftliches Ziel, meint sie.

Benbow sieht das anders. Ihr bereitet zahlenmäßige Unausgewogenheit zwischen den Geschlechtern kein Kopfzerbrechen – auch dann nicht, wenn Männer einen größeren Anteil an den hoch angesehenen, prestigeträchtigen Berufen haben als Frauen –, solange diese Ungleichheit sich aus natürlicherweise vorhandenen Unterschieden der Fähigkeiten und Interessen ergibt und nicht Produkt irgendwelcher Diskriminierungen ist. Wenn weniger Frauen als Männer Ingenieursberufe ergreifen wollen, weshalb sollte man dann versuchen, die Zahlen künstlich auszugleichen? Wichtig ist ihrer Ansicht nach, daß der einzelne die Freiheit hat, seine eigenen Entscheidungen zu treffen. Obgleich Benbow felsenfest hinter der Chancengleichheit für Männer und Frauen steht, erwartet sie keine Gleichstellung um jeden Preis. Männer und Frauen haben unterschiedliche Interessen, unterschiedliche Werte, unterschiedliche Fähigkeiten und unterschiedliche Ziele. Deshalb werden Männer und Frauen auch unterschiedliche Entscheidungen treffen.

Berenbaum und Benbow repräsentieren zwei Sichtweisen der Geschlechtergleichheit: einen gruppenorientierten Standpunkt und einen individuenorientierten Standpunkt. Mißt man Gleichheit nun mit den Maßstäben der Gruppenzusammensetzung, indem man fordert, daß Gruppen sich statistisch gesehen – was die Verteilung von Berufen, Bezahlung oder »Werten« angeht – gleichen müssen, oder definiert man Gleichheit so, daß jedem dieselben Chancen eingeräumt werden müssen? Zwischen diesen beiden Sichtweisen gibt es so gut wie keine Gemeinsamkeiten, und die Entscheidung für das eine oder das andere wird einer Gesellschaft zwei sehr verschiedene Richtungen weisen.

Doch selbst einmal angenommen, wir könnten uns darauf einigen, worin Gleichberechtigung wirklich besteht, dann wird es nicht einfach werden, zu entscheiden, wann wir diese vollkommen egalitäre Welt erreicht haben. Wenn Ihre Definition einer nichtsexistischen Welt natürlich darin besteht, die Gleichstellung von Mann und Frau in verschiedenen Berufen zu vergleichen, dann ist diese leicht zu messen: Haben wir 50 Senatorinnen? Ist jeder zweite Arzt, Anwalt oder Mathematiklehrer eine Frau? Werden Hollywoods Topschauspielerinnen pro Film genauso gut bezahlt wie die männlichen Stars? Traditionsgemäß wurde in den USA aber eigentlich niemals die Gleichstellung gefordert, sondern lediglich die Chancengleichheit. Diese jedoch ist weit schwerer zu beurteilen.

Manche Wissenschaftler wie Benbow und Kimura argwöhnen, daß sich, wenn die Leute ihren natürlichen Neigungen folgten, am Arbeitsplatz und anderswo meßbare geschlechtsspezifische Unterschiede von selbst ergäben und daß es im Grunde genommen heutzutage weit mehr Chancengleichheit gibt, als ein bloßer Blick auf die Anzahl von Frauen und Männern in verschiedenen Berufen vermuten läßt. In einem Artikel des *Scientific American* vom September 1992[10] bemerkte Kimura abschließend: »Der Nachweis beständig vorhandener und in manchen Fällen recht grundlegender Unterschiede zwischen den Geschlechtern legt die Vermutung nahe, daß Männer und Frauen unterschiedliche berufliche Interessen und Fähigkeiten besitzen, die von sozialen Einflüssen unabhängig sind. Ich würde zum Beispiel keineswegs erwarten, daß Männer und Frauen in Berufen, die räumliches Orientierungsvermögen oder mathematische Fähigkeiten voraussetzen, wie in den Ingenieurwissenschaften oder in der Physik, notwendigerweise zu gleichen Teilen repräsentiert sind. Im Bereich der medizinischen Diagnostik hingegen würde ich vielleicht mehr Frauen erwarten, denn hier kommt es eher auf die Wahrnehmungsfähigkeit an.«

Andere Wissenschaftler halten jedoch dagegen, daß der heute bestehende Unterschied hinsichtlich der Geschlechterverteilung in verschiedenen Berufen zum größten Teil darauf zurückzuführen sei, daß man Frauen in bestimmte Richtungen drängt; einerseits durch verdeckte Sozialisationseinflüsse, andererseits durch unverhüllte Diskriminierungen. Melissa Hines von der University of California in Los Angeles zum Beispiel greift Kimuras Schlußfolgerungen in einem Brief an den *Scientific American* scharf an und bezeichnet sie als »irreführend und potentiell schädlich«.[11] Die geschlechtsspezifischen Unterschiede hinsichtlich mancher Fähigkeiten sind, so schrieb sie, bei weitem nicht groß genug, um die unterschiedliche Verteilung in verschiedenen Berufen zu erklären. »Wissenschaftler, die sich mit der Geschlechterverteilung in verschiedenen Berufen beschäftigen, sind zu dem Schluß gekommen, daß die Hauptfaktoren ökonomischer und politischer, nicht hormoneller Natur sind«, und »wenn Frauen weiterhin über ihre Erfolgschancen in wissenschaftlichen und technischen Berufen falsch informiert werden, ist es unwahrscheinlich, daß sich die Geschlechterverteilung in diesen Berufen ändert.«

Das stimmt nicht, antwortet Kimura. »Für die allgemein geläufige Schlußfolgerung, daß Frauen mittels systematischer oder absichtlicher Diskriminierung aus den Wissenschaften herausgehalten werden, gibt es keinen Beweis. Genausogut kann man argumentieren, Männer würden durch Diskriminierung von Krankenpflegeberufen ferngehalten. Der Vorgang scheint vielmehr in hohem Maße auf Eigenselektion zu beruhen.«

Es gibt mit Sicherheit nur wenige Berufe, für die das eine oder das andere Geschlecht aufgrund seiner natürlichen Fähigkeiten eindeutig besser geeignet ist. Männer eignen sich besser für Berufe, die körperliche Stärke erfordern, etwa in der Landwirtschaft, beim Bau und beim Profi-Ringen. Sie haben vermutlich auch einen Vorteil bei Berufen, in denen räumliches Vorstellungsvermögen gefragt ist, als Architekt oder Ingenieur zum Beispiel; vielleicht auch bei Berufen, in denen es um hochkarätige mathematische Fähigkeiten geht, in Mathematik oder theoretischer Physik. Frauen haben, wie Kimura bereits ausführte, einen Vorteil bei Berufen, in denen es auf die Perzeptionsgeschwindigkeit ankommt, beispielsweise in der medizinischen Diagnostik. Ihre sprachlichen Fähigkeiten verschaffen ihnen vielleicht berufliche Vorteile als Schriftstellerinnen, Redakteurinnen und Nachrichtensprecherinnen. Bei den allermeisten Berufen jedoch spielt es weder in körperlicher noch in geistiger Hinsicht eine Rolle, ob sie von Männern oder von Frauen ausgeübt werden. Weshalb gibt es also nicht mehr Buchhalterinnen?

Falls die Ursache hierfür in einer Diskriminierung des weiblichen Geschlechts besteht, müssen wir das schleunigst abstellen. Was aber, wenn die unterschiedliche Anzahl von Männern und Frauen in bestimmten Berufen schlicht auf die Tatsache zurückzuführen ist, daß Männer und Frauen – aus welchen Gründen auch immer – bei der Überlegung, was sie jeweils mit ihrem Leben anfangen wollen, zu unterschiedlichen Ergebnissen kommen? Falls dies der Fall ist, dann würde so mancher argumentieren, daß wir als Gesellschaft nicht versuchen dürfen, dies zu ändern. Wollen wir denn letzten Endes wirklich ein Regierungsprogramm, das mehr Frauen in den Arztberuf und mehr Männer in den Pflegeberuf drängt, obwohl beide Geschlechter im Grunde genau das tun, was sie möchten? Bevor wir also irgendwelche politischen Entscheidungen fällen, müssen wir wissen: Wieviel von der unterschiedlichen Geschlechterverteilung in verschiedenen Berufen hat damit zu tun, daß beide Geschlechter unterschiedliche Ziele und Präferenzen haben und sich deshalb im großen und ganzen auch für unterschiedliche Berufe entscheiden?

Eine ganze Menge, meint Camilla Benbow. Bei ihren mathematisch frühreifen Jugendlichen gibt es große Unterschiede zwischen Mädchen und Jungen, was deren Wünsche für ihr späteres Leben betrifft. Die Jungen sind sehr stark »theorieorientiert« und tendieren zu einem eingleisigen Interesse an Mathematik und Naturwissenschaften. Die Mädchen dagegen fühlen sich ebensosehr wie zu Mathematik und Naturwissenschaften auch zu sozialen und künstlerischen Berufen hingezogen. »Sie sind ausgewogener«, erklärt Benbow. Sie mögen alles. Wenn diese Kinder aufs College gehen, wählen die meisten Jungen Hauptfächer wie Mathematik, Physik oder Ingenieurwissenschaften, die mathematisch talentierten Mädchen findet man jedoch über viele Bereiche verstreut.

Ein ähnlicher Interessenunterschied veranlaßt Männer und Frauen dazu, ihre Laufbahn in verschiedenen wissenschaftlichen und technischen Bereichen anzusiedeln. Frauen zieht es vorwiegend dorthin, wo es um Menschen geht. Bei den Abschlüssen in Psychologie, Sozialarbeit, Erziehung und im Gesundheitswesen sind die Frauen den Männern zahlenmäßig überlegen.[12] Männer beherrschen das Feld in Fächern wie Ingenieurwissenschaften, Architektur, Physik, Chemie, Mathematik und theoretischen Wissenschaften. Das sind jene Fächer, in denen es um Dinge und Abstraktionen geht.

Sogar innerhalb eines bestimmten Faches orientieren sich beide Geschlechter häufig in unterschiedliche Richtungen. Als ich Benbow zum Beispiel an der Iowa State University besuchte, fiel mir auf, daß die meisten Beschäftigten in ihrer Abteilung Männer waren. Da ich wußte, daß ungefähr 60 Prozent aller derzeit promovierenden Psychologen Frauen sind, fragte ich Benbow, weshalb es in ihrer Abteilung nur so wenige gibt. Sie erklärte, daß von den promovierten Psychologen die Frauen sehr viel häufiger in klinische Arbeitsbereiche gehen, wo sie Menschen helfen können, während Männer eher bei der psychologischen Forschung bleiben. »Frauen treffen eine ganz andere Wahl als Männer, und das hat mit unterschiedlichen Präferenzen und Werten zu tun«, erklärte sie. »Frauen fühlen sich zu menschenorientierten Gebieten hingezogen, Männer zu sachbezogenen.«

Das gilt nicht nur für wissenschaftliche und technische Bereiche. Ein Großteil der Weiblich/männlich-Verteilung, die wir an verschiedenen Arbeitsplätzen beobachten, folgt genau dieser Menschen/Objekt-Trennung. Je mehr Kontakt zu Menschen und je mehr Gelegenheiten ein Beruf bietet, anderen zu helfen, um so wahrscheinlicher ist es, daß Frauen hier in der Überzahl sind. Bestes Beispiel sind die Krankenpflegeberufe und die Lehr- bzw. Erziehertätigkeiten. Die Männer dagegen überwiegen in Berufen, in denen etwas hergestellt oder repariert wird, zum Beispiel im Baugewerbe, in Autowerkstätten oder in Monteurberufen. Zahlreiche Umfragen haben ergeben, daß Jungen und Mädchen bereits von einem sehr frühen Alter an unterschiedliche Dinge bevorzugen. Die Feministinnen beharren jedoch darauf, daß Jungen und Mädchen sich zwar hinsichtlich ihrer Berufsziele unterscheiden mögen, daß diese Unterschiede aber durch Diskriminierungen in der Arbeitswelt verstärkt werden. Viele Wissenschaftlerinnen fühlen sich zum Beispiel anders behandelt als ihre männlichen Kollegen: teils weniger ernst genommen, teils an anderen Standards gemessen. Hinzu kommt nach Ansicht von Feministinnen, daß die unterschiedliche Berufswahl durch mehr oder weniger unterschwellige Botschaften, die Kinder von Geburt an über adäquates Rollenverhalten von Männern und Frauen vermittelt bekommen, erzeugt oder zumindest verstärkt wird.

Andere Wissenschaftler geben darauf zur Antwort, daß man den geschlechtsspezifischen Unterschied der Interessen nicht erst erzeugen müsse. Er sei bereits nahezu von Geburt an vorhanden. Schon im ersten Lebensjahr reagieren Jungen und Mädchen unterschiedlich auf Menschen und Gegenstände: Mädchen lächeln und produzieren Lautäußerungen angesichts der Bilder von Menschen, nicht aber von Gegenständen, während Jungen mit dem gleichen Vergnügen unbeseelte Gegenstände und blinkendes Licht wahrnehmen, mit dem sie auch ein menschliches Gesicht betrachten.[13] Im Alter von zwei Jahren hat sich dieser Unterschied deutlich manifestiert. Bei einem Experiment bat ein Wissenschaftler zwei- bis vierjährige Kinder, Bilder zu einer Geschichte zu malen.[14] Etwa die Hälfte der Mädchen malte Menschen auf das Bild, bei den Jungen war es nur einer von fünf. Sie malten lieber Autos, Lastwagen und Feuerwehrautos.

Solche Diskussionen können sich wunderbar im Kreis bewegen. Am Ende ist es jedermann schwindlig, und er ist genauso schlau wie zuvor. Welche Form der Gleichheit sollen wir anstreben? Wie nahe kämen wir der Gleichstellung, wenn es eine echte Chancengleichheit gäbe? Wie werden wir wissen, wann wir die Diskriminierung des weiblichen Geschlechts endgültig besiegt haben? Was wollen Frauen und Männer wirklich?

Die einzige Möglichkeit, all dies herauszufinden, ist, es einfach zu probieren: von Grund auf eine neue Gesellschaft zu formen, die auf die alten Rollenklischees verzichtet und ihre Kinder lehrt, daß es keine Unterschiede hinsichtlich dessen gibt, was Männer und Frauen tun sollen. Entlassen wir die Frauen aus ihren Erziehungspflichten, und lassen wir sie in derselben Weise ihren Beitrag zur Gesellschaft leisten wie Männer. Stellen wir sicher, daß Männer und Frauen genau dieselbe legale, ökonomische und soziale Macht besitzen. Dann werden wir ein für allemal feststellen können, wie nahe wir der nichtsexistischen Gesellschaft kommen, die sich viele Feministinnen ausmalen.

Klingt wie ein unmöglicher Traum? Ist es nicht, wirklich. In den vergangenen 70 Jahren hat in einem kleinen Land tatsächlich ein solch grandioses soziologisches Experiment stattgefunden. Hat diese neue, egalitäre Gesellschaft es vermocht, die jeweiligen Unterschiede der Geschlechterrollen auszulöschen? Leben ihre Mitglieder in einer geschlechtsneutralen Gesellschaft ohne jede Ungleichheit zwischen Mann und Frau? Ja und nein, wie wir sehen werden. Anthropologen haben sich ausführlich mit dieser maßgeschneiderten Kultur beschäftigt, die uns eine ganze Reihe von Lehren darüber vermittelt, welche Form von Gleichberechtigung sich unsere Gesellschaft einmal erhoffen kann.

Heute leben in einem israelischen Kibbuz[15] drei Generationen von Männern und Frauen zusammen. Gegründet wurde die Kibbuzbewegung in den zwanziger Jahren von jungen europäischen Juden, unter anderem vielen Marxisten, deren Ziel es war, eine neue Gesellschaft zu formen: eine kommunistische Gesellschaft, in der das Eigentum allen gemeinsam gehören und die Früchte der Arbeit gleichmäßig unter allen aufgeteilt werden sollten; eine demokratische Gesellschaft, in der jeder Erwachsene gleiches Stimmrecht hat, und eine egalitäre Gesellschaft, in der Mann und Frau nicht nur vor dem Gesetz gleich sind, sondern auch voreinander. Heute leben einige hunderttausend

Israelis in Hunderten über das ganze Land verstreuten Kibbuzim oder kollektiven Landsiedlungen zusammen und führen ein Leben, das sich von dem ihrer Landsleute in vielem unterscheidet.

Von Anfang an waren die alten Lebensweisen aus dem Kibbuz verbannt. Der Kapitalismus wurde durch ein System des Teilens ersetzt, in dem sich jeder theoretisch und auch praktisch für das Allgemeinwohl einsetzt. Ein großer Teil der Religion ist verschwunden, insbesondere jene Rituale, die Mann und Frau unterschiedlich behandelten. Und ein Großteil des Familienideals ist verschwunden, die Gemeinschaft als Ganzes fühlt sich für die Kinder verantwortlich.

Eine neue Haltung gegenüber Elternschaft und Haushalt war in der Tat einer der Angelpunkte der Kibbuzbewegung.[16] In seinem Buch *Gender and Culture: Kibbutz Women Revisited* beschreibt der Anthropologe Melford Spiro die Ideologie der frühen Kibbuzbewegung als eine Vorstellung von absoluter Gleichheit zwischen beiden Geschlechtern, die keinen Unterschied zwischen Mann und Frau gelten ließ, außer der einen (unglücklicherweise unabänderlichen) Tatsache, daß Frauen die Kinder bekommen. Chancengleichheit war diesen Idealisten nicht genug. Sie waren erst zufrieden, wenn Frauen und Männer an allen Facetten des Kibbuzlebens in gleichem Maße beteiligt waren, angefangen vom Pflügen der Felder und der Kindererziehung bis hin zur Besetzung öffentlicher Ämter und den Entscheidungen über die weitere Entwicklung des Kibbuz. Spiro bezeichnet das als die »Gleichheits«-Version der Gleichberechtigung. In den Augen der frühen Kibbuzniks war das größte Hindernis für diese Form von Gleichberechtigung die Tatsache, daß Frauen die Hauptverantwortung für die Kinderbetreuung trugen. Ein wichtiges Ziel der Kibbuzbewegung bestand demnach darin, Frauen von ihren traditionellen familiären Verpflichtungen – Kindererziehung, Kochen, Putzen – zu befreien, so daß sie den Männern als gleichwertige Partnerinnen zur Seite stehen und mit ihnen auf den Feldern arbeiten konnten, was allgemein als die »eigentliche Arbeit« im Kibbuz angesehen wurde.

Kinder wurden von Anbeginn der Kibbuzbewegung an in

Wohnheimen untergebracht. Ab dem Alter von zwei bis sechs Wochen lebten sie in diesen Wohnheimen, wo anstelle ihrer Eltern Kinderschwestern und Lehrer für sie verantwortlich sind. Heutzutage gibt es einen kleinen Prozentsatz von Kibbuzim, in denen die Kinder in der elterlichen Wohnung schlafen, am Tage jedoch werden sie nach wie vor von Betreuungspersonal versorgt.

Außerdem müssen sich weder Mann noch Frau Sorgen ums Kochen machen oder um das Waschen und Nähen von Kleidung. Alle essen in Speisesälen, in denen sich die Kibbuzmitglieder beim Kochen und Servieren abwechseln. Kleidung wird in Gemeinschaftsläden gewaschen, gebügelt und ausgebessert.

Die Struktur des Kibbuz war darauf angelegt, ökonomische, soziale und politische Gleichheit zu garantieren. Keine Frau ist für ihren Unterhalt auf einen Mann angewiesen (oder umgekehrt). Jeder, der im Kibbuz lebt und arbeitet, erhält dieselbe Vergütung, unabhängig von seiner jeweiligen Stellung. Heirat ist erlaubt, hat aber nichts mit sozialem Status zu tun. Eine alleinstehende Mutter von sechs Kindern wird genauso behandelt wie eine verheiratete Frau oder wie ein verheirateter oder ein alleinstehender Mann. Jedes erwachsene Kibbuzmitglied hat in den Kibbuzangelegenheiten dasselbe Mitspracherecht, und da die Geschäfte des Kibbuz von einer ganzen Reihe von Gruppen überwacht werden, die insgesamt etwa die Hälfte aller Kibbuzniks umfassen, ist auch die politische Macht zwischen Frauen und Männern sehr weitläufig verteilt.

Die erste Generation von Israelis, welche die Kibbuzim bevölkerten, waren idealistische Leute, die sich politischer, ökonomischer und sexueller Gleichberechtigung verschrieben und sich verpflichtet hatten, das neue System funktionsfähig zu machen. In sehr vieler Hinsicht ist ihnen das auch gelungen. Sie haben das Privateigentum ebenso abgeschafft wie die ungleiche Wertschätzung verschiedener Formen von Arbeit. Sie haben eine nichtreligiöse Gesellschaft geschaffen, unterhalten eine ländliche, landwirtschaftlich orientierte Lebensform und leben in einer außergewöhnlich demokratischen Gemeinschaft. Aber, so Lionel Tiger und Joseph Shepher in ihrem Buch Women in the

Kibbuz, an einem Punkt haben ihre Bemühungen offenbar versagt.

Tiger, ein kanadischer Anthropologe, und Shepher, israelischer Soziologe und selbst lange Zeit Mitglied der Kibbuzbewegung, unternahmen eine großangelegte, langjährige Analyse zur Rolle der Frauen im Kibbuz. Ihre Ergebnisse überraschten sie selbst am meisten. Trotz des großen Erfolgs der Kibbuzbewegung in vielen Bereichen und trotz der Tatsache, daß die jungen Erwachsenen im Kibbuz dort unter ständiger Indoktrination durch die Ideologie der Bewegung aufwachsen, ist der Versuch fehlgeschlagen, eine Gesellschaft zu schaffen, in der Frauen und Männer in denselben Berufen arbeiten, dieselbe Macht innehaben und dieselbe Einstellung gegenüber Familie und Beruf teilen.

Heutzutage sind die meisten Berufe im Kibbuz klar abgegrenzt. Die Rede ist von »Männerarbeit« oder »Frauenarbeit«.[17] Im landwirtschaftlichen Bereich übertreffen die Männer die Frauen zahlenmäßig im Verhältnis sieben zu eins, und in Berufszweigen wie Schreinerei, Installationstechnik und Elektrotechnik sind so gut wie keine Frauen vertreten. Das Männlich/weiblich-Verhältnis in Industrie und Verwaltung beträgt etwa zwei zu eins, und bei den wenigen Vollzeit-Beschäftigten im öffentlichen Dienst beträgt es drei zu eins. Dagegen steht andererseits ein Sechsfaches an Frauen im Dienstleistungsgewerbe und neunmal so viele Frauen wie Männer im Lehrberuf. Innerhalb dieser Kategorien wird die Geschlechterverteilung sogar noch krasser. Bei den Lehrern gibt es beispielsweise so gut wie keinen Mann, der mit Vorschülern arbeitet, das Highschool-Personal hingegen besteht zu 40 Prozent aus Männern. Männer befassen sich so gut wie nicht mit der Säuglingspflege. Von den 25 Prozent Frauen in der Verwaltung schließlich haben die meisten eine Stellung als Sekretärin oder Buchhalterin oder arbeiten im Schreibzimmer.

Obgleich Männer und Frauen im Durchschnitt dieselbe Ausbildung erhalten, machen Frauen mit größerer Wahrscheinlichkeit ihren Abschluß als Lehrerin oder Krankenpflegerin[18], während Männer eine Laufbahn in Landwirtschaft, Ingenieurwesen und Management anstreben. Frauen sind weniger aktiv in der Politik und je höher das Amt, um so geringer der Prozentsatz an Frauen, der es innehat.

Bei den verheirateten Paaren berichten Tiger und Shepher von einer Gleichberechtigung, von der westliche Gesellschaften etwas lernen könnten. Frau und Mann haben gleiches Mitspracherecht bei allen Entscheidungen, die die Wohneinheit betreffen. Die Hausarbeit – Putzen, Reparaturarbeiten und ein bißchen Kochen in der Kochnische – ist eher gleich verteilt als in den meisten westlichen Ländern, allerdings auch nicht genau gleich. Nach Tigers und Shephers Schätzungen erledigt die Frau doppelt soviel Arbeit in und um das kleine Appartement wie der Mann – acht Stunden gegenüber drei oder vier. (Die Männer arbeiten jedoch im Schnitt ein bißchen länger für den Kibbuz, so daß sich die Gesamtstundenzahlen die Waage halten.) Die Frauen übernehmen einen Großteil der Putzarbeit, Männer dagegen übernehmen Reparaturen, Installationen, schwerere Gartenarbeiten und tragen den Müll hinaus.

Entgegen der ursprünglichen Idee des Kibbuz, die herkömmliche Familie allmählich durch die Kommune zu ersetzen, hat sich mit den Jahren die Familie zur bedeutendsten sozialen Einheit des Kibbuz entwickelt, berichten Tiger und Shepher.[19] Inzwischen heiraten fast alle Kibbuzmitglieder. Und obgleich die Kinder noch immer gemeinschaftlich erzogen werden, haben die Mütter sich um eine immer stärker werdende Beteiligung an der Erziehung bemüht. Auf Drängen der Frauen im Kibbuz wurde die sogenannte »hour of love« eingeführt, in der Mütter ihre Kinder aus den Wohnheimen holen, mit ihnen spielen und reden können. Bei den 90 Prozent der Kibbuzim, in denen die Kinder in Wohnheimen schlafen, stellten Tiger und Shepher fest, daß die Frauen dafür eintraten, ihre Kinder über Nacht bei sich in der elterlichen Wohnung haben zu können. Kurz: Trotz aller Ideologie und dem Streben nach einer geschlechtsneutralen Gesellschaft hat der Kibbuz eine Arbeitsteilung entwickelt, die mit der in den meisten Gesellschaften nahezu identisch ist. Darüber hinaus gewann die Einheit Familie – Frau, Mann und Kind – im Laufe der Zeit immer mehr an Bedeutung.

Sind die Kibbuzmitglieder – insbesondere die Frauen – der

Ansicht, daß ihr Streben nach Gleichberechtigung umsonst war? Nicht im geringsten, berichtet Melford Spiro. Statt dessen haben sie ihre Vorstellungen davon revidiert, worin Gleichberechtigung eigentlich besteht. Statt der ursprünglichen »Gleichheits«-Version, die darauf bestand, daß Männer und Frauen exakt die gleichen Aufgaben übernehmen, verpflichten die Kibbuzniks sich nunmehr einem »Gleichwertigkeits«-Standpunkt. Dieser geht davon aus, daß Gleichheit dann besteht, wenn Männer und Frauen gleiche Möglichkeiten haben und beider Beiträge gleich hoch eingeschätzt werden – auch dann, wenn sie unterschiedliche Dinge wählen und verschiedene Rollen ausfüllen. Die Mitglieder der zweiten und dritten Kibbuzgeneration erwarten nicht mehr, daß Männer und Frauen dieselbe Arbeit verrichten oder der Ansicht sind, daß Rollengleichheit für die Gleichberechtigung der Geschlechter notwendig sei.

Ein deutliches, wenn auch reichlich nebensächliches Zeichen dessen, daß hier eine ideologische Veränderung stattgefunden hat, ist die veränderte Haltung der Frauen gegenüber ihrer äußeren Erscheinung. Unter den Kibbuzniks der ersten Generation mieden die Frauen geflissentlich alles, was sie von den Männern abhob, verachteten Make-up und Schmuck und trugen statt Röcken und Kleidern dieselben plumpen Hosen wie die Männer. Heutzutage tragen Kibbuzfrauen ebenso modische Kleidung, Schmuck, Make-up und Parfüm wie Frauen, die außerhalb des Kibbuz leben.[20]

Trotz der neu entstandenen geschlechtsspezifischen Unterschiede in Beruf, politischem Engagement, Familienangelegenheiten, ja sogar hinsichtlich der Kleidung sind männliche und weibliche Kibbuzmitglieder der Ansicht, daß zwischen den Geschlechtern wirkliche Gleichberechtigung besteht, berichtet Spiro.[21] In ökonomischer Hinsicht wird nach wie vor jedes Kibbuzmitglied gleich bezahlt, unabhängig von der Art der Arbeit, die er oder sie verrichtet. In politischer Hinsicht hat jeder gleiches Mitspracherecht. Obwohl in den höheren Positionen mehr Männer als Frauen zu finden sind – offenbar weil Männer an diesen unbezahlten Positionen, die zusätzliche Stunden außerhalb der normalen Arbeitszeit verlangen, stärker interessiert sind als Frauen –, hat niemand den Eindruck, Frauen besäßen geringere politische Macht als Männer. Auch in gesellschaftlicher Hinsicht gibt es keinen Status- oder Prestige-Unterschied zwischen Männern und Frauen. Niemand leugnet, daß Männer und Frauen höchstwahrscheinlich eine unterschiedliche Laufbahn einschlagen und sich dabei sehr stark dem traditionellen Männlich/weiblich-Muster entsprechend verteilen. Dennoch sind die Kibbuzmitglieder der Ansicht, daß sämtliche Berufe allen offenstehen und daß keines der beiden Geschlechter für die Gemeinschaft mehr oder weniger wertvoll ist.

Aus dieser Kibbuzerfahrung lassen sich zwei Lehren ziehen. Erstens, daß es ungeheuer schwierig ist, eine Gesellschaftsform mit einer Gleichberechtigung beider Geschlechter zu entwickkeln, in der Männer und Frauen auch tatsächlich die gleichen Aufgaben erfüllen. Die ideologisch hoch motivierten Kibbuzniks haben es geschafft, den Kapitalismus durch den Kommunismus zu ersetzen, und es ist ihnen gelungen, eine patriarchalische, städtische Gesellschaft in eine demokratische, ländliche Gesellschaft mit gleichen Rechten für beide Geschlechter zu verwandeln. Doch die Abschaffung der geschlechtsspezifischen Arbeitsteilung und der Mutter-Kind-Bindung haben sie nicht erreicht.

Doch zweitens lernen wir daraus, daß das im Grunde genommen gleichgültig ist. Die Kibbuzniks kamen zu dem Schluß, daß die absolute Gleichheit beider Geschlechter für die Gleichberechtigung überhaupt nicht nötig ist. In ihrer Welt sind Männer und Frauen in jeder bedeutsamen Weise gleich, auch dann, wenn sie nicht genau dasselbe tun.

Kann diese Form von Gleichheit auch in den Vereinigten Staaten und in anderen westlichen Ländern erreicht werden? Mit Sicherheit können wir aufgrund unserer kapitalistischen Gesellschaftsordnung niemals mit einer ökonomischen Gleichheit rechnen. In einem Kibbuz, wo alle unabhängig von der Art ihrer Arbeit dasselbe verdienen, kann es niemals eine unterschiedliche Bezahlung beider Geschlechter geben. Auch dann nicht, wenn sich in manchen Berufen Männer zusammenfinden, in anderen dagegen Frauen.

Andererseits hat es den Anschein, als sei die geschlechtsspezifische Arbeitsteilung im Kibbuz durch die dortigen Umstände verstärkt worden und weit stärker ausgeprägt als in jedem anderen westlichen Land. Jeder Kibbuz ist im Grunde eine kleine landwirtschaftlich orientierte Gemeinde mit 100 bis 1000 Einwohnern. Die Haupterwerbsquelle der Kibbuzim ist die Landwirtschaft, in der etwa ein Fünftel der Arbeiter von jedem Kibbuz direkt beschäftigt sind. Ein weiteres Fünftel der Arbeitskraft wird für die Kinderbetreuung gebraucht, und der Dienstleistungs-Sektor (zu dem auch die Gemeinschaftsküchen und die Wäschereien gehören) beansprucht ein Viertel der Arbeiter. Die Auswahl an Berufen ist also relativ gering.

Den größten Teil der landwirtschaftlichen Tätigkeit verrichten die Männer, und zwar in erster Linie deshalb, weil sie kräftiger sind, und nicht etwa, weil sie die Feldarbeit verlockender oder befriedigender empfinden als die Frauen. Spiro berichtet sogar, daß die Mehrheit beider Geschlechter nicht allzu glücklich mit der geringen Bandbreite der ihnen offenstehenden Berufe ist.[22] Die meisten Kibbuzniks haben eine exzellente Ausbildung genossen, die sie aber nur selten in ihre Arbeit einbringen können. Aufgrund dieser Einschränkungen neigen die Männer und Frauen im Kibbuz dazu, sich in jeweils geschlechtsspezifische Rollen zu fügen. Stünde ihnen die ganze Bandbreite an Möglichkeiten offen, die es in einem industrialisierten Land gibt, würden auch sie sich weitläufiger verteilen.

Der in seinen praktischen Auswirkungen auf Frauen vielleicht größte Unterschied zwischen einem Kibbuz und der westlichen Gesellschaft liegt in der Kinderbetreuung. Zwei bis sechs Wochen nach der Geburt ihres Kindes arbeitet eine Frau im Kibbuz wieder. Das Baby kommt ins Wohnheim, ob der Mama das gefällt oder nicht. Das schafft eine Symmetrie zwischen Männern und Frauen, die in einer Gesellschaft, in der die Eltern ihre Kinder selbst betreuen, nicht zu erreichen ist. Obwohl viele der Frauen im Kibbuz genau dasselbe tun wie Frauen in der westlichen Gesellschaft – Kinder versorgen, Wäsche waschen und ausbessern, Essen kochen –, so gilt dies hier im Kibbuz als Beruf wie jeder andere auch. Es wird kein Unterschied gemacht zwischen den Frauen, die zu Hause bleiben und ihre Kinder versorgen, und anderen Frauen und Männern, die einem Beruf nachgehen.

Für mich klingt diese Lösung schauderhaft. Ich könnte mir nicht vorstellen, so wenig Kontakt zu meinem Kind zu haben und so wenig Einfluß darauf, wie es erzogen wird. Dennoch verstehe ich das Problem, das die Begründer der Kibbuzbewegung zu lösen versuchten. Je mehr ich mich für dieses Buch mit Frauen unterhalten habe und je mehr meine Frau und ich uns über dieses Thema unterhielten, um so klarer wurde mir, daß es hier ein wirkliches Problem *gibt*. Ich wage sogar zu behaupten, daß die größte Herausforderung für die Gleichberechtigung – in jedwedem Sinne – darin besteht, daß Frauen diejenigen sind, die die Kinder bekommen, und darüber hinaus unausweichlich auch diejenigen sind, die sich für deren Betreuung verantwortlich fühlen, vor allem in den ersten Jahren. Das erlegt Frauen Beschränkungen auf, denen Männer einfach nicht unterworfen sind.

Eines der bissigsten Interviews in diesem Zusammenhang führte ich mit Sandra Witelson, jener Psychologin, die den Zusammenhang zwischen Hirnstruktur und -funktion bei Männern und Frauen untersucht hatte. Ob sie Kinder habe, fragte ich. Ja, eines. »Wenn ich ein zweites oder drittes Kind bekommen hätte, wäre ich bestimmt niemals auf einer Dauerstellung gelandet«, erklärt sie. »Die bekommt man nicht, wenn man von acht bis fünf arbeitet, die Männer tun das nämlich auch nicht.« »Ich sehe mich um«, fuhr sie fort, »und stelle fest, wie viele meiner männlichen Kollegen drei oder vier Kinder haben. Ich hätte liebend gerne eine ›Ehefrau‹. Ich sehe das bei meinen Angestellten. Wenn ein Kind krank wird, ist es immer die Frau, die zu Hause bleibt. Und ich glaube nicht, daß das an der Gesellschaft liegt. Ich glaube, Frauen wollen dann einfach daheim bei den Kindern sein.«

Meine eigene Frau schlägt sich mit demselben Problem herum. Sie ist ebenso ehrgeizig wie ich. Auch ihr vermittelt ihre Arbeit ein hohes Maß an Freude und Befriedigung, und auch sie hätte gerne das Gefühl, mit ihrer Tätigkeit etwas in der Welt zu bewirken. Andererseits möchte sie wirklich gerne Kinder haben, genau wie ich auch. Doch wenn wir sie haben – das wissen wir beide –, wird sie sich viel schwerer von ihnen trennen können als ich. Auch wissen wir beide, daß sie von uns beiden die geeignetere ist, wenn es um die ganz Kleinen geht. Mit Kleinkindern hat sie wirklich den Bogen heraus, und sie empfindet für sie eine Liebe, die ich bewundere, an die ich jedoch kaum jemals heranreichen werde. (Auf der anderen Seite kann ich recht gut mit Kindern ab dem Alter von zwei oder drei Jahren umgehen, vor allem mit Jungen, und ich bin sicher, daß ich dann ein hohes Maß an Verantwortung für sie übernehmen werde.) Amy fragt sich daher, wie sie Beruf und Familie miteinander vereinbaren können wird, vor allem, da sie hauptsächlich mit Männern konkurriert, deren Ehefrauen ihnen die Kindererziehung abnehmen. »Es ist ungerecht«, teilte sie mir mehrfach mit. Was soll ich dazu sagen?

Falls wir jemals eine wirkliche Gleichberechtigung erreichen wollen, die an die des Kibbuz heranreicht, dann müssen meiner Ansicht nach zwei Dinge geschehen. Da zumindest in den Vereinigten Staaten wohl kaum je ein allgemeines Kinderbetreuungssystem zustande kommt, das die Kinder im Alter von zwei bis sechs Wochen aufnimmt und erst wieder ausspuckt, wenn sie Teenager geworden sind, müssen wir selbst die Kindererziehung wieder zu einer geachteten Beschäftigung machen. Im Kibbuz wird sie als ebenso unerläßlich für das Wohlergehen der Gemeinschaft betrachtet wie die Berufe in Landwirtschaft und Verwaltung. In den Vereinigten Staaten aber sind die Frauen mit dem »Nur-Hausfrau«-Komplex geschlagen. Diese Haltung ist ein Relikt aus einer männlich orientierten Zeit (unglückseliger- und ironischerweise verstärkt durch die feministische Bewegung), die nur traditionelle männliche Aktivitäten wertschätzte und »Frauenarbeit« abschätzig als zweitrangig betrachtete. Wenn sich jemand jedoch dafür entscheidet, seine Karriere zu unterbrechen – oder sogar ganz aufzugeben –, um Kinder großzuziehen, so sollte das nicht als ein Rückzug aus der »eigentlichen« Arbeitswelt betrachtet werden. Es ist schlicht ein anderer Beruf.

Zweitens: Wir müssen Möglichkeiten finden, daß Frauen (und Männer) die Kinderbetreuung mit ihrem Beruf vereinbaren können. In unseren Jäger-und-Sammler-Tagen war das alles kein Problem. Die Frauen nahmen die Kinder einfach mit, wenn sie zum Sammeln gingen und so im gleichen Maße wie die Männer zum Familienunterhalt beitrugen. Heute aber sind unsere Arbeitsplätze unter der Voraussetzung eingerichtet, daß jemand entweder einer Arbeit nachgeht oder aber Kinder erzieht. Das mag vor einigen Generationen in Ordnung gewesen sein, als die Arbeitswelt in erster Linie aus Männern und alleinstehenden Frauen (oder zumindest Frauen, die keine Kinder zu versorgen hatten) bestand, heute aber ist das ein Problem. Was können wir tun, wenn wir gleichzeitig engagierte Eltern sein und berufstätig bleiben wollen?

Die eine oder andere flexiblere Lösung ist bereits in Sicht. Arbeitgeber beginnen, Müttern nach der Geburt längere Urlaubszeiten und Teilzeitarbeit zuzugestehen. Manche Firmen bieten eine Tagesbetreuung an, so daß die Frauen ihre Kinder während des Tages besuchen und stillen können. Und jeder einzelne schafft sich seine persönliche Form des Arrangements. Eine Freundin von mir arbeitet zum Beispiel als freie Schriftstellerin zu Hause, damit sie mehr Zeit mit ihrem kleinen Sohn verbringen kann.

Solche Lösungen werden sich nur dann allgemein durchsetzen, wenn Männer und Frauen als unterschiedlich, aber gleichwertig betrachtet werden. Die Forderung, daß Frauen wie Männer zu sein haben, wenn sie eine Karriere verfolgen wollen, hat dazu geführt, daß Frauen wie Sandra Witelson glaubten, wählen zu müssen zwischen erfolgreicher Karriere und kleiner Familie oder großer Familie und massiv beschnittenen Karriereplänen. Das wird für Frauen vermutlich immer ein größeres Problem darstellen als für Männer, denn wie die Soziologin Alice Rossi feststellte: Die Mutter-Kind-Bindung scheint die grundlegende Familienbindung zu sein.[23] Väter können ebensosehr an ihren Kindern hängen wie Mütter und ihnen ebensoviel Zeit widmen, doch vor allem bei Kindern unter einem Jahr sind es allem Anschein nach natürlicherweise zunächst einmal die Mütter, die sich verantwortlich fühlen. »Wenn eine Frau wirklich eine langfristige Karriere anstrebt«, so Witelson, »dann ist es wichtig, daß sie sich darüber im klaren ist, was es heißt, eine Frau zu sein. Man tut ihr keinen Gefallen, wenn man ihr erzählt, daß sie genauso wie ein Mann sei und deshalb einfach den Stier bei den Hörnern packen solle.«

Ich erkläre meiner Frau gegenüber oft, daß es ein Segen sei, soviel starke Bedürfnisse und Fähigkeiten zu haben wie sie. Denn schließlich gibt es Leute, denen gar keine Tätigkeit wirklich Spaß macht oder die nichts wirklich gut können. Sie hingegen liebt ihre Arbeit, hat großen Spaß daran, mit Kindern zusammenzusein, und ist auf beiden Gebieten gut. Doch wissen wir beide, daß das auch ein Fluch sein kann. Manchmal, so sagt sie, wünscht sie sich, daß sie glücklich und zufrieden damit sein könnte, in irgendeiner netten Kleinstadt ihre Familie zu betreuen. Dann wieder erzählt sie mir, sie wünschte sich, als Mann geboren zu sein, damit sie ihre Karrierepläne leichter durchsetzen könne. Dieses Dilemma haben nur sehr wenige Männer.

Meine Kristallkugel ist genauso trübe wie die jedes anderen, doch ich vermute, daß wir uns allmählich auf eine Gesellschaft zubewegen, die sich durch ein gerüttelt Maß an Gleichberechtigung beider Geschlechter auszeichnen wird. Die Vorstellung von Gleichberechtigung im Sinne von Gleichheit aber ist ein Luftschloß. Wenn eine kleine Gruppe von Ideologen, die in einer Wüste im Nahen Osten eine von Grund auf neue Gesellschaft aufgebaut hat, es nicht fertigbringt, wie sollen wir dazu in der Lage sein? Männer und Frauen sind nicht dasselbe und wollen es auch nicht sein. Ich bemerke jedoch in unserer Gesellschaft ein starkes und immer stärker werdendes Streben nach Gleichberechtigung. Wir sind auf einem guten Weg dazu, daß beide Geschlechter dieselbe Chance bekommen »to be all that you can be«, wie es ein eingängiger Slogan der U.S.-Armee ausdrückt.

Die Lehre aus der Forschung an geschlechtsspezifischen Unterschieden ist die, daß Frau und Mann verschieden sind, aber dennoch gleichwertig. Eine wirklich emanzipierte Gesellschaft wird keine sein, in der Frauen sich dahingehend angepaßt haben, daß sie wie Männer geworden sind, sondern eine, in der Frauen die Freiheit haben, ihren eigenen Beitrag zu leisten, ihre eigenen Möglichkeiten auszuschöpfen. Wenn beide Geschlechter zusammenarbeiten, einander ergänzen, dann muß die Welt einfach besser und stärker werden.

Anmerkungen

Einleitung: Von Heldinnen und Hormonen

1. Zur Tüpfelhyäne siehe u. a. David MacDonald (Hg.), *The Encyclopedia of Mammals*, New York 1984, S. 154–157.
2. Norman N. Deane, »The Spotted Hyena«, in: *Lammergeyer* 2, 1962, S. 26–44.
3. Siehe Laurence G. Frank, Steven E. Glickman und Irene Powch, »Sexual Dimorphism in the Spotted Hyena«, in: *Journal of Zoology* 221, 1990, S. 308–313. Dieser Artikel schildert eine der ersten Methoden, mit denen sich männliche und weibliche Hyänen zuverlässig ohne physische Untersuchung auseinanderhalten lassen. Die Autoren stellten u. a. fest, daß die Penisspitze bei Männchen und Weibchen eine etwas andere Form hat. Frank schätzt, daß »erfahrene Zoologen mehr als 50 Jahre mit der Beobachtung von Hyänen in freier Wildbahn« zugebracht hatten, ohne daß ihnen dieser relativ geringfügige Unterschied aufgefallen war.
4. Laurence G. Frank und Stephen E. Glickman, »Giving Birth Through a Penile Clitoris: Parturition and Dystocia in the Spotted Hyena«, in: *Journal of Zoology* (im Druck).
5. Glickman und Frank geben zu bedenken, daß sie bisher keinen direkten Zusammenhang zwischen dem Testosteron im Mutterleib und der Aggressivität neugeborener Hyänen nachweisen konnten, wenngleich die Hypothese plausibel klingt. Sie haben vor, sie durch Experimente zu überprüfen, bei denen sie die Wirkungen der männlichen Hormone blockieren und beobachten, welchen Einfluß das auf die Aggressivität der Hyänen hat.
6. Laurence G. Frank, Stephen E. Glickman und Paul Licht, »Fatal Sibling Aggression, Precocial Development and Androgens in Neonatal Spotted Hyenas«, in: *Science* 252, 1991, S. 702–704.
7. Die Ferkel von Hausschweinen scheinen, so merkwürdig das klingen mag, hinsichtlich der Rivalität zwischen Neugeborenen den Tüpfelhyänen am nächsten zu stehen. Häufig gibt es in einem Wurf mehr Ferkel als Zitzen bei der Muttersau, so daß die Jungen

um einen Platz an Mutters Brust streiten müssen. Ferkel kommen bereits mit Schneidezähnen zur Welt, die sie dazu benutzen, ihre Rechte an einer bestimmten Zitze zu verteidigen. Siehe David Fraser und B. K. Thompson, »Armed Sibling Rivalry Among Suckling Piglets«, in: *Behavioral Ecology and Sociobiology* 29, 1991, S. 9–15.

8. Anne Fausto-Sterling, *Myths of Gender: Biological Theories About Men and Women*, New York 1985, S. 9.

Kapitel 1: Verschieden, aber gleichwertig

1. Camilla Persson Benbow und Julian C. Stanley, »Sex Differences in Mathematical Ability: Fact or Artifact?« In: *Science* 210, 1980, S. 1262–1264.
2. Diese Hypothese wurde unter anderem aufgestellt in: Elizabeth Fennema und Julia Sherman, »Sex-Related Differences in Mathematics Achievement, Spatial Visualization and Affective Factors«, in: *American Educational Research Journal* 14, 1977, S. 51.
3. Sheila Tobias, Autorin von *Overcoming Math Anxiety*, zitiert in dem Artikel »Do Males Have a Math Gene?« In: *Newsweek*, 15. Dezember 1980, S. 73.
4. Elizabeth Fennema, Erziehungswissenschaftlerin an der University of Wisconsin in Madison, zitiert in Gina Bari Kolata, »Math and Sex: Are Girls Born with Less Ability?« In: *Science* 210, 1980, S. 1234–1235.
5. Elaine Newman, Biologieprofessorin an der Concordia University in Toronto, zitiert in dem Artikel »Boys Beat Girls in Controversial Study« in: *Toronto Globe and Mail* vom 3. September 1981.
6. Zitiert in: Philip J. Hilts, »At Mathematical Thinking, Boys Outperform Girls« in: *The Washington Post*, 5. Dezember 1980, S. A1 und A10.
7. Alice T. Schafer und Mary W. Gray, »Sex and Mathematics«, in: *Science* 211, 1981, S. 231.
8. Ein ausführlicher Übersichtsartikel stammt von Camilla Benbow, »Sex Differences in Mathematical Reasoning Ability in Intellectually Talented Preadolescents: Their Nature, Effects, and Possible Causes«, in: *Behavioral and Brain Sciences* 11:2, 1988, S. 169–183.
9. Anne Moir und David Jessel, »Sex and Cerebellum«, in: *The Washington Post*, 5. Mai 1991, S. K3.

10. Diane F. Halpern, *Sex Differences in Cognitive Abilities*, Hillsdale, New Jersey 1992, S. 92.

11. Janet S. Hyde, Elizabeth Fennema und Susan J. Lamon, »Gender Differences in Mathematics Performance: A Meta-Analysis«, in: *Psychological Bulletin* 107, 1990, S. 139–155.

12. Halpern, *Sex Differences ...*, siehe oben, S. 221–222.

13. Die Barbiepuppe wurde schon zum Politikum, bevor sie überhaupt sprechen und sich über den Mathematikunterricht beklagen konnte. Ihre übertriebene Wespentaille ist immer wieder dafür verantwortlich gemacht worden, daß Mädchen unrealistische Vorstellungen von ihrem eigenen späteren Aussehen bekommen. 1991 wurde deshalb eine Konkurrenzpuppe mit dem Namen »Happy to Be Me« auf den Markt gebracht. Der springende Punkt bei dieser Puppe war, daß ihre Figur mit den Maßen 90-68-95 mehr der durchschnittlichen weiblichen Figur angepaßt war. Siehe auch Cyndee Miller, »Flat Feet and Big Hips – Now That's One Happy Doll«, in: *Marketing News*, 30. September 1991, S. 2.

14. Siehe u. a. Theta H. Wolf, *Alfred Binet*, Chicago 1973, S. 139–189.

15. Diane McGuinness, *When Children Don't Learn: Understanding the Biology and Psychology of Learning Disabilities*, New York 1985, S. 19.

16. Dianne Marie Daugherty Horgan, »Language Development: A Cross-Methodological Study«. Unveröffentlichte Dissertation, University of Michigan, Ann Arbor 1975.

17. Ein Überblick über einige dieser Studien findet sich bei David W. Shucard, Janet L. Shucard und David G. Thomas: »Sex Differences in Electrophysiological Activity in Infancy: Possible Implications for Language Development«, in: Susan U. Philips, Susan Steele und Christine Tanz (Hg.), *Language, Gender and Sex in Comparative Perspective*, Cambridge 1987.

18. David J. Martin und H. D. Hoover, »Sex Differences in Educational Achievement: A Longitudinal Study«, in: *Journal of Early Adolescence* 7, 1987, S. 65–83.

19. Virginia A. Mann, Sumiko Sasanuma, Naoko Sakuma und Shinobu Masaki, »Sex Differences in Cognitive Abilities: A Cross-Cultural Perspective«, in: *Neuropsychologia* 28:10, 1990, S. 1063–1077.

20. Benbow, »Sex Differences in Mathematical Reasoning Ability ...«, siehe oben.

21. Diane Alington und Russell Leaf, »Elimination of SAT-Verbal Sex Differences Was Due to Policy-Guided Changes in Item-Content«, in: *Psychological Reports* 68:2, 1991, S. 541–542.

22. Siehe *Taking the SAT, 1992–1993.* Educational Testing Service, Princeton, New Jersey 1992.

23. Halpern, *Sex Differences* ..., siehe oben, S. 92.

24. Halpern, ebenda, S. 65.

25. Joan Finucci und Barton Chiles, »Are There Really More Dyslexic Boys Than Girls?« In: Alice Ansara, Norman Geschwind und Albert Galaburda (Hg.), *Sex Differences in Dyslexia*, the Orton Dyslexia Society, Towson, Maryland 1981, S. 1–10.

26. Während dieses Buch entsteht, stellt Bever ein Manuskript zusammen, das einen großen Teil seiner Arbeit beschreibt. Ein kleinerer Teil davon erscheint in: Thomas Bever, »The Logical and Extrinsic Sources of Modularity«, in: M. Gunnar and M. Maratsos (Hg.), *Modularity and Constraints in Language and Cognition*, Hillsdale, New Jersey 1992.

27. Liisa A. M. Galea und Doreen Kimura, »Sex Differences in Route Learning«, in: *Personality and Individual Differences* 14:1, 1993, S. 53–65.

28. Diane McGuinness und Janet Sparks, »Cognitive Style and Cognitive Maps: Sex Differences in Representations of a Familiar Terrain«, in: *Journal of Mental Imagery* 7, 1983, S. 91–100.

29. Leon K. Miller und Viana Santoni, »Sex Differences in Spatial Abilities: Strategic and Experiential Correlates«, in: *Acta Psychologia* 62, 1986, S. 225–235.

30. Shawn L. Ward, Nora Newcombe und Willis F. Overton, »Turn Left at the Church, or Three Miles North: A Study of Direction Giving and Sex Differences«, in: *Environment and Behavior* 18:2, 1986, S. 192–213.

31. Bever, »The Logical and Extrinsic Sources of Modularity«, siehe oben.

32. Siehe u. a.: Diane McGuinness, »Sex Differences in Cognitive Style: Implications for Math Performance and Achievement«, in: Louis A. Penner, George M. Batsche, Howard M. Knoff, Douglas L. Nelson und Charles D. Spielberger (Hg.), *The Challenge of Math and Science Education: Psychology's Response*, Washington, D.C. 1993.

33. McGuinness und Sparks, ebenda.

34. Siehe auch Kapitel 2 in: Judith A. Hall, *Nonverbal Sex Differences: Communication Accuracy and Expressive Style*, Baltimore 1984.

35. Auf diese Frage wurde ich zum erstenmal aufmerksam durch Anne Moir und David Jessel, *Brain Sex: The Real Difference Between Men and Women*, New York 1991.

36. Alice S. Rossi, »A Biosocial Perspective on Parenting«, in: *Daedalus* 106:2, 1977, S. 1–31.

Kapitel 2: Eine Geschichte zweier Geschlechter

1. Uriel Simri, *Women at the Olympic Games*, Wingate Institute for Physical Education and Sport, Netanya, Israel 1979.
2. National Center for Health Statistics, »Anthropometric Reference Data and Prevalence of Overweight: United States, 1976–1980«, in: *Vital & Health Statistics*, Serie 11, Nr. 238, 1987, S. 23–25.
3. Diane McGuinness, »Sensorimotor Biases in Cognitive Development«, in: Roberta L. Hall u. a. (Hg.), *Male-Female Differences: A Bio-Cultural Perspecitve*, New York 1985, S. 57–126.
4. Diane McGuinness, »Hearing: Individual Differences in Perceiving«, in: *Perception* 1, 1972, S. 465–473.
5. Colin D. Elliott, »Noise Tolerance and Extraversion in Children«, in: *British Journal of Psychology* 62, 1972, S. 375–380.
6. Diane McGuinness, »Away from a Unisex Psychology: Individual Differences in Visual Perception«, in: *Perception* 5, 1976, S. 279–294.
7. Albert Burg, »Visual Acuity as Measured by Dynamic and Spatial Tests: A Comparative Evaluation«, in: *Journal of Applied Psychology* 50, 1976, S. 460–466.
8. Albert Burg, Vision and Driving: A Report on Research«, in: *Human Factors* 13:1, 1971, S. 79–87.
9. National Safety Council, *Accident Facts, 1992 Edition*, Itasca, Illinois 1992, S. 59.
10. National Safety Council, ebenda.
11. McGuinness, »Away from a Unisex Psychology«, siehe oben.
12. Lesley Barnes Brabyn und Diane McGuinness, »Gender Differences in Response to Spatial Frequency and Stimulus Orientation«, in: *Perception and Psychophysics* 26, 1979, S. 319–324.
13. Sidney Weinstein, »Intensive and Extensive Aspects of Tactile Sensitivity as a Function of Body Part, Sex and Laterality«, in: Dan R. Kenshalo, *The Skin Senses*, Springfield, Illinois 1968, S. 195–222.
14. Richard L. Doty, »Gender and Endocrine-Related Influences on Human Olfactory Perception«, in: Herbert Meiselman und Richard S. Rivlin, *Clinical Measurement of Taste and Smell*, New York 1986, S. 377–413.

15. Richard L. Doty, Paul Shaman, Steven L. Applebaum, Ronite Giberson, Lenore Sikowski und Lysa Rosenberg, »Smell Identification Ability: Changes with Age«, in: *Science* 226, 1984, S. 1441–1443. Richard L. Doty, Steven L. Applebaum, Hiroyuki Zusho und R. Gregg Settle, »Sex Differences in Odor Identification Ability: A Cross-Cultural Analysis«, in: *Neuropsychologia* 23:5, 1985, S. 667–672.

16. Richard L. Doty, »Gender and Reproductive State Correlates of Taste Perception in Humans«, in: T. E. McGill, D. A. Dewsbury und B. D. Sachs (Hg.), *Sex and Behavior: Status and Prospectus*, New York 1978, S. 337–362. Siehe auch Mary Anne Baker, »Sensory Functioning«, in: Mary Anne Baker (Hg.), *Sex Differences in Human Performance*, New York 1987, S. 5–36.

17. Marie-Odile Monneuse, France Bellisle und Jeanine Louis-Sylvestre, »Impact of Sex and Age on Sensory Evalution of Sugar and Fat in Diary Products«, in: *Physiology and Behavior* 50, 1991, S. 1111–1117. Siehe auch M. T. Connor und David A. Booth, »Preferred Sweetness of a Lime Drink and Preference for Sweet Over Non-Sweet Foods, Related to Sex and Reported Age and Body Weight«, in: *Appetite* 10:1, 1988, S. 25–35.

18. Adam Drewnowski, Candace Kurth, Jeanne Holden-Wiltse und Jennifer Saari, »Food Preferences in Human Obesity: Carbohydrates Versus Fats«, in: *Appetite* 18, 1992, S. 207–221. Drewnowskis Untersuchung beschäftigt sich eigentlich in erster Linie mit fettleibigen Menschen. Er ist jedoch der Ansicht, daß diese Ergebnisse mit großer Wahrscheinlichkeit auch für normalgewichtige Männer und Frauen gelten.

19. Thomas R. Alley und W. Jeffrey Burroughs, »Do Men Have Stronger Preferences for Hot, Unusual and Unfamiliar Foods?« In: *The Journal of General Physiology* 118:3, 1991, S. 201–214.

20. Mit der weiblichen Überlegenheit hinsichtlich der feinmotorischen Bewegungskontrolle haben sich etliche Untersuchungen beschäftigt. Drei von ihnen seien hier genannt: Virgil Mathiowetz, Gloria Volland, Nancy Kashman und Karen Weber, »Adult Norms for the Box and Block Test of Manual Dexterity«, in: *American Journal of Occupational Therapy* 39:6, 1985, S. 386–391; Abdur Rahim und Basu Sharma, »Sex Differences in Performance of a Combined Manual and Decision Task«, in: *Perceptual and Motor Skills* 73:2, 1991, S. 695–700; und Jaqueline Agnew, Karen Bolla-Wilson, Claudia H. Kawas und Margit L. Bleecker, »Purdue Pegbord Age and Sex Norms for People 40 Years Old and Older«,

in: *Developmental Neuropsychology* 4:1, 1988, S. 29–35. Es gibt jedoch mindestens eine Untersuchung, derzufolge der geschlechtsspezifische Unterschied hinsichtlich der Fingerfertigkeit verschwindet, sobald man die Fingergröße mitberücksichtigt: Michael Peters, Philip Servos und Russell Day, »Marked Sex Differences on a Fine Motor Skill Task Disappear When Finger Size is used as a Covariate«, in: *Journal of Applied Psychology* 75:1, 1990, S. 87–90.

21. Neil V. Watson und Doreen Kimura, »Nontrivial Sex Differences in Throwing and Intercepting: Relation to Psychometrically Defined Spatial Functions«, in: *Personality and Individual Differences* 12:5, 1991, S. 375–385.

22. Dianne Lunn und Doreen Kimura, »Spatial Abilities in Preschool-Aged Children«, Department of Psychology Research Bulletin Nr. 681, University of Western Ontario, London, Ontario 1989.

23. Die männliche und weibliche Sterberate vom Zeitpunkt der Empfängnis an sind aus einer Reihe von Quellen ersichtlich; siehe u. a. Thomas Gualtieri und Robert E. Hicks, »An Immunoreactive Theory of Selective Male Affliction«, in: *The Behavioral and Brain Sciences* 8, 1985, S. 427–441, oder David C. Taylor, »Mechanisms of Sex Differentiation: Evidence from Disease«, in: J. Ghesquiere, R. D. Martin und F. Newcombe (Hg.), *Human Sexual Dimorphism*, Philadelphia 1985, S. 169–246.

24. Judith M. Stillion, *Death and the Sexes*, Washington, D.C. 1985, S. 19.

25. Eine ausführlichere Diskussion der Faktoren, die möglicherweise Einfluß auf die jeweilige Todesrate bei Männern und Frauen haben, findet sich bei Stillion, ebenda, S. 15–33.

26. Naoto Kimura, Hiroyuki Yoshimura und Nobuya Ogawa, »Sex Differences in Stress-Induced Gastric Ulceration: Effects of Castration and Ovariectomy«, in: *Psychobiology* 15:2, 1987, S. 175–178.

27. Eleanor Emmons Maccoby und Carol Nagy Jacklin, *The Psychology of Sex Differences*, Stanford, Kalifornien 1974, S. 349–351.

28. Maccoby and Jacklin, ebenda, S. 355.

29. Der zur Zeit ausführlichste Überblick über geschlechtsspezifische Unterschiede bezüglich des Aktivitätsgrades faßt 127 Studien zusammen: Warren O. Eaton und Lesley Reid Enns, »Sex Differences in Human Motor Activity Level«, in: *Psychological Bulletin* 100:1, 1986, S. 19–28.

30. Eine ausführliche Diskussion über geschlechtsspezifische Unterschiede im elterlichen Verhalten findet sich bei Alice S. Rossi,

»Gender and Parenthood«, in: Alice S. Rossi (Hg.), *Gender and the Life Course*, New York 1985, S. 161–191.

31. Diane McGuinness, »Behavioral Tempo in Pre-School Boys and Girls«, in: *Learning and Individual Differences* 2:3, 1990, S. 315–325.

32. Janet Lever, »Sex Differences in Games Children Play«, in: *Social Problems* 23, 1976, S. 478–487.

33. Janet Lever, »Sex Differences in the Complexity of Children's Play and Games«, in: *American Sociological Review* 43, 1978, S. 471–483.

34. Siehe u. a. Margo E. Garen »A Management Model for the 80's«, in: *Training and Development Journal* 36:3, 1982, S. 41–49.

35. Margret Hennig und Ann Jardim, *The Managerial Woman*, New York 1977.

36. Carol Gilligan, *Die andere Stimme. Lebenskonflikt und Moral der Frau*, München 1991. Originalausgabe: *In a Different Voice: Psychological Theory and Women's Development*, Cambridge 1982.

37. Deborah Tannen, *Du kannst mich einfach nicht verstehen. Warum Männer und Frauen aneinander vorbeireden*, Hamburg 1991. Originalausgabe: *You Just Don't Understand: Women and Men in Conversation*, New York 1990.

38. Siehe u. a. Katha Pollit, »Are Women Morally Superior to Men?«, in: *The Nation*, 28. Dezember 1992, S. 799–807. Pollit wettert über das Bestreben von Gilligan und Tannen, Mann und Frau als prinzipiell verschieden zu sehen. Sie selbst steht auf einem marxistischen Standpunkt bezüglich geschlechtsspezifischer Unterschiede, der ökonomische Ungerechtigkeiten für die Unterschiede bei männlichem und weiblichem Verhalten verantwortlich macht.

39. Die psychologischen Unterschiede sind bekannt und sehr beständig. Siehe u. a. James P. Kurtz und Marvin Zuckerman, »Race and Sex Differences on the Sensation Seeking Scales«, in: *Psychological Reports* 43:2, 1978, S. 529–530; Harvey Ginsburg und Shirly M. Miller, »Sex Differences in Children's Risk Taking Behavior«, in: *Child Development* 53:2, 1982, S. 426–428; Martin L. Hoffman, »Sex Differences in Empathy and Related Behaviors«, in: *Psychological Bulletin* 84:4, 1977, S. 712–722; und Daniel E. Freedman und Marilyn DeBoer, »Biological and Cultural Differences in Early Child Development«, in: *Annual Review of Anthropology* 8, 1979, S. 579–600.

40. Alice H. Eagly und Valerie J. Steffen, »Gender and Aggressive Behavior: A Meta-Analytic Review of the Social Psychological Literature«, in: *Psychological Bulletin* 100:3, 1986, S. 309–330.

41. Siehe u. a. Michael J. Meaney, Jane Stewart und William W. Beatty, »Sex Differences in Social Play: The Socialization of Sex Roles«, in: Jay S. Rosenblatt, Colin Beer, Marie-Claire Busnel und Peter J. B. Slater (Hg.), *Advances in the Study of Behavior, Vol. 15*, Orlando 1985.

42. Rita J. Simon und Jean Landis, *The Crimes That Women Commit, The Punishments They Receive*, Lexington, Massachusetts 1991, insbesondere Kapitel 4, S. 41–56. Siehe auch Walter R. Gove, »The Effect of Age and Gender on Deviant Behavior: A Biopsychosocial Perspective«, in: Alice S. Rossi, *Gender and the Life Course*, New York 1985.

43. Andrew Ahlgren und David W. Johnson, »Sex Differences in Cooperative and Competitive Attitudes from the Second to the Twelfth Grades«, in: *Developmental Psychology* 15:2, 1979, S. 45–49. Michael J. Strube, »Meta-Analysis and Cross-Cultural Comparison: Sex Differences in Child Competitiveness«, in: *Journal of Cross Cultural Psychology* 12:1, 1981, S. 3–20.

44. Als dieses Buch entstand, hatte Gladue diese Ergebnisse noch nicht veröffentlicht. Die Details stammen aus Gesprächen mit ihm.

45. Diane L. Gill, »Competitiveness Among Females and Males in Physical Activity Classes«, in: *Sex Roles* 15, 1986, S. 233–247.

46. Melissa Hines, »Gonadal Hormones and Human Cognitive Development«, in: Jaques Balthazart (Hg.), *Hormones, Brain and Behavior in Vertebrates*, Basel 1990, S. 51–63.

47. Maccoby und Jacklin, »The Psychology of Sex Differences ...«, siehe oben, S. 351.

48. Janet Shibley Hyde und Marcia C. Linn, »Gender Differences in Verbal Ability: A Meta-Analysis«, in: *Psychological Bulletin* 104:1, 1988, S. 53–69.

49. Siehe u. a. Marc G. McGee, »Human Spatial Abilities: Psychometric Studies and Environmental, Genetic, Hormonal and Neurological Influences«, in: *Psychological Bulletin* 86:5, 1979, S. 889–918.

50. Die Definition kleiner, mittlerer und großer Effektstärken wurde zum erstenmal vorgeschlagen in: J. Cohen, *Statistical Power Analysis for the Behavioral Sciences*, New York 1977.

51. National Center for Health Statistics, »Anthropometric Reference Data ...«, siehe oben.

52. Jerry A. Thomas und Karen E. French, »Gender Differences Across Age in Motor Performance: A Meta-Analysis«, in: *Psychological Bulletin* 98, 1985, S. 260–282.

53. Hyde und Linn, »Gender Differences in Verbal Ability«, siehe oben.

54. Siehe u. a. Barbara Sanders, Mary P. Soares und Jean M. D'Aquila, »The Sex Difference on One Test of Spatial Visualization: A Nontrivial Difference«, in: *Child Development* 53, 1982, S. 1106–1110.

55. Cohen, *Statistical Power Analysis*, siehe oben.

56. Charles S. Rebert, »Sex Differences in Complex Visuomotor Coordination«, in: *The Behavioral and Brain Sciences* 3, 1980, S. 246–247.

57. Während dieses Buch geschrieben wurde, hatte Jackson noch keine Einzelheiten über den geschlechtsspezifischen Unterschied bei seinem Computerspiel veröffentlicht. Er sprach mit mir darüber bei einem Besuch an der University of Western Ontario und in verschiedenen späteren Telefongesprächen.

58. Die National Rifle Association besitzt alle möglichen Aufzeichnungen über Schießwettbewerbe, und die Ergebnisse der Frauen beim Kleinkaliberschießen sind gleichbleibend nahezu ebenso hoch wie die der Männer. (Beim Pistolenschießen schneiden Frauen weniger gut ab als Männer, vermutlich deshalb, weil sie über weniger Armkraft verfügen und daher die Pistole nicht ganz ruhig halten können.) Bei etlichen Wettkämpfen hält eine Frau den Rekord im Gewehrschießen. Beim Keilerschießen jedoch oder bei anderen Wettkämpfen mit beweglichem Ziel liegen die Ergebnisse der Frauen weit weniger nahe an denen der Männer.

59. McGee, »Human Spatial Ability«, siehe oben.

60. Siehe u. a.: Sarah A. Burnett, David M. Lane und Lewis M. Dratt, »Spatial Visualization and Sex Differences in Quantitative Ability«, in: *Intelligence* 3, 1979, S. 345–354.

61. Diese Tests werden beschrieben in: Ruth Ekstrom, J. W. French, H. H. Harman und D. Dermen, »Kit of Factor-Referenced Cognitive Tests«, Educational Testing Service, Princeton, New Jersey.

62. Diane McGuinness, Amy Olson und Julia Chapman, »Sex Differences in Incidental Recall for Words and Pictures«, in: *Learning and Individual Differences* 2:3, 1990, S. 263–285.

63. Virginia A. Mann, Sumiko Sasanuma, Naoko Sakuma und Shinobu Masaki, »Sex Differences in Cognitive Abilities: A Cross-Cultural Perspective«, in: *Neuropsychologia* 28:10, 1990, S. 1063–1077.

64. Siehe u. a. Max Lummis und Harold W. Stevenson, »Gender Differences in Beliefs and Achievements: A Cross-Cultural Study«, in: *Developmental Psychology* 26:2, S. 254–263.

65. Arthur R. Jensen, *Bias in Mental Testing*, New York 1980, S. 624.

66. Während dieses Buch gedruckt wird, werden Einwände gegen Jensens Berechnung gleicher g-Werte für Männer und Frauen laut, und zwar im Rahmen einer sorgfältig durchgeführten Untersuchung an den Aufnahmetests für das Medizinstudium (Medizinertests) von 183 000 deutschen Studentinnen und Studenten. Douglas Jackson von der University of Western Ontario und Heinrich Stumpf von Johns Hopkins stellen fest, daß Männer einen etwas höheren g-Wert besitzen als Frauen, wobei die Effektstärke ungefähr d = 0,3 beträgt. Sie stellten außerdem Unterschiede hinsichtlich der Wahrnehmungsgeschwindigkeit und des Gedächtnisses fest, wobei hier die Frauen mit einer Effektstärke von etwa 0,3 und 0,6 im Vorteil waren. Da ein solcher Befund hinsichtlich der g-Werte bedeuten würde, daß Männer einen im Durchschnitt um vier bis fünf Punkte höheren IQ haben als Frauen, ist dieses Ergebnis zwangsläufig heiß umstritten, und es ist unmöglich, vorherzusagen, wie diese Debatte ausgehen wird. Jackson ist ein ausgesprochen hoch angesehener Testdesigner und Vertreter der Psychometrie (der Wissenschaft, die sich mit dem Messen psychologischer Merkmale, insbesondere der Intelligenz, beschäftigt), und auf den ersten Blick erscheint seine Untersuchung eindrucksvoll und kaum zu widerlegen. Dennoch, da die Gegner seiner Schlußfolgerungen – und davon wird es mit Sicherheit jede Menge geben – bisher noch keine Gelegenheit hatten, die Arbeit genau zu betrachten und auf Schwachstellen zu untersuchen, ist es für weitere Aussagen noch zu früh. Der nach Jacksons Aussagen festzustellende geschlechtsspezifische Unterschied ist zwar gering, doch das Vorhandensein eines noch so kleinen IQ-Unterschieds zwischen Männern und Frauen kommt völlig unerwartet. Präsentiert wurden diese Ergebnisse auf einer Tagung der International Society for the Study of Individual Differences vom 17.–21. Juli 1993 in Baltimore.

67. Robert G. Lehrke, »Sex Linkage: A Biological Basis for Greater Male Variability«, in: Travis Osborne, Clyde E. Noble und Nathaniel Weyl (Hg.), *Human Variation: The Biopsychology of Age, Race and Sex*, New York 1978, S. 171–198.

68. David Lubinski und Camilla Persson Benbow, »Gender Differences in Abilities and Preferences Among the Gifted: Implications

for the Math-Science Pipeline«, in: *Current Directions in Psychological Science* 1:2, 1992, S. 61–66.

69. David Lubinski und René V. Dawis, »Aptitudes, Skills and Proficiencies«, in: M. D. Dunette und L. M. Hough (Hg.), *The Handbook of Industrial/Organizational Psychology*, Palo Alto, Kalifornien 1992, S. 1–59.

70. Gilligan, *In a Different Voice* ..., siehe oben.

71. Tannen, *You Just Don't Understand* ..., siehe oben, S. 47.

72. Diane McGuinness, *When Children Don't Learn: Understanding the Biology and Psychology of Learning Disabilities*, New York 1985, S. 73.

Kapitel 3: Jenseits von Vögeln und Bienen

1. Viele der hier erwähnten Details stammen aus: Alison Carlson, »When is a Woman not a Woman?«, in: *Women's Sports and Fitness*, März 1991, S. 24–29.

2. Details über das Y-Chromosom finden sich in: Simon Foote, Douglas Vollrath, Adrienne Hilton und David C. Page, »The Human Y Chromosome: Overlapping DNA Clones Spanning the Euchromatic Region«, in: *Science* 258, 1992, S. 60–66.

3. Terry R. Brown, »Male Pseudohermaphroditism: Defects in Androgen-Dependent Target Tissues«, in: *Seminars in Reproductive Endocrinology* 5:3, 1987, S. 243–259.

4. Eine Übersicht über mögliche Fehlentwicklungen im Verlauf der Sexualentwicklung, siehe August-Sonderausgabe von *Seminars in Reproductive Endocrinology* 5:3, 1987.

5. Siehe u. a. Jennifer Downey, Anke A. Ehrhardt, Akira Morishima und Jennifer J. Bell, »Gender Role Development in Two Clinical Syndromes: Turner Syndrome Versus Constitutional Short Stature«, in: *Journal of the American Academy of Child and Adolescent Psychiatry* 26:4, 1987, S. 566–573.

6. Songya Pang u. a., »Worldwide Experience in Newborn Screening for Classical Congenital Adrenal Hyperplasia Due to 21-Hydroxylase Deficiency«, in: *Pediatrics* 81:6, 1988, S. 866–874.

7. Patricia Donohoue und Gary Berkovitz, »Female Pseudohermaphroditism«, in: *Seminars in Reproductive Endocrinology* 5:3, 1987, S. 233–241.

8. Jared Diamond, »Turning a Man«, in: *Discover* 13:6, 1992, S. 70–77.

9. Julianne Imperato-McGinley, Luis Guerrero, Teofilo Gautier und Ralph E. Peterson, »Steroid 5α-Reductase Deficiency in Man: An Inherited Form of Male Pseudohermaphroditism«, in: *Science* 186, 1974, S. 1213–1215.

10. Julianne Imperato-McGinley, Ralph E. Peterson, Teofilo Gautier und Erasmo Sturla, »Androgens and the Evolution of Male Gender Identity Among Male Pseudohermaphrodites With 5α-Reductase Deficiency«, in: *The New England Journal of Medicine* 300:22, 1979, S. 1233–1237.

11. C. Dominique Toran-Allerand, »Organotypic Culture of the Developing Cerebral Cortex and Hypothalamus: Relevance to Sexual Differentiation«, in: *Psychoneuroendocrinology* 16:1–3, 1979, S. 7–24.

12. Eine gute und knappe Darstellung der jeweiligen Rolle von Testosteron und Östrogen bei der Maskulinisierung und möglicherweise auch bei der Feminisierung des Gehirns findet sich bei Roger A. Gorski, »Sexual Differentiation of the Endocrine Brain and its Control«, in: Marcella Motta (Hg.), *Brain Endocrinology*, Second Edition, New York 1991, S. 71–104.

13. Siehe u. a. Diane F. Halpern, *Sex Differences in Cognitive Abilities*, Hillsdale, New Jersey 1992, S. 105–109.

14. Thomas Laqueur, *Making Sex: Body and Gender from the Greeks to Freud*, Cambridge 1991, S. 4.

15. Laqueur, ebenda, S. 7. Einige Details dieser Geschichte stammen aus Stephen Jay Gould, »The Birth of the Two-Sex World«, in: *The New York Review of Books*, 13. Juni 1993, S. 11–13.

Kapitel 4: Echos aus dem Mutterleib

1. Sheri A. Berenbaum und Melissa Hines, »Early Androgens are Related to Childhood Sex-Typed Toy Preferences«, in: *Psychological Science* 3:3, 1992, S. 203–206.

2. Dennis J. Carson, Akimasa Okuno, Peter A. Lee, Gail Stetten, Shailaja M. Didolkar und Claude J. Migeon, »Amniotic Fluid Steroid Levels: Fetuses With Adrenal Hyperplasia, 46, XXY Fetuses and Normal Fetuses«, in: *American Journal of the Diseases of Children* 136, 1982, S. 218–222.

3. Anke A. Ehrhardt, R. Epstein und John Money, »Fetal Androgens and Female Gender Identity in the Early-treated Adrenogenital Syndrome«, in: *Johns Hopkins Medical Journal* 122, 1968, S. 160–167.

4. Anke A. Ehrhardt und Susan W. Baker, »Fetal Androgens, Human Central Nervous System Differentiation and Behavior Sex Differences«, in: R. C. Friedman, R. M. Richart und R. L. Vande Wiele (Hg.), *Sex Differences in Behavior*, New York 1974.

5. Robert W. Goy, »Hormonally Induced Pseudohermaphroditism and Behavior«, in: A. G. Motulsky und W. Lentz (Hg.), *Birth Defects, Proceeding of the Fourth International Conference*, Amsterdam 1974, S. 154–164. Siehe auch Robert Goy und Bruce McEwen (Hg.), *Sexual Differentiation of the Brain*, Cambridge, Massachusetts 1980, S. 44–54.

6. Robert W. Goy, Fred Bercovitch und Mary C. McBrair, »Behavioral Masculinization Is Independent of Genital Masculinization in Prenatally Androgenized Female Rhesus Macaques«, in: *Hormones and Behavior* 22, 1988, S. 552–571.

7. Sheri Berenbaum hatte sich dafür interessiert, ob AGS-Mädchen sich in irgendeiner Weise stärker an burschikosen Spielen beteiligen. Sie hat bisher nichts finden können, was darauf schließen ließe. Das kann allerdings auch daran liegen, daß sich die vorwiegend weiblichen Spielkameraden der AGS-Mädchen für diese Art Spiel nicht interessieren, meint sie. AGS-Mädchen scheinen sich stärker sportlich zu engagieren als ihre Schwestern, doch das ist etwas anderes als Raufen und Balgen.

8. Susan M. Resnick, Irving I. Gottesman, Sheri A. Berenbaum und Thomas J. Bouchard, »Early Hormonal Influences on Cognitive Functioning in Congenital Adrenal Hyperplasia«, in: *Developmental Psychology* 22:2, 1986, S. 191–198.

9. Diese Idee entstammt: Julia Sherman, »The Problem of Sex Differences in Space Perception and Aspects of Intellectual Functioning«, in: *Psychological Review* 74, 1967, S. 290–299.

10. Resnick u. a., siehe oben.

11. Songya Pang u. a., »Worldwide Experience in Newborn Screening for Classical Congenital Hyperplasia Due to 21-Hydroxylase Deficiency«, in: *Pediatrics* 81:6, 1988, S. 866–874.

12. Christina L. Williams und Warren H. Meck, »The Organizational Effects of Gonadal Steroids on Sexually Dimorphic Spatial Ability«, in: *Psychoneuroendocrinology* 16:1–3, 1991, S. 155–176.

13. Das von Williams und Meck in diesem Versuch verwendete Hormon war Östradiolbenzoat, ein synthetisches Östrogen. Es hat im Prinzip die gleiche Wirkung, wie eine Behandlung mit Testosteron sie hätte. Denn sobald es ins Gehirn gelangt ist, wird Testosteron zu Östrogen umgewandelt, und es ist im Grunde

dieses weibliche« Hormon, das für einen großen Teil der Maskulinisierung im Rattengehirn verantwortlich ist.

14. Williams und Meck, »The Organizational Effects ...«, siehe oben.
15. Michael J. Meaney, Jane Stewart, Paule Poulin und Bruce S. McEwen, »Sexual Differentiation of Social Play in Rat Pups is Mediated by the Neonatal Androgen-Receptor System«, in: *Neuroendocrinology* 37, 1983, S. 85–90.
16. William W. Beatty, »Gonadal Hormones and Sex Differences in Non-Reproductive Behaviors in Rodents: Organizational and Activational Influences«, in: *Hormones and Behavior* 12, 1979, S. 112–163.
17. Jane Stewart und Diane Cygan, »Ovarian Hormones Act Early in Development to Feminize Adult Open-Field-Behavior in the Rat«, in: *Hormones and Behavior* 14, 1980, S. 20–32.
18. Siehe u. a. Roger A. Gorski, »Sexual Differentiation of the Endocrine Brain and its Control«, in: *Brain Endocrinology, Second Edition*, New York 1991, S. 71–104.
19. Jocelyne Bachevalier und Corinne Hagger, »Sex Differences in the Development of Learning Abilities in Primates«, in: *Psychoneuroendocrinology* 16:1–3, 1991, S. 177–188.
20. David C. Taylor, »Differential Rates of Cerebral Maturation Between Sexes and Between Hemispheres«, in: *Lancet*, 1969, S. 140–142.
21. Julianne Imperato-McGinley, Ralph E. Peterson, Teofilo Gautier und Erasmo Sturla, »Androgens and the Evolution of Male Gender Identity Among Male Pseudohermaphrodites with 5α-Reduktase Deficiency«, in: *The New England Journal of Medicine* 300:22, 1979, S. 1233–1237.
22. Julianne Imperato-McGinley, Marino Pichardo, Teofilo Gautier, Daniel Voyer und M. Philip Bryden, »Cognitive Abilities in Androgen-Insensitive Subjects: Comparison with Control Males and Females from the Same Kindred«, in: *Clinical Endocrinology* 34, 1991, S. 341–347.
23. Terry R. Brown, »Male Pseudohermaphroditism: Defects in Androgen-Dependent Target Tissues«, in: *Seminars in Reproductive Endocrinology* 5:3, 1987, S. 243–259.
24. Es gibt zahlreiche Untersuchungen, die zu dem Schluß kommen, daß Frauen mit dem Turner-Syndrom ein geringes räumliches Vorstellungsvermögen und wenig mathematische Fähigkeiten besitzen. Siehe u. a. Jennifer Downey, Evan J. Elkin, Anke A. Ehrhardt, Heino Meyer-Bahlburg u. a., »Cognitive Ability and

Everyday Functioning in Women with Turner Syndrome«, in: *Journal of Learning Disabilities* 24:1, 1991, S. 32–39; Joanne Rovet und C. Netley, »The Mental Rotation Task Performance of Turner Syndrome Subjects«, in: *Behavior Genetics* 10:5, 1980, S. 437–443.

25. Elizabeth McCauley, Thomas Kay, Joanne Ito und Robert Treder, »The Turner Syndrome: Cognitive Deficits, Affective Discrimination and Behavior Problems«, in: *Child Development* 58, 1987, S. 464–473.

26. Susan M. Resnick, Irving I. Gottesman und Matthew McGue, »Sensation seeking in Opposite-Sex Twins: An Effect of Prenatal Hormones?« In: *Behavior Genetics* 23:4, 1993, S. 323–329.

27. Shirley Cole-Harding, Ann L. Morstad und James R. Wilson, »Spatial Ability in Members of Opposite Sex Twin Pairs« (Zusammenfassung eines Vortrags), in: *Behavior Genetics* 18, 1988, S. 710.

28. Daniel Hier und William F. Crowley, »Spatial Ability in Androgen-Deficient Men«, in: *The New England Journal of Medicine* 306:20, 1982, S. 1202–1205.

29. June Machover Reinisch, Mary Ziemba-Davis und Stephanie A. Sanders, »Hormonal Contributions to Sexually Dimorphic Behavioral Development in Humans«, in: *Psychoneuroendocrinology* 16:1–3, 1991, S. 213–278.

30. June Machover Reinisch, »Prenatal Exposure to Synthetic Progestins Increases Potential for Aggression in Humans«, in: *Science* 211, 1981, S. 1171–1173.

31. John Money und Anke Ehrhardt, *Man and Woman, Boy and Girl*, Baltimore, 1972.

32. Die verschiedenen Untersuchungen sind zusammengefaßt in: Reinisch, Ziemba-Davis und Sanders, »Hormonal Contributions to ...«, siehe oben.

33. Reinisch, »Prenatal Exposure to Synthetic Progestins ...«, siehe oben.

34. Eine der interessantesten Untersuchungen ist die von Jo-Anne K. Finegan, G. Alison Niccols und Gabriel Sitarenios, »Relations between Prenatal Testosteron Levels and Cognitive Abilities at Four Years«, in: *Developmental Psychology* 28:6, 1992, S. 1075–1089. Finegan stellt bei vierjährigen Kindern eine Reihe von Korrelationen zwischen Testosteronspiegel und Testergebnissen fest. Da es aber nur wenige Untersuchungen an Kindern in diesem Alter gibt, läßt sich ihre Arbeit nicht ohne weiteres mit der anderer vergleichen und ins Gesamtbild einordnen.

Kapitel 5: Mein Gehirn ist größer als deins

1. Christine de Lacoste-Utamsing und Ralph L. Holloway, »Sexual Dimorphism in the Human Corpus Callosum«, in: *Science* 216, 1982, S. 1431–1432.
2. Jerre Levy, »Cerebral Lateralization and Spatial Ability«, in: *Behavior Genetics* 6, 1976, S. 171–188.
3. Geoffrey Raisman und Pauline Field, »Sexual Dimorphism in the Preoptic Area of the Rat«, in: *Science* 173, 1971, S. 731–733.
4. Roger A. Gorski, John H. Gordon, James E. Shryne und Arthur M. Southam, »Evidence for a Morphological Sex Difference within the Medial Preoptic Area of the Rat Brain«, in: *Brain Research* 148, 1978, S. 333–346.
5. C. D. Jacobson, V. J. Csernus, James E. Shryne und Roger A. Gorski, »The Influence of Gonadectomy, Androgen Exposure or a Gonadal Graft in the Neonatal Rat on the Volume of the Sexually Dimorphic Nucleus of the Preoptic Area«, in: *Journal of Neuroscience* 1, 1981, S. 1142–1147.
6. F. Nottebohm und A. P. Arnold, »Sexual Dimorphism in Vocal Control Areas of the Songbird Brain«, in: *Science* 194, 1976, S. 211–213.
7. Dick F. Swaab und E. Fliers, »A Sexually Dimorphic Nucleus in the Human Brain«, in: *Science* 228, 1985, S. 1112–1115.
8. Laura S. Allen, Melissa Hines, James A. Shryne und Roger A. Gorski, »Two Sexually Dimorphic Cell Groups in the Human Brain«, in: *The Journal of Neuroscience* 9:2, 1989, S. 497–506.
9. Laura S. Allen und Roger A. Gorski, »Sexual Dimorphism of the Anterior Commisure and the Massa Intermedia of the Human Brain«, in: *The Journal of Comparative Neurology* 312, 1991, S. 97–104.
10. Allen und Gorski, ebenda.
11. Laura S. Allen und Roger A. Gorski, »Sex Difference in the Bed Nucleus of the Stria Terminalis of the Human Brain«, in: *The Journal of Comparative Neurology* 302, 1990, S. 696–706.
12. Laura S. Allen, Mark F. Richey, Yee M. Chai und Roger A. Gorski, »Sex Differences in the Corpus Callosum of the Living Human Being«, in: *The Journal of Neuroscience* 11:4, 1991, S. 933–942.
13. Eine der besten Studien in diesem Zusammenhang stammt von Andrew Kertesz, Marsha Polk, Janice Howell und Sandra E. Black, »Cerebral Dominance, Sex and Callosal Size in MRI«, in: *Neurology* 37, 1987, S. 799–835.

14. Sandra F. Witelson, »Hand and Sex Differences in the Isthmus and Genu of the Human Corpus Callosum«, in: *Brain* 112, 1989, S. 799–835.

15. Michael A. Hofman und Dick F. Swaab, »Sexual Dimorphism of the Human Brain: Myth and Reality«, in: *Experimental Clinical Endocrinology* 98:2, 1991, S. 161–170.

16. Simon LeVay, »A Difference in Hypothalamic Structure Between Homosexual and Heterosexual Men«, in: *Science* 253, 1991, S. 1034–1037.

17. Laura S. Allen und Roger A. Gorski, »Sexual Orientation and the Size of the Anterior Commisure in the Human Brain«, in: *Proceedings of the National Academy of Sciences* 89, 1992, S. 7199–7202.

18. Pauline Yahr und Patricia D. Finn, »Connections of the Sexually Dimorphic Area of the Gerbil Hypothalamus: Possible Pathways for Hormonal Control of Male Sexual Behavior and Scent-Marking«, in: Jaques Balthazart (Hg.), *Hormones, Brain and Behavior in Vertebrates, I. Sexual Differentiation, Neuroanatomical Aspects, Neurotransmitters and Neuropeptides*, Basel 1990, S. 137–147.

19. Albert S. Berrebi, Roslyn H. Fitch, Diana L. Ralphe, Julie O. Denenberg, Victor L. Friedrich Jr. und Victor H. Denenberg, »Corpus Callosum: Region Specific Effects of Sex, Early Experience and Age«, in: *Brain Research* 438, 1988, S. 216–224.

20. Janice M. Juraska und John R. Kopcik, »Sex and Environmental Influences on the Size and Ultrastructure of the Rat Corpus Callosum«, in: *Brain Research* 450, 1988, S. 1–8.

21. Melissa Hines, Lee Chiu, Lou Ann McAdams, Peter M. Bentler und Jim Lipcamon, »Cognition and the Corpus Callosum: Verbal Fluency, Visuospatial Ability and Language Lateralization Related to Midsagittal Surface Areas of Callosal Regions«, in: *Behavioral Neuroscience* 106:1, 1992, S. 3–14.

22. Stephen Jay Gould, *Der falsch vermessene Mensch*, Basel 1983, Tb-Ausgabe Frankfurt a. M. 1988. Originalausgabe: *The Mismeasure of Man*, New York 1981.

23. Gould, ebenda, S. 92–94.

24. Ebenda, S. 108–109.

25. Gould, ebenda, S. 111.

26. Siehe u. a. Harry J. Jerison, »The Evolution of Biological Intelligence«, in: R. J. Sternberg (Hg.), *Handbook of Human Intelligence*, Cambridge 1982, S. 723–791.

27. Manche aber auch nicht. Jerison zum Beispiel kommt zu dem

Schluß, daß es, wenn man nur Frauen oder nur Männer betrachtet, vermutlich keine Beziehung zwischen Körper- und Gehirngröße gibt. Siehe: Harry J. Jerison, »The Evolution of Diversity in Brain Size«, in: Martin E. Hahn, Craig Jensen und Bruce C. Dudeck (Hg.), *Development and Evolution of Brain Size: Behavioral Implications*. New Yorik 1979, S. 39.

28. K.-C. Ho, U. Roessmann, J. V. Straumfjord und G. Monroe, »Analysis of Brain Weight«, in: *Archives of Pathology and Laboratory Medicine* 104, 1980, S. 635–645.

29. C. Davison Ankney, »Sex Differences in Relative Brain Size: The Mismeasure of Women, Too?« In: *Intelligence* 16, 1992, S. 329–336.

30. Lee Willermann, Robert Schultz, J. Neal Rutledge und Erin D. Bigler, »In Vivo Brain Size and Intelligence«, in: *Intelligence* 15, 1991, S. 223–228.

31. Sandra F. Witelson, »Neural Sexual Mosaicism: Sexual Differentiation of the Human Temporo-Parietal Region for Functional Asymmetry«, in: *Psychoneuroendocrinology* 16:1–3, 1991, S. 131–153.

32. Eine gute grundsätzliche Diskussion dessen, was der geschlechtsspezifische Unterschied der Gehirngröße bedeutet oder auch nicht, findet sich in: Michael Peters, »Sex Differences in Human Brain Size and the General Meaning of Differences in Brain Size«, in: *Canadian Journal of Psychology* 45:4, 1991, S. 507–522.

33. Sylvia N. M. Reid und Janice M. Juraska, »Sex Differences in the Neuron Number in the Binocular Area of the Rat Visual Cortex«, in: *The Journal of Comparative Neurology* 321, 1992, S. 448–455.

34. Nancy C. Andreasen, Michael Flaum, Victor Swayze, Daniel S. O'Leary, Randall Alliger, Gregg Cohen, James Ehrhardt und William T. C. Yuh, »Intelligence and Brain Structure in Normal Individuals«, in: *American Journal of Psychiatry* 150:1, 1993, S. 130–134.

35. Siehe u. a. Lee Willerman, Robert Schultz, J. Neal Rutledge und Erin D. Bigler, »In Vivo Brain Size and Intelligence«, in: *Intelligence* 15, 1991, S. 233–228.

Kapitel 6: Nicht ganz das andere Geschlecht

1. Laura S. Allen, Melissa Hines, James A. Shryne und Roger A. Gorski, »Two Sexually Dimorphic Cell Groups in the Human Brain«, in: *The Journal of Neuroscience* 9:2, 1989, S. 497–506.

2. Simon LeVay, »A Difference in Hypothalamic Structure Between Homosexual and Heterosexual Men«, in: *Science* 253, 1991, S. 1034–1037.

3. J. O. G. Billy, K. Tanfer, W. R. Grady und D. H. Klepinger, »The Sexual Behavior of Men in the United States«, in: *Family Planning Perspectives* 25:2, 1993, S. 52–60.

4. Einen guten Überblick über die vorliegenden Untersuchungen zur Häufigkeit von Homosexualität gibt Milton Diamond, »Homosexuality and Bisexuality in Different Populations«, in: *Archives of Sexual Behavior* 22:4, 1993. Siehe auch Dean Hamer, Stella Hu, Victoria L. Magnuson, Nan Hu und Angela Pattatucci, »A Linkage Between DNA-Markers on the X-Chromosome and Male Sexual Orientation«, in: *Science* 261, 1993, S. 321–327.

5. »AIDS and the Sexual Behavior in France«, in: *Nature* 360, 1992, S. 407–409; Anne M. Johnson, Jane Wadsworth, Kaye Wellings, Sally Bradshaw und Julia Field, »Sexual Lifestyles and the HIV Risk«, in: *Nature* 360, 1992, S. 410–412.

6. Wie jeder Experte auf diesem Gebiet bestätigen kann, waren Kinseys Stichproben nicht im geringsten repräsentativ für die Gesamtbevölkerung. Unter anderem enthielten sie sehr viele Daten von Gefängnisinsassen, bei denen die Tatsache, daß keine Frauen verfügbar sind, die Anzahl der homosexuell aktiven Männer aller Wahrscheinlichkeit nach verfälscht. Alfred Kinsey, Wardell Pomeroy und Clyde Martin, *Sexual Behavior in the Human Male*, Philadelphia, 1948.

7. Siehe u. a. Joyce Price, »Gays Decry Survey Disputing 10 % Claim«, in: *The Washington Times*, 16. April 1993.

8. A. Bakker, P. J. M. van Kesteren, L. J. G. Gooren und P. D. Bezemer, »The Prevalence of Transsexualism in the Netherlands«, in: *Acta Psychiatrica Scandinavia* 87, 1993, S. 237–238. Die niederländische Untersuchung liefert derzeit aus verschiedenen Gründen wohl die genauesten verfügbaren Zahlen. Die Klinik, an der die Forscher arbeiten, führt nahezu alle in den Niederlanden anfallenden Operationen zur Geschlechtsumwandlung durch. Die staatliche Toleranz gegenüber der Transsexualität geht so weit, daß die Operationen vom staatlichen Gesundheitswesen getragen werden. Nach der Operation können Transsexuelle ihre sexuelle Identität auch vor dem Gesetz relativ leicht ändern lassen.

9. Jan Morris, *Conundrum. Mein Weg vom Mann zur Frau*, Berlin 1993. Originalausgabe: *Conundrum*, New York 1974.

10. Siehe u. a. Milton Diamond, »Sexual Identity, Monozygotic Twins

Reared in Discordant Sex Roles and a BBC Folow-Up«, in: *Archives of Sexual Behavior* 11:2, 1982, S. 181–186.

11. John Money, Anke Ehrhardt, *Man and Woman, Boy and Girl*, Baltimore 1972. Money hat seinen Standpunkt inzwischen geändert und ist heute der Ansicht, daß bei der Festlegung der sexuellen Orientierung sowohl die Biologie als auch die Sozialisation eine Rolle spielen. Siehe John Money, *Gay, Straight and In-Between*, Oxford 1988.

12. Diamond, »Sexual Identity ...«, siehe oben, S. 182.

13. Julianne Imperato-McGinley, Ralph E. Peterson, Teofilo Gautier und Erasmo Sturla, »Androgens and the Evolution of Male Gender Identity Among Male Pseudohermaphrodites with 5α-Reductase Deficiency«, in: *The New England Journal of Medicine* 300, 1979, S. 1233–1237.

14. Diamond, »Sexual Identity ...«, siehe oben.

15. Milton Diamond, »Some Genetic Considerations in the Development of Sexual Orientation«, in: Marc Haug, Richard Whalen, Claude Aron und Kathie Olsen (Hg.), *The Development of Sex Differences and Similarities in Behavior*, Boston 1993.

16. Eine Diskussion über die verschiedenen Formen der Transsexualität findet sich in: Ray Blanchard, Leonard H. Clemmensen und Betty W. Steiner, »Heterosexual and Homosexual Gender Dysphoria«, in: *Archives of Sexual Behavior* 16, 1987, S. 139–152; und Ray Blanchard, »The Classification and Labelling of Nonhomosexual Gender Dysphorias«, in: *Archives of Sexual Behavior* 18, 1989, S. 315–334.

17. Nach Diamonds »biased interaction theory« tritt das Individuum entsprechend seiner im Mutterleib geschaffenen sexuellen Vorbelastung mit seinem Umfeld in Wechselwirkung. Siehe Milton Diamond, »Sexual Identity and Sex Roles«, in: Vern L. Bullough (Hg.), *The Frontiers of Sex Research*, New York 1979, S. 39–56.

18. Dick F. Swaab und Michael A. Hofman, »An Enlarged Suprachiasmatic Nucleus in Homosexual Men«, in: *Brain Research* 537, 1990, S. 141–148.

19. Laura S. Allen und Roger A. Gorski, »Sexual Orientation and the Size of the Anterior Commissure in the Human Brain«, in: *Proceedings of the National Academy of Sciences* 89, 1992, S. 7199–7202.

20. John Money, Mark Schwartz und Viola G. Lewis, »Adult Erotosexual Status and Fetal Hormonal Masculinization and Demasculinization: 46,XY Congenital Virilizing Adrenal Hyperplasia

415

and 46,XY Androgen-Insensivity Syndrome Compared«, in: *Psychoneuroendocrinology* 9, 1984, S. 405–414.

21. Ralf W. Dittman, Marianne E. Kappes und Michael E. Kappes, »Sexual Behavior in Adolescent and Adult Females with Congenital Adrenal Hyperplasia«, in: *Psychoneuroendocrinology* 17:2, 1992, S. 153–170.

22. Rose M. Mulaikal, Claude J. Migeon und John A. Rock, »Fertility Rates in Female Patients with Congenital Adrenal Hyperplasia Due to 21-Hydroxylase Deficiency«, in: *New England Journal of Medicine* 316, 1987, S. 178–182. Siehe auch: Dittman, Kappes und Kappes, »Sexual Behavior in Adolescent and Adult Females with Congenital Adrenal Hyperplasia«, siehe oben.

23. Anke Ehrhardt, Heino F. L. Meyer-Bahlburg, Laura S. Rosen, Judith F. Feldman, Norma P. Veridiano, I. Zimmermann und Bruce S. McEwen, »Sexual Orientation After Prenatal Exposure to Exogenous Estrogen«, in: *Archives of Sexual Behavior* 14, 1985, S. 57–77.

24. Einen Überblick darüber, wie solche Präparate zur Verhinderung von Fehlgeburten die sexuellen Präferenzen der Kinder allem Anschein nach beeinflußt haben, geben Lee Ellis und M. Ashley Ames »Neurohormonal Functioning and Sexual Orientation: A Theory of Homosexuality-Heterosexuality, in: *Psychological Bulletin* 101:2, 1987, S. 233–258.

25. Eine Übersicht über Versuche zum Einfluß von Streß auf schwangere Ratten, siehe Ellis und Ames, ebenda.

26. Günter Dörner, T. Geier, L. Ahrens, L. Krell, G. Munx, H. Sieler, E. Kittner und H. Muller, »Prenatal Stress and Possible Aetiogenetic Factor Homosexuality in Human Males«, in: *Endokrinologie* 75, 1980, S. 365–368.

27. Günter Dörner, B. Schenk, B. Schmiedel und L. Ahrens, »Stressful Events in Prenatal Life of Bi- and Homosexual Men«, in: *Experimental and Clinical Endocrinology* 81, 1983, S. 83–87.

28. J. Michael Bailey, Lee Willerman und Carlton Parks, »A Test of the Maternal Stress Theory of Human Male Homosexuality«, in: *Archives of Sexual Behavior* 20:3, 1991, S. 277–293.

29. Ellis and Ames, »Neurohormonal functioning ...«, siehe oben.

30. J. Michael Bailey und Richard C. Pillard, »A Genetic Study of Male Sexual Orientation«, in: *Archives of General Psychiatry* 48, 1991, S. 1089–1096.

31. Richard C. Pillard, Jeanette Poumadere und Ruth A. Caretta, »Is Homosexuality Familial? A Review, Some Data and a Suggestion«,

in: *Archives of Sexual Behavior* 10, 1981, S. 465–475; L. L. Heston und James Shields, »Homosexuality in Twins: A Family Study and a Registry Study«, in: *Archives of General Psychiatry* 18, 1968, S. 149–160.

32. J. Michael Bailey, Richard C. Pillard, Michael C. Neale und Yvonne Agyei, »Heritable Factors Influence Sexual Orientation in Women«, in: *Archives of General Psychiatry* 50, 1993, S. 217–223. Die Arbeit von Bailey und Pillard wurde durch eine neuere Studie bestätigt: Frederick L. Whitam, Milton Diamond und James Martin, »Homosexual Orientation in Twins: A Report on 61 Pairs and Three Triplett Sets«, in: *Archives of Sexual Behavior* 22:3, 1993, S. 187–206.

33. Ein Großteil der folgenden Informationen entstammt einem Übersichtsartikel von Melissa Hines und Richard Green, »Human Hormonal and Neural Correlates of Sex-Typed Behaviors«, in: *Review of Psychiatry* 10, 1991, S. 536–555.

34. Alan P. Bell, Martin S. Weinberg und Sue Hammersmith, *Sexual Preference: Its Development in Men and Women*, Bloomington, Indiana 1981.

35. Joseph Harry, *Gay Children Grow Up: Gender, Culture and Gender Deviance*, New York 1982.

36. Richard Green, *The »Sissy Boy Syndrome« and the Development of Homosexuality*, New Haven, Connecticut 1987.

37. Marcel T. Saghir und Eli Robins, *Male and Female Homosexuality: A Comprehensive Investigation*, Baltimore, Maryland 1973.

38. Brian Gladue, »Aggressive Behavioral Characteristics, Hormones and Sexual Orientation in Men and Women«, in: *Aggressive Behavior* 17, 1991, S. 313–326.

39. Brian Gladue, William W. Beatty, Jan Larson und R. Dennis Staton, »Sexual Orientation and Spatial Ability in Men and Women«, in: *Psychobiology* 18:1, 1990, S. 101–108.

40. Geoff Sanders und Lynda Ross-Field, »Sexual Orientation and Visuo-Spatial Ability«, in: *Brain and Cognition* 5, 1986, S. 280–290.

41. Gladue, Beatty, Larson und Staton, »Sexual Orientation ...«, siehe oben.

42. Cheryl M. McCormick und Sandra Witelson, »A Cognitive Profile of Homosexual Men Compared to Heterosexual Men and Women«, in: *Psychoneuroendocrinology* 16:6, 1991, S. 459–473.

43. Die Einzelheiten zu diesen Untersuchungen entstammen noch nicht publizierten Mitteilungen von Bailey und Gladue.

44. Dean H. Hamer, Stella Hu, Victoria Magnuson, Nan Hu und Angela Pattatucci, »A Linkage Between DNA-Markers on the X-Chromosome and Male Sexual Orientation«, in: *Science* 261, 1993, S. 321–327.

45. Es war Wissenschaftlern bereits früher gelungen, Genmutationen aufzudecken, die menschliches Verhalten beeinflussen. Ein Beispiel aus jüngster Zeit betrifft ein »Aggressions-Gen«, das bei einer Reihe von Männern einer großen holländischen Familie offenbar zu Ausbrüchen aggressiven und sogar gewalttätigen Verhaltens führt. Siehe Han G. Brunner u. a., »X-Linked Borderline Mental Retardation with Prominent Behavioral Disturbance: Phenotype, Genetic Localization and Evidence for Disturbed Monoamine Metabolism«, in: *American Journal of Human Genetics* 52, 1993, S. 1032–1039. Hamers Arbeit jedoch zeigt zum ersten Mal die Lokalisation von Genen auf, die hinter einem Verhalten stehen, das normale Motivationen und Gedanken betrifft.

46. Eine weitere mögliche Erklärung dafür, daß männliche Homosexualität innerhalb einer Familie durch Frauen weitergegeben wird, besteht schlicht und einfach in der Tatsache, daß homosexuelle Männer mit geringerer Wahrscheinlichkeit Kinder haben als andere Männer. Somit ist die väterliche Weitergabe von Natur aus gering. Hamer trägt dem Rechnung, ist aber dennoch der Ansicht, daß das X-Chromosom der richtige Ausgangspunkt für eine Suche war. Falls sich das »Homosexualitätsgen« nicht auf dem X-Chromosom befunden hätte, hätte er 22 Chromosomenpaare analysieren müssen, von denen im Vergleich zu den anderen keines übermäßig aussichtsreich erscheint.

Kapitel 7: Variationen über ein Thema

1. Frank B. Wood, D. Lynn Flowers und Cecile E. Naylor, »Cerebral Laterality in Functional Neuroimaging«, in: Frederick L. Kitterle (Hg.), *Cerebral Laterality: Theory and Research*, Hillsdale, New Jersey, 1991, S. 103–115.

2. Einen guten Überblick über Hebbs Arbeit gibt Peter Milner, »The Mind and Donald O. Hebb«, in: *Scientific American*, January 1993, S. 124–129 (dt.: »Donald O. Hebb und der menschliche Geist«, *Spektrum der Wissenschaft*, November 1993).

3. Ein kleiner Winkel der Provinz Ontario, der sich von Toronto aus südwestlich bis nach London erstreckt (eine Entfernung von

weniger als zwei Fahrstunden), beherbergt die weltweit größte Ansammlung von Wissenschaftlern, die auf dem Gebiet geschlechtsspezifischer Unterschiede arbeiten. Kimura und Witelson leben hier, ebenso Elizabeth Hampson von der University of Western Ontario, Phil Bryden von der University of Waterloo, Jo-Anne Finegan vom Hospital for Sick Children in Toronto, Irwin Silverman von der York University in Toronto und viele andere, die in diesem Buch nicht ausdrücklich namentlich erwähnt sind. Diese vielen Talente sind hauptsächlich Donald Hebbs Vermächtnis, denn die meisten Forscher auf diesem Gebiet, die in dieser Gegend leben, haben entweder bei ihm selbst oder bei einem seiner Schüler studiert oder haben dank seiner Schüler anderweitig Interesse an diesem Gebiet entwickelt.

4. Doreen Kimura, »Sex Differences in the Brain«, in: *Scientific American*, September 1992, S. 118–125 (dt.: »Weibliches und männliches Gehirn«, *Spektrum der Wissenschaft*, November 1992).

5. Siehe u. a. Melissa Hines' Brief »Sex Ratios at Work«, in: *Scientific American*, Februar 1993, S. 12.

6. John Hart, Rita Sloan Berndt und Alfonso Caramazza, »Category-Specific Naming Deficit Following Cerebral Infarction«, in: *Nature* 316, 1985, S. 439–440.

7. Diese Arbeit von Antonio Damasio von der University of Iowa ist beschrieben in *Discover*, Februar 1993, S. 16–17. Siehe auch Antonio Damasio, »Category-Related Recognition Defects as a Clue to the Neural Substrates of Knowledge«, in: *Trends in Neuroscience* 13:3, 1990, S. 95–98.

8. Herbert Landsdell, »The Use of Factor Scores from the Wechsler-Bellevue Scale of Intelligence in Assessing Patients with Temporal Lobe Removal«, in: *Cortex* 6, 1968, S. 257–268.

9. Siehe u. a. Doreen Kimura, »Are Men's and Women's Brains Really Different?« In: *Canadian Psychology* 28:2, 1987, S. 133–147.

10. Jeanette McGlone, »Sex Differences in Human Brain Asymmetry: A Critical Survey«, in: *The Behavioral and Brain Sciences* 3, 1980, S. 215–263.

11. Jerre Levy, »Cerebral Lateralization and Spatial Ability«, in: *Behavior Genetics* 6, 1976, S. 171–188.

12. Jeanette McGlone, »The Neuropsychology of Sex Differences in Human Brain Organization«, in: Gerald Goldstein und Ralph E. Tarter (Hg.), *Advances in Clinical Neuropsychology, Vol. 3*, New York 1986.

13. Doreen Kimura, »Sex Differences in Cerebral Organization for Speech and Praxic Functions«, in: *Canadian Journal of Psychology* 37:1, 1983, S. 19–35.

14. Doreen Kimura, »Are Men's and Women's Brains Really Different?« in: *Canadian Psychology* 28:2, 1987, S. 133–147.

15. Kimura, »Sex Differences in the Brain«, siehe oben.

16. Kimura, ebenda.

17. Richard S. Lewis und Lois Christiansen, »Interhemispheric Sex Differences in the Functional Representation of Language and Praxic Functions in Normal Individuals«, in: *Brain and Cognition* 9, 1989, S. 238–243.

18. Catherine Mateer, Samuel B. Polen und George A. Ojemann, »Sexual Variation in Cortical Localization of Naming as Determined by Stimulation Mapping«, in: *Behavioral and Brain Sciences* 5, 1982, S. 310–311.

19. Kimura, »Sex Differences in the Brain ...«, siehe oben.

20. Richard S. Lewis und N. Laura Kamptner, »Sex Differences in Spatial Task Performance of Patients with and without Unilateral Cerebral Lesions«, in: *Brain and Cognition* 6, 1987, S. 142–152.

21. Siehe u. a. Sandra F. Witelson, »Neural Sexual Mosaicism: Sexual Differentiation of the Human Temporo-Parietal Region for Functional Asymmetry«, in: *Psychoneuroendocrinology* 16:1–3, 1991, S. 131–153.

22. Sandra Witelson, »Sex and the Single Hemisphere: Specialization of the Right Hemisphere for Spatial Processing«, in: *Science* 193, 1976, S. 425–427.

23. Sandra Witelson, »The Brain Connection: The Corpus Callosum is Larger in Left Handers«, in: *Science* 229, 1985, S. 665–668.

24. S. F. Witelson, »Hand and Sex Differences in the Isthmus and Genu of the Human Corpus Callosum«, in: *Brain* 112, 1989, S. 799–835.

25. Stanley Coren, *The Left Hander Syndrome: The Causes and Consequences of Left-Handedness*, New York 1992, S. 32.

26. Coren, ebenda.

27. Einen Überblick über diese Befunde geben M. P. Bryden, I. C. McManus und M. B. Bulman-Fleming, »Evaluating the Empirical Support for the Geschwind-Behan-Galaburda-Model of Cerebral Lateralization«, in: *Brain and Cognition* (im Druck).

28. Norman Geschwind und Albert M. Galaburda, »Cerebral Lateralization: Biological Mechanisms, Associations and Pathology: A Hypothesis and a Program for Research, I, II & III«, in: *Archives of Neurology* 42, 1985, S. 428–459, 521–552, 634–654.

29. Sandra F. Witelson, »Neural Sexual Mosaicism: Sexual Differentiation of the Human Temporo-Parietal Region for Functional Asymmetry«, in: *Psychoneuroendocrinology* 16:1–3, 1991, S. 131–153.

30. C. Dominique Toran-Allerand, »Organotypic Culture of the Developing Cerebral Cortex and Hypothalamus: Relevance to Sexual Differentiation«, in: *Psychoneuroendocrinology* 16:1–3, 1991, S. 7–24.

31. 1973 warf Anne Constantinople in »Masculinity-Femininity: An Exception to a Famous Dictum?«, in: *Psychological Bulletin* 80:5, 1973, S. 389–407, die Frage auf, ob Maskulinität und Femininität als entgegengesetzte Pole eines durchgehenden Spektrums betrachtet werden könnten. Im darauffolgenden Jahr schlug Sandra Bem in »The Measurement of Psychological Androgyny«, in: *Journal of Consulting and Clinical Psychology* 42, 1974, S. 155–162 vor, Maskulinität und Femininität als getrennte Größen aufzufassen.

Kapitel 8: Aufruhr der Hormone

1. Die hier erwähnten Einzelheiten entstammen einem Gespräch mit Hampson an der University of Western Ontario und zahlreichen späteren Telefongesprächen.

2. Siehe Barbara Sherwin, »A Comparative Analysis of the Role of Androgen in Human Male and Female Sexual Behavior: Behavioral Specificity, Critical Thresholds, and Sensitivity«, in: *Psychobiology* 16:4, 1988, S. 416–425.

3. Siehe u. a.: Bruce McEwen, »Our Changing Ideas About Steroid Effects on an Ever-Changing Brain«, in: *Seminars in the Neurosciences* 3, 1991, S. 497–507.

4. Howard Moltz, Michael Lubin, Michael Leon und Michael Numan, »Hormonal Induction of Maternal Behavoir in the Ovariectomized Nulliparous Rat«, in: *Physiology and Behavior* 5, 1970, S. 1373–1377.

5. Joseph W. Kemnitz, Judith R. Gibber, Katherine A. Lindsay und Stephen G. Eisele, »Effects of Ovarian Hormones on Eating Behaviors, Body Weight und Glucoregulation in Rhesus Monkeys«, in: *Hormones and Behavior* 23, 1989, S. 235–250.

6. Sherwin, »A Comparative Analysis ...«, siehe oben.

7. Richard R. Clopper, Mary L. Voorhess, Margaret H. MacGillivray,

Peter A. Lee und Barbara Mills, »Psychosexual Behavior in Hypopituitary Men: A Controlled Comparison of Gonadotropin and Testosterone Replacement«, in: *Psychoneuroendocrinology* 18:2, 1993, S. 91–102.

8. Gerianne Alexander und Barbara A. Sherwin, »Sex Steroids, Sexual Behavior and Selection Attention for Erotic Stimuli in Women Using Oral Contraceptives«, in: *Psychoneuroendocrinology* 18:2, 1993, S. 91–102.

9. Ein guter Überblick wurde verfaßt von Patricia Schreiner-Engel, »Female Sexual Arousability and Its Relationship to Gonadal Hormones and the Menstrual Cycle«, in: *Dissertation Abstracts International* 41, 1980, S. 527.

10. Einen Überblick über die Befunde zur Verbindung von Testosteron und Aggression gibt John Archer, »The Influence of Testosterone on Human Aggression«, in: *British Journal of Psychology* 82, 1991, S. 1–28.

11. Eine neuere fundierte Untersuchung zur Wirkung von Steroiden auf Aggression und andere Stimmungs- und Verhaltensänderungen wurde unternommen von Tung-Ping Su, Michael Pagliaro, Peter J. Schmidt, David Pickar, Owen Wolkowitz und David R. Rubinow, »Neuropsychiatric Effects of Anabolic Steroids in Male Normal Volunteers«, in: *JAMA* 269:21, 1993, S. 2760–2764. Siehe auch William R. Yates, Paul Perry und Scott Murray, »Aggression and Hostility in Anabolic Steroid Users«, in: *Biological Psychiatry* 31:12, 1992, S. 1232–1234; und P. Y. Choi, A. C. Parott und D. C. Cowan, »High Dose Anabolic Steroids in Strength Athletes: Effects Upon Hostility and Aggression«, in: *Human Psychopharmacology, Clinical and Experimental* 5:4, 1990, S. 349–356.

12. Der Zusammenhang von Steroiden und Aggression ist insofern nicht ganz unkompliziert, als Männer vermutlich aufgrund der unterschiedlichen Sensitivität des Gehirngewebes gegenüber Androgenen (männliche Hormone) auf Testosteron sehr verschieden reagieren. Die Reaktionsbereitschaft des Gehirns hängt sowohl von der Zahl der Androgenrezeptoren ab als auch von deren Sensitivität.

13. Robert M. Rose, Thomas P. Gordon und Irwin S. Bernstein, »Plasma Testosterone Levels in the Male Rhesus: Influences of Sexual and Social Stimuli«, in: *Science* 178, 1972, S. 215–224.

14. Michael Elias, »Serum Cortisol, Testosterone and Testosterone-Binding Globulin Responses to Competitive Fighting in Human Males«, in: *Aggressive Behavior* 7:3, 1981, S. 215–224.

15. Allen Mazur und Theodore A. Lamb, »Testosterone, Status and Mood in Human Males«, in: *Hormones and Behavior* 14, 1980, S. 236–246.

16. Zwei Untersuchungen in diesem Zusammenhang: Brian Gladue, »Aggressive Behavioral Characteristics, Hormones and Sexual Orientation in Men and Women«, in: *Aggressive Behavior* 17, 1991, S. 313–326; Kerrin Christiansen und Rainer Knussman, »Androgen Levels and Components of Aggressive Behavior in Men«, in: *Hormones and Behavior* 21, 1987, S. 170–180.

17. Mitch Berman, Brian Gladue und Stuart Taylor, »The Effects of Hormones, Type A Behavior Pattern and Provocation on Aggression in Men«, in: *Motivation and Emotion* (im Druck).

18. Ein Beispiel für eine jener früheren Untersuchungen mit spannenden, aber schlußendlich wenig überzeugenden Hinweisen auf Veränderungen kognitiver Fähigkeiten im Verlaufe des Menstruationszyklus bieten Donald M. Broverman, William Vogel, Edward L. Klaiber, Diane Majcher, Dorothy Shea und Valerie Paul, »Changes in Cognitive Task Performance Across the Menstrual Cycle«, in: *Journal of Comparative and Physiological Psychology* 95:4, 1981, S. 646–654.

19. Elizabeth Hampson and Doreen Kimura, »Reciprocal Effects of Hormonal Fluctuations on Human Motor and Perceptual-Spatial Skills«, in: *Behavioral Neuroscience* 102:3, 1988, S. 456–459.

20. Elizabeth Hampson, »Variations in Sex Related Cognitive Abilities Across the Menstrual Cycle«, in: *Brain and Cognition* 14, 1990, S. 26–43.

21. Elizabeth Hampson, »Estrogen-Related Variations in Human Spatial and Articulatory-Motor Skills«, in: *Psychoneuroendocrinology* 15:2, 1990, S. 97–111. Ein interessanter Aspekt dieser Untersuchung bestand darin, daß nahezu 40 Prozent der Testpersonen – großenteils Studenten – auf wissenschaftsnahen Gebieten arbeitete. Andere Forscher hatten bereits gezeigt, daß sowohl weibliche als auch männliche Studenten der Naturwissenschaften grundsätzlich sehr viel besser in Tests auf räumliches Vorstellungsvermögen abschneiden als andere. Hampson fragte sich daher, wie das räumliche Vorstellungsvermögen dieser Testpersonen, das ja aller Wahrscheinlichkeit nach besser ausgeprägt ist als das von ihren Altersgenossen, auf Veränderungen des Östrogenspiegels reagieren würde. Sie stellte fest, daß die Versuchspersonen, obwohl sie ihre Altersgenossen in beiden Zyklusphasen bei räumlich orientierten Tests übertrafen, nicht gegen das Auf und Ab

des Östrogens immun waren. Auch sie schnitten schlechter ab, wenn der Östrogenspiegel hoch war, und besser, wenn dieser niedrig war.

22. Diese Arbeit von Silverman und Gaulin, die in Zusammenarbeit mit ihren Studentinnen Krista Phillips und Christine Milberg entstand, war noch nicht publiziert, als dieses Buch in Druck ging. Silverman und Phillips hatten allerdings bereits zuvor über eine ähnliche Arbeit berichtet: Irwin Silverman und Krista Phillips, »Effects of Estrogen Changes During Menstrual Cycle on Spatial Performance«, in: *Ethology and Sociobiology* (im Druck).

23. Susana M. Phillips und Barbara Sherwin, »Variations in Memory Function and Sex Steroid Hormones Across The Menstrual Cycle«, in: *Psychoneuroendocrinology* 17:5, 1992, S. 497–506.

24. Phillips und Sherwin, ebenda.

25. M. B. Rosenthal, »Insights into the Premenstrual Syndrome«, in: *Physician and Patient*, April 1983, S. 46–53.

26. Hampson, »Estrogen Related Variations ...«, siehe oben.

27. Siehe u. a. Hampson, »Estrogen Related Variations ...«, ebenda, oder Phillips und Sherwin, »Variations in Memory Functions ...«, siehe oben.

28. Susana M. Phillips und Barbara B. Sherwin, »Effects of Estrogen on Memory Function in Surgically Menopausal Women«, in: *Psychoneuroendocrinology* 17:5, 1992, S. 485–495.

29. Phillips and Sherwin, ebenda.

30. Alain Reinberg und Michael Lagoguey, »Circadian and Circannual Rhythms in Sexual Activity and Plasma Hormones of Five Human Males«, in: *Archives of Sexual Behavior* 7:1, 1978, S. 13–30.

31. Doreen Kimura, »Sex Differences in Cognitive Function Vary with the Season«, Research Bulletin #697, Department of Psychology, University of Western Ontario, 1991.

32. Catherine Gouchie und Doreen Kimura, »The Relationship Between Testosterone Levels and Cognitive Ability Patterns«, in: *Psychoneuroendocrinology* 16:4, 1991, S. 323–334. Eine ältere Untersuchung mit ähnlichen Ergebnissen stammt von Valerie J. Shute, James W. Pellegrino, Lawrence Hubert und Robert W. Reynolds, »The Relationship Between Androgen Levels and Human Spatial Abilities«, in: *Bulletin of the Psychonomic Society* 21:6, 1983, S. 465–468.

33. Anne C. Petersen, »Physical Androgyny and Cognitive Function-

ing in Adolescence«, in: *Developmental Psychology* 12, 1976, S. 524–533.

34. Marianne Hassler, »Creative Musical Behavior and Sex Hormones: Musical Talent and Spatial Ability in the Two Sexes«, in: *Psychoneuroendocrinology* 17:1, 1992, S. 55–70; Marianne Hassler und Eberhardt Nieschlag, »Salivary Testosterone and Creative Musical Behavior in Adolescent Males and Females«, in: *Developmental Neuropsychology* 7:4, 1991, S. 503–521; Marianne Hassler, »Testosterone and Artistic Talents«, in: *International Journal of Neuroscience* 56, 1991, S. 25–38.

35. Phillips und Sherwin, »Effects of Estrogen on Memory Function ...«, siehe oben.

36. Elizabeth Gould, Catherine S. Wooley und Bruce McEwen, »The Hippocampal Formation: Morphological Changes Induced by Thyroid, Gonadal and Adrenal Hormones«, in: *Psychoneuroendocrinology* 16, 1991, S. 67–84.

37. Catherine S. Woolley, Elizabeth Gould, Maya Frankfurt und Bruce McEwen, »Naturally Occurring Fluctuation in Dendritic Spine Density on Adult Hippocampal Pyramidal Neurons«, in: *Journal of Neuroscience* 10, 1990, S. 4035–4039.

38. Daniel B. Hier und William F. Crowley, »Spatial Ability in Androgen Deficient Men«, in: *The New England Journal of Medicine* 306:20, 1982, S. 1202–1205.

39. Gouchie und Kimura, »The Relation Between Testosterone Levels ...«, siehe oben.

Kapitel 9: Angeboren oder erlernt?

1. Jan Morris, *Conundrum. Mein Weg vom Mann zur Frau*, München 1993, Tb-Ausgabe Berlin 1993, S. 189/190. Originalausgabe: *Conundrum*, New York 1974.

2. Anne Fausto Sterling, *Myths of Gender: Biological Theories About Men and Women*, New York, 1985, S. 11–12.

3. Das ist der rote Faden, der sich durch Anne Fausto Sterlings Buch *Myths of Gender* zieht. Sie vertritt den Standpunkt, daß man sich nicht darauf verlassen kann, daß die Wissenschaft zu einem strittigen Thema, welches die Wissenschaftler persönlich betrifft, objektive Antworten liefert. Man hat deshalb das Recht, von einem Wissenschaftler die Preisgabe seiner politischen Überzeugung zu verlangen, damit man selbst beurteilen kann, inwieweit man seinen Aussagen vertrauen will. Aus demselben Grund, so

schreibt sie, ist es vernünftig, seine eigenen politischen Überzeugungen in Betracht zu ziehen, wenn man sich überlegt, wieviel Beweise man verlangen will, bevor man ein bestimmtes Ergebnis als korrekt akzeptiert. Ihrer eigenen politischen Überzeugung wegen verlangt sie daher eine extrem »wasserdichte« Beweisführung für jegliches Beharren auf der Existenz geschlechtsspezifischer Unterschiede. Stephen Jay Gould liefert mit seiner Kritik an der Handhabung von Intelligenztests ein ähnliches Beispiel dafür, wie Wissenschaft durch Ideologie eingefärbt werden kann: *Der falsch vermessene Mensch*, Basel 1983, Tb Frankfurt a. M. 1988.

4. Corey S. Goodman und Carla J. Shatz, »Developmental Mechanisms That Generate Precise Patterns of Neuronal Connectivity«, in: *Cell* 72, 1993, S. 77–98. Eine für den Laien gut verständliche Darstellung der Rolle von Umwelteinflüssen für die Entwicklung des visuellen Systems gibt Carla J. Shatz, »The Developing Brain«, in: *Scientific American*, September 1992, S. 61–67 (dt. Ausg.: *Spektrum der Wissenschaften*).

5. Eine zusammenfassende Darstellung stammt von Janice Juraska: »The Structure of the Rat Cerebral Cortex: Effects of Gender and the Environment«, in: B. Kolb und R. C. Tees (Hg.), *The Cerebral Cortex of the Rat*, Cambridge, Massachusetts 1990, S. 483–505.

6. Janice M. Juraska, »Sex Differences in Dendritic Response to Differential Experience in the Rat Visual Cortex«, in: *Brain Research* 295, 1984, S. 27–34.

7. Janice M. Juraska und John R. Kopcik, »Sex and Environmental Influences on the Size and Ultrastructure of the Rat Corpus Callosum«, in: *Brain Research* 450, 1988, S. 1–8.

8. Janice M. Juraska, Jonathan Fitch, C. Henderson und N. Rivers, »Sex Differences in the Dendritic Branching of Dentate Granule Cells Following Differential Experience«, in: *Brain Research* 333, 1985, S. 73–80.

9. Janice M. Juraska, John R. Kopcik, Donna L. Washbourne und David L. Perry, »Neonatal Castration of Male Rats Affects the Dendritic Response to Differential Environments in Hippocampal Dentate Granule Neurons«, in: *Psychobiology* 16, 1988, S. 406–410.

10. Einen guten Überblick über diese Ergebnisse geben Diane McGuinness und Karl H. Pribham, »The Origins of Sensory Bias in the Development of Gender Differences in Perception and Cognition«, in: Morton Bortner (Hg.), *Cognitive Growth and Development: Essays in Memory of Herbert G. Birch*, New York 1978.

11. Diane McGuinness und John Symonds, »Sex Differences in Choice Behavior: The Object-Person Dimension«, in: *Perception* 6, 1977, S. 691–694.

12. Sandra Scarr und Kathleen McCartney, »How People Make Their Own Environments: A Theory of Genotype → Environmental Effects«, in: *Child Development* 54, 1983, S. 424–435. Eine anregende, sehr klar abgefaßte Darstellung, welchen Einfluß die Persönlichkeit eines Menschen auf dessen Wechselwirkungen mit seinem jeweiligen Umfeld hat. Scarr und McCartney sprechen geschlechtsspezifische Unterschiede zwar nicht direkt an – sie schreiben darüber, wie Gene die Wechselwirkungen eines Menschen mit seiner Umgebung beeinflussen –, doch nahezu alles, was sie sagen, läßt sich auch auf hormonell bedingte Unterschiede bei der Art und Weise anwenden, wie beide Geschlechter auf ihr Umfeld reagieren und es kontrollieren. Siehe auch: Anke Erhardt, »A Transitional Perspective on the Development of Gender Differences«, in: June Machover Reinisch, Leonard A. Rosenblum und Stephanie A. Sanders (Hg.), *Masculinity/Femininity: Basic Perspectives*, Oxford 1987, S. 281–285.

13. Joan H. Hittelman und Robert Dickes, »Sex Differences in Neonatal Eye Contact Time«, in: *Merrill-Palmer Quarterly*, 25:3, 1979, S. 171–184.

14. Michael Lewis, »State as an Infant-Environment Interaction: An Analysis of Mother-Infant Interaction as a Function of Sex«, in: *Merrill-Palmer Quarterly* 18, 1972, S. 95–121.

15. Judith Rubenstein, »Maternal Attentiveness and Subsequent Exploratory Behavior in the Infant«, in: *Child Development* 38, 1967, S. 1089–1100.

16. Siehe u. a. Kees Nieuwenhuijsen, A. Koos Slob und Jacob J. van der Werff ten Bosch, »Gender-Related Behaviors in Group-Living Stumptail Macaques«, in: *Psychobiology* 16:4, 1988, S. 357–371.

17. Sheri Berenbaum, Elizabeth Snyder und Kimberly Ketterling, »Dissociation of Toy Preference and Playmate Preference: evidence from Girls with Early Androgen Exposure«; Vortrag auf einer Konferenz der Society for Research into Child Development im März 1993 in New Orleans. Berenbaum macht zu diesen Ergebnissen eine interessante Anmerkung: In der Vergangenheit ist häufig argumentiert worden, der Grund dafür, daß Jungen mit Jungen und Mädchen mit Mädchen spielen, sei durch die Spielzeugpräferenzen bedingt und man verbringe seine Zeit am liebsten mit Leuten, die dasselbe mögen wie man selbst. Doch obgleich die

AGS-Mädchen dieselben Spielzeugpräferenzen haben wie Jungen, spielen die meisten von ihnen lieber mit Mädchen. Für Berenbaum heißt das, daß Spielzeugpräferenzen und die Wahl der Spielkameraden zwei verschiedene Dinge sind. Die zehn Prozent AGS-Mädchen, die lieber mit Jungen als mit Mädchen spielen, sind ihrer Ansicht nach in irgendeiner Form anders makulinisiert worden als die anderen AGS-Mädchen. Angesichts der Tatsache, daß Jungen, die am liebsten mit Mädchen spielen – die »sissies« aus Kapitel 6 –, mit erhöhter Wahrscheinlichkeit im späteren Leben homosexuell werden, hält Berenbaum es für interessant, zu beobachten, welche sexuelle Orientierung sich für diese AGS-Mädchen später einmal ergeben wird.

18. Nora Newcombe, Mary M. Bandura und Dawn G. Taylor, »Sex Differences in Spatial Ability and Spatial Activities«, in: Sex Roles 9:3, 1983, S. 377–386.

19. Eine Meta-Analyse zahlreicher Untersuchungen findet sich bei: Maryann Baenninger und Nora Newcombe, »The Role of Experience in Spatial Test Performance: A Meta-Analysis«, in: Sex Roles 20:5–6, 1989, S. 327–344. Siehe auch Carol Sprafkin, Lisa A. Serbin, Carol Denier und Jane M. Connor, »Sex Differentiated Play: Cognitive Consequences and Early Interventions«, in: Marsha B. Liss (Hg.), Social and Cognitive Skills, New York 1983, S. 167–192.

20. Julia Sherman, Sex-Related Cognitive Differences, Springfield, Illinois 1978.

21. Diane F. Halpern, Sex Differences in Cognitive Abilities, Hillsdale, New Jersey 1992, S. 197.

22. Janet Lever, »Sex Differences in the Games Children Play«, in: Social Problems 23, 1976, S. 478–487; und Janet Lever, »Sex Differences in the Complexity of Children's Play and Games«, in: American Sociological Review 43, 1978, S. 471–483.

23. Susan M. Resnick, Irving I. Gottesman, Sheri A. Berenbaum und Thomas Bouchard, »Early Hormonal Influences on Cognitive Functioning in Congenital Adrenal Hyperplasia«, in: Developmental Psychology 22:2, 1986, S. 191–198.

24. M. Beth Casey und Mary M. Brabeck, »Women Who Excel on a Spatial Task: Proposed Genetic and Environmental Factors«, in: Brain and Cognition 12, 1990, S. 73–84. Casey und Brabeck stellten insbesondere fest, daß Frauen, die bei Tests auf räumliche Fertigkeiten sehr gut abschnitten, nicht nur über diesbezügliche Erfahrungen verfügten, sondern mit erhöhter Wahrscheinlichkeit Rechtshänderinnen aus Familien mit einigen Linkshändern wa-

ren. Die beiden Wissenschaftlerinnen überprüften eine Theorie von Marian Annett, der zufolge rechtshändige Frauen aus Familien mit einigen Linkshändern mit größerer Wahrscheinlichkeit eine genetische Prädisposition für ein gutes räumliches Vorstellungsvermögen besitzen. Annett stellt die Hypothese auf, daß ein genetischer Faktor, den sie als »Rechtsschub« bezeichnet, bestimmt, ob jemand Rechts- oder Linkshänder wird und somit auch, wie das Gehirn des Betreffenden organisiert sein wird, was später seinen Ausdruck in den sprachlichen und räumlichen Fertigkeiten findet. Der Faktor für den Rechtsschub funktioniere bei Frauen und Männern unterschiedlich, so Annett, weil die linke Hemisphäre bei Männern langsamer reife als bei Frauen. Siehe Marian Annett, *Left, Right, Hand and Brain: The Right Shift Theory*, Hillsdale, New Jersey 1985.

25. Siehe u. a. Jared Diamond, *The Third Chimpanzee*, New York 1992.

26. David A. Goldfoot und Deborah Neff, »Assessment of Behavioral Sex Differences in Social Contexts«, in: June Machover Reinisch, Leonard Rosenblum und Stephanie A. Sanders (Hg.), *Masculinity/ Femininity: Basic Perspectives*, Oxford 1987, S. 179–195.

27. Jane Goodall, »Life and Death at Gombe«, in: *National Geographic*, Mai 1979, S. 592–621.

28. Jane B. Lancaster, »Play-Mothering: The Relations Between Juvenile Females and Young Infants Among Free Ranging Vervet Monkeys«, in: *Folia Primatologica* 15, 1971, S. 161–182.

29. Jennifer Lovejoy und Kim Wallen, »Sexually Dimorphic Behavior in Group Housed Rhesus Monkeys at One Year of Age«, in: *Psychobiology* 16:4, 1988, S. 348–356.

30. Eleanor Emmons Maccoby und Carol Nagy Jacklin, *The Psychology of Sex Differences*, Stanford, Kalifornien 1974, S. 219–220.

31. Judith Rena Gibber, »Infant-Directed Behaviors in Male and Female Rhesus Monkeys«. Nicht veröffentlichte Dissertation an der University of Wisconsin – Madison, Department of Psychology, 1981.

32. Siehe u. a. Lancaster, »Playmothering ...«, siehe oben.

33. Alice S. Rossi, »Gender and Parenthood«, in: Alice S. Rossi (Hg.), *Gender and the Life Course*, New York 1985, S. 161–191.

34. Maccoby and Jacklin, *The Psychology of Sex Differences*, siehe oben, S. 216–218.

35. Wenn man den relativen Einfluß von Genen und Umwelt beurteilen will, ist es wichtig zu wissen, daß die »Erblichkeit«, von der

Verhaltensgenetiker reden, etwas anderes ist als die »Vererbung«. Erblichkeit sagt in diesem Falle etwas darüber aus, in welchem Maße die Schwankungsbreite, die ein bestimmtes Merkmal aufweist, genetisch bedingt ist. Angenommen, das betreffende Merkmal wäre die Anzahl der Arme, die jemand besitzt: Dabei handelt es sich mit Sicherheit um ein vererbtes Merkmal, denn unsere Gene legen fest, daß wir zwei Arme haben. Die wenigen Fälle jedoch, in denen jemand nur einen Arm oder gar keinen hat, sind in den meisten Fällen durch Umweltfaktoren bedingt und nicht durch irgendeine Form von genetischer Mutation. Die »Erblichkeit« des Merkmals »weniger als zwei Arme« ist also nahezu Null. Man beachte, daß die Erblichkeit nicht eine fixe Zahl ist, die unabhängig von der Umgebung ist. Wären wir zum Beispiel imstande, eine risikofreie Gesellschaft zu schaffen, in der niemand durch einen Unfall seinen Arm verlöre, dann würde die Erblichkeit des Merkmals »Anzahl der Arme« höher werden, denn nun wäre der Hauptteil der Schwankungsbreite bei der Anzahl der Arme tatsächlich genetisch bedingt.

36. Eine gute Einführung in die Verhaltensgenetik bieten Robert Plomin, J. C. DeFries und G. E. McClearn, *Behavioral Genetics*, New York 1990, siehe v. a. Kapitel 2, »Twin Studies«.

37. Die Zwillinge sind an verschiedener Stelle beschrieben. Siehe u. a. Edward Chen, »Twins Reared Apart: A Living Lab«, in: *New York Times Magazine*, 9. Dezember 1979. Siehe auch Daniel Seligman, *A Question of Intelligence: The IQ Debate in America*, New York 1992, S. 92–103.

38. Alkoholismus zum Beispiel hat mit großer Wahrscheinlichkeit eine starke genetische Komponente. Siehe u. a. John C. Loehlin, Lee Willerman und Joseph M. Horn, »Human Behavior Genetics«, in: *Annual Review of Psychology* 39, 1988, S. 101–133.

39. Matt McGue und David Lykken, »Genetic Influence on Risk of Divorce«, in: *Psychological Science* 3:6, 1992, S. 368–373.

40. Einen guten Überblick über die Ergebnisse der Verhaltensgenetik geben Loehlin, Willerman und Horn in »Human Behavior Genetics«, siehe oben.

41. Robert Plomin, »Environment and Genes: Determinants of Behavior«, in: *American Psychologist* 44:2, 1989, S. 105–111.

42. Nancy L. Pedersen, Robert Plomin, J. R. Nesselroade und G. E. McClearn, »A Quantitative Genetic Analysis of Cognitive Abilities During the Second Half of the Life Span«, in: *Psychological Science* 3:6, 1992, S. 346–353.

43. Plomin, »Environment and Genes: Determinants of Behavior«, siehe oben.
44. Jane E. Mitchell, Laura A. Baker und Carol Nagy Jacklin, »Masculinity and Femininity in Twin Children: Genetic and Environmental Factors«, in: *Child Development* 60, 1989, S. 1475–1485.
45. Loehlin, Willerman und Horn, »Human Behavior Genetics«, siehe oben.
46. Loehlin, Willerman und Horn, ebenda.
47. John C. Loehlin, Joseph M. Horn und Lee Willerman, »Modelling IQ Change: Evidence from the Texas Adoption Project«, in: *Child Development* 60, 1989, S. 993–1004.
48. Lee Willerman von der University of Texas ist der Ansicht, daß möglicherweise die Anlage von Intelligenztests zum Teil dafür verantwortlich ist, daß sich die Erblichkeit des IQ mit der Zeit scheinbar geändert hat. IQ-Testergebnisse bei kleinen Kindern hängen in hohem Maße von angelerntem Wissen ab, denn das Denkvermögen läßt sich in diesem Alter nur schlecht testen. Die Ergebnisse des Kindes hängen also sehr stark davon ab, wieviel es zu Hause gelernt hat. Im späteren Leben verlangen die Tests mehr Denkvermögen, und hier verblaßt der elterliche Einfluß vollständig.
49. Hugh Lytton und David M. Romney, »Parents' Differential Sozialisation of Boys and Girls: A Meta-Analysis«, in: *Psychological Bulletin* 109:2, 1991, S. 267–296.
50. Robert Knox Dentan, *The Semai: A Nonviolent People of Malaysia*, New York 1968.
51. Ein ausführlicher Überblick dazu stammt von Steven Goldberg, *The Inevitability of Patriarchy*, New York 1973.
52. Rita J. Simon und Jean Landis, *The Crimes Women Commit, The Punishments They Receive*, Lexington, Massachusetts 1991, S. 41–56.
53. Richard B. Lee, *The !Kung San*, Cambridge 1979, S. 384.
54. Beatrice Whiting und Carolyn Pope Edwards, »A Cross-Cultural Analysis of Sex Differences in the Behavior of Children Aged Three Through 11«, in: *The Journal of Social Psychology* 91, 1973, S. 171–188.
55. Virginia A. Mann, Sumiko Sasanuma, Naoko Sakuma und Shinobu Masaki, »Sex Differences in Cognitive Abilities: A Cross-Cultural Perspective«, in: *Neuropsychologia* 28:10, 1990, S. 1063–1077.

Kapitel 10: Echos der Vergangenheit

1. Steven J. C. Gaulin und Randall W. FitzGerald, »Sex Differences in Spatial Ability: An Evolutionary Hypothesis and Test«, in: *The American Naturalist* 127:1, 1976, S. 74–88.

2. Steven J. C. Gaulin und Randall W. FitzGerald, »Sexual Selection for Spatial Learning Ability«, in: *Animal Behavior* 37, 1989, S. 322–331.

3. Steven J. C. Gaulin und Matt S. Wartell, »Effects of Experience and Motivation on Symmetrical-Maze Performance in the Prairie Vole«, in: *Journal of Comparative Psychology* 104:2, 1990, S. 183–189. In dieser Hinsicht scheinen Wühlmäuse sich von Ratten zu unterscheiden: letztere zeigen im Labyrinth bessere Leistungen, wenn sie in einer stimulierenden Umgebung aufgewachsen sind.

4. Lucy F. Jacobs, Steven J. C. Gaulin, David F. Sherry und Gloria E. Hoffman, »Evolution of Spatial Cognition: Sex Specific Patterns of Spatial Behavior Predict Hippocampal Size«, in: *Proceedings of the National Academy of Sciences* 87, 1990, S. 6349–6352.

5. Siehe u. a. Robert L. Trivers, »Parental Investment and Sexual Selection«, in: B. G. Campbell (Hg.), *Sexual Selection and the Descent of Man: 1871–1971*, Chicago 1972, S. 136–179.

6. Einer der großen Erfolge der Evolutionsbiologie war die Klärung der Frage, welches Geschlecht in einer nichtmonogamen Spezies das kompetitivere und welches das wählerische sein wird. Grob gesagt, muß das kompetitivere Geschlecht dasjenige mit der höheren potentiellen Reproduktionsgeschwindigkeit sein. Bei den Säugetieren ist das in der Regel das männliche Geschlecht, denn die Weibchen müssen die Jungen austragen und stillen, das Männchen hingegen hat die Möglichkeit, kurz darauf ein anderes Weibchen zu befruchten. In manchen Vogel- und Fischarten jedoch, bei denen die Männchen die Brutpflege übernehmen, haben die Weibchen eine höhere potentielle Reproduktionsgeschwindigkeit und konkurrieren um die Männchen. Siehe: Tim H. Clutton-Brock und A. J. C. Vincent, »Sexual Selection and the Potential Reproductive Rates of Males and Females«, in: *Nature* 351, 1991, S. 58–60. Eine interessante Beschreibung verschiedener Vogelarten, bei denen die Weibchen um die Männchen konkurrieren, gibt Jared Diamond, »Reversal of Fortune«, in: *Discover*, April 1992, S. 70–75.

7. Bei den Säugetieren konkurrieren eigentlich immer die Männchen

um die Weibchen, nicht aber umgekehrt. Denn der Gewinner im männlichen Konkurrenzkampf kann sich mit mehreren Weibchen paaren und so mehr Nachkommen produzieren als der Verlierer.

8. Die entsprechenden Hormonmanipulationen, die notwendig wären, um zu zeigen, daß Testosteron für den geschlechtsspezifischen Unterschied beim räumlichen Orientierungsvermögen verantwortlich ist, hat Gaulin nicht unternommen. Christina Williams hat solches bei Ratten nachgewiesen, so daß es als wahrscheinlich anzusehen ist, daß das räumliche Orientierungsvermögen bei Wühlmäusen durch ähnliche Faktoren bestimmt wird.

9. Es herrscht noch immer Uneinigkeit darüber, wann genau der in anatomischer Hinsicht moderne Mensch auf der Bildfläche erschien. »Vor 100 000 Jahren« ist eine grobe Zahl, die vermutlich nicht allzusehr daneben liegt. Siehe u. a. Christopher W. Stringer, »The Emergence of Modern Humans«, in: *Scientific American*, Dezember 1990, S. 98–104 (dt.: »Die Herkunft des anatomisch modernen Menschen«, *Spektrum der Wissenschaft*, Februar 1991).

10. Siehe u. a. Richard B. Lee und Irven De Vore (Hg.), *Man the Hunter*, Chicago 1968.

11. Jerry R. Thomas und Karen E. French, »Gender Differences Across Age in Motor Performance: A Meta-Analysis«, in: *Psychological Bulletin* 98:2, 1985, S. 260–282.

12. Irwin Silverman und Marion Eals, »Sex Differences in Spatial Abilities: Evolutionary Theorie und Data«, in: Jerome Barkow, Leda Cosmides und John Tooby (Hg.), *The Adapted Mind: Evolutionary Psychology and the Generation of Culture*, New York 1992, S. 533–549.

13. Diese Treffsicherheit hängt mit etlichen anderen räumlich orientierten Fertigkeiten zusammen, die sich mit Papier-und-Bleistift-Tests messen lassen. Siehe: Donald Kolakowski und Robert M. Malina, »Spatial Ability, Throwing Accuracy and Man's Hunting Heritage«, in: *Nature* 251, 1974, S. 410–412; Rosemary Jardine und N. G. Martin, »Spatial Ability and Throwing Accuracy«, in: *Behavior Genetics* 13:4, 1983, S. 331–340.

14. Eine der besten Studien zu heute lebenden Jäger-und-Sammler-Kulturen stammt von Richard Borshay Lee: *The !Kung San*, Cambridge 1979. Zur Rolle der Frauen beim Sammeln und bei der Betreuung der Kinder, siehe insbesondere Kapitel 9, »Men, Women and Work«, und Kapitel 11, »Production and Reproduction«.

15. Silverman und Eals, »Sex Differences ...«, siehe oben.
16. Doreen Kimura, »Are Men's and Women's Brains Really Different?« In: *Canadian Psychology* 28:2, 1987, S. 133–147.
17. Silverman und Eals, »Sex Differences ...«, siehe oben.
18. Kimura, »Are Men's and Women's Brains Really Different?«, siehe oben.
19. Niemand weiß genau, wann Menschen zu sprechen begannen. Kimuras Erklärung des weiblichen Sprachvorteils wäre dann am einleuchtendsten, wenn sich die Sprache relativ spät in der Menschheitsgeschichte entwickelt hätte, und insbesondere dann, wenn die Menschen bereits irgendeine Form der manuellen Kommunikation entwickelt hätten, die auf der Verwendung von Handsignalen beruhte. In diesem Falle wäre den Frauen vermutlich aufgrund ihrer überlegenen feinmotorischen Kontrolle ein Kommunikationsvorteil erwachsen, den sie dann auf die gesprochene Sprache ausgedehnt hätten.
20. Natürlich gibt es keine Möglichkeit, nachzuweisen, daß die Menschen vor 50 000 Jahren ein Gehirn besaßen, das mit dem des heutigen Menschen im wesentlichen identisch war. Knochenfunde weisen jedoch darauf hin, daß unsere Vorfahren damals in anatomischer Hinsicht dem modernen Menschen entsprachen: Ihr Skelett samt Schädel sah wie beim heutigen Menschen aus.
21. Eine faszinierende Betrachtung von Schimpansengemeinschaften stammt von Jane Goodall: »Life and Death at Gombe«, in: *National Geographic*, Mai 1979, S. 592–621. Eine gute Kurzbeschreibung von Schimpansen und anderen Primaten findet sich in: David MacDonald (Hg.), *The Encyclopedia of Mammals*, New York 1984.
22. Französische Wissenschaftler haben Paviane darauf trainiert, zweidimensionale Rotationsaufgaben zu lösen. Bei einem Vergleich mit menschlichen Versuchspersonen stellten sie fest, daß die Menschen zwar ein wenig genauer waren, die Paviane aber die kürzeren Reaktionszeiten hatten. Die Menschen brauchten im Durchschnitt doppelt so lange wie die Paviane. Jaques Vauclair, Joël Fagot und William D. Hopkins, »Rotation of Mental Images in Baboons When the Visual Input Is Directed to the Left Cerebral Hemisphere«, in: *Psychological Science* 4:2, 1993, S. 93–103.
23. Henry M. McHenry, »How Big Were Early Hominids?« In: *Evolutionary Anthropology* 1, 1992, S. 15–20.
24. George Peter Murdock, *Ethnographic Atlas*, World Cultures 2:4, 1986.
25. David M. Buss, »Sex Differences in Human Mate Preferences:

Evolutionary Hypotheses Tested in 37 Cultures«, in: Behavioral and Brain Sciences 12, 1989, S. 1–49; David M. Buss, Randy J. Larsen, Drew Westen und Jennifer Semmelroth, »Sex Differences in Jealousy: Evolution, Physiology und Psychology«, in: *Psychological Science* 3:4, 1992, S. 251–255.

Kapitel 11: Wohin steuern wir?

1. Diane McGuinness, »Behavioral Tempo in Pre-School Boys and Girls«, in: *Learning and Individual Differences* 2:3, 1990, S. 322–323.
2. Sandra Witelson, »Sex and the Single Hemisphere: Specialization of the Right Hemisphere for Spatial Processing«, in: *Science* 193, 1976, S. 425–427.
3. Max Coltheart, Elaine Hull und Diana Slater, »Sex Differences in Imagery and Reading«, in: *Nature* 253, 1975, S. 438–440.
4. Eine hervorragende Diskussion zum Thema geschlechtsspezifische Unterschiede im Erlernen der Mathematik und verschiedene Möglichkeiten, Mädchen und Jungen effizienter zu unterrichten, stammt von Diane McGuinness: »Sex Differences in Cognitive Style: Implications for Math Performance and Achievement«, in: Louis A. Penner, George M. Batsche, Howard M. Knoff, Douglas L. Nelson und Charles D. Spielberger (Hg.), *The Challenge of Math and Science Education: Psychology's Response*, Washington, D.C. 1993.
5. Robert D. Hess und Teresa McDevitt, »Some Cognitive Consequences of Maternal Intervention Techniques: A Longitudinal Study«, in: *Child Development* 55, 1984, S. 2017–2030.
6. Penelope L. Peterson und Elizabeth Fennema, »Effective Teaching, Student Engagement in Classroom Activities, and Sex-Related Differences in Learning Mathematics«, in: *American Educational Research Journal* 22, 1985, S. 309–335.
7. Lena Green und Don Foster, »Classroom Intrinsic Motivation: Effects of Scholastic Level, Teacher Orientation and Gender«, in: *Journal of Educational Research* 80, 1987, S. 34–39.
8. Eine Diskussion dieser Hypothese und andere mögliche Erklärungen für die männliche Überlegenheit bei standardisierten mathematischen Tests stammt von Meredith M. Kimball, »A New Perspective on Women's Math Achievement«, in: *Psychological Bulletin* 105, 1989, S. 198–214.

9. Siehe u. a. Joe Alper, »The Pipeline Is Leaking Women All the Way Along«, in: *Science* 260, 1993, S. 409–411.

10. Doreen Kimura, »Sex Differences in the Brain«, in: *Scientific American*, September 1992, S. 118–125 (dt.: »Weibliches und männliches Gehirn«, *Spektrum der Wissenschaft*, November 1992).

11. Melissa Hines, »Sex Ratios at Work«, und Doreen Kimuras Antwort, in: *Scientific American*, February 1993, S. 12.

12. Siehe u. a. National Center for Education Statistics, *Digest of Education Statistics, 1992*. Office of Educational Research and Improvement, U.S. Department of Education.

13. Michael Lewis, »Infant's Responses to Facial Stimuli During the First Year of Life«, in: *Developmental Psychology* 1:2, 1969, S. 75–86; Michael Lewis, J. Kagan und J. Kalafat, »Patterns of Fixation in the Young Infant«, in: *Child Development* 37, 1966, S. 331–334; R. B. McCall und J. Kagan, »Attention in the Infant: Effects of Complexity, Contour, Perimeter and Familiarity«, in: *Child Development* 38, 1967, S. 932–952.

14. Evelyn W. Goodenough, »Interest in Persons as an Aspect of Sex Differences in the Early Years«, in: *Genetic Psychology Monographs* 55, 1957, S. 287–323.

15. Die klassischen Studien zur Rolle der Geschlechter im Kibbuz, die auch Quelle vieler hier genannter Tatsachen sind, stammen von Lionel Tiger und Joseph Shepher, *Women in the Kibbuz*, New York 1975.

16. Melford E. Spiro, *Gender and Culture: Kibbuz Women Revisited*, New York 1980.

17. Tiger und Shepher, *Women in the Kibbuz*, siehe oben, Kapitel 5, S. 75–117.

18. Tiger und Shepher, ebenda, Kapitel 7, S. 159–182.

19. Tiger und Shepher, ebenda, Kapitel 9, S. 206–241.

20. Spiro, *Gender and Culture*, siehe oben, S. 15–45.

21. Spiro, ebenda, S. 46–60.

22. Spiro, ebenda, S. 55.

23. Alice S. Rossi, »A Biosocial Perspective on Parenting«, in: *Daedalus* 106:2, S. 1–31. Siehe auch: Alice S. Rossi (Hg.), *Gender and the Life Course*, New York 1985, S. 161–191.

Danksagung

Mein ganz besonderer Dank gilt Janice Juraska und Sheri Berenbaum, die mir beide viel Zeit geopfert haben, um ihre Forschung darzustellen. Sie waren es auch, die dieses Buch durch zahlreiche Verbesserungsvorschläge um einiges bereichert haben. Zu großem Dank verpflichtet bin ich auch Laura Allen, Michael Bailey, Camilla Benbow, Thomas Bever, Marie-Christine de Lacoste, Mickey Diamond, Lawrence Frank, Steve Gaulin, Brian Gladue, Roger Gorski, Elizabeth Hampson, Simon LeVay, David Lubinski, Diane McGuinness, Cecile Naylor, Dominique Torand-Allerand, Sandra Witelson und Christina Williams. Ohne ihre Hilfe wäre dieses Buch um vieles ärmer. Dasselbe gilt auch für all jene, die mir mit ihren Informationen und Beschreibungen ihrer eigenen Arbeit geholfen haben. Zu ihnen gehören unter anderen Gerianne Alexander, Nancy Andreasen, David Ankney, Phil Bryden, Alison Carlson, Victor Denenberg, Richard Doty, Adam Drewnowski, Alice Eagly, Jo-Anne Finegan, Richard Green, Dean Hamer, Melissa Hines, Michael Hofman, Julianne Imperato-McGinley, Douglas Jackson, Arthur Jensen, Andrew Kertesz, Doreen Kimura, Bruce McEwen, Jeanette McGlone, Lou Petrinovich, Krista Phillips, Barbara Sherwin, Irwin Silverman, Rita Simon, Jane Stewart, Rhoda Unger, Richard Whalen, Lee Willerman, James Wilson, Pauline Yahr und Ken Zucker. Außerdem bin ich Diane McGuinness außerordentlich dankbar für ihr wunderbares Buch *Sex Differences in Cognitive Abilities*, der ausführlichsten und objektivsten Übersicht über den Stand der Forschung zu den intellektuellen Unterschieden bei Mann und Frau. Ich habe es gleichsam als Nachschlagewerk und als einen Führer durch die jüngste Forschung auf diesem Gebiet herangezogen. Jedem, der mehr über das Thema erfahren möchte, kann ich es nur wärmstens empfehlen.

Mein Dank an Tancy Holden, die mir bei diesem Thema in die Startlöcher geholfen hat, an Carol Putnam für das Lesen des Manuskripts und ihre Verbesserungsvorschläge, an John Brockman, der sicherstellte, daß dieses Buch publiziert wurde, an Erica Markus für ihre Hilfe bei der Manuskriptherstellung, an alle Freunde, die zur »Buchtaufe« kamen, bei der die Idee für den Titel geboren wurde, und an meine Mutter, Louise Pool, die die Korrekturfahnen der endgültigen Version gelesen hat.

Mein allergrößter Dank gilt meiner Frau Amy. Nicht nur dafür, daß sie das ganze Buch hindurch gutmütig als Exempel herhielt, sondern auch dafür, daß sie durch viele Diskussionen mit mir, durch ihre durchdachte Kritik und ihren Rat geholfen hat, dieses Buch zu gestalten. Im Grunde hat sie so viel dazu beigetragen, daß ich oft drohte, ich würde sie als Co-Autorin nennen. Nun, da ich beschlossen habe, ihr dieses Schicksal zu ersparen, bleibt mir nur zu betonen, daß dieses Buch sehr viel anders und weniger gut geworden wäre, hätte ich ganz allein daran gearbeitet.

Register

i